STREIT UND VERSÖHNUNG

Name der finnischen Originalausgabe:
Lars Aejmelaeus: Riidan ja sovun dokumentti. Kirjallisuuskriittinen ja tutkimushistoriallinen selvitys 2. Korinttolaiskirjeen kokoonpanosta ja taustasta. Suomen eksegeettisen seuran julkaisuja 39. Helsinki 1983.

Redigiert von Anne-Marit Enroth
ISSN 0356-2786
ISBN 951-9217-01-0

Kirjapaino Raamattutalo 1987

SUOMEN EKSEGEETTISEN SEURAN JULKAISUJA 46
Schriften der Finnischen Exegetischen Gesellschaft 46

LARS AEJMELAEUS

STREIT UND VERSÖHNUNG

DAS PROBLEM DER ZUSAMMENSETZUNG DES 2. KORINTHERBRIEFES

ÜBERSETZUNG AUS DEM FINNISCHEN VON KLAUS-JÜRGEN TRABANT

HELSINKI 1987

FÜR ANNELI

VORWORT

Die hier vorgelegte Untersuchung ist die Übersetzung eines 1983 auf Finnisch erschienenen Buches. Daher ist die nach 1983 erschienene Literatur nicht mehr berücksichtigt worden. Übersetzt wurde das Buch von Klaus-Jürgen Trabant, der auch die Reinschrift besorgte. Bei der Arbeit gab es einige Probleme zu überwinden, mehr als wir zu Anfang erwarteten. Dem Übersetzer möchte ich meinen besten Dank aussprechen.

Während der Arbeit an der Übersetzung konnte ich ein höheres Dozentenstipendium der Theologischen Fakultät der Universität Helsinki genießen. Die mir zur Verfügung gestellten Mittel verwendete ich für die bei der Übersetzung anfallenden Kosten. Ich danke der Universität und der Fakultät für das Vertrauen, das sie mir in Form dieses Stipendiums erwiesen haben.

Mein Dank gilt der Finnischen Exegetischen Gesellschaft für die Aufnahme des Buches in die Publikationsreihe und ihrer Sekretärin, mag. theol. Anne-Marit Enroth für die Mühen, die mit der Druckfertigmachung des Werkes verbunden waren.

Mein Dank gilt auch mag. theol. Juha Mannonen, der die griechischen und hebräischen Zitate schrieb, sowie stud. theol. Horst Gripentrog, der die Korrektur las.

Wie die finnischsprachige Erstausgabe möchte ich auch die Übersetzung meiner lieben Frau und Kollegin in der exegetischen Forschung Anneli Aejmelaeus widmen.

Paavola, Hyvinkää am Muttertag 10.5. 1987

Lars Aejmelaeus

INHALTSVERZEICHNIS

I   EINLEITUNG   1

     1. Die Aufgabe   1

     2. Frühere Lösungen   11

        a) Die Kapitel 10 - 13 bilden den "Tränenbrief"   11

        b) Der 2.Kor. ist ein einheitlicher Brief   17

        c) Der "Tränenbrief" besteht aus den Kapiteln 10 - 13 und dem Abschnitt 2,14 - 7,4   20

        d) Der Abschnitt 2,14 - 7,4 ist ein von den übrigen Briefen gesonderter Brief   22

        e) Die Kapitel 10 - 13 wurde nach den Kapiteln 1 - 7 abgeschickt   26

        f) Andere Lösungen   32

    Anmerkungen   36

II   DIE NAHTSTELLEN IM 2.KOR.   45

     1. Der Anschluß des "Zwischenstücks" 6,14 - 7,1 an den Kontext   45

        a) Die Verbindung zwischen 6,11-13 und 7,2-4   45

        b) Die inhaltliche Fremdartigkeit des "Zwischenstücks"   48

        c) Die Verbindung des "Zwischenstücks" zu den Qumranschriften   54

        d) Das Problem des Ursprungs des "Zwischenstücks"   57

        e) Die Verbindung des "Zwischenstücks" zu 1.Kor. 5,9-13   62

        f) Endergebnis   65

     2. Die Nahtstellen 2,13/2,14 und 7,4/7,5   67

        a) Das Problem   67

        b) Das Verhältnis der Verse 7,5-6 und 2,12-13 zueinander   68

        c) Die Beziehung des Stückes 7,5-16 zu 6,11-13 und 7,2-4   70

d) Kritische Sichtung anderer Auslegungen ... 72

e) Wie sind die Nahtstellen entstanden? ... 76

3. Die Kapitel 8 und 9 in ihrem Verhältnis zueinander und zu den Kap. 1 - 7 ... 80

a) Das Problem und die Versuche, es zu lösen ... 80

b) Der Inhalt der Kap. 8 und 9 ... 82

c) Die inhaltliche Spannung zwischen Kap. 8 und 9 ... 84

d) Gemeinsamkeiten in Kap. 8 und 9 ... 86

e) Das Problem der Anschlusses von Kap. 9 an Kap. 8 ... 88

f) Das Verhältnis der Kap. 8 - 9 zu den Kap. 1 - 7 ... 93

g) Der Abfassungszweck der Kap. 1 - 9 ... 94

4. Die Kapitel 10 - 13 im Gesamtkomplex des 2.Kor. ... 98

a) Das Problem des Schlusses von Kap. 10 - 13 ... 98

b) Das Problem des Anfangs der Kap. 10 - 13 ... 102

5. Ergebnisse ... 105

Anmerkungen ... 108

III DER INHALT DES 2.KOR. ... 137

1. Die Reisepläne des Paulus im 1.Kor. ... 137

2. Die Reiseschilderungen des Paulus und die Offenlegung seiner Reisepläne in 2.Kor. 1,12 - 2,11 ... 142

a) "Die zweite Gnade" und der "Besuch in Traurigkeit" ... 143

b) Die schriftlichen und mündlichen Reiseankündigungen ... 148

c) Zusammenfassende Rekonstruktion ... 156

3. Die Reise des Paulus von Ephesus nach Makedonien (2,12-13; 7,5-7) ... 159

4. Die Reisen und Reisepläne des Paulus im Lichte der Kap. 10 - 13 ... 165

a) Der wievielte Besuch steht Paulus bevor? ... 165

b) Der "Besuch in Traurigkeit" 167

c) Das Spannungsverhältnis zwischen den verschiedenen Besuchsankündigungen 171

d) Die weitergehenden Reisepläne des Paulus und der Abfassungsort der Kap. 10 - 13 175

5. Der Inhalt des "Tränenbriefes" im Vergleich zum Inhalt der Kap. 10 - 13 177

a) Inhalt und Zweck des "Tränenbriefes" laut Vers 2,3 177

b) Der "Tränenbrief" im Lichte von Vers 2,4 182

c) Die Reaktionen, die der "Tränenbrief" laut Vers 7,11 in der Gemeinde hervorrief 185

d) Die Bestrafung des "Unrechttäters" in den Kap. 1 - 7 und im "Tränenbrief" 189

e) Das "Zeugnis des Gehorsams" (2,9) als Thema des "Tränenbriefes" 198

6. Titus und die Kollekte für Jerusalem 200

a) Titus als Überbringer des "Tränenbriefes" 200

b) Paulus rühmt sich der Korinther (7,14) 204

c) Der Beginn der Kollekte in Korinth 206

d) Die Reisen des Titus mit seinen Begleitern nach Korinth (8,16-23; 12,16-18) 213

7. Die Beziehung zwischen Paulus und der Gemeinde von Korinth 223

a) Die emotionale Haltung des Paulus zur Gemeinde in Korinth 223

b) Paulus' Einschätzung der Situation in Korinth 226

c) Die Theorie von einer "Mehrheit" und einer "Minderheit" als Zielgruppen des Paulus in verschiedenen Teilen des 2.Kor. 229

d) Die Haltung der Gemeinde in Korinth gegenüber Paulus 231

e) Die "Superapostel" in den Kap. 1 - 9 235

f) Die zeitliche Einordnung des Zerwürfnisses zwischen Paulus und der Gemeinde unter Berücksichtigung des im 2.Kor. gebotenen Materials 239

	g) Das Verhältnis zwischen Paulus und der Gemeinde in den Kap. 1 - 7	241
	Anmerkungen	245
IV	DIE CHRONOLOGIE DER KORINTHREISEN DES PAULUS	289
	a) Einleitung	289
	b) Die Reise durch Antiochien nach Ephesus	291
	c) Erste Kontakte mit den Korinthern von Ephesus aus	295
	d) Die im Galater-, Philipper-, und Philemonbrief vorausgesetzte Situation als Grund für den verlängerten Aufenthalt in Ephesus	298
	e) Die zeitliche Einordnung des "Zwischenbesuches" und sein Verlauf	304
	f) Die Sendung des "Tränenbriefes" und die Reise durch Makedonien nach Korinth	307
	g) Schlußbetrachtung	310
	Anmerkungen	312
V	ERGEBNISSE	321
	Anmerkungen	323
VI	LITERATURVERZEICHNIS	324
	a) Abkürzungen	324
	b) Quellen	325
	c) Hilfsmittel	326
	d) Literatur	327
	Autorenregister	335
	Stellenregister	339

I EINLEITUNG

1. Die Aufgabe

Der 2.Korintherbrief ist der drittgrößte Brief des Paulus. Zu Recht wird er zu seinen Hauptbriefen gezählt. Dennoch hat er in Gesamtdarstellungen von Leben und Lehre des Paulus nicht in gleicher Weise Berücksichtigung gefunden wie die anderen paulinischen Hauptbriefe (Röm., 1.Kor. und Gal.). Das liegt nicht etwa daran, daß seine Echtheit in Zweifel gezogen oder gar sein Inhalt für zu unbedeutend gehalten würde. Das Phänomen kann man vielmehr damit erklären, daß man sich in den Gesamtdarstellungen nur zögernd mit einem Stoff befaßt, über dessen Natur die Forschung noch nicht zu einem ausreichenden Konsens gelangt ist. Von anerkannten Autoritäten unterstützte, sich aber gegenseitig widersprechende Auffassungen über die Zusammensetzung des 2.Kor. verhinderten immer wieder, daß sein Inhalt interpretiert und für Gesamtdarstellungen des Lebens des Paulus und der frühchristlichen Gemeinde überhaupt nutzbar gemacht werden konnte. So nimmt das Paulusbild, das aus dem Brief gewonnen wird, ebenso wie die Vorstellung, die man von der Lehre der Gegner des Paulus, die den Hintergrund des Briefes ausmachen, erhält, ganz unterschiedliche Formen an, je nachdem ob man den 2.Kor. als ursprünglich einheitlich ansieht, oder annimmt, daß er aus vielen ursprünglich isolierten Stücken zusammengesetzt ist. Mit dieser Frage beschäftigte sich J.H. Kennedy schon um die Jahrhundertwende. Seiner Ansicht nach wäre es verhängnisvoll, wenn uns das durch einen Irrtum der Redaktion verursachte Durcheinander und Chaos dazu verleiten würde, über Paulus selbst negative Schlüsse zu ziehen.[1] Um Person und Geschichte des Paulus richtig einschätzen zu können, ist außerdem die Frage von Bedeutung, in welcher Reihenfolge jene Teile zusammengesetzt sind, die sich im 2.Kor. möglicherweise als selbständige Stücke herausstellen.

Schon früh wurde erkannt, welche Brisanz im Problem der Zusammensetzung des 2.Kor. liegt. Besonders nachdem A. Hausrath 1870 darüber ein Traktat mit dem Titel "Der Vier-Capitel-Brief des Paulus an die Korinther" veröffentlicht hatte, befaßte man sich intensiv mit dieser Frage. Über ein Jahrhundert lang wurde für dieses Thema ungewöhnlich

viel Zeit und Mühe aufgebracht. Dennoch gingen und gehen die Meinungen
der Forscher weit auseinander. Bei diesem Tatbestand könnte man meinen, daß es letztlich unmöglich sei, die Frage nach der Zusammensetzung und Vorgeschichte des 2.Kor. endgültig zu beantworten und daß somit eine weitere Forschung in dieser Richtung müßig wäre. In einem
solchen Pessimismus braucht man jedoch nicht zu enden. Die große Diskrepanz der Lösungsversuche liegt nämlich an ganz bestimmten Mängeln,
unter denen die Behandlung des Problems bisher zu leiden hatte.

Von forschungsgeschichtlichem Interesse ist zunächst die Begeisterung
und der Optimismus, mit dem man sich seit 1870 bis fast zum 1.Weltkrieg mit dem 2.Kor. beschäftigt hatte. Wie auf vielen anderen Gebieten bedeutete der 1.Weltkrieg auch in der Exegetik das Ende einer Epoche und den Beginn einer neuen. Nach dem Krieg wandte sich das Interesse der Forschung anderen Gebieten zu. Obwohl man immer wieder zur
Problematik der Zusammensetzung des 2.Kor. Stellung nehmen mußte, mangelte es an der Kraft zu kreativen Lösungen. Als ein Beispiel mag der
1924 erschienene Kommentar von _Windisch_ gelten. Er ist immer noch ein
unerläßliches Hilfsmittel bei der Erforschung des 2.Kor., denn er
trägt viele noch heute relevante Analysen und Alternativen zur Lösung
einzelner Streitfragen zusammen. Bezeichnend für diesen Kommentar ist,
daß er unterschiedlichen Möglichkeiten nebeneinander Raum gibt, ohne
ihr Spannungsverhältnis untereinander aufzulösen. Er bietet somit Material für Auslegungen, die ganz unterschiedliche Wege einschlagen.
Darin liegt sein Reichtum. Das bedeutet aber auch, daß er auf halbem
Wege stehen bleibt. In dieser Hinsicht scheint der Kommentar von _Windisch_ von einer für die Zeit seiner Entstehung typischen Resignation
geprägt zu sein. Zumindest die Behandlung einleitungswissenschaftlicher Fragen beim 2.Kor. bleibt saft- und kraftlos. _Windisch_ kommt
zwar am Ende zu einer Lösung, die jedoch von den Einzelexegesen in
seinem Kommentar selbst wenig gestützt wird, denn er hat ja sein Lösungsmodell letztlich aus der Tradition übernommen.

Wer auch immer sich mit den einleitungswissenschaftlichen Problemen
des 2.Kor. auseinandersetzen will, sieht sich einer Fülle sehr verschiedenartiger Auffassungen und Meinungen gegenüber. Diese Vielzahl
der unterschiedlichen Lösungsversuche hat immer wieder zu einer deutlichen Frustration unter den Exegeten geführt.[2] Das aber kann weitreichende Folgen haben. So geben in der neuesten Forschung die damit
befaßten Neutestamentler zu schnell das ernsthafte und die Auffassun-

gen anderer kritisch abwägende Gespräch auf. Zwar wurden in den letzten Jahrzehnten viele wertvolle Stellungnahmen abgegeben, sie blieben aber letztlich Einzelstücke in einer Reihe von Monologen. Ein breitangelegter, die verschiedenen Stellungnahmen kritisch sichtender Überblick über die ganze Forschungslage fehlt in neuerer Zeit. Eigentlich gibt es in der ganzen Forschungsgeschichte über die Frage der Zusammensetzung des 2.Kor. nur eine umfangreiche Monographie: "The Second and the Third Epistles of St. Paul to the Corinthians", die J.H. Kennedy schon 1900 verfaßt hatte. Später wurde zu dieser Problematik nur in einigen Kommentaren, Einleitungen, Gesamtdarstellungen des NT und verschiedenen kürzeren Artikeln Stellung bezogen. Verständlicherweise gelangten dabei die Exegeten notgedrungen rasch zu ihren Ergebnissen, ohne diese ausreichend mit Kollegen, die andere Auffassungen vertraten, ausdiskutiert zu haben, d.h. ohne überzeugend andere Lösungsvorschläge widerlegen zu können. Ihnen genügte, daß sie ihr eigenes Theoriengebäude errichtet hatten. Um der Lösung des Problems näher zu kommen, ist jetzt aber vor allem nötig, die bisherigen Lösungsversuche zu sichten und zu überprüfen. Die *via negationis* ist dabei der Weg, der am ehesten zu einem Konsens führen kann.

Diese Untersuchung geht davon aus, daß die Frage, wie der 2.Kor. zusammengesetzt ist, prinzipiell beantwortet werden kann und in der Forschung bisher nur noch nicht auf genügend breiter Basis angegangen worden ist. Der Kern des Problems liegt dabei nicht etwa darin, daß die richtige Lösung nicht schon möglicherweise vorgetragen worden wäre. Da diese Frage schon von so vielen Seiten her untersucht und auf so vielerlei Weise beantwortet wurde, wäre es sogar wahrscheinlich, wenn dies so wäre. Der Kern des Problems liegt vielmehr darin, daß man nicht in der Lage ist, die richtige Lösung klar und begründet aus der Reihe der neben ihr mit ebenso großer Autorität vorgetragenen, überzeugend klingenden falschen Lösungen herauszuheben. Deshalb gibt diese Untersuchung der kritischen Sichtung verschiedener Erklärungsversuche deutlich Raum, während sie gleichzeitig versucht, zur bestmöglichen Lösung des Problems zu gelangen. Ich habe versucht, mir als Gesprächspartner die prägnantesten und typischsten Theorien mitsamt ihren Begründungen auszuwählen. Obwohl schon viel über das Problem geschrieben wurde, werden doch oft die gleichen Argumente in den verschiedenen Studien wiederholt, so daß es genügt, unter den bestimmte Lösungen favorisierenden Untersuchungen eine repräsentative Auswahl zu treffen, um damit zu einem ebenso aussagekräftigen Ergebnis zu kommen, wie wenn tatsächlich alle einmal in der Literatur präsentierten Lösungsversuche gesichtet würden. Um den Umfang dieser Untersuchung nicht unverhältnismäßig anschwellen zu lassen, habe ich die Auseinandersetzung mit bestimmten Grenzhypothesen verhältnismäßig knapp gehalten, in der Annahme, daß schon kurze Hinweise ihre Unbrauchbarkeit an den Tag bringen werden. Eigentlich gibt es nur fünf ernstzunehmende Deutungsmodelle, bzw. solche, die zumindest auf eine breite Resonanz gestoßen sind. Ich werde mich auf sie konzentrieren und sie im zweiten Hauptkapitel der Einleitung vorstellen (I 2 a-e).

Bei der Skizzierung meiner Methode stütze ich mich auf drei angesehene Neutestamentler (Kennedy, Bornkamm, Barrett), die sich intensiv mit dem Problem auseinandergesetzt haben. Jeder von ihnen kommt - bezeichnenderweise - zu einem anderen Ergebnis bei der Aufdeckung der Zusammensetzung des 2.Kor. Kennedy führt zunächst die Bedingungen an, die der 2.Kor. erfüllen müßte, bevor die Exegese den Schluß ziehen könne, daß er aus ursprünglich nicht zusammengehörenden Fragmenten zusammengesetzt ist. Zunächst stellt er fest, daß in verschiedenen Teilen des Dokuments deutliche Unterschiede im Tonfall gefunden werden müßten. Daneben müßten sich plötzliche Gedankensprünge an den Stellen ausmachen lassen, wo der Text des einen, ursprünglichen Briefes endet und der eines anderen beginnt. Wenn die im 2.Kor. enthaltenen Briefe, wie Kennedy annimmt, von demselben Verfasser in kurzen Zeitabständen an dieselbe Gemeinde geschrieben wurden, müßten sie Hinweise auf die gleichen Tatbestände bieten, wobei der Blickwinkel dann jeweils ein anderer wäre. In den späteren Briefen müßte es außerdem Stellen geben, in denen auf Themen und Aussagen eines früheren Briefes hingewiesen und zuvor Dargelegtes möglicherweise korrigiert und genauer erklärt würde.[3]

Für die Einschätzung, wieweit die verschiedenen Teile des Briefes zusammengehören oder nicht, ist in der Tat von zentraler Bedeutung, welche Unterschiede im Tonfall und im Inhalt beobachtet werden können. Der Inhalt ist dabei der wichtigere und leichter zu interpretierende Maßstab für die Unterschiede. Bei einem sich über mehrere Tage hinziehenden Diktat eines Briefes konnte die Stimmung des Verfassers nämlich aus Gründen umschlagen, die nicht eine Veränderung in der äußeren Situation des Senders oder Empfängers widerspiegeln müssen. Grund könnte dann eine durchwachte Nacht, ein verregneter Tag oder eine ähnliche Unannehmlichkeit sein. Wenn dagegen eine vom Verfasser unabhängige Angelegenheit in verschiedenen Teilen des Briefes abweichend geschildert wird, ist dies ein deutliches Indiz dafür, daß der Brief aus ursprünglich nicht zusammengehörigen Teilen zusammengesetzt ist.

Kennedy weist, wenn er von "plötzlichen Gedankensprüngen" spricht, auf ein für den 2.Kor. charakteristisches Phänomen hin, das für die Klärung der Zusammensetzung des Briefes wichtig ist. Untersucht man den Text des 2.Kor. literarkritisch, merkt man schnell, daß er mehrere Nahtstellen enthält, an denen der Gedankengang, wie durch ein Messer getrennt, abbricht, um dann völlig anders fortgeführt zu werden. Durch diese Nahtstellen werden aus dem Brief folgende mehr oder weniger solide Einheiten herausgehoben.

1) 1,1 - 2,13 + 7,5 - 7,16   ("Versöhnungsstück")
2) 2,14 - 6,13 + 7,2 - 7,4   ("Apologie")
3) 6,14 - 7,1   ("Zwischenstück")
4) 8. Kapitel   ("Kollektenkapitel")
5) 9. Kapitel   ("Kollektenkapitel")
6) Kapitel 10 - 13   ("Vierkapitelstück")
7) 13,11 - 13   ("Schlußstück")

Mit dem Problem der Zusammensetzung des 2.Kor. hängt zentral die Frage zusammen, in welchem Verhältnis die oben isolierten Fragmente zueinander stehen. Können sie Teile sein, die in der überlieferten Ordnung zum selben Brief gehören oder zeugen die Bruchstellen davon, daß die jetzt vorfindliche Einheit sekundär ist? Diesen Fragen wollen wir im zweiten Hauptkapitel vor allem mit Hilfe der literarkritischen Methode nachgehen. Darauf, daß der Literarkritik als Hilfsmittel bei der Untersuchung des 2.Kor. eine zentrale Bedeutung zukommt, deuten auch die zahlreichen Wiederholungen im Brief hin, die schon für sich genommen Zweifel an seiner Einheitlichkeit aufkommen lassen.

Eine Literarkritik, die sich im engeren Sinne verstanden, nur dem formalen Aufbau des Briefes widmen würde, wäre allerdings kaum imstande, alle Probleme der Vorgeschichte des 2.Kor. zu lösen. Mit Hilfe der Literarkritik kann man zu dem Ergebnis gelangen, daß einige Abschnitte aller Wahrscheinlichkeit nach am falschen Platz stehen. Damit läßt sich jedoch noch nicht die ursprüngliche zeitliche Reihenfolge der Abschnitte bestimmen und auch noch keine Aussage darüber machen, in welcher Phase der Beziehungen zwischen Paulus und der Gemeinde von Korinth diese Abschnitte jeweils anzusetzen sind. Um diese Frage beantworten zu können, ist es nötig, sich der inhaltlichen Problematik der verschiedenen Fragmente zu stellen, d.h. die Betrachtungsweise einzunehmen, die Barrett die "historische" nennt. Barrett stellt fest, daß bei der Behandlung dieses Problems die literarkritische und die historische Betrachtungsweise nicht voneinander getrennt werden können. Seiner Ansicht nach kann nur eine Methode zu Ergebnissen führen, bei der die Aufmerksamkeit ständig auf die Themen, die den ganzen 2.Kor. durchziehen, gerichtet wird. Diese müßten möglichst detailliert sowohl literarkritisch als auch historisch untersucht werden.[4] Damit führt Barrett eine recht fruchtbare Methode ein, mit der das Problem der Komposition des 2.Kor. untersucht werden kann. Das besondere Thema, das Barrett als eine Art Interpretationsschlüssel gewählt hat, ist die Rolle, die Titus in den verschiedenen Teilen des Briefes einnimmt. In jedem der Teile bietet die Schilderung dessen, was Titus getan hat, tut und noch tun wird, wertvolle Hinweise auf die chronologische Reihenfolge der Teile des Briefes untereinander sowie auf die Situation, die im jeweiligen Teil vorausgesetzt ist. Die Person des Titus gehört zu den festen Fakten des Briefes, die nicht von wechselnden Stimmungslagen des Paulus abhängen. Andererseits werden gerade durch die Untersuchungen Barretts die Schwierigkeiten deutlich, die durch die Verwendung inhaltlicher Faktoren als Argumente im Problemfeld der Komposition des 2.Kor. entstehen. Die Stellen, an denen Titus erwähnt wird, sind oft so unbestimmt und nur andeutend, daß sie nach verschiedenen Richtungen hin gedeutet werden können. Wenn man einzig und allein das Titusthema aus den sich durch den ganzen 2.Kor. hinziehenden Themen herausgreift, erhält man somit noch keine gesicherten Ergebnisse. Wenn ihm jedoch weitere im Brief behandelte zentrale Themen zur Seite gestellt werden und darauf geachtet wird, auf welche Entwicklungsstadien in den verschiedenen Teilen des Briefes sie jeweils hinweisen, erhält man allmählich festen Boden unter den Füßen. Jedes Thema läßt sich mit einem Strang vergleichen, der wiederum mit anderen Strängen verknüpft werden muß, damit im Endergebnis ein haltbares Seil entstehen kann, an das man die Gesamtdeutung der Beziehung der Teilstücke des 2.Kor. aufhängen kann. Wir werden im dritten Hauptkapitel versuchen, im 2.Kor. und teilweise auch im 1.Kor. einige Themen zu finden, die dies ermöglichen.

Der 2.Kor. soll von zwei Richtungen her untersucht werden. Einerseits soll der Text einer literarkritischen formalen Analyse unterzogen werden, andererseits die sich aus dem Inhalt ergebenden Themen geprüft werden. Miteinander kombiniert können diese zwei unterschiedlichen Vorgehensweisen zu akzeptablen Ergebnissen führen, zumal sie unabhängig voneinander sind. Es werden somit vom Text gleichsam zwei Bilder gezeichnet, die falls sie miteinander deckungsgleich sind, die Antwort auf das Problem der Zusammensetzung des 2.Kor. bieten.

Natürlich kann die oben beschriebene Differenzierung nach einem formalen und einem inhaltlichen Gesichtspunkt nicht in Reinkultur betrieben werden. So wird es z.B. im zweiten Hauptkapitel oft unvermeidlich sein, auch die inhaltliche Seite der Nahtstelle und ihres jeweiligen Kontextes zu untersuchen, um zu einleuchtenden Aussagen über ihren Charakter zu kommen. Dabei wird der Inhalt natürlich in anderer Weise geprüft als im 3. Hauptkapitel, in dem der gesamte Briefwechsel des Paulus mit den Korinthern von bestimmten Themen her beleuchtet wird. Im letzten Kapitel des 2. Hauptkapitels werden dann die Hinweise zusammengetragen, die wir aus diesen Nahtstellen auf die Zusammensetzung des 2.Kor. erhalten. Allein schon die Betrachtung der Nahtstellen stutzt bei bestimmten Fragen einigen hochfliegenden Auslegungen die Flügel. Das macht die Prüfung im dritten Hauptkapitel leichter. Obwohl wir auch da grundsätzlich neu einsetzen, ohne eine Theorie einer anderen vorzuziehen, dienen uns die Ergebnisse des zweiten Hauptkapitels doch als nützliches Hilfsmittel bei der richtigen Gewichtung dieser Arbeit. Wir können uns dann besonders der Erörterung derjenigen Hypothesen zuwenden, die sich als die wahrscheinlichsten herausgestellt haben. Um ganz sicher zu gehen, werden wir aber auch nicht völlig auf eine Prüfung der Thematik im Lichte jener Lösungen verzichten, die sich im zweiten Hauptkapitel als unzureichend erwiesen haben.

Bei der im 3. Hauptkapitel vorgenommenen Analyse der Problematik des 2.Kor. nach verschiedenen Themen, wird jedes dieser Themen grundsätzlich als eine eigenständige Ganzheit behandelt. Im 4. Hauptkapitel versuche ich die dabei herausgearbeiteten Ergebnisse auszuwerten, um ein Gesamtbild der Kontakte, die zwischen Paulus und der Gemeinde in Korinth bestanden, sowie des Lebens des Paulus während jener Jahre, in denen er den Briefwechsel mit den Korinthern führte, zu zeichnen. Das 4. Hauptkapitel ist dann eine Zusammenfassung und Kontrolle der Ergebnisse aus dieser Analyse. Anderseits ist die Fragestellung gegenüber den vorangegangenen Hauptkapiteln dahingehend erweitert, daß versucht wird, die im 2.Kor. enthaltenen Briefe nebst den Ereignissen, die jeweils den Hintergrund abgeben, logisch mit den anderen Briefen und Ereignissen im Leben des Paulus in einen nahtlosen Zusammenhang zu stellen. Nur so kann die hier angebotene Lösung letztlich überzeugen.

<u>Bornkamm</u> beschreibt die Weise, wie der Forscher mit den verschiedenen Themen, die wir im 3. Hauptkapitel behandeln werden, umzugehen hat, mit folgenden Worten: "Immer wieder muß er mit Phantasie und Kritik aus Antworten Fragen erschließen, aus Andeutungen und mehr oder weniger offenkundigen Anspielungen Gestalten und Vorgänge sich verdeutlichen und den Versuch machen, aus Einzelnem ein Ganzes zu gewinnen."[5] Der Exeget ist auf jeden Fall gezwungen, sein kritisches Vorstellungsvermögen einzusetzen, wenn er versucht, ein Gesamtbild aus den oft sehr bruchstückhaften, knappen und andeutungsweisen Angaben des 2.Kor. zu konstruieren. Er gleicht einem Puzzlespieler, von dessen Puzzlestücken ein großer Teil ganz verschwunden ist, und viele andere Teile wiederum fast bis zur Unkenntlichkeit entstellt sind. Nur eine kritische Phantasie, die sich verschiedene hypothetische Möglichkeiten vorstellen kann, vermag in einer solchen Situation den Exegeten anzuleiten, die vorhandenen Stücke in eine logische und einleuchtende Reihenfolge zu bringen. Die Phantasie entwirft dabei realistische Lösungsmöglichkeiten; auf der Basis der bekannten Fakten selektiert dann die kritische Überlegung die angebotenen Lösungsmöglichkeiten und verarbeitet sie. Bei diesem mühevollen Prozeß wird versucht, die Puzzleteile so anzuordnen, daß sie untereinander in Harmonie stehen und sich auch für die zwischen ihnen notwendig verbleibenden Lücken ein sinnvoller Inhalt vorstellen läßt. Erst wenn alle uns zur Verfügung stehenden Informationssplitter bruchlos in den Rahmen eines Gesamtbildes eingepaßt werden können, kann die Aufgabe als gelöst betrachtet werden. Wäre das Gesamtbild auch noch so überzeugend, es müßte aufgegeben werden, wenn sich auch nur ein problemrelevanter Faktor ergäbe, der nicht als Teil der skizzierten Einheit angegliedert werden könnte. Dieser Grundsatz ist auch bei der Ausleuchtung einiger früheren Lösungen wichtig, insbesondere bei der Auseinandersetzung mit solchen Untersuchungen, die das Problem der Zusammensetzung des 2.Kor. aus einem recht begrenzten Blickwinkel angehen.

<u>Kennedy</u> nennt, wenn er seine Lösung vorstellt, einen weiteren wichtigen Grundsatz, der bei der Skizzierung eines Gesamtbildes zur Anwendung kommen sollte. Er führt als Gedankenspiel die Möglichkeit an, daß

2.Kor. 10 - 13 tatsächlich einen eigenständigen Brief im Kanon des NT bilden. Dann wäre man sich vermutlich weithin darüber einig, daß dieser Brief mit dem in 2.Kor. 2,4 erwähnten identisch ist. Die Forschung würde vorbringen, daß wir kein Recht hätten, uns auf die These vom Verlust des "Tränenbriefes" zurückzuziehen, wenn wir gleichzeitig über ein Dokument verfügten, das so gut der Beschreibung in 2,4 entspricht. Nicht zuletzt hier wäre die Forschung der Regel entia non sunt multiplicanda praeter necessitatem verpflichtet.[6]

Bei dem Versuch, den historischen Hintergrund des 2.Kor. zu skizzieren, kann es mehr als nur eine Möglichkeit geben, aus allen relevanten Faktoren ein Gesamtbild zu rekonstruieren. Bei der Wahl zwischen mehreren gleichwertigen Möglichkeiten ist natürlich eine einfache Lösung wahrscheinlicher als eine komplizierte. Auch für das Problem der Zusammensetzung des 2.Kor. ist einer möglichst einfachen Erklärung der Vorrang einzuräumen; nur zwingende Gründe dürfen den Forscher zu komplizierteren Modellen greifen lassen.

Die einfachste Annahme wäre natürlich die, daß der 2.Kor. von Anfang an ein einheitlicher Brief ist. Das Komplizierteste, was bisher in der Forschungsgeschichte vorgebracht worden ist, dürfte dagegen die Theorie von Schmithals sein. Nach Schmithals bestehen beide Korintherbriefe aus insgesamt neun Briefen. Von diesen würden auf den 2.Kor. fünf verschiedene Briefe oder Brieffragmente entfallen.[7] Das Spektrum der Vorschläge für die Lösung des Problems der Komposition des 2.Kor. erstreckt sich zwischen diesen beiden äußersten Eckpunkten. Wir fragen also, entspricht eine dieser beiden Auffassungen der Wahrheit oder liegt diese irgendwo dazwischen?

Der Einfachheit halber werde ich eine Reihe von Schlüsselbegriffen verwenden, die nicht jedesmal von neuem erklärt werden. Ein Teil von ihnen kam schon zur Sprache, als wir oben die durch die Nahtstellen begrenzten Einheiten im Material des 2.Kor. vorgestellt haben. Ihnen werden im Text noch folgende zur Seite gestellt:

"Kollekte":	= Geldsammlung, die Paulus zugunsten der Christen in Jerusalem in den von ihm gründeten Gemeinden in Gang setzte.
"Tränenbrief":	= Der Brief des Paulus an die Korinther, auf den er in 2.Kor. 2,4 hinweist.
"Zwischenfall":	= während des "Zwischenbesuches" (s.u.) stattfindende unangenehme Auseinandersetzung zwischen Paulus und der Gemeinde.
"Zwischenbesuch"	= Der zweite Besuch des Paulus in Korinth nach dem zur Gemeindegründung führenden ersten und vor dem in den Kap. 10 - 13 angedrohten dritten Besuch.

2. Frühere Lösungen

a) Die Kapitel 10 - 13 bilden den "Tränenbrief"

In der Diskussion über die einleitungswissenschaftliche Problematik der Korintherbriefe spielte 2.Kor. 2,4 eine recht zentrale Rolle. Paulus schreibt da: ἐκ γὰρ πολλῆς θλίψεως καὶ συνοχῆς καρδίας ἔγραψα ὑμῖν διὰ πολλῶν δακρύων. Damit weist er auf einen Brief hin, den er der Gemeinde in Korinth früher geschickt hatte. Wir nennen ihn im folgenden der Kürze wegen einfach "Tränenbrief".

Die ganze jetzt schon über ein Jahrhundert andauernde Debatte über die Probleme der Zusammensetzung des 2.Kor. wurde durch die These ausgelöst, daß die Kapitel 10 - 13 eben jener in Vers 2,4 erwähnte "Tränenbrief" wären. Diese These wurde von A. Hausrath in seinem 1870 veröffentlichten Büchlein "Der Vier-Capitel-Brief des Paulus" vorgestellt. Davor hatte man den "Tränenbrief" entweder als vollständig verloren geglaubt oder angenommen, daß Paulus in Vers 2,4 auf den 1.Kor. anspielte.[8] Allerdings stellte schon Semler in der zweiten Hälfte des 18. Jahrhunderts eine Theorie von der Aufsplitterung des 2.Kor. in viele verschiedene Briefe auf, aber das wissenschaftliche Gespräch griff seine Ideen nicht auf.[9] Erst die Erklärung Hausraths brachte eine noch heute lebhaft andauernde Diskussion über die Problematik der Zusammensetzung des 2.Kor. in Gang. Seine Ansichten begründete Hausrath u.a. mit folgenden Argumenten:

Die Kapitel 10 - 13 können nicht zum selben Brief wie die Kapitel 1 - 9 gehören, da beide Kapitelblöcke sich inhaltlich widersprechen. Die Verse 7,7-16 passen mit 10,1-11 nicht zusammen, und ebensowenig Vers 8,7 mit Vers 12,20. Diese Widersprüchlichkeiten lassen sich nicht durch die Annahme auflösen, Paulus hätte, nachdem er die Kapitel 1 - 9 niedergeschrieben hatte, neue Informationen über die Gemeinde erhalten, denn in einer solchen Situation, wie sie die Kap. 10 - 13 widerspiegeln, hätte Paulus nicht jene für die Gemeinde versöhnlichen Kap. 1 - 9 abschicken können (S. 3-5).

Hausrath legt anhand von vier Aspekten dar, daß die Kapitel 10 - 13 vor den Kapiteln 1 - 9 geschrieben worden sein müssen:

1) Er setzt voraus, daß der in den Versen 1.Kor. 5,1-5 behandelte Fall des "blutschänderischen Mannes" noch in den Versen 2.Kor. 2,5-11; 7,11-12 und 13,1-3 andauert. In den Versen 13,1-3 würde dann Paulus verkünden, daß er bald kommt, um sein Urteil gegen den sündigen Mann, das er in 1.Kor. 5,3-5 gefällt hatte, durchzusetzen. Er würde damit die Korinther mit ihren Verdächtigungen beschämen, welche bestreiten, daß Gott Paulus wirklich die Fähigkeit verliehen hat, ungehorsame Gemeindeglieder zu bestrafen. Nach 2,5-11 und 7,11-12 ist der Fall schon gelöst. Paulus gibt zu, daß er zu streng gewesen war (7,11) und hält die Strafe, die von der Gemeinde ausgesprochen wurde, für völlig ausreichend (2,5). Die Sache wäre somit aus der Welt geschafft. Deshalb muß der Brief, der die Verse 13,1-3 enthielt, älter sein als der Brief, der die Abschnitte 2,5-11 und 7,11-12 enthielt (S. 7-9).

2) Wenn Paulus über die Kollektenangelegenheit spricht, betont er seine eigene Aufrichtigkeit (8,20-21) und die Bedeutung der durch die Gemeinden ausgewählten offiziellen Abgesandten als Garantien dafür, daß kein Mißbrauch vorkommt (8,19.23). Dies zeigt, daß vorher einmal der Verdacht bestanden haben muß, bei der Durchführung der Kollekte sei Geld unterschlagen worden. Auch Vers 7,2 weist auf einen solchen gegen Paulus gerichteten Verdacht hin. In diesem Zusammenhang weist πρὸς κατάκρισιν οὐ λέγω darauf hin, daß es sich um einen alten Streit handelt, von dem Paulus hofft, daß die Korinther keinen Anstoß mehr daran nehmen. In den Versen 12,16-18 wiederum dreht es sich um eine frische Anschuldigung, die mit der Überbringung der Kollekte zusammenhängt. Auch dieser Umstand legt nahe, daß die Kapitel 10 - 13 vor Kap. 1 - 9 geschrieben worden sind (S. 10-12).

3) Die Reisepläne, die Paulus in 1.Kor. 16,5-8 und 2.Kor. 1,15-16 offenlegt und die in 2.Kor. 10 - 13 enthaltene Androhung eines baldigen Besuches in Korinth (12,14; 13,1) legen nahe, daß die Kap. 10 - 13 älter als die Kap. 1 - 9 sein müssen. In den Kap. 1 - 9 verteidigt Paulus das Ausbleiben seines in Kap. 10 - 13 angekündigten Besuchs damit, daß er die Korinther "schonen" wollte (1,23) (S. 13-18).

4) Die Kapitel 10 - 13 künden von einer Auseinandersetzung, die gerade in vollem Gange ist, die Kapitel 1 - 9 wiederum bezeugen eine Aussöh-

nung und weisen mehrfach auf einen Streit hin, der vor kurzem stattgefunden hat. In 3,1 fragt Paulus in diesem Zusammenhang: ἀρχόμεθα πάλιν ἑαυτοὺς συνιστάνειν; (vgl. auch 5,12; 6,4). Im 1.Kor. hatte Paulus nicht geprahlt, somit weist πάλιν nicht einfach auf diesen Brief zurück. Es paßt aber ausgezeichnet als Hinweis auf die Kapitel 10 - 13 falls man sie für den Tränenbrief hält. Siehe 12,1.11 (S. 18-25).[10]

Hausrath betont in seiner Untersuchung weiterhin, daß Kap. 10 - 13 als solche einen fragmentarischen Eindruck erwecken. Der Beginn des Fragments αὐτὸς δὲ ἐγὼ Παῦλος läßt vermuten, daß ein Stück vorausgegangen sein muß, an das anschließend Paulus seine eigene Auffassung herausstellen will. Vielleicht war das vorausgegangene Stück eine Stellungnahme der Gemeinde von Ephesus zum Streit zwischen Paulus und der Gemeinde von Korinth. Der Redaktor der paulinischen Briefe hätte dann später nur noch den auf Paulus selbst zurückgehenden Teil aufbewahrt und ihn dem Schluß der beiden anderen Korintherbriefe angefügt (S. 27-28).[11]

Durch zusätzliche Argumente und die Verbesserung und Vertiefung der alten führte der Brite J.H. Kennedy die Hausrath'sche Deutung weiter. So vor allem in seinen zwei Schriften "Are there Two Epistles in 2. Corinthians?" (1897) und "The Second and Third Epistles of St.Paul to the Corinthians" (1900). Kennedy erkennt die Genialität von Hausraths Theorie an, wirft ihm aber unzureichende Begründung vor. Die Schwächen der früheren Formulierungen dieser Theorie auszumerzen, sieht er nun als seine besondere Aufgabe an.[12]

In seinem 1897 erschienenen Artikel stellt Kennedy drei Verspaare aus den Kap. 1 - 9 und den Kap. 10 - 13 nebeneinander. Die Paare korrelieren untereinander hinsichtlich "Handlung, Zweck und Stimmung" (act, purpose, feeling) auf folgende Weise: Der Vers aus 10 - 13 weist jeweils in die Gegenwart und die Zukunft, der Vers aus 1 - 9 dagegen jeweils in der selben Angelegenheit in die Vergangenheit. Es handelt sich um die Paare 13,10 - 2,3; 13,2 - 1,23; und 10,6 - 2,9 (S. 233-236).[13]

Im folgenden befaßt sich Kennedy u.a. mit der völlig unterschiedlichen Stimmungslage in den Kap. 1 - 9 und 10 - 13, richtet seine Aufmerksamkeit auf den holprigen Anschluß von Kap. 10 an Kap. 9 und hebt besonders hervor, daß in der Rede des Paulus im 2.Kor. durchweg die ganze

Gemeinde von Korinth angesprochen ist. Der letztere Umstand dient Kennedy dazu, die zur Verteidigung der Einheitlichkeit des 2.Kor. vorgebrachte These abzuwehren, derzufolge Paulus am Anfang des 2.Kor. zur versöhnungsbereiten Mehrheit der Gemeinde spricht, sich dagegen am Schluß an die noch aufständische Minderheit richtet. Kennedy stellt weiterhin fest, daß die in V. 2,4 gebotene Charakterisierung des "Tränenbriefes" auch gut auf den Inhalt der Kap. 10 - 13 zutrifft. Die Kapitel sind so geartet, daß es leicht fällt, sich vorzustellen, Paulus hätte sie später bedauern können (7,8). Kennedy meint auch, daß der Plan des Paulus, bald nach Korinth zu kommen, wie aus den Versen 12,20-21 und 13,2 hervorgeht, ausgezeichnet zu dessen früher anvisierten Reiseplan nach 1,23 und 2,1 paßt, zumal der Plan in 10 - 13 mit einer gewissen Unsicherheit behaftet war (13,2 "falls ich komme...").

Kennedy trug, als er 1900 dann seinen Artikel zu einer Monographie ausbaute noch weitere Gesichtspunkte zur Stützung seiner Theorie zusammen.[14] Zentral sind dabei folgende:

1) Der von Paulus verfaßte "Tränenbrief" ist nur unvollständig in den Kap. 10 - 13 enthalten. Dadurch erklärt sich, warum wir in Kap. 10 - 13 nicht auf all den Stoff treffen, den wir dort erwarten (S. XVI).
2) Zwischen Paulus und der Gemeinde in Korinth hätte es gut nur einen großen Streit gegeben haben können. Das Material des ganzen Korintherbriefes müßte von daher erklärt werden können (S. XXIV-XXV).
3) In der antiken Literatur gibt es noch andere Texte, in denen wir auf später durchgeführte redaktionelle Verbindungen und Trennungen stoßen.

Kennedy führt die unterschiedliche Aufteilung der Psalmen im masoretischen Text des AT und der LXX[15] (z.B. Ps. 9 - 10 mas. = Ps. 9 LXX, Ps. 114 - 115 mas. = Ps. 113 LXX), die homerische Hymne an Apollo und einen in Ägypten entdeckten Zollpapyrus [16] an. Andere Exegeten ergänzen die Reihe analoger Fälle. Lake bringt die Briefe Ciceros vor und legt dar, daß z.B. zwei Entwürfe des Briefes Ad Fam V. 8 existieren, die vermutlich Tiro später zu einem Brief verbunden hat[17]. Vielhauer richtet seinerseits seine Aufmerksamkeit auf die Tatsache, daß in einer syrischsprachigen Kurzfassung der Briefe des Ignatius die Briefe an die Römer und Trallianer zweifelsfrei aneinandergefügt sind, ohne daß dafür ein Grund zu erkennen wäre. Sehr wahrscheinlich ist auch der Brief des Polykarp an die Philipper eine Kombination aus zwei Briefen, von denen der ältere (Kap. 13 - 14 oder auch nur Kap. 13) dem jüngeren hinzugefügt oder in diesen hineingearbeitet worden ist. Der Grund dafür war offensichtlich, daß man beide Briefe als ein Ganzes überliefern wollte. Nach Vielhauer war es nicht ungewöhnlich, Grußformulierungen zu Beginn und am Schluß bei der Zusammenfügung der Briefe wegzulassen. So wurde z.b. mit den Briefsammlungen des Isokrates und des Apollonius von Tyana verfahren. Es genügten die Namen des Absenders und des Empfängers, wenn die Briefe zu Sammlungen zusammengestellt wurden; die Bewahrung der Grußformulierungen war nicht unbedingt nötig.[18] Schmiedel wiederum hebt hervor, daß Tatian noch in den Jahren 153 - 180, als er sein Diatessaron fertigstellt, den Text der alten Evangelien streicht, ändert und neu zusammenstellt. Er tat dies mit dergleichen Souveränität, mit der auch die Evangelisten Texte ihrer eigenen Vorgänger behandelt hatten. Schmiedel verweist noch auf den Schluß des Römerbriefes, sowie auf die Problematik des Beginns und Schlusses des Hebräerbriefes, bei dessen Entstehung der Redaktor seine Hand im Spiel hatte.[19]

4) Den inneren Widerspruch im 2.Kor. kann man nicht damit erklären, daß Paulus bestrebt war, seine Sache aus diplomatischen Gründen in einer bestimmten Reihenfolge vorzutragen, so daß er zunächst bewußt von den positiven Umständen spricht, um erst gegen Schluß des Briefes auf unangenehme Fragen zu kommen (S. 129-134).[20]

5) Die Tatsache, daß alle bekannten Handschriften den 2.Kor. als Ganzes überliefert haben und somit die Theorie von der Einheitlichkeit zu stützen scheinen, beweist nichts. Die Endredaktion hätte schon stattgefunden haben können, bevor mit der Kopierung des Briefes begonnen worden wäre. Im 1. Clemensbrief gibt es noch überhaupt keinen Hinweis auf den 2.Kor., was nachhaltig für die Auffassung spricht, daß der 2.Kor. erst relativ spät zusammengestellt wurde (S. 139-142).[21]

A. Plummer beschritt in seinem Kommentar zum 2.Kor. (3. Aufl. 1948) weiter den von Hausrath und Kennedy aufgewiesenen Weg. Nach der Pionierzeit wurden die völlig neuen Argumente allmählich weniger, aber die alten Argumente harrten noch der Verbesserung und Vertiefung. Auch Plummer brachte weitere vertiefende Gesichtspunkte vor, um die Auffassung zu stützen, daß die Kap. 10 - 13 den "Tränenbrief" bilden.

Der wichtigste Grund für die Scheidung der Kap. 10 - 13 von den Kap. 1 - 9 liegt darin, daß es psychologisch kaum vorstellbar ist, daß beide Kapitelblöcke von Anfang an zum selben Brief gehört haben. Falls Paulus beim Diktat seines - angenommen einheitlichen - 2.Kor. noch ungeklärte Probleme mit den Korinthern gehabt hätte, hätte er auf diese vernünftigerweise am Anfang seines Briefes kommen, und die Beteuerung der Aussöhnung an den Schluß stellen müssen, und nicht umgekehrt. Außerdem wäre es unklug, auf einmal auf die Korinther zu schimpfen und ihnen zu drohen, nachdem sie in den Kap. 8 - 9 zunächst dazu aufgefordert worden waren, eifrig zugunsten der Armen von Jerusalem finanzielle Opfer zu bringen (S. XXIX-XXX).

Sich widersprechende Aussagen gibt es in beiden Teilen des Briefes:

    1,24; 7,16; 8,7   -   13,5; 12,20-21
    2,3; 7,4   -   10,2
    7,11   -   11,3
    3,2   -   13,10

Durch die These, daß die Kap. 10 - 13 vor den Kap. 1 - 9 geschrieben wurden, werden die oben vorgestellten Verse in ein logisches Verhältnis zueinander gebracht. Die Warnungen und Befürchtungen gehören in den Zeitraum, als die Gemeinde sich in Auflehnung gegen Paulus befand; der freudige Dank dagegen gehört in eine Zeit, nachdem die Gemeinde Reue geübt hatte und ihr Verhältnis zu Paulus wieder in Ordnung gebracht ist (S. XXX-XXXI).

Es gibt in den Kap. 1 - 9 Stellen, die sich auf Sachverhalte zu beziehen scheinen, von denen in den Kap. 10 - 13 gesprochen wird:

    10,1   -   7,16 (θαρρῶ)
    10,2   -   8,22 (πεποιθήσει)

In beiden Fällen scheint Paulus seiner im früheren Brief negativ gemeinten Äußerung bewußt eine positive Bedeutung zu geben. Weiter sollte man beachten, wie verschiedenartig Paulus καυχᾶσθαι, καύχησις und καύχημα in verschiedenen Teilen des 2.Kor. verwendet. Diese Begriffe haben in den Kap. 10 - 13 einen negativen, in den Kap. 1 - 9 dagegen einen positiven Klang. Auch hier kann es sich um eine bewußte Bedeutungsverschiebung handeln, die darauf abzielt, den dem vorher abgesendeten Brief anhaftenden "schlechten Beigeschmack" zu nehmen (S. XXXI-XXXIII).[22]

Als gewichtigstes Argument gegen seine Auslegung läßt Plummer den Einwand gelten, daß sich für die Aufteilung des 2.Kor. in zwei Teile in den Handschriften selbst keine Stütze findet.[23] Inhatliche Gesichtspunkte wiegen aber auch diesem Einwand gegenüber schwerer (S. XXXV-XXXVI). Die sich auf Wortstatistiken stützenden Gegenargumente macht Plummer in einer Weise zunichte, der noch weiterreichende methodische Tragkraft zukommt. Er geht auf die Statistik ein, derzufolge es in den Kap. 1 - 9 und den Kap. 10 - 13 mehr als 20 Wörter gibt, die dort gemeinsam sind, aber in den übrigen paulinischen Briefen nicht üblich sind. Daraus wurde nun geschlossen, daß die Kapiteleinheiten von Anfang an zum selben Brief gehört haben müssen. Diese Argumentation zerbricht aber an den von Plummer aufgewiesenen mindestens ebenso schwerwiegenden statistischen Tatsachen. Demnach gibt es nämlich in den Kap. 10 - 13 mehr als 30 Wörter, die sich weder in den anderen Briefen des Paulus noch in den Kap. 1 - 9 finden lassen, entsprechend gibt es in den Kap. 1 - 9 mehr als 50 Wörter, die in den Kap. 10 - 13 nicht ausgemacht werden können. Mit nur statistischem Zahlenmaterial kann man also genauso gut das eine, wie das andere Argument stützen (S. XXXIV).[24]

b) Der 2.Kor. ist ein einheitlicher Brief

Bevor die kritische Bibelexegese den Blick auf den 2.Kor. richtete und versuchte, ihn in seine Teile zu zerlegen, setzte man allgemein als Selbstverständlichkeit voraus, daß der Brief, so wie er uns vorliegt, von Anfang an das Ergebnis eines einzigen Diktates des Paulus ist. Auch heute noch findet diese Auffassung nahmhafte Fürsprecher.[25] Zu ihnen gehört auch W.G. Kümmel, der in seiner Einleitung zum Neuen Testament (17. Aufl. 1973) die am häufigsten für die These der Einheit des 2.Kor. vorgebrachten Argumente zusammenträgt:

1) Obwohl die Atmosphäre in den Kap. 10 - 13 sehr von der in den Kap. 1 - 9 verschieden ist, gibt es auch in den Kap. 1 - 9 eine Reihe von Stellen, in denen sich Paulus gegen Mißverständnisse zur Wehr setzt (1,13ff,23ff; 4,2f; 5,11ff; 7,2), wie auch solche Stellen, in denen die Polemik des Paulus gegen andere Missionare zum Ausdruck kommt (2,11; 3,1). Weiterhin hat sich gemäß den Kap. 1 - 9 nur eine Minderheit (!) den Wünschen des Paulus gebeugt (2,6). Andererseits bekunden auch die Kap. 10 - 13 nur, daß _gewisse_ Leute - also nicht alle Korinther - Paulus angegriffen hatten (10,2.7.11f; 11,5.12f.18.20; 12,11.21; 13,2).[26]

2) Die Kap. 10 - 13 wurden nicht _vor_ den Kap. 1 - 9 abgeschickt. Dagegen spricht, daß in Vers 12,18 klar auf die in den Versen 8,6.16-18

erwähnte Aussendung des Titus und des einen "Bruders" Bezug genommen wird.[27]

3) In den Kap. 10 - 13 wird überhaupt nicht auf den Fall 2,3-5.9 eingegangen. Dieser müßte jedoch in den "Tränenbrief" gehören.[28]

4) In 2,3ff; 7,8ff wird mit keinem Wort erwähnt, wie die Gemeinde auf die in den Kap. 10 - 13 gegen die "Superapostel" erhobene Kritik reagiert.

5) Die Kap. 10 - 13 können auch nicht _später_ als die Kap. 1 - 9 abgeschickt worden sein. In ihnen wird nämlich mit keinem Wort erwähnt, daß Paulus von einer Verschlechterung der Lage in Korinth Kenntnis erhalten hätte, nachdem er die Kap. 1 - 9 abgeschickt hätte.[29]

6) Wohin sind der Schluß der Kap. 1 - 9 und der Beginn der Kap. 10 - 13 verschwunden? Auf diese Frage hätte man eine einleuchtende Antwort zu geben, falls man davon ausgeht, daß diese Texteinheiten erst später zusammengefügt worden sind.

7) Es genügt eine Unterbrechung des Diktats anzunehmen, um die Widersprüche zwischen Kap. 1 - 9 und Kap. 10 - 13 zu erklären (S. 252-253).[30]

Rafael Gyllenberg formuliert das oft gegen die These von Hausrath und zur Verteidigung der Einheitlichkeit des Briefes verwandte Argument so: "Der 'Zwischenbrief' (sc. "Tränenbrief") erreichte Korinth vor der Ankunft des Titus oder spätestens zusammen mit diesem. 12,16-18 setzen aber voraus, daß Titus den Korinthern schon bekannt war und erfolgreich in ihrem Kreis gewirkt hatte. Die Verse passen also nicht in den 'Zwischenbrief'."[31] Zum besseren Verständnis dieses Argumentes sei gesagt, daß Gyllenberg - wie viele andere auch - davon ausgeht, daß Titus gerade zu der Zeit zum _ersten_ Mal in Korinth weilte, als auch der "Tränenbrief" übermittelt wurde.

Der zweite Gesichtspunkt, auf den Gyllenberg bei seiner Verteidigung der Einheit des 2.Kor. besonderen Wert legt, ist die Gesamtgliederung des Briefes. Sie hat ihm zufolge die Form a - b - a:
a. die Abrechnung mit der Gemeinde in Korinth (1 - 7), b. die Kollekte, die für die Gemeinde in Jerusalem gesammelt werden soll (8 - 9),

a. die Abrechnung mit den Gegnern des Paulus (10 - 13). Gyllenberg fährt nach dieser Feststellung fort: "Für Paulus ist so eine Aufgliederung charakteristisch, es ist jedoch unglaubhaft, daß jemand, der verschiedene Bruchstücke des Briefes zusammengestellt hätte, so verfahren wäre."[32]

In seinem 1958 erschienenen Kommentar zum 2.Kor. bringt R.V.G. Tasker u.a. Argumente vor, wie sie von den Anhängern der Einheitshypothese noch nicht gebraucht worden waren, als sie die zentralen Gesichtspunkte vorstellten:

1) Der Beginn der Kap. 10 - 13 legt nahe, daß Paulus sich bewußt ist etwas zu schreiben, das vom Vorhergehenden abweicht und besonders eindrücklich ist (vgl. Gal 5,2). Er ist dabei von dem Wunsch beseelt, den Korinthern klar zu machen, sich ja nicht in dem Glauben zu wiegen, die Gefahr, abzufallen, sei schon vorüber. Ungeachtet der erzielten Versöhnung scheinen in den Herzen der Gemeindeglieder noch die Keime der Zwietracht zu schlummern in Erwartung eines erneuten Angriffes der Gegner des Paulus. Darum müssen die Korinther sehr klar erkennen, daß Paulus ihr rechtmäßiger Apostel ist. Zu diesem Zweck wurden die Kap. 10 - 13 geschrieben (S. 32).[33]

2) Die Kap. 10 - 13 enthalten nichts, was Paulus hätte bereuen müssen, so wie er seinen "Tränenbrief" bereut hatte. Paulus weinte auch schwerlich, als er diese Kapitel schrieb. Überhaupt sind diese Kapitel nicht so todernst gemeint, wie man allgemein annimmt. Im Gegenteil, an vielen Stellen zeigt sich ein Humor, der der Ernsthaftigkeit ihre Spitze nimmt. So muß man beispielsweise die Rede von der Torheit des Paulus in diesen Kapiteln verstehen, auch die Art und Weise, in der er im 12. Kap. von seinen Visionen erzählt, die Bezeichnung "Superapostel" 12,11 und die Rede von der "Verschlagenheit" 12,16 (S. 32-33).[34]

3) Der Vergleich der jeweiligen Beziehung der Verse 2,3 - 13,10, 2,9 - 10,6 und 1,23 - 13,2 untereinander gibt keinen Anlaß, die Kap. 10 - 13 für älter als die Kap. 1 - 9 zu halten. Man sollte diese Verse als Anspielungen einerseits auf die von Paulus vorher verschobene Reise, andererseits auf die jetzt bevorstehende Ankunft des Paulus in Korinth verstehen. Dann passen die Verse gut in den Rahmen ein und desselben Briefes. Auch die Rede in den Versen 3,1 und 5,12 vom "Selbst-

rühmen" deutet nicht auf den Inhalt der Kap. 10 - 13, denn eben dort weigert sich Paulus, sich nach Art seiner Gegner selbst anzupreisen (S. 33-34).

Mit zu den ungewöhnlichsten unter den neueren Versuchen, die Einheitlichkeit des 2.Kor. zu bewahren, zählt ein Artikel von Niels Hyldahl aus dem Jahre 1973. Die Besonderheit bei diesem Artikel liegt nicht etwa darin, daß dort völlig neue Argumente vorgebracht würden, sondern, daß dort auf Deutungen zurückgegriffen wird, die zwar im vorigen Jahrhundert vorherrschend waren, dann später aber völlig an den Rand gedrängt wurden. Hyldahl lehnt die These ab, daß Paulus Korinth einen sog. "Zwischenbesuch" abgestattet hätte und erkennt den "Tränenbrief" im 1.Kor. wieder. Daraus zieht er folgenden Schluß (S. 300): "Muß der Gedanke eines 'Zwischenbriefes' somit aufgegeben und der 'Tränenbrief' mit dem kanonischen 1.Kor identifiziert werden, dann fällt auch die Teilungshypothese Hausraths - und damit der Kern beinahe aller anderen, besonders neuerer Teilungshypothesen (außer 2 Kor 6,14 - 7,1) - zu Boden. Denn gab es keinen 'Zwischenbrief', gibt es auch für 2 Kor 10 - 13 - Hausraths 'Vier-Capitel-Brief' - keinen anderen Platz als dort, wo sich diese Kapitel jetzt befinden."
Hyldahls Artikel basiert zum großen Teil auf der Analyse der Reisepläne des Paulus und der Diskussion darüber, wieweit diese dann verwirklicht wurden. Der Artikel zeigt wieder einmal mehr, wie wichtig bei der Lösung der Problematik der Zusammensetzung des 2.Kor. die genaue Klärung der konkreten Ereignisse ist, die den Hintergrund der Anspielungen in verschiedenen Teilen des Briefes ausmachen. Geht man hier fehl, bricht das ganze darauf aufbauende Argumentationsgebäude zusammen.[35]

c) Der "Tränenbrief" besteht aus den Kapiteln 10 - 13 und den Versen 2,14 - 7,4

1894 rezensierte Johannes Weiß in der Theologischen Literaturzeitung ein Büchlein von Anton Halmel "Der Viercapitelbrief im zweiten Korintherbrief des Apostels Paulus". Halmel trennte den Abschnitt 2,14 - 6,10 als einen eigenständigen vier Kapitel umfassenden Brief ab, in dem Paulus seiner Freude über die Besiegung seiner Gegner Ausdruck gibt. Halmel hält ihn für den letzten Brief, den Paulus an die Korinther schickte. Halmel sieht noch zwei weitere Briefe im 2.Kor.; es wären zunächst die Verse 1,1 - 2,13 + 6,11-13 + 7,2-16 sowie dann die Kap. 10 - 13.[36] Weiß sieht in dieser These einen klaren Schritt nach vorn für die Untersuchung des Problems der Zusammensetzung des 2.Kor. Sie bleibe jedoch auf halbem Weg stehen. Der Brief, der 2,14 beginnt, endet nämlich nach Auffassung von Weiß nicht mit dem Vers 6,10, sondern erst mit 7,3(4). Er ist auch nicht freudig triumphierender, sondern im Gegenteil eher betrübter Natur. Nach Weiß zeigen die

Verse 3,2ff, in denen die Korinther erwähnt werden, als "Empfehlungsbrief" des Paulus eben nicht, daß zwischen Paulus und den Korinthern alles in Ordnung gewesen wäre. Außerdem sagen die Worte in 5,11 ἐλπίζω δὲ καὶ ἐν ταῖς συνειδήσεσιν ὑμῶν πεφανερῶσθαι nur etwas über die Hoffnung des Paulus aus: Er hofft, daß ihm die Korinther nach seinen vorangegangenen Klarstellungen den Rücken decken. Der Tonfall ist hier völlig anders als im 7. Kapitel: Die Verteidigung des Paulus in 2,17 und 4,2 läßt durchaus nicht auf einen Sieger schließen, vielmehr sind die ständigen Seitenblicke auf die Gegner, überhaupt die ganze Verteidigung des Apostelamtes und der Amtsführung in 2,14 - 7,4 nur zu verstehen, wenn die Beziehung zur Gemeinde noch nicht wieder ins Lot gebracht worden ist. Wegen dieser Umstände wäre es nach Weiß das Beste, den Abschnitt 2,14 - 7,3(4) mit den Kap. 10 - 13 zusammenzuziehen. Zusammen würden dann beide Teile den "Tränenbrief" ergeben (Sp. 513-515).

In seinem 1917 erschienenen Werk "Das Urchristentum" präsentierte Weiß eine ausführlichere Begründung für seine Auffassung. Zunächst stellt er fest, daß die Kap. 10 - 13 von den versöhnlicheren Teilen des 2.Kor. zu trennen sind. Zusätzliche Sicherheit in dieser Frage würde man durch einen Vergleich der Verse 10,6 - 7,15 und 12,20-21 - 7,16 untereinander gewinnen. Aus diesem Vergleich ist leicht ersichtlich, daß die Verse aus den Kap. 10 und 12 eine andere und zeitlich frühere Situation wiedergeben als die Verse aus Kap. 7. Die Kap. 10 - 13 zeugen von einem so heftigen Zorn und Schmerz, daß das harmonische und fröhliche 7. Kap. nicht mit ihnen zusammengehören kann. Diese Gesichtspunkte waren schon seit langem bekannt. Neu dagegen war in der Geschichte der Erforschung der literarischen Konstruktion des 2.Kor. wie Weiß seine Ausführungen weiterführte: Er findet noch weitere Teile im 2.Kor., die ebenso deutlich Zeugnis von einer heftigen Auseinandersetzung geben, wie die Kap. 10 - 13. Es ist der Abschnitt 2,14 - 6,13; 7,2-4. Gleich am Anfang des Abschnittes findet sich ein Angriff gegen jene, die das Wort Gottes verfälschen (2,17). Im weiteren Verlauf wird gegen ihre Empfehlungsschreiben zu Felde gezogen (3,1). Außerdem beruft sich Paulus auf sein erfolgreiches Wirken (3,2f, vgl. 10,14ff), weiterhin wird das "Geistesapostolat" gegenüber dem von den Judaisten vertretenen alten Bund hervorgehoben (3,4 - 4,6). Auch die Schilderung der Leiden des Paulus gehört dazu (4,7-18). Mit den Versen 5,11-15 wiederum wird der Zweck verfolgt, den Korinthern die Chance zu geben, sich mit Paulus denjenigen gegenüber zu rühmen, die sich ihrerseits mit ihrer Beziehung zu Jesus brüsten. Vor allem 6,1-3 und 7,2-4 stellen eine bewegende Bitte an die Korinther dar, Paulus doch ihr Herz zu öffnen.[37] Dieses Gesamtbild bringt Weiß zu dem Schluß, daß auch die Verse 2,14 - 7,4 mit zum "Tränenbrief" gehört haben müssen. Den Hintergrund für diese Theorie bietet letztlich natürlich die literarkritische Beobachtung, daß die 2,13 endende Erzählung völlig bruchlos in 7,5 fortgeführt wird, woraus deutlich wird, daß das Stück zwischen diesen beiden Versen vom Redaktor des 2.Kor. hinzugefügt wurde (S. 264-265).

Rudolf Bultmann schloß sich den Ansichten seines Lehrers Weiß zum Problem der Komposition des 2.Kor. an. In seinem Kommentar zum 2.Kor. aus dem Jahre 1976 begründet er seine Übernahme der Teilungshypothese lediglich mit dem Hinweis auf die bekannten Nahtstellen des 2.Kor. sowie mit dem Umstand, daß nach gemeinsamem Zeugnis der beiden Korintherbriefe Paulus insgesamt vier Briefe nach Korinth geschrieben haben müßte. Davon enthielten der erste und der zweite kanonische Korintherbrief jeweils zwei Briefe. Auf die Frage, warum der 2.Kor. gerade in der von Weiß demonstrierten Weise aufgeteilt werden soll, bleibt Bultmann die Antwort schuldig (S. 22-23).[38]

Die gleiche Grundentscheidung wie die oben erwähnten Exegeten vertritt auch Philipp Vielhauer in seiner "Geschichte der urchristlichen Literatur" (1975). Als eine wichtige Begründung für den uneinheitlichen Charakter des 2.Kor. führt er folgendes an: Daß der 2.Kor. eine Briefsammlung ist, zeigt sich vor allem darin, daß seine Uneinheitlichkeit allein im Rahmen der Gesamtkomposition sichtbar wird. Die großen Textabschnitte, wie z.B. 2,14 - 7,4 und 10 - 13 sind dagegen in sich ausgezeichnet durchgegliedert (S. 151).[39]

d) Der Abschnitt 2,14 - 7,4 ist ein von den übrigen Briefen gesonderter Brief

1961 erschien von Günther Bornkamm "Die Vorgeschichte des sogenannten Zweiten Korintherbriefes". Darin stellt Bornkamm eine neue Theorie zur Frage der Zusammensetzung des 2.Kor. auf. Sie fand unversehens großen Widerhall. Bornkamms These erinnert weithin an die Lösung von Weiß, die im letzten Kapitel vorgestellt wurde. Neu an seiner Auslegung ist jedoch, daß der Abschnitt 2,14 - 7,4 aus der Verbindung mit den Kap. 10 - 13 zu einem eigenständigen Brief herausgelöst wird. Nach Bornkamm wurde 2,14 - 7,4 schon vor dem "Tränenbrief" bzw. den Kap. 10 - 13 nach Korinth abgeschickt. Als letzten Brief hätte Paulus dann noch den "Versöhnungsbrief" bzw. die zusammengehörigen Teile 1,1 - 2,13 und 7,5-16 geschickt.[40] Den dazwischenliegenden Abschnitt 2,14 - 7,4, die "Apologie" hätte Paulus vor seinem "Zwischenbesuch" der Gemeinde von Korinth geschrieben. Anlaß dafür war, daß Paulus zu Ohren gekommen war, daß sich neue Lehrer in Korinth breitmachten. Er hielt jedoch seine eigene Position in dieser Situation noch nicht für merklich bedroht (S. 17, 23).

Den im eigentlichen Sinne neuen Beitrag zur literarkritischen Erforschung des 2.Kor., nämlich die Abtrennung des Abschnittes 2,14 - 7,4 von den Kap. 10 - 13 begründet Bornkamm u.a. damit, daß die herzliche Anrede der Gemeindeglieder in 6,11-13; 7,2-4 nicht mit dem Inhalt der Kap. 10 - 13 in Einklang zu bringen ist. Nach Bornkamm appelliert Paulus in 2,14 - 7,4 an die Gemeinde als einer, der sich seiner Position sicher ist (6,11f; 7,4). Von einem solchen Vertrauen findet sich in den Kap. 10 - 13 keine Spur. Vielmehr gibt Paulus dort seiner Verbitterung über die Begeisterung der Gemeinde für die Botschaft und Prahlerei der Lügenpropheten Ausdruck (11,20f).[41] Gegen Weiß konstatiert Bornkamm außerdem: "Hätten wirklich 2,14 - 7,4 und 10 - 13 ursprünglich in demselben Briefe gestanden, müßte ja auch für die Auseinanderreißung beider Stücke durch den Redaktor eine Erklärung gefunden werden." Das scheint Bornkamm jedoch unmöglich zu sein (S. 22-23).

Nach der These von Bornkamm bilden die Kap. 10 - 13 somit den "Tränenbrief". Zu ihrer Begründung setzt er sich mit der Frage auseinander, warum im "Versöhnungsbrief" kein Wort über die Gegner des Paulus, die Lügenapostel, fällt, obwohl diese in den nur wenig früher geschriebenen Kap. 10 - 13 eine zentrale Rolle spielen. Bornkamms Antwort: Die Gegner des Paulus waren umherreisende Prediger und hatten die Gemeinde schon verlassen, als der "Versöhnungsbrief" geschrieben wurde. In dieser Situation gab es dann keinen Grund mehr, über sie ein Wort zu verlieren, und so geht er nur auf die Korinther ein, denen auch der in 2,7 erwähnte Mann, der Paulus Unrecht angetan hatte, zugehörte (S. 19-20).

Bornkamm sichert seine eigene Theorie ab, indem er auch Argumente gegen jene Auslegung zusammenträgt, die in den Kap. 10 - 13 einen Brief sieht, der erst *nach* den Kap. 1 - 7 nach Korinth geschickt wurde:

1) Diese These würde voraussetzen, daß sich Titus in seiner Einschätzung der Gemeinde von Korinth geirrt hätte (7,13-16). Jedoch sprechen die harten Maßnahmen, die die Gemeinde zur Bestrafung des Mannes, der sich an Paulus vergangen hatte, ergriff (2,6; 7,11), für eine ehrliche Reue der Gemeinde.

2) Es ist unwahrscheinlich, daß die Gemeinde nach kurzer Zeit *von neuem* einen Sinneswandel in ihrem Verhältnis zu Paulus durchgemacht hätte und nach der großen Aussöhnung schon der *zweite* Bruch gefolgt wäre.

3) Auf eine <u>zweite</u> Auseinandersetzung, die nach dem schon geschlossenen Frieden stattgefunden hätte, gäbe es sicher einen deutlichen Hinweis in den Kap. 10 - 13.

4) Im Römerbrief, den Paulus nach seiner Ankunft aus Makedonien in Korinth geschrieben hatte, gibt es nicht die geringste Spur davon, daß sich Paulus inmitten einer aufständischen Gemeinde befinden würde oder wieder einmal einen gegen ihn inszenierten Aufstand zu einem guten Ende gebracht hätte. Dies läßt sich nur damit erklären, daß der Streit schon lange zurückliegt: mit anderen Worten - der "Tränenbrief" war schon vor dem "Versöhnungsbrief" geschrieben worden (S. 20).[42]

<u>Bornkamm</u> versucht auch zu erklären, was den Redaktor motiviert haben könnte, die Brieffragmente ausgerechnet in der Reihenfolge zusammenzusetzen, die wir jetzt im 2.Kor. vorfinden. Er zeigt auf, daß es in der urchristlichen Literatur nicht ungewöhnlich war, an das <u>Ende</u> einer Schrift Warnungen vor endzeitlichen Pseudopropheten und Irrlehrern zu stellen.[43] Der Redaktor hätte den Sinn des "Tränenbriefes" auf dieser Basis verstanden und ihn daher an den Schluß des 2.Kor. gestellt. Aus der Plazierung der "Apologie" mitten im "Versöhnungsbrief" werde dagegen das Bestreben des Redaktors deutlich, Paulus zu idealisieren. Durch Umstellung des Textes erhielte die Reise des Paulus von Ephesus nach Makedonien den Charakter eines Triumpfzuges. Der große Völkerapostel schreitet siegreich voran, um die ihm von Gott auferlegte Aufgabe zu erfüllen. <u>Zufällig</u> paßte der Schluß der Apologie verhältnismäßig gut mit dem Beginn des Schlußteils des "Versöhnungsbriefes" zusammen (7,5ff) (S. 25-31).

Vor Markion findet sich kein Hinweis auf den 2.Kor. Die Unbekanntheit des Briefes ist ein klares Indiz dafür, daß er erst zusammengestellt wurde, nachdem der 1.Kor. schon in verschiedenen Gemeinden verbreitet war. Das Schweigen des 1.Clemensbriefes ist in dieser Beziehung sehr aufschlußreich. <u>Bornkamm</u> stellt fest, daß gerade der 2.Kor. dem Verfasser des Clemensbriefes geeignetes Material für seine Zwecke geboten hätte. Diese Beobachtung verleiht der Annahme, der Verfasser habe den 2.Kor. nicht gekannt, zusetzliches Gewicht.[44] Die Art der Zusammensetzung des 2.Kor. weist laut <u>Bornkamm</u> darauf hin, daß sie ungefähr 100 n.Chr. erfolgt ist (S. 33-35).[45]

In seiner Abhandlung "Die Gegner des Paulus im 2. Korintherbrief" (1964) vertritt Dieter Georgi die gleiche Grundentscheidung wie Bornkamm. Folgende Gesichtspunkte - außer der Evidenz deutlicher Nahtstellen - bringen ihn zu der Annahme, daß das Stück 2,14 - 7,4 (abgesehen vom "Zwischenstück") vom übrigen Material der Kap. 1 - 7 abzusondern ist.

1) Der Abschnitt 2,14 - 7,4 hebt sich sachlich deutlich von seinem Kontext ab. Im Unterschied zum übrigen Stoff der Kap. 1 - 9 ist er polemisch gehalten.[46] Die Gemeinde hält es noch mit der antipaulinischen Opposition und Paulus muß energisch um seine Anerkennung kämpfen. Den Versen 1,1 - 2,13 und 7,5-16 gemäß wird die Autorität des Paulus wieder anerkannt.

2) Die lehrhaften Stücke in 2,14 - 7,4 sind durchweg theologischer Disput mit einer Irrlehre. Von einer solchen gibt es aber in 1,1 - 2,13 und 7,5-16 keine Spur.

3) In 2,14 - 7,4 fehlt jeder Hinweis auf den von Titus vermittelten Friedensschluß. Die Verse 3,1ff hätten gute Gelegenheit dazu geboten.

4) Der Schluß des Abschnittes 2,14 - 7,4 - nämlich 6,11-13 und 7,2-4 - paßt nicht zum "Versöhnungsbrief". In diesen Versen muß Paulus noch um die Gunst der Korinther werben. Besonders bitter klingen die Verse 6,11-13. Nach 2,1ff und 7,5ff hat Paulus jedoch das volle Vertrauen der Gemeinde wiedergewonnen (S. 22-23).

Obwohl der Abschnitt 2,14 - 7,4 viel mit den Kap. 10 - 13 gemein hat, lassen sich diese Fragmente nach Georgi dennoch nicht als verschiedene Teile desselben ursprünglichen Briefes zusammenfügen. Er begründet diese Ansicht wie folgt.

1) In 2,14 - 7,4 wirbt Paulus noch um die Korinther. Er greift nicht sie, sondern lediglich die unter ihnen wirkenden "Pseudoapostel" an. In den Kap. 10 - 13 dagegen findet man kein positives Wort über die Gemeinde wie es etwa noch in 7,4 ausgesprochen wurde. Vielmehr muß sich Paulus dort mit den Gemeindegliedern ebenso wie mit den zugewanderten Gegnern auseinandersetzen.

2) Verglichen mit 2,14 - 7,4 ist die Auseinandersetzung in Kap. 10 - 13 deutlich schärfer und vor allem persönlicher. Für lehrhafte Ausführungen bleibt kein Platz mehr.

3) Das Rühmen des Paulus in 2,14 - 7,4 ist anders geartet als in Kap.

10 - 13. In 2,14 - 7,4 lehnt Paulus die Selbstempfehlung ab, während er sie Kap. 10 - 13 in Form einer Narrenrede ausübt.

4) Als Paulus den Abschnitt 2,14 - 7,4 schrieb, drohte die Gemeinde den Argumenten der Gegner des Paulus zu erliegen. Paulus hatte jedoch noch Hoffnung, daß sich die Situation glücklich entspannt. Als er die Kap. 10 - 13 diktierte, war die Gemeinde jedoch schon den Gegnern in die Falle gegangen; aus der Sicht des Paulus erschien die Lage nun nahezu hoffnungslos (S. 23-24).

Schon vor <u>Bornkamm</u> war <u>Walter Schmithals</u> in seiner literarkritischen Analyse des 2.Kor. zu einer ähnlichen Teilungstheorie gelangt. <u>Schmithals</u> verknüpft in seiner Arbeit die Aufteilung des 2.Kor. in verschiedene Teile jedoch mit einer so komplizierten Rekonstruktion der Geschichte der Beziehungen zwischen Paulus und der Gemeinde von Korinth, daß dieser Theorie allein in der von ihm formulierten Version keine Unterstützung beschieden war. Viele der oben als Argumente <u>Bornkamms</u> oder <u>Georgis</u> vorgetragenen Gesichtspunkte kamen schon - wie <u>Georgi</u> selbst anmerkt[47] - in <u>Schmithals</u>' 1956 in erster Auflage erschienenen Monographie "Die Gnosis in Korinth" vor.[48] Weitere bisher ungenannte namhafte Neutestamentler, die die gleiche Auffassung vertreten, sind u.a. <u>W. Marxsen</u>,[49] <u>R. Fuller</u>,[50] <u>R. Jewett</u>,[51] <u>H.-D. Wendland</u>,[52] <u>F. Hahn</u>,[53] <u>A. Suhl</u>[54] und <u>H. Köster</u>.[55] Sie tragen aber nichts wesentlich Neues gegenüber der bisher vorgestellten Argumentation vor.[56]

e) Die Kapitel 10 - 13 wurden nach den Kapiteln 1 - 7 abgeschickt

<u>Hans Windisch</u> vertrat in seinem 1924 erschienenen Kommentar zum 2.Kor. die Auffassung, daß die Kap. 10 - 13 den <u>letzten</u> Brief bilden, den Paulus nach Korinth geschickt hatte.[57] Er kam zu seiner Auffassung, da er sich keiner der beiden früher vorherrschenden Alternativen anzuschließen vermochte. Der 2.Kor. konnte seiner Ansicht nach kein einheitlicher Brief sein; ebensowenig war es ihm jedoch möglich, in den Kap. 10 - 13 den "Tränenbrief" zu erkennen.

Wenn <u>Windisch</u> die Gründe für seine Auffassung, daß die Kap. 10 - 13 nicht den "Tränenbrief" bilden, anführt, lehnt er sich in seiner Argumentation sehr an die der Verfechter der Einheitshypothese an. In den Kap. 10 - 13 kommt der Zwischenfall, den der Mann, der sich an Paulus verging, verursacht hatte, überhaupt nicht vor. Die Hauptsache in den Kap. 10 - 13, nämlich der Angriff auf die Gegner, bleibt in den Kap. 1 - 7 unerwähnt.[58] Man kann außerdem schwerlich behaupten, daß die Kap. 10 - 13 in "großer Bedrängnis des Herzens" und "unter Tränen" (2,4) geschrieben worden sind (S. 14).

Der 2.Kor. kann aber auch kein urspünglich einheitlicher Brief sein, aus u.a. folgenden Gründen: Die Abweichungen der Kap. 10 - 13 gegenüber den vorangegangenen Kapiteln lassen sich nicht allein mit dem Verlangen des Paulus erklären, nach der erreichten Versöhnung auch noch die letzten Schwierigkeiten in seinem Verhältnis zur Gemeinde zu beseitigen. Auch die Berufung auf die wechselhafte Stimmung des Paulus trägt als Argument zur Rettung der Einheit nichts aus, ebensowenig die Vorstellung, Paulus ließe noch einmal der Stimmung, die vor der Versöhnung herrschte, freie Bahn. Obwohl man von der Existenz der Gegner auch in Kap. 1 - 7 ausgehen kann, haben diese dort kaum den gleichen Einfluß auf die Gemeinde, wie in den Kap. 10 - 13. Obwohl auch in Kap. 1 - 7 der Eindruck erweckt wird, daß das Verhältnis zwischen Paulus und der Gemeinde nicht ganz reibungslos ist, wird es dort - vor allem am Schluß - längst nicht als so angespannt dargestellt, wie in den Kap. 10 - 13. Ferner macht Paulus nirgendwo einen Unterschied zwischen der Mehrheit und der Minderheit der Gemeinde oder zwischen zugewanderten Agitatoren und eigentlichen Gemeindegliedern als den jeweiligen Zielgruppen der verschiedenen Teile des Briefes. Da Paulus außerdem pragmatische Fragen an den Schluß seiner Briefe zu stellen pflegte, wäre es ein Wunder, wenn er seine heftige Auseinandersetzung mit der Gemeinde erst nach der Klärung von Fragen, die mit der praktischen Durchführung der Kollekte zusammenhängen, beginnen würde. Vor allem wäre unverständlich, warum die Verdächtigungen gegen Paulus wegen der Durchführung der Kollekte _erst_ in den Versen 12,16-18 zur Sprache kommen (S. 14-16).

Die Kap. 10 - 13 müssen gegenüber den Kap. 1 - 7 als ein späterer Brief angesehen werden, da andere Auffassungen unbrauchbar sind. Außerdem wird nur in den Kap. 10 - 13 klar vorausgesetzt, daß Paulus schon zweimal Korinth besucht hat; möglicherweise fand der zweite Besuch auch erst nach der Abfassung der Kap. 1 - 7 statt. Schon die Kap. 1 - 7 lassen deutlich werden, daß zwischen Paulus und der Gemeinde weiterhin Auseinandersetzungen bestanden: Aus dem schwelenden Scheit ist nach <u>Windisch</u> wieder einmal eine große lodernde Flamme geworden (S. 16-18).[59]

In seinem 1973 erschienenen Kommentar sowie in zahlreichen Artikeln vertritt auch <u>C.K. Barrett</u> eine Lösung, der gemäß die Kap. 10 - 13 als eigenständiger Brief erst verfaßt wurden, nachdem die Kap. 1 - 7 abgeschickt worden waren. Zur Begründung seiner Lösung rekonstruiert <u>Barrett</u>, wie sich die Beziehung zwischen Paulus und der Gemeinde von Korinth entwickelt hatte: Bei seinem "Zwischenbesuch" in Korinth wurde Paulus von einer der Gemeinde zugewanderten Person angegriffen (2,5ff). Dabei trat die Gemeinde nicht so für Paulus ein, wie der sich das erhofft hatte. Allerdings ergriffen die Korinther auch nicht ausdrücklich für die auswärtigen Gegner des Paulus Partei. Paulus reiste schließlich aus der Gemeinde ab und schrieb den - vollständig verlorengegangenen - "Tränenbrief" (2,4). Dieser wurde dann von Titus nach Korinth gebracht. Titus erhielt gleichzeitig den Auftrag, sich um die Kollekte zu kümmern. Paulus selbst blieb besorgt über die Entwicklung der Dinge am Ort zurück. Seine Hauptsorge galt dabei Titus, der mit seinen Gegnern zu tun haben und aller Wahrscheinlichkeit nach mit einer größeren Geldsumme zurückkehren würde. In Makedonien traf Paulus dann tatsächlich mit Titus zusammen. Dieser wußte ihm zu berichten, daß die Korinther voll auf seiner Seite stünden und gerade dabei wären, den Mann, der sich an Paulus vergriffen hatte, zu bestrafen. Auch die Kollektensammlung hätte einen guten Anfang genommen. Um diese zu einem guten Abschluß zu bringen, schrieb Paulus nun den die Kapitel 1 - 9 umfassenden Brief und schickte Titus sowie zwei weitere "Brüder" um diesen Brief zu überbringen. Entweder durch den Umstand, daß diese bei ihrer Rückkehr völlig außer Fassung waren oder einen anderen Umstand wurde Paulus klar, daß Titus die Situation völlig falsch eingeschätzt hatte. Eine andere Möglichkeit wäre, daß sich diese Lage selbst seit dem früheren Besuch des Titus radikal gewandelt hätte. Aus dieser neuen Situation heraus schrieb Paulus den aus den Kap. 10 - 13 bestehenden Brief. Anschließend unternahm er seine dritte Reise nach Korinth, wo es ihm schließlich gelang, die Gemeinde für sich zu gewinnen, was die Abfassung des Römerbriefes in Korinth beweist (S. 6-10, 20).

<u>Barrett</u>s Theorie baut entscheidend auf der These auf, daß der "Zwischenbesuch" des Paulus in Korinth nicht so "traurig" verlaufen ist, wie in der Forschung gewöhnlich angenommen wird. Seine Version begrün-

det Barrett u.a. damit, daß Paulus nach 7,4 die Korinther vor Titus hochgelobt hatte, bevor er diesen auf die Reise schickte, um den "Tränenbrief" zu überbringen. Wären die Kap. 10 - 13 der "Tränenbrief", wäre dies unbegreiflich. In der Tat habe Titus bei seinem ersten Aufenthalt in Korinth auch nicht einen Kampfbrief im Stil der Kap. 10 - 13 überbracht, sondern einen weniger dramatischen Brief, in dem vor allem von dem in 2,5 erwähnten Mann die Rede war, der Paulus verletzt hatte. Die Hauptaufgabe für Titus lag aber darin, sich um die Kollekte zu kümmern, wofür es in 8,6 einen deutlichen Hinweis gibt. Die Zerschlagung eines Aufstandes und die Sammlung der Kollekte passen jedoch nicht zusammen (S. 20-21).[60]

Den großen Vorteil dieser Hypothese sieht Barrett darin, daß Paulus seine Vorrangstellung als der in jeder Hinsicht verdienstvollere Mann gegenüber seinem Assistenten Titus beibehält. Aufgrund dieser Auslegung braucht man sich nicht vorzustellen, Titus hätte in einer Situation klarkommen können, in der Paulus sich als machtlos erwiesen hatte. Titus war, nach allem zu urteilen, ein fähiger Mann, vermochte aber nicht, sich richtig in die Korinther einzufühlen. Erst Paulus konnte schließlich wieder Zucht und Ordnung herstellen, erst Paulus war in der Lage die für Jerusalem bestimmte Geldspende zusammen zu bekommen (Röm. 15,26) (S. 21).

Laut Barrett wurden die Probleme, die sich aus den Nahtstellen des 2.Kor. ergeben, überbewertet. Sogar 6,14 - 7,1 gehört nach seiner Auffassung von Anfang an zum Kontext. Der einzige ernstzunehmende Bruch sei der zwischen Kap. 9 und 10. Diejenigen Neutestamentler, die komplizierte Teilungshypothesen vertreten, hätten keine überzeugende Antworten auf die Frage geben können, warum der Redaktor die Fragmente gerade so zusammengesetzt hat, wie von ihnen vorausgesetzt wird.

Nach Meinung von Barrett läßt sich schwerlich ein Grund vorstellen, der den Redaktor veranlaßt haben könnte, zunächst 2,14 - 6,13 und 7,2-4 sowie Kap. 8 in die Kap. 1 - 9 einzubauen und danach in die so entstandene Einheit das Stück 6,14 - 7,1 einzufügen. Er kritisiert u.a. Bornkamms Vorstellung von den Motiven, die den Redaktor geleitet haben sollen. Die Kap. 10 - 13 sind keine Warnungen davor, was am jüngsten Tag geschehen wird, sondern eine Polemik gegen die Zeitgenossen des Paulus. Es ist schwer begreiflich, wie jemand 2,12f als ein Bildnis von Paulus, in dem er als Triumphator für die Sache des

Evangeliums gezeichnet wird, hätte verstehen können, wie es der Deutung Bornkamms entsprechen würde (S. 23-24).[61]

Zum Schluß sollen noch zwei Artikel genannt werden, die die Kap. 10 - 13 als letzten Brief des Paulus an die Korinther ansehen.

1) 1949 erschien der Artikel: "Paul and the Corinthian Church" von Lindsey P. Pherigo. Nach Pherigo müssen die Verse 8,16-24 wesentlich früher als die Verse 12,14-18 entstanden sein. Beide Stellen weisen auf dieselbe Mission hin. Die erste Stelle gehört in einen Brief, den Titus persönlich übermittelte. Darin wird Titus den Korinthern ans Herz gelegt. 12,14-18 verteidigen im Nachhinein einige Mißstände, die bei dieser Mission aufgetreten sind. In Korinth waren nämlich Zweifel laut geworden, ob bei der Organisation der Kollekte für Jerusalem alles mit rechten Dingen zuging. Man kann darum Kap. 10 - 13 nicht als den "Tränenbrief" ansehen; aus dem gleichen Grund ist es aber auch nicht möglich, den 2.Kor. für einen einheitlichen Brief zu halten (S. 341-342).
Der Besuch, bei dem der "Tränenbrief" überbracht wurde, war offensichtlich der erste des Titus in Korinth. Dabei ging es noch nicht um die Kollekte. Titus und seine Begleiter nahmen die Kollektensammlung in Korinth vielmehr erst beim zweiten Besuch in die Hand, ganz dem Plan entsprechend, der in den Kap. 8 - 9 vorausgesetzt ist. Obwohl Paulus nach Apg. 20,2 anschließend auch nach "Griechenland" reiste, schaffte er es trotz seiner Versprechungen diesmal nicht zu einem dritten Besuch in Korinth. Pherigo gibt als Begründung für diese Annahme an, daß nach den beiden Kapitelblöcken 10 - 13 und 1 - 9 Paulus erst zweimal in Korinth gewesen war (2,1; 12,14; 13,1-2). Zwischen dem Zeitpunkt, zu dem die Kollekte erst in Planung ist (Kap. 8 - 9) und dem Zeitpunkt, wo diese Kollekte schon ferne Vergangenheit ist (12,14-18) hätte somit kein Besuch des Paulus stattgefunden.[62] Deswegen müssen auch die Kap. 10 -13 erst in die Jahre des Romaufenthalts datiert werden. In Rom erhielt Paulus schlechte Nachrichten aus Korinth. Dort war der Verdacht aufgekommen, daß bei der Übermittlung der Kollekte Unregelmäßigkeiten aufgetreten waren. Der Verdacht der Gemeindeglieder hatte sich noch dadurch erhärtet, daß ihnen Paulus nach der Überbringung der Kollekte aus dem Weg gegangen war und nicht - wie versprochen - gekommen war. Die Drohung des Paulus in Kap. 10 - 13 ein drittes Mal zu kommen (12,14; 13,1) legt nahe, daß er beim Diktat dieser Kapitel schon wieder aus der Gefangenschaft in Rom freigekommen war (S. 345-347).

2) In seinem 1965 erschienenen Artikel vertritt Richard Batey die Auffassung, daß die Kap. 10 - 13 nicht der "Tränenbrief" sein können. Obwohl sie in vieler Hinsicht auf die Beschreibung des "Tränenbriefes" in den Kap. 1 - 9 passen, sind diese Merkmale doch so allgemeiner Natur, daß sie auf jeden disziplinarischen Brief zutreffen könnten. Die Kap. 10 - 13 wurden verfaßt, als der von Paulus angesagte Besuch kurz bevorstand; der "Tränenbrief" dagegen anstelle eines solchen Besuches.[63] Auch der nachfolgende Vergleich, in dem Verse aus den Kap. 1 - 9 sowohl dem 1.Kor. als auch den Kap. 10 - 13 gegenübergestellt werden, zeigt laut Batey, daß viele Einzelheiten in 1 - 9 ebensogut auf den 1.Kor. wie auf die Kap. 10 - 13 hinweisen könnten.

1.Kor. 4,18-19	-	2.Kor. 1,23b	-	2.Kor. 13,2
1.Kor. 4,21	-	2.Kor. 2,3a	-	2.Kor. 13,10a
1.Kor. 4,14	-	2.Kor. 2,9	-	2.Kor.10,6

Wenn man die Kap. 10 - 13 für den "Tränenbrief" hält, muß man aufgrund der Verse 12,17f auch zu dem Schluß gelangen, daß Titus schon früher in der Gemeinde gewesen war und ihm Betrügereien vorgeworfen wurden. Nach 7,13-16 dagegen hatte Titus die Korinther noch nicht vor jener Reise gekannt, auf der er ihnen den "Tränenbrief" überbrachte. In jedem Fall scheint es sehr unwahrscheinlich, daß Paulus die Übermittlung des "Tränenbriefes" jemandem anvertraute, der im Verdacht stand, Unterschlagungen begangen zu haben (S. 141-142).
Das Besondere an Bateys Exegese ist die schon von Windisch aufgestellte Hypothese, daß der zweite Besuch des Paulus in Korinth erst in die Zeit nach der Absendung der Kap. 1 - 9 einzuordnen ist. Der vollständig verloren gegangene "Tränenbrief" war die Antwort auf Nachrichten, die Paulus von dritter Seite über die Lage in Korinth erhalten hatte. Paulus kündigte darin wahrscheinlich seinen baldigen Besuch in Korinth an. Titus überbrachte diesen Brief und erzielte eine vorübergehende Einigung zwischen Paulus und der Gemeinde. Er kehrte zu Paulus zurück, der inzwischen nach Makedonien gezogen war, und berichtete von seinem Erfolg. Er hatte sowohl erfolgreich für Paulus vermitteln können als auch die Kollektensammlung vorantreiben können. Voller Freude schrieb nun Paulus die Kap. 1 - 9. Voraussetzung bei dieser Hypothese ist, daß man nicht aus 2,1 den Schluß zieht, Paulus sei schon vor der Abfassung des Tränenbriefes" zweimal in Korinth gewesen (S. 143-145).
Der zweite Besuch des Paulus in Korinth fand somit erst in Verbindung mit der Überwinterung statt, von der in Apg. 20,1-3 berichtet wird. Erst nachdem er Korinth verlassen hatte, schrieb Paulus auf seiner Reise nach Jerusalem von Makedonien aus an die Gemeinde. Den Anlaß für diesen heftigen Brief gab die aus Kreisen der Gemeinde erhobene Beschuldigung, die Kollekte für Jerusalem sei unterschlagen worden. Diese Anschuldigung brachte Paulus sehr in Rage. In seinem Brief betont er, noch nie irgendwelchen Lohn von den Korinthern erhalten zu haben, nur die Makedonier hätten ihm finanzielle Unterstützung zukommen lassen (11,7-10). Mit dieser Unterstützung meint Paulus sehr wahrscheinlich die Hilfe, die er während seines in Apg. 20,1-6 vorausgesetzten Besuches in Korinth erhalten hat. Einige seiner Vertrauensbezeugungen aus Kap. 1 - 9 scheint Paulus in diesem Zusammenhang bewußt zurückzunehmen. Solche Rücknahmen sieht Batey auf der einen Seite in den Versen 10,8; 11,16-18.30, verglichen mit 1,12; 7,4.16 und auf der anderen Seite in 10,1-2 verglichen mit 1,15; 7,16.
Paulus drohte, noch ein drittes Mal nach Korinth zu kommen. Seine Absicht war, von der Schiffsroute Makedonien - Jerusalem einen Abstecher dorthin zu machen. Zuletzt entschied er sich aber doch, lieber einen Besuch auf der anderen Seite der Ägäis zu machen; dort konnte er die Brüder (und Schwestern) aus Ephesus treffen (Vgl. Apg. 20,13-17). Somit wurde nichts aus diesem dritten Besuch in Korinth (S. 145-146).

f)   Andere Lösungen

Mit den hier vorgestellten fünf Grundtheorien ist die Reihe, der in der Forschungsgeschichte aufgekommenen Modelle keineswegs erschöpft. In seinem 1966 erschienenen Buch "Das apostolische Wirken des Paulus" (finnisch: Paavalin apostolinen toiminta), stellt <u>Matti Peltola</u> eine eigenständige Lösung vor. Von den älteren Hypothesen weicht sie allerdings noch nicht so vollständig ab, wie einige Auffassungen, auf die wir später noch zu sprechen kommen.

<u>Peltola</u> bietet zunächst eine treffende Charakterisierung des 2.Kor: "Der Anfang des Briefes wirkt, als wenn gerade ein Gewitter vorübergezogen wäre. Der Donner ist noch zu hören, wie von weither, aber das Gewitter ist dennoch vorbei. Der Apostel erzählt von der Bedrängnis, in die er durch die Gemeinde geraten war und läßt seiner Freude darüber, daß alles wieder in Ordnung ist, freien Lauf. In Kap. 8 und 9 gibt er dann gelassen Anweisung für die in Gang befindliche Geldsammlung. Jedoch vom 10. Kap. an zieht erneut ein Gewitter auf, stärker als irgendwo anders in einem Brief des Paulus, einschließlich des Galaterbriefes." Seine literarkritische Hypothese über die verschiedenen Teile des 2.Kor. faßt <u>Peltola</u> so zusammen: "Ich halte in der Frage des 2.Kor. die Argumentation Kennedys und Hausraths für völlig einleuchtend, daß die Kap. 10 - 13 aus einer anderen Situation heraus und auch früher als die Kap. 1 - 9 geschrieben wurden. Dennoch gehört 2.Kor. 10 - 13 m.E. nicht zum 'Tränenbrief', dieser ist vielmehr verloren gegangen. Die Kap. 1 - 7 des 2.Kor. bilden ansonsten eine harmonische Einheit, abgesehen vom Abschnitt 6,14 - 7,1" (S. 22,27).
Die Beziehungen zwischen Paulus und der Gemeinde, zu deren Geschichte in der oben geschilderten Weise einige Teile des 2.Kor. gehören, nahmen nach <u>Peltola</u> folgenden Verlauf: Paulus reiste nach Korinth, nachdem er von dort schlechte Nachrichten erhalten hatte. Dieser <u>erste</u> "Zwischenbesuch" war für Paulus zwar sicher belastend, bedeutete aber noch nicht die letzte Zuspitzung des Konfliktes mit der Gemeinde. Die alten, schon im 1.Kor. beklagten Laster der Gemeinde hielten an. Zusätzlich waren in der Gemeinde neue Lehrer aufgetreten, die gegen Paulus arbeiteten. Paulus erlebte diesen Besuch als tiefe Demütigung (12,21) und erkannte, daß die Gemeinde nicht mehr im Griff hatte. Er reiste aus Korinth ab, jedoch mit der Absicht, bald wiederzukommen. Diesen erneuten Besuch bereitete er durch einen <u>Brief</u> vor, dem "Vierkapitelbrief" wie <u>Peltola</u> ihn nennt bzw. den Kap. 10 - 13. Ihm fehlt in der tradierten Form nur der kurze, dem Briefmuster entsprechende Anfang. "Wenn Paulus Briefe schrieb, war es ihm möglich gleich <u>in medias res</u> zu gehen, wofür der Galaterbrief der beste Beweis ist, und der Vierkapitelbrief an die Gemeinde von Korinth stellt hier, ebenso wie in anderer Beziehung, eine Parallele gerade zum Galaterbrief dar." (S. 162-166). Die Kap. 10 - 13 bereiten somit den <u>dritten Besuch</u> in Korinth vor. Nachdem der Brief abgeschickt worden war, reiste der Apostel nach Korinth, um den Streitfall entgültig zu klären. <u>Erst auf die Ereignisse bei diesem erneuten Besuch geht Paulus in den Kap. 2 und 7 ein</u>. Die Krise erreichte während des Besuches ihren Höhepunkt. Paulus wurde dabei gedemütigt und zog sich nach Ephesus zurück; von dort schickte er dann den "Tränenbrief" (2,4), der nicht erhalten ge-

blieben ist. Darin forderte er alle, die Ärgernis erregten, zur Buße auf und verlangte, den Mann, der ihn beleidigt hatte, zu bestrafen (2,6f; 7,7.11ff). Die Härte der Formulierung des Briefes hat Paulus später bedauert (7,8). Mit der Absendung des Briefes und der Reise nach Korinth wird die Spannung glücklich aufgelöst, und Paulus kann anschließend aus Makedonien den "Versöhnungsbrief" (1,1 - 7,16 + Kap. 9) schicken (S. 169-178).

Ein 1976 veröffentlichter Aufsatz von Ebba Refshauge schlägt gegenüber den bisher dargestellten literarkritischen Theorien völlig andere Wege ein. Besonders bei dem Versuch den Charakter der Kap. 10 - 13 zu erfassen, überschreitet dieser Artikel die Grenzen, innerhalb derer eine ernsthafte Auseinandersetzung möglich ist.

Was die Kap. 1 - 9 anbelangt schließt sich Refshauge im großen und ganzen der Teilungshypothese Bornkamms an. Die Besonderheit in ihrer Auffassung liegt jedoch in der aktiven Rolle, die sie dem Redaktor zuschreibt. Diese schlägt sich in Veränderungen des Wortlautes und Einschüben in den Text nieder. Auf verschiedene Weise hat der Redaktor u.a. die Stellen, an denen Textteile zusammengefügt sind, so abgeändert, daß im Endergebnis ein passendes Ganzes herauskam. Zu diesen Umänderungen des Redaktors gehörte ferner, daß er den ursprünglichen Anfang und Schluß des ältesten Briefes (2,14 - 7,4) an das Ende des jetzigen 13. Kap. setzte: Wir finden sie in den Versen 13,7-13 wieder. Danach bildete er eigenhändig 13,2-6 auf der Grundlage von 13,7-13, damit letzteres Stück einen natürlichen Übergang zum Kontext bekäme (S. 218-219). Unecht ist jedoch nicht allein 13,2-6, sondern der gesamte Teil 10,1 - 13,6 ist eine Fälschung; es stellt von seiten des Redaktors dar, im Nachhinein den Brief zu schreiben, den Paulus der aufständischen Gemeinde hätte schreiben müssen! Die Kap. 10 - 13 können deswegen natürlich nicht der "Tränenbrief" sein. Der echte "Tränenbrief" kann etwa aus folgenden Stücken rekonstruiert werden: 13,7-10 + 2,14 - 7,4a + 13,11-13. Davon ist allerdings das "Zwischenstück" 6,14 - 7,1 als Fälschung zu eliminieren. Mit seiner Existenz liefert es den Beweis, wie den vielen echten paulinischen Texten solche eingefügt werden konnten, die nicht von Paulus stammen (S. 216, 218-219,241).

In die Reihe dieser gewagten Vorschläge, wie sie die Hypothese Refshauges darstellt, fügt sich auch die kurze Schrift von J. Harrison: "St. Paul's Letters to the Corinthians" (1965-66) ein.

Harrison stellt die These auf, daß 1.Kor. 1,1 - 4,21 ursprünglich mit 2.Kor. 10 - 13 zusammen einen einheitlichen Brief bildeten. Seiner Auffassung nach setzt 2.Kor. 10,1 den Gedanken von 1.Kor. 4,21 gut fort und auch sonst haben beide Abschnitte noch viele Berührungspunkte. Andererseits setzt 1.Kor. 5,1 in keiner Weise den Gedanken von 1.Kor. 4,21 fort. Jemand mit dem Temperament eines Paulus hätte niemals eine so wichtige Angelegenheit wie die in 1.Kor. 5 berichtete erst nach dem Stück 1.Kor. 1,1 - 4,21 zum Thema machen können. 1.Kor. 5,1ff gehört also in einen anderen Brief. Harrison versucht allerdings nicht, den so umrissenen Brief oder die Überbleibsel der Korrespondenz mit Korinth näher in eine Gesamtsicht der Beziehungen zwischen Paulus und der Gemeinde von Korinth zu integrieren.[64]

In seinem 1973 erschienenen Artikel "Die Korintherbriefe als Briefsammlung" modifizierte Walter Schmithals in entscheidender Weise seine früheren Hypothesen zum Problem der Zusammensetzung des 2.Kor.

Nach der neuen Hypothese setzt sich der 2.Kor. aus insgesamt fünf verschiedenen Briefen zusammen, die wie folgt geordnet sind:
1) 2,14 - 6,2
2) (1.Kor. 9,1-18) + 6,3-13 + 7,2-4
3) 10,1 - 13,13 ("Tränenbrief")
4) 9. Kap.
5) 1,1 -2.13 + 7,5 - 8,24

Demnach gehörte auch der Abschnitt 6,14 - 7,1 zu denjenigen Stücken des Briefwechsels, die im 1.Kor. gesammelt sind, und zwar zwischen die Abschnitte 1.Kor. 6,1-11 und 1.Kor. 6,12-20. Der 1.Kor. wäre damit aus insgesamt vier Briefen zusammengesetzt. Von diesen wäre derjenige Brief, zu dem auch 6,14 - 7,1 ursprünglich gehört haben, als zweiter abgeschickt worden (S. 288 Anm. 70).

Schmithals begründet die Einbeziehung von 1.Kor. 9,1-18 in das Material des 2.Kor. vor allem damit, daß in diesem Abschnitt keine einleuchtenden Anknüpfungsstellen zu den übrigen im 1.Kor. gesammelten Fragmenten auszumachen sind. Zudem stellt er fest, daß in 1.Kor. 9,1-18 gerade die wichtigen Themen des 2.Kor. angesprochen werden: Die Verteidigung des Apostolats des Paulus und die Abwehr der Beschuldigungen, Paulus sei ein religiöser Betrüger, der seinen persönlichen wirtschaftlichen Vorteil sucht (S. 274). Für seine Entscheidung, die trennende Naht zwischen verschiedenen Briefstücken zwischen 6,2 und 6,3 anzusetzen, führt Schmithals Überlegungen an, mit denen schon Windisch in seinem Kommentar zum fraglichen Trennungspunkt operierte.[65]

6,2 und 6,3 passen nicht zusammen, 6,3 bietet sich aber als bruchlose Fortführung von 1.Kor. 9,18 an. Der Brief 1.Kor. 9,1-18 + 6,3-13 + 7,2-4 ist so vollständig, daß der Redaktor nur die Grüße am Anfang und Schluß wegzulassen brauchte. Das Thema des Briefes, die Art und Weise, in der es behandelt wird, und sein Affektgehalt lassen auf seine Entstehungszeit schließen. Laut Schmithals war der Redaktor bestrebt, alle Teile des ursprünglichen Briefes innerhalb des gleichen künstlich zusammengestellten neuen Briefes zu erhalten. Davon machte er jedoch eine Ausnahme, als er das Fragment 1.Kor. 9,1-18 einbaute, um eine Doppelung mit demselben Thema im 2.Kor. zu vermeiden. In 2.Kor. 10 - 13 wird nämlich das Thema von 1.Kor. 9,1-18 abgehandelt (S. 275-279).
Der Versuch, die chronologische Reihenfolge der ursprünglichen Briefe beizubehalten, wird darin deutlich, daß der Redaktor die vier früheren Briefe größtenteils im 1.Kor. und die fünf späteren Briefe entsprechend im 2.Kor. untergebracht hat. Schmithals stellt weiterhin fest, daß die Briefe 2 und 3 aus der obigen Liste eng zusammen gehören. In beiden setzt sich Paulus gegen Beschuldigungen zur Wehr, die seine Wirksamkeit und Autorität als Apostel betreffen. Im "Tränenbrief" (Nr.3) wird dabei ein deutlich schärferer Ton angeschlagen und die Probleme werden viel gründlicher angegangen als im Brief Nr. 2. Paulus konnte zu seiner pessimistischeren Lagebeurteilung im "Tränenbrief" entweder durch neue Nachrichten aus Korinth oder durch eine erneute Situationsanalyse veranlaßt worden sein (S. 286-287).

In der Hypothese von Schmithals ist die Regel entia non sunt multiplicanda praeter necessitatem außer acht gelassen. In seiner Kompliziertheit gehört dieser Lösungsvorschlag zur Gruppe derjenigen Hypothesen, die zweifelsohne Zeugnis von der reichen Phantasie ihrer Urheber abgeben, aber u.a. schon die Frage, auf welche konkreten Ereignisse in den Beziehungen zwischen Paulus und der Gemeinde von Korinth jeder der neun verschiedenen Briefe zu beziehen ist, stellt sie vor unüberwindliche Schwierigkeiten.

In seiner 1972 erschienenen Monographie konzentriert sich J.-F. Collange auf die Analyse des Abschnitts 2,14 - 7,4. Ganz ähnlich wie auch beispielsweise Bornkamm hält auch er das Stück für einen selbstständigen isolierbaren Brief innerhalb des 2.Kor. Eine sehr eigenständige Lösung bietet er aber für die Probleme der Kap. 6 und 7 an. Das Stück 2,14 - 7,4 ist seiner Auffassung nach aus zwei gleichlautenden und nur in ihrem Schluß voneinander abweichenden Briefen zusammengesetzt, die Paulus gleichzeitig abgeschickt hatte; den einen nach Korinth, den anderen nach Achaia. Der für Korinth bestimmte Brief enthielt die Verse 2,14 - 6,13 und das Kap. 8. In den nach Achaia abgesandten Brief gehören dagegen die Verse 2,14 - 6,2 + 6,14 - 7,4 und Kap. 9. Beide Versionen wurden später von einem Redaktor so miteinander kombiniert, wie wir sie jetzt im 2.Kor. vorfinden (S. 282-284).

Diese Hypothese fand keinen Widerhall. Barrett verwirft sie in seinem Kommentar ohne weitere Auseinandersetzung.[66] Thrall befaßt sich in ihrer Kritik genauer mit dieser Hypothese und legt die Schwierigkeiten, die ihr anhaften, deutlich dar.[67]

Anmerkungen

1. Kennedy 1900 S. XXVII.

2. Jülicher 1931 S. 89 formuliert die Schwierigkeiten der Exegese mit den einleitungswissenschaftlichen Fragen so:"Kaum irgendwo innerhalb unserer Disziplin herrscht... solch ein buntes Gewirr von Lösungsvorschlägen, wie bei diesen Fragen: schlimm genug schon, daß man sie alle glaubt beantworten zu müssen und zu können."

3. Kennedy 1900 S. 79-80.

4. Barrett 1973 S. 18. Vgl. Barrett 1969 S. 1, wo er sich ziemlich pessimistisch zu Möglichkeiten äußert, das Problem der Zusammensetzung des 2.Kor. überhaupt lösen zu können. Er schreibt: "In all probability, the questions never will be finally settled; and we are unlikely to make much advance towards their solution by surveying them as a whole and trying to think out a comprehensive hypothesis capable of explaining everything at once. If advance is to be made at all it will be made by the pursuit, and eventual integration, of a number of details."

5. Bornkamm 1961 S. 7.

6. Kennedy 1900 S. 93.

7. Die Auslegung von Schmithals wird in dieser Untersuchung auf den Seiten 34-35 näher vorgestellt. Allo führte 1956 S. LIV-LVI in anschaulicher Weise weitere komplizierte ältere Theorien zur Zusammensetzung des 2.Kor. in Tabellenform vor.

8. Es liegt auf der Hand, daß die Verfechter der Einheit des 2.Kor. die Hinweise im 2.Kor. auf einen "Tränenbrief" auf eine der genannten Weisen erklären müssen. Gegenwärtig sind sie allgemein der Auffassung, daß der "Tränenbrief" vollständig verloren gegangen ist. Frühere Deutungen werden u.a. von Schmiedel 1892 S. 61-62 und Windisch 1924 S. 9-11 vorgestellt und kommentiert. Vor allem Kennedy 1900 S. 1-77 polemisiert ausführlich gegen die Auslegung, der 1.Kor. sei der "Tränenbrief" und der "Zwischenbesuch" hätte schon vor dessen Abfassung stattgefunden. Zum gleichen Ergebnis kommen auch Plummer 1948 S. XXVIII, Bachmann 1909 S. 95-109, König 1897 S. 485-491, Jülicher 1931 S. 90-91 und Strachan 1946 S. XXVIII-XIX. Vgl. auch Peltola 1966 S. 28. Von den neueren Exegeten vertritt nur Hyldahl (1973) die Auffassung, der 1.Kor. sei der "Tränenbrief".

9. U.a. Hausrath 1870 S. 1-2, Schmiedel 1892 S. 74 und Windisch 1924 S. 12 stellen kurz die Auslegungen Semlers (Paraphrasis II. epist. ad Cor., 1776) und anderer Vorgänger der Theorie von Hausrath vor. Windisch charakterisiert die Bedeutung Hausraths gegenüber seinen Vorgängern so: "Sein Verdienst ist gleichwohl, daß er das Problem der Ein-

heit in den Mittelpunkt der Diskussion setzte und daß er als erster die Gleichsetzung von C (= Kap. 10 - 13) mit dem Tränenbrief vortrug."

10. <u>Hausrath</u> bringt in diesem Zusammenhang (S. 23-24) auch die These vor, daß εἴτε γὰρ ἐξέστημεν, θεῷ in 5,13 - wenn man in Rechnung stellt, daß sie mit der Rede von der Selbstrühmung 5,12 in Verbindung stehen - auf die ekstatischen Erfahrungen des Paulus hinweisen, von denen er in 12,1-10 spricht. Der gleichen Ansicht sind auch <u>Kennedy</u> 1897 S. 297, <u>Lake</u> 1911 S. 160-162 und <u>Plummer</u> 1948 S. XXXII-XXXIII. Letzterer stellt zur späteren Haltung des Paulus in bezug auf sein in den Versen 12,1ff erwähntes Rühmen der ekstatischen Erfahrung fest: "He may have anticipated that this and other things would lead the Corinthians to say, 'The man must be mad'."

11. <u>Paul Wilh. Schmiedel</u> vertrat in seinem Kommentar zu den Korintherbriefen (1892) eine der These von Hausrath entsprechende Lösung. Seine Lösung wird dadurch kompliziert, daß er den "Zwischenbesuch" in die Zeit vor der Abfassung des 1.Kor. einordnet, was ein Überbleibsel einer älteren Auslegungstradition ist (S. 72-73). Ansonsten fügen sich die Argumente <u>Schmiedels</u> gut in die Reihe der zuvor genannten ein. Er korrigiert die Auffassung <u>Hausrath</u>s, daß der gegen Paulus aufgetretene Mann (2.Kor. 1,5-11; 7,12) mit dem "blutschänderischen Mann" (1.Kor. 5) identisch ist (S. 78).

12. <u>Kennedy</u> beurteilt die Untersuchung <u>Hausraths</u> 1897 S. 232: "The treatise ist marked by acuteness and ability, but in discussing each of the four heads Professor Hausrath frames hypotheses about the position of things at Corinth, and the accusations brought against the Apostle, which do not appear to me capable of being sufficiently established to be made in their turn the foundations of an important theory."

13. Der gleichen Paare nimmt sich auch <u>Lake</u> 1911 S. 159-160 an.

14. Forschungsgeschichtlich beachtenswert ist die Bemerkung von <u>Kennedy</u> 1900 S. XIII, daß er von den deutschen Wurzeln dieser Theorie noch nichts wußte, als er sie zum ersten Mal übernahm.

15. Zu den unterschiedlichen Psalmenaufteilungen im masoretischen Text und in LXX siehe näher <u>Kraus</u> 1966 S. VIII-IX.

16. The Revenue Papyrus, edited by <u>B. P. Grenfell</u>.

17. <u>Lake</u> 1911 S. 164 Anm. 1.

18. <u>Vielhauer</u> 1975 S. 154-155.

19. <u>Schmiedel</u> 1892 S. 80-81.

20. Ebenso Plummer 1948 S. XXXIII: Beide Teile des Briefes sind an die ganze Gemeinde gerichtet, und in den Kap. 10 - 13 gibt es keine Spur von ernsten Nachrichten aus Korinth, die mitten in das Diktat hineingeplatzt wären.

21. Da Kennedy zum größten Teil eine wahre Pionierarbeit leistete, mußte er ausführlich Auffassungen diskutieren, die aus der heutigen Sicht der Forschungslage schon obsolet geworden sind. Sie haben jetzt nur noch forschungsgeschichtliche Bedeutung.

22. Als früherer Anhänger der These Hausraths bemerkt König 1897 S. 508 u.a., daß die in 1,24 durchklingende Beschuldigung, Paulus mache sich zum Richter über den Glauben der Korinther, sehr gut aufgrund des Verses 13,2 entstanden sein konnte.

23. Diesen Umstand stellt unter den Vertretern der Einheit des 2.Kor. beispielsweise Tasker 1958 S. 23-24 heraus.

24. Anhänger der These Hausraths sind weiterhin J. Héring und R. H. Strachan. Letzterer baut die Disposition seines Kommentars zum 2.Kor. (1946, 4. Aufl.) konsequent auf der Teilungstheorie auf.

25. Einer der jüngsten Vertreter der Einheit des 2.Kor. ist Gerd Lüdemann 1980 S. 111 Anm. 121, S. 134. Er geht nicht weiter auf das Problem der Zusammensetzung des 2.Kor. ein, schreibt aber: "Vom Ergebnis unserer Gesamtkonstruktion herzuleiten, ist die literarkritische Einheit von 2 Kor eine gar nicht so schlechte historische Möglichkeit."

26. Ebenso u.a. Gyllenberg 1969 (Johdanto-oppi) S. 302 (finn.). Er vertritt die Auffassung, daß Paulus sich mit der Gemeinde in den Kap. 1 - 7 auseinandersetzt, während in den Kap. 10 - 13 es um die Abrechnung mit seinen Gegnern geht. Ebenso auch Jülicher 1931 S. 94-101, der die Heftigkeit der Schlußkapitel so beschreibt: "Da er aber an die ganze Gemeinde schreibt, nicht nur an die nachgiebige Mehrheit 2,6, da er bei seinem Besuch klare Verhältnisse vorfinden und in seiner seelsorgerlichen Arbeit dann nicht gehindert sein will durch Debatten mit den Lügenaposteln, die die Lage dort so gefährlich vergiftet haben, oder mit ihrem urteilslosen Anhang, so mußte und wollte er sich schließlich auch schriftlich über seine Stellung zu jenen Renitenten und zu ihren Thesen aussprechen: daß er dabei gegen die ganze Gemeinde wieder einen schärferen Ton anschlägt als vorher, indem er sich vergegenwärtigt, was man sich in Korinth alles über P. hat vorschwindeln lassen, wie wankelmütig, oberflächlich und auch wieder anmaßend die Gemeinde sich benommen hat - wen wird das wundernehmen bei einem Paulus? So bitter wie er nun geschrieben hat, hatte er sichs nicht vorgenommen, es sollte eine Mahnrede in Sanftmut und Mildigkeit 10,1 werden... erst am Schluß 13,6-13 findet er eine gewisse Ruhe wieder. Dazwischen übermannt ihn der Zorn, auch über die wankelmütige Gemeinde." Jülicher bringt als Analogiefälle für die Neigung des Paulus, seine Briefe mit kräftigen Warnungen vor seinen religiösen Gegnern zu beschließen, vor: 1.Kor. 16,22; Gal. 6,12ff; Röm. 16,17ff. Auf der gleichen Linie auch u.a. Lietzmann(-Kümmel) 1969 S. 139, Bachmann 1909 S. 416 und Dibelius 1975 S. 104.

27. Dieses Argument hebt auch Jülicher 1931 S. 98 und besonders Stephenson in seinem 1964 erschienenen Artikel hervor.

28. So auch z.B. Allo 1956 S. 256, Jülicher 1931 S. 98, Lietzmann (-Kümmel) 1969 S. 105, 107, Schlatter 1962 S. 486, Gyllenberg 1969 S. 197 und als Vertreter eines anderen Gesamtverständnisses Peltola 1966 S. 23, Windisch 1924 S. 86-87, Barrett 1973 S. 213.

29. Allo, der die Einheit des Briefes vertritt, kritisiert 1956 S. 257-258 die Auffassung, daß die Kap. 10 - 13 später als die Kap. 1 - 9 wären. Die Zeit, die Paulus in Makedonien vor dem Umzug nach Korinth verbrachte, ist zu kurz; in dieser Zeit hätten die in dieser These vorausgesetzten großen Veränderungen in Korinth nicht stattfinden können. Noch weniger hätte die Zeit dazu gereicht, daß die Mitteilungen über die Veränderungen aus Korinth nach Makedonien hätten gelangen können und die Korinther noch ein Begleitbrief hätte erreichen können.

30. So auch z.B. Jülicher 1931 S. 99-100. Ihm zufolge mußte die Pause genügend lang gewesen sein. Die atmosphärische Veränderung zwischen den beiden Kapitelblöcken setzt auch eine neue, während des Diktats aus Korinth eingetroffene Information voraus. Ebenso u.a. Prümm 1967 S. 404. In diesem Zusammenhang gibt Jülicher zu, daß es befremdlich anmutet, daß Paulus schließlich die Kap. 10 - 13 an den ansonsten so anders gearteten Brief angehängt hat. Dibelius mildert die Unterschiede dieser Kapitelblöcke 1975 S. 104 durch die Annahme ab, daß Paulus von Vers 10,1 an selbst den Stift in die Hand genommen hätte. Dies hält auch Bates 1965-66 S. 67 für möglich und gibt als Analogiefall dafür Gal. 5,2 an. Er behauptet weiter in seinem Artikel, daß die einzig entscheidende Frage bei dem Problem der Beziehung zwischen den Kapitelblöcken darin liegt, ob man sich die gleiche Person in der gleichen Situation sowohl als Verfasser der Kap. 1- 9 als auch der Kap. 10 - 13 vorstellen kann. Bates behauptet, daß es für diese Annahme keine unüberwindliche Hindernisse gibt. Die Verse Gal. 5,1 - 6,18 sind für ihn in gleicher Weise ein hitziger Ausbruch wie die Kap. 10 - 13 und geben für diese einen guten Vergleichspunkt ab. Auch Bahr 1968 S. 37-38 geht davon aus, daß Paulus von Vers 10,1 an selbst die Feder ergriffen hat und dies zur Erklärung der Unterschiedlichkeit der Kapitelblöcke ausreicht. Bahr führt aus der antiken Literatur einige Beispiele an, die entsprechende Unterschiede in dem durch Schreiberhand oder eigenhändig entstandenen Text aufweisen sollen. Die Analogien überzeugen jedoch nicht.

31. Gyllenberg 1969 (Johdanto-oppi) S. 93.

32. Gyllenberg 1969 (Johdanto-oppi) S. 302.

33. In gleicher Weise auch Bachmann 1909 S. 416-417. Er stellt u.a. fest, daß der erste Teil des zweiten Korintherbriefes sachliche Auseinandersetzung, der zweite Teil dagegen persönliche Streitschrift ist. Zu der atmosphärischen Veränderung hat laut Bachmann weiterhin beigetragen, daß Paulus den ersten Teil gemeinsam mit Titus schrieb, den Schlußteil jedoch allein.

34. Ebenso auch Allo 1956 S. 256-257 und Bachmann 1909 S. 414. Letzterer stellt u.a. fest: "Der ZwBr war ein Tränenbrief 2,4, geschrieben in herzlicher und sorgenvoller, aber weicher Bewegung; 10,1 - 13,10 dagegen ist lebhaft durchklungen von Satire, Ironie, Polemik."

35. Price versucht in einem 1967 erschienenen Artikel aufzuzeigen, daß sich im 2.Kor. trotz aller formalen Sprünge vom Anfang bis zum Schluß ein konsequent fortschreitender theologischer Gedankengang hindurchzieht. Gegen ihn kann man jedoch behaupten, daß es um nichts anderes geht als um das Vorkommen der gleichen theologischen Grundanschauung im gesamten 2.Kor: Das gleiche Thema wird in verschiedenen Teilen des Briefes durchvariiert. So denken auch oft Exegeten, die in dem Brief ein Konglomerat aus vielen unterschiedlichen Fragmenten sehen. Gleiche gegenseitige Ähnlichkeiten lassen sich auch in solchen Paulusbriefen ausmachen, die unbestreitbar selbstständig voneinander entstanden sind. Somit kann man das Argument auch umdrehen. Vgl. Schmithals 1969 S. 92: "Daß in beiden Fragmenten (sc. Kap. 10 - 13 und 2,14 - 7,4) dasselbe Thema im Mittelpunkt der Ausführungen steht, nämlich die Verteidigung der apostolischen Autorität des Pls, darf nicht zu dem Schluß verleiten, die gehörten deshalb zusammen in ein Schreiben. Im Gegenteil. Gerade die Tatsache, daß Pls dieselbe Problematik in so verschiedener Weise anfaßt, zeigt, daß wir es mit zwei getrennten Behandlungen zu tun haben." Ebenso auch Bornkamm 1961 S. 10, 18.

36. Weiß sagt in seiner Renzension nichts darüber, wo Halmel das "Zwischenstück" (6,14-7,1) und die Kollektenkapitel (Kap. 8 und 9) ansetzt.

37. Bei genauer Betrachtung zeigt sich, daß die Ansichten von Weiß nur in Verbindung mit seiner Gesamtauslegung neu sind. Als einzelne Argumente können sie auch von den Vertretern der Einheit des 2.Kor. in ziemlich ähnlicher Weise verwendet werden. So kommt Weiß z.B. in seiner Begründung dem nahe, was Bachmann 1909 S. 418-419 zur Begründung der Einheit des 2.Kor. sagte. Bachmann richtete seine Aufmerksamkeit darauf, daß der Gedanke von der Kraft Gottes, die in der Schwachheit sichtbar wird, in den Versen 4,7ff und 12,10 gleich ist. Die Leidenskataloge in 6,3ff und 11,23ff gehören laut Bachmann mühelos in den Rahmen ein und desselben Briefes. Paulus mag sich, wenn er in den Kap. 10 - 13 sein Apostelamt verteidigt, darauf konzentrieren, lediglich sekundäre Begründungen zu geben, da er die Hauptgesichtspunkte schon am Anfang seines Briefes vorgestellt hatte. (Am Anfang spricht Paulus bekanntlich über sein Apostelamt im Abschnitt 2,14 - 7,4.)

38. Über die Plazierung der Kap. 8 und 9 sind Weiß und Bultmann verschiedener Meinung. Über die einleitungswissenschaftlichen Theorien zu diesen Kapiteln siehe Kap. II 3 a. Sowohl Weiß 1917 S. 246, 265 Anm. 1 als auch Bultmann 1976 S. 182 trennen jedoch 6,14 - 7,1 als eigenes Stück aus dem Textzusammenhang heraus. In seinem RGG Artikel von 1960 Sp. 18 stimmt auch Dinkler mit Bultmann über die Grundlinien der Zusammensetzung des 2.Kor. überein. Neu an seiner Theorie ist sein Vorschlag für die Einordnung der verschiedenen Teile des "Tränenbriefes". Demnach müßte der Brief möglicherweise so rekonstruiert werden: 10,1 - 13,10 + 2,14 - 7,4 + Kap. 9 + 13,11-13. Auch Dinkler meint, daß der Abschnitt 6,14 - 7,1 nicht in den übrigen Text gehört und wahrscheinlich unpaulinisch ist.

39. Vgl., was schon Windisch 1924 S. 16 über die Kap. 10 - 13 meinte: "C (= Kap. 10-13) ist keineswegs eine temperamentvolle Improvisation, sondern eine wohlüberlegte und gutgegliederte Kampfrede."

40. Aus 2,14 - 7,4 muß nach Bornkamm das "Zwischenstück" (6,14 - 7,1) als eigenständige Einheit herausgetrennt werden (S. 32). Zu den Lösungen Bornkamms für die Kap. 8 und 9 vgl. Kap. II 3 a.

41. Ebenso auch Schmithals 1969 S. 93, wie auch Wendland 1972 S. 9. Letzterer stellt zu 2,14 - 7,4 fest: "Paulus glaubt ja bei dieser Apologie seines Amtes noch, die Gegner mit theologischen Gründen überzeugen zu können."

42. Vgl. Wendlands Urteil über die gleiche von Bornkamm kritisierte These 1972 S. 7: "In dem letzteren Falle braucht man freilich neue Hypothesen, die schwer oder gar nicht zu begründen sind: man müßte nämlich annehmen, daß neue Schwierigkeiten und Verwicklungen aufgetaucht und sämtliche früheren Briefe des Apostels fruchtlos geblieben wären. Aber von diesen Dingen wissen wir nichts, man müßte sie postulieren."

43. Als Beispiele für den urchristlichen Gebrauch nennt Bornkamm 1961 S. 25-27 folgende Stellen: Gal. 6,11ff; Röm. 16,17-20; 1.Kor. 16,22; Phil. 3,2ff (dieser Abschnitt allerdings nicht am Ende des Briefes), Jud. 17ff; 2.Petr. 3,2ff; Hebr. 13,9ff; Offenb. 22,9-19. Bornkamm zieht besonders die Didache heran: "Ankündigung und Warnung vor falschen Aposteln und Propheten stehen wieder wie häufig im letzten Kapitel der Zwölf-Apostel-Lehre (16,3). Diese zuletzt genannte Stelle ist darum für uns von besonderem Interesse, weil sie das fragliche Motiv nicht nur als festen Topos bei der Abfassung und Anordnung einzelner Schriften überhaupt, sondern auch als bestimmendes Motiv bei der Komposition in sich disparaten Traditionsgutes erkennen läßt; denn es steht außer Zweifel, daß die Didache sehr verschiedenes Überlieferungsgut zu einer, und zwar der für uns ältesten Kirchenordnung zusammengestellt hat und ihr Schlußkapitel nur in lockerem Zusammenhang mit allem Vorangehenden steht." Bornkamm findet die gleiche Regel auch in der Komposition der synoptischen Evangelien.

44. Refshauge 1976 S. 217 führt noch folgendes zusätzliches Argument, das sich auf den 1.Clemensbrief bezieht, ein: "Havde han (sc. Clemens) kendt dem (sc. Kap. 10 - 13), havde han ikke kunnet undskylde partistridigheder i Korinth på Paulus' tid med, at disse ikke var så skaendige som de stridigheder, der nu foregik i Korinth, da de tidligere partidannelser dog stod i forbindelse med bevindende apostle og velprøvede maend (1.Clem. 47,4)."

45. Kümmel 1973 S. 254 Anm. 30 ist der Auffassung, daß sich schon im Brief des Polykarp 4,1 ein Hinweis auf den 2.Kor. findet. Bornkamm 1961 S. 33 Anm. 128 erklärt diesen Vers jedoch als Nachwirkung aus Röm. 6,13.

46. Ebenso Schmithals 1969 S. 91-92.

47. <u>Georgi</u> 1964 S. 22 Anm. 5 sagt über die Ursprünge der von ihm vertretenen Theorie: "Schmithals und ich kamen unabhängig voneinander gleichzeitig zu ähnlichen Ergebnissen." In den Anmerkungen zu den SS. 22-23 führt <u>Georgi</u> säuberlich all die Stellen auf, an denen beide Exegeten in gleicher Weise argumentieren.

48. Hier wird auf die 1969 erschienene 3. Auflage verwiesen.

49. <u>Marxsen</u>, "Einleitung in das Neue Testament", 1963.

50. <u>Fuller</u>, "A Critical Introduction to the New Testament", 1966.

51. <u>Jewett</u>, "Paul's Anthropological Terms", 1971.

52. <u>Wendland</u>, "Die Briefe an die Korinther", 1972.

53. <u>Hahn</u>, "Das Ja des Paulus und das Ja Gottes", 1973.

54. <u>Suhl</u>, "Paulus und seine Briefe", 1975.

55. <u>Köster</u>, "Einführung in das Neue Testament", 1980.

56. Auch <u>Wikenhauser-Schmid</u> 1973 S. 439-448 kommen der in diesem Kapitel vertretenen These sehr nahe, auch wenn ihre Haltung letztlich offen bleibt.

57. <u>Windisch</u> 1924 S. 16-17 nennt als seine Vorgänger zwei Namen: M. <u>Krenkel</u> ("Beiträge zur Aufhellung der Geschichte und der Briefe des Ap. P.", 1890) und <u>R. Drescher</u> ("Der 2.Kor. und die Vorgänge in Kor. seit Abfassung des 1.Kor.", Theol. St. u. Kr. 1897, 43-111). Ersterer war davon ausgegangen, daß die Gegner des Paulus, nachdem Titus Korinth verlassen hatte, die Gemeinde erneut in ihren Bann zogen und Zweifel an der Abwicklung der Kollektenangelegenheit äußerten, indem sie behaupteten, daß diese allein der Bereicherung des Paulus dienen würde (12,16-18). Auch die Vertrauensperson der Gemeinden in Makedonien war angegriffen worden. Dem Brief der Gemeinden in Makedonien nach Korinth fügte Paulus in dieser Situation seinen eigenen Text bei (Kap. 10 - 13). Darin weist er in beißender Schärfe den neuen und gefährlichen Angriff auf seine Autorität zurück. Das Ausbrechen einer neuen Krise wird verständlich, wenn man sich vor Augen führt, daß nach den Kap. 1 - 7 zwischen Paulus und der Gemeinde noch Schwierigkeiten bestanden, obwohl sich Paulus in eben diesen Kapiteln bemüht, die erfreulicheren Seiten der Beziehung zu der Gemeinde hervorzuheben. <u>Drescher</u> bezog bei seiner Untersuchung in die Auslegung die Auffassung mit ein, daß der "Zwischenbesuch" des Paulus in der Gemeinde erst nach dem Absenden der Kap. 1 - 9 stattgefunden hätte; nur in den Kap. 10 - 13 wird seiner Ansicht nach der "Zwischenbesuch" als schon geschehenes Ereignis vorausgesetzt.

58. Ebenso argumentiert auch Barrett 1973 S. 23.

59. Windisch teilt die Kap. 1 - 7 nicht auf verschiedene Briefe auf, sucht aber nach einer Neuordnung der Texte innerhalb der Kap. 1 - 7. Siehe dazu näher die Seiten 74-75 unserer Untersuchung.

60. Vgl. auch Barretts Artikel "Titus" 1969 S. 9-10.

61. Betz 1972 S. 7,10-13 schließt sich den in diesem Kapitel vorgestellten Theorien in soweit an, als auch er es ablehnt, in den Kap. 10 - 13 den "Tränenbrief" zu sehen. Sein Interesse gilt dem Umstand, daß der in 2,5-7; 7,12 erwähnte "Unrechttäter" ein Mitglied der Gemeinde ist, während Paulus in den Kap. 10 - 13 gegen seine von außen eingedrungenen Gegner vorgeht. Der Angriff gegen Paulus, der in den Kap. 10 - 13 vorausgesetzt ist, ist so ernster Natur, daß Paulus danach diesen Gegnern nur noch einen Fluch aussprechen konnte wie im Gal. (vgl. 2.Kor. 11,13-15). Die Versöhnung mit dem "Unrechttäter" gehört deshalb in einen anderen Zusammenhang. Den gleichen Widerspruch bemerkt auch Batey 1965 S. 141. Die entscheidende Grundlage für seine Auffassung sieht Betz in der "formgeschichtlichen" Frage, ob die Kap. 10 - 13 ihrer Natur nach Teil des "Tränenbriefes" sein können. Betz verneint dies. "Zunächst ist einfach darauf aufmerksam zu machen, daß in 2 Kor 10-13 von 'Tränen', 'Trauer' und 'Betrübnis' keine Rede ist. Im Gegenteil, der Ton des Fragmentes schließt diese geradezu aus. Paulus setzt schonungslos die Mittel der Ironie und des Sarkasmus ein, um seine Gegner als Gehilfen des Satans zu entlarven." Bei anderen Fragen als der Nichtidentifizierung der Kap. 10 - 13 und des "Tränenbriefes" folgt Betz den literarkritischen Lösungsvorschlägen Windischs nicht. Letztendlich bleibt seine Auffassung recht unbestimmt. Auch Jülicher, der in seiner Einleitung vielfach für die ursprüngliche Einheit des 2.Kor. argumentiert, hält den Bruch zwischen den Kapitelblöcken 1 - 9 und 10 - 13 für so groß, daß er nicht umhin kommt, seine Zuneigung zur Teilungstheorie von Windisch auszudrücken. Zur Nahtstelle zwischen den Kap. 9 und 10 schreibt Jülicher (1931 S. 101): "Hier kommen wir schwerlich ohne die Hand eines Herausgebers aus." Auch seine Haltung bleibt am Ende offen: "Schwerbegreiflich bleibt vielerlei in II Kor. Am schwersten der Erfolg der harten Rede in 10-13, gleichviel ob sie gemeinsam mit 1-9 oder getrennt und als besonderer Brief in Korinth eingetroffen ist."

62. Von dieser These hängt dann auch der angenommene Abfassungsort des Römerbriefes ab: "To attempt to define 'Greece' (sc. in Acts 20,2) more specifically is a matter of pure conjecture in any case, and with Corinth forbidden, I suggest Athens as quite likely... In the philosophical atmosphere of the Athenian Areopagus his attention might well have turned to the more profound questions of theology that characterize the Roman epistle" (S. 347).

63. Ebenso Pherigo 1949 S. 342.

64. Harrisons These fand keine Unterstützung. Auch hat sich niemand veranlaßt gesehen, sie im Einzelnen zu widerlegen. In seiner kurzen Schrift "Dislocations in 1 and 2 Corinthians" (1966-67) gibt A.Q. Morton jedenfalls seinen Zweifeln an dieser Auffassung Ausdruck, indem er

auf die Art verweist, in der Paulus die kurzen, mittellangen und langen Sätze in seine Briefe einbaut: "For some time now it has been known that writers of Greek prose group long and short sentences in characteristic patterns. Paul begins a letter with a group of long sentences, writes a group near to his average, and then writes a group of very short sentences. These elements follow each other in his epistles until near the ending." Harrisons Gebilde paßt nicht in dieses Muster.

65. Windisch 1924 S. 202-203, 220 bietet verschiedene Alternativen an, mit denen er die Entstehung des Bruchs zwischen den Versen 6,2 und 6,3 zu erklären sucht. Die Erklärungen für die Existenz des Bruchs hängen von der Problematik der anderen in der Nähe befindlichen Nahtstellen ab. Auf andere Nahtstellen braucht man allerdings nicht Wert zu legen, wenn man annimmt, daß der Hiatus zwischen den Versen einfach daher rührt, daß zwischen 6,2 und 6,3 ein Vers weggefallen ist; die verschwundenen Worte waren vielleicht Übergangstext der gleichen Art wie die Verse 4,1f. Lehnt man diese Lösung ab, läßt sich denken, daß der sich in seinen jetzigen Kontext schlecht einfügende Abschnitt 6,14 - 7,1 ursprünglich zwischen 6,2 und 6,3 gehörte. Eine Möglichkeit wäre, daß 6,3-10 jetzt an falscher Stelle steht und daß dieser Abschnitt ursprünglich zwischen 5,13 und 5,14 stand. Er konnte auch ursprünglich zur Fortsetzung von 6,14 - 7,1 gehört haben. Bei vielen dieser Textumstellungsvorschläge müßte man auch voraussetzen, daß die Texte an den Nahtstellen in ihrer originalen Gestalt etwas anders ausgesehen haben als an ihrer jetzigen Stelle. Windisch läßt zum Schluß die Frage offen, welche der angebotenen Lösungen die beste ist.

66. Barrett 1973 S. 194-195.

67. Thrall 1978 S. 142.

II DIE NAHTSTELLEN IM 2.KOR.

1. Der Anschluß des "Zwischenstücks" 6,14 - 7,1 an den Kontext

Das "Zwischenstück", d.h. 6,14 - 7,1, wirkt gegenüber seinem Kontext isoliert. Es scheint weder mit dem vorangegangenen noch dem nachfolgenden Stück irgendwelche inhaltlichen Berührungspunkte zu haben.[1] Die scharfe Forderung, sich von den Ungläubigen abzugrenzen, die in diesem Stück erhoben wird, paßt nicht zu der freundlichen Aufforderung an die Korinther, ihr Herz Paulus ebenso zu öffnen, wie dieser seines den Korinthern geöffnet hat. Das "Zwischenstück" steht geradezu im Gegensatz zu seinem Kontext. Zu diesem schroffen Gegensatz kommt noch hinzu, daß der in Vers 6,13 abgebrochene Gedanke scheinbar bruchlos in 7,2 fortgeführt wird und sowohl die Sprache als auch die Gedankenführung im "Zwischenstück" recht ungewöhnlich sind, auch im Vergleich zu allen anderen paulinischen Texten, nicht nur zum unmittelbaren Kontext.

a) Die Verbindung zwischen 6,11-13 und 7,2-4

Ein klares Indiz dafür, daß das "Zwischenstück" in seinem jetzigen Kontext ein Fremdkörper ist, ist der Umstand, daß sich, läßt man es fort, die Verse 6,13 und 7,2 wie die Bruchstücke eines Ringes zusammenfügen lassen. Der Text hat dann folgende Gestalt:

Τὸ στόμα ἡμῶν ἀνέῳγεν πρὸς ὑμᾶς, Κορίνθιοι, ἡ καρδία ἡμῶν πεπλάτυνται· οὐ στενοχωρεῖσθε ἐν ἡμῖν, στενοχωρεῖσθε δὲ ἐν τοῖς σπλάγχνοις ὑμῶν· τὴν δὲ αὐτὴν ἀντιμισθίαν, ὡς τέκνοις λέγω, πλατύνθητε καὶ ὑμεῖς. Χωρήσατε ἡμᾶς. οὐδένα ἠδικήσαμεν, οὐδένα ἐφθείραμεν, οὐδένα ἐπλεονεκτήσαμεν. πρὸς κατάκρισιν οὐ λέγω· προείρηκα γὰρ ὅτι ἐν ταῖς καρδίαις ἡμῶν ἐστε εἰς τὸ συναποθανεῖν καὶ συζῆν. πολλή μοι παρρησία πρὸς ὑμᾶς, πολλή μοι καύχησις ὑπὲρ ὑμῶν. πεπλήρωμαι τῇ παρακλήσει, ὑπερπερισσεύομαι τῇ χαρᾷ ἐπὶ πάσῃ τῇ θλίψει ἡμῶν.

Untersucht man die so entstandene Einheit, so stellt man fest, daß sich 7,2 <u>inhaltlich</u> nahtlos an 6,13 anschließt.[2] Die <u>formale</u> Analyse läßt allerdings die Frage nach einer hinter das Verb χωρήσατε passenden Partikel aufkommen. Am schönsten wäre es, wenn dort statt der finiten Verbform das Partizip stünde (χωρήσαντες). Der Text ist jedoch auch an anderen Stellen recht holprig und Partikel finden sich nur wenige. Das paßt zum Charakter eines Textes, der nicht in erster Linie Gedanken entwickelt, sondern vor allem Gefühlen Ausdruck verleiht. Man sollte zusätzlich in Rechnung stellen, daß der Text einige Veränderungen erfahren konnte, als das "Zwischenstück" zwischen 6,13 und 7,2 eingesetzt wurde.[3] Eine solche Textänderung braucht allerdings nicht notwendig vorausgesetzt werden.

Lambrecht (1978) geht ausführlich auf die Zusammengehörigkeit von 6,11-13 und 7,2-4 ein. Ungeachtet dessen, daß das "Zwischenstück" sich in seinem Kontext recht verloren ausmacht, möchte er es an seinem ursprünglichen Platz stehen lassen. Er bringt dafür folgende Argumente vor: Auch an anderer Stelle unterbricht Paulus seinen Gedankengang um später auf umständliche Weise wieder zum Thema zurückzufinden. Als Beispiel kann die Verknüpfung des Abschnittes 2,14 - 7,4 mit seinem Kontext dienen. Auch hier wird ein klarer Gedankengang abgerissen. Zusätzlich hat Paulus auch schon in 5,20 und 6,1-2 Mahnungen geäußert, so daß die Aufforderungen des "Zwischenstücks" nicht völlig überraschend kommen. Weiterhin gibt es einen gewissen logischen Übergang zum Inhalt des "Zwischenstücks", den man etwa so formulieren könnte: "Öffnet uns als Gegengeschenk euer Herz und tut als Folge davon, was wir von euch erbitten (6,14 - 7,1) oder "Öffnet eure Herzen, aber hütet euch vor Libertinismus". Lambrecht traut diesen Argumenten allerdings noch nicht zu, allein tragfähige Stützsäulen seiner Thesen sein zu können. Ihre Schlagkraft erhalten sie erst in der Verbindung mit folgenden Details, die von Lambrecht besonders hervorgehoben werden:
1) In 6,13 und 6,14 findet sich die gleiche Verbform (2.Pl Imperf.).
2) 7,2-4 führt nicht nur die Gedanken von 6,11-13 fort, sondern bringt sie auch erneut zur Sprache. Das deutet darauf hin, daß nach 6,13 schon immer ein Bruch bestanden hat. 3) Wäre 7,2-4 ursprünglich unmittelbar auf 6,11-13 gefolgt, bekämen die Worte des Paulus προείρηκα ὅτι ἐν ταῖς καρδίαις ἡμῶν ἐστε in 7,3b einen befremdlichen Klang. Sie stellen einen Verweis auf 6,11-12 dar und scheinen somit einen größeren Abstand zwischen 6,11-12 und 7,3b vorauszusetzen.[4] 4) Die Wörter σάρξ und φόβος, die Paulus in 7,5 verwendet, können eine unbewußte Wiederaufnahme der gleichen Wörter sein, die er gerade vorher beim Diktat von 7,1 gebraucht hatte. Eine ähnliche Verbindung könnte auch bei der Verwendung von δικαιοσύνη in 6,7 und 6,14 vorherrschend sein (S. 152-153).[5]
Das erste und vierte Argument Lambrechts sind weit hergeholt. Die 2. Pers. Pl. Imperf. ist eine zu oft verwendete Verbform, als daß man mit ihr eine Hypothese aufbauen könnte. Ebenso sind die Wörter σάρξ, φόβος und δικαιοσύνη zu gebräuchlich, als daß sie in der dargestellten Weise als Argumente dienen könnten. Außerdem sollte man nicht außer Acht lassen, daß Paulus diese Wörter innerhalb des "Zwischenstücks" und innerhalb der es umgebenden Stücke in ganz unterschiedlicher Bedeutung gebraucht. Doch dies untersuchen wir später. Das zweite und dritte Argument verdienen mehr Aufmerksamkeit. Wir sehen uns zunächst das zweite Argument genauer an. Um die These zu untermauern, daß in 7,2-4 auf zuvor behandelte Themen zurückgegriffen wird, genügt nach Lambrecht neben dem Vorkommen des Verbes προείρηκα, daß sich die Verse, die das "Zwischenstück" einrahmen, inhaltlich auf folgende, jeweils die gleichen Sachverhalte verhandelnden Verspaare aufteilen lassen.

a) 7,2a - 6,13c (Appell)
b) 7,3a (Bitte um Verzeihung) - 6,12b (Tadel),
   6,13b (Abschwächung des Tadels)
c) 7,3b - 6,11b + 6,12a (Gemeinschaft)
d) 7,4a - 6,11a (Mut) (S. 146-147)[6]

Es ist unbestreitbar, daß sich die Verse beiderseits des "Zwischenstücks" inhaltlich nahestehen. Das heißt jedoch nicht, daß in 7,2-4 lediglich die Verse 6,11-13 nach einem durch 6,14 - 7,1 gebildeten Exkurs wieder "aufgewärmt" würden. Der Gedankengang der Abschnitte 6,11-13 und 7,2-4 läuft im Gegenteil konsequent weiter. Den Fortgang kann man sich so vor Augen führen: Beteuerung der Liebe des Paulus zu den Korinthern (6,11-12a); Schelte der Korinther wegen der Verengung ihres Herzens (6,12b); Aufforderung, sich zu öffnen (6,13 + 7,2a); Anführung der Gründe, warum die Korinther Paulus ihre Liebe erweisen sollen (7,2bcd); Abwehr von Mißverständnissen: Es geht bei allem, was Paulus sagt, nicht darum, den Stab über den Korinthern zu brechen (7,3a); Begründung dieser Aussage erstens damit, daß Paulus die Korinther über alle Maßen liebt (7,3b); zweitens damit, daß er mit ihnen vollkommen zufrieden ist (7,4).

Auch der unbeholfene Anschluß von 7,2 an 7,1 spricht gegen die These, daß 7,2 eine Rückkehr zu einem früheren Thema nach einem Exkurs darstellt. Wäre diese Auffassung richtig, könnte man im Zusammenhang mit 7,2 erwarten, daß dieses bewußte Aufgreifen auch expressis verbis ausgedrückt wird. Man würde schon vor der Aufforderung χωρήσατε ἡμᾶς die Ausdrücke ὡς ἔγραψα ἤδη/ νῦν δή/ ἄρτι (vgl. Phil. 3,1) erwarten. In diesem Sinn kommt der Ausdruck προείρηκα in 7,3 hoffnungslos zu spät.

Auch das dritte Argument Lambrechts hat letztlich nicht sehr große Beweiskraft. Selbst in dem Fall, daß das Verb προείρηκα auf 6,11-12 hinweist, hätte Paulus so auch ohne ein "Zwischenstück" schreiben können. Schon allein innerhalb des Stücks 6,11-13 + 7,2-4 hat Paulus zwischendurch über andere Dinge gesprochen; es wäre daher ganz naheliegend, wenn die Liebesbeteuerungen von zuvor mit diesem Verb wieder fortgesetzt würden. Es ist jedoch keinesfalls sicher, daß Paulus mit προείρηκα gerade auf 6,11-12 hinweisen will. Die Perfektform in 7,3 legt nahe, daß Paulus mit einem gewissen Nachdruck seiner Liebe zu den Korinthern Ausdruck gegeben hat. In 6,11-12 wird aber nur sehr andeutungsweise die herzliche Beziehung des Paulus zu den Korinthern angesprochen. Berücksichtigt man noch, wie Paulus sonst das Verb προλέγειν verwendet, wird immer wahrscheinlicher, daß Paulus hier auf eine Sache anspielt, die er schon in Worte gekleidet hatte, bevor er die Kap. 1 - 7 schrieb (vgl. 13,2; Gal. 1,9; 5,21; 1.Thess. 3,4; 4,6). In jedem Falle wäre hier, wenn man sich auf den Standpunkt der Auslegung von Lambrecht stellt, das Verb προγράφειν eher angebracht als προλέγειν.[7]

Die unmittelbare Zusammengehörigkeit der Versgruppen 6,11-13 und 7,2-4 erscheint auch sehr wahrscheinlich, wenn man die rhetorische Einheit untersucht, die durch die Verse 6,11-13 + 7,2 gebildet wird. In 6,11-12 schildert Paulus zunächst sein Verhältnis zu den Korinthern mit Hilfe der Verben πλατύνεσθαι und στενοχωρεῖσθαι: ἡ καρδία ἡμῶν πεπλάτυνται· οὐ στενοχωρεῖσθε ἐν ἡμῖν. Danach schildert er die gegenwärtige Situation der Korinther mit dem - von der Gedankenführung her - parenthetischen Satz: στενοχωρεῖσθε δὲ ἐν τοῖς σπλάγχνοις ὑμῶν. Anschließend bittet Paulus die Korinther, ihm ebenso Raum zu geben wie er es ihnen gegenüber getan hat. In diesem Zusammenhang verwendet er einerseits dasselbe Verb, andererseits ein Verb mit der gleichen Wurzel wie vorher; jetzt nur in der Imperativform: πλατύνθητε καὶ ὑμεῖς· χωρήσατε ἡμᾶς. Diese letzte Aufforderung hätte Paulus natürlich auch in einer Weise formulieren können, die besser zur Beschreibung seiner Situation in 6,12 gepaßt hätte. Zum Beispiel hätte er schreiben können: μὴ στενοχωρεῖσθε ἐν ὑμῖν. Der Austausch eines negativen Ausdrucks durch einen positiven muß jedoch als die in jeder Hinsicht beste Lösung angesehen werden. Das Pronomen ἡμᾶς macht auch eindeutig klar, wem gegenüber die Korinther nicht "engherzig" sein sollen.[8] Aller Wahrscheinlichkeit nach scheint somit der Text ohne ein dazwischenliegendes "Zwischenstück" zusammenzugehören. Ein solches "Zwischenstück" bricht eine logisch zusammengefügte Gedankenkette auf. Wenn man die Verknüpfung der Verskomplexe 6,11-13 und 7,2-4 miteinander analysiert, legt sich die Annahme nahe, daß das "Zwischenstück" eine dem Text später hinzugefügte Interpolation ist.[9]

b) Die inhaltliche Fremdartigkeit des "Zwischenstücks"

Zu den Schwierigkeiten, das "Zwischenstück" formal an den Kontext anzuschließen, kommen noch zahlreiche inhaltliche Probleme. Hinsichtlich der Gedanken und der Wortwahl wirkt es unter den paulinischen Texten wie ein Fremdkörper.[10] In der Forschung kam daher die Frage auf, ob das "Zwischenstück" überhaupt als ein geistiges Produkt des Paulus angesehen werden kann. Ließe sich nachweisen, daß der Text tatsächlich unpaulinisch ist, würde die Theorie seines Interpolationscharakters einiges an Gewicht gewinnen, es sei denn, es gelänge aufzuzeigen, daß Paulus selbst hier einen fremden Text zitiert. Die "Nonpaulinismen" in diesem Stück lassen sich folgendermaßen auflisten.

1) Wenn man einmal alle AT-Zitate innerhalb dieses Abschnittes außer acht läßt - was in ihrem Rahmen an fremden und bekannten Begriffen auftreten mag beweist gar nichts[11] - enthält das übrige "Zwischenstück" insgesamt acht Wörter, die in anderen Texten des Paulus nicht vorkommen. ἑτεροζυγεῖν, μετοχή, συμφώνησις, βελιάρ, μερίς,[12] συγκατάθεσις, καθαρίζειν, μολυσμός.[13] Außer dem Verb καθαρίζειν, das im sonstigen NT verhältnismäßig häufig ist und dem Substantiv μερίς, trifft man diese Wörter auch im außerpaulinischen NT nicht an.

Zum Sprachgebrauch des Paulus gehören allerdings einige Wörter mit gleicher Wurzel wie die oben genannten. In 1.Kor.5,7 verwendet Paulus das Verb ἐκκαθαίρειν. In 1.Kor. 10,16-17 . 20-21 verwendet er die Wörter κοινωνία und κοινωνός parallel zum Verb μετέχειν (vgl. 2.Kor. 6,14). An συμφώνησις erinnert in 1.Kor. 7,5 σύμφωνος, an μολυσμός in 1.Kor. 8,7 das Verb μολύνεσθαι.[14] Gegen eine Überbewertung der Hapaxlegomena wurde eingewandt, daß Paulus gezwungen war, möglichst viele verschiedene Synonyme für den Begriff "Einheit" zu finden und daher auch auf seltenere Ausdrücke zurückgreifen mußte.[15] Dies ist sicher richtig. Man kann dem allerdings entgegenhalten, daß eine solche Häufung von Synonymen dem sonstigen Stil des Paulus nicht entsprechen würde.[16]

Wie immer man sich auch zu dem Fragment stellen mag, man kann letztlich zu keinem anderen Ergebnis kommen als dem, daß man es hier in jedem Falle mit einer beträchtlichen und statistisch relevanten Hapaxlegomena-ansammlung zu tun hat. Acht Hapaxlegomena finden in nur dreieinhalb Versen bzw. in weniger als neun Zeilen des Nestle - Aland Textes Platz.

Das "Zwischenstück" enthält jedoch auch vier Ausdrücke, die bei Paulus häufiger vorkommen als bei anderen Autoren des NT. Es sind ἄπιστος (2 mal)[17], δικαιοσύνη, ἐπιτελεῖν und ἁγιοσύνη.[18] Die Analyse der Wortbedeutungen, die ich später vornehmen werde, wird zeigen, daß diese Wörter jedoch eher gegen, als für den paulinischen Ursprung des "Zwischenstücks" sprechen. Allein durch ihr formales Vorhandensein, böten diese Wörter wenig Stütze für die Annahme der Echtheit des Stückes. Handelt es sich doch um Wörter, von denen mindestens drei zum üblichen christlichen Sprachgebrauch gehören.[19]

2) Der starke Dualismus, der den Begriffen "Licht" und "Finsternis" in 6,14 anhaftet, ist als solcher den paulinischen Schriften fremd. Den Eindruck einer bloßen Metapher macht das Gegensatzpaar "Licht - Finsternis" hier nicht, auch die anderen Gegensatzpaare am Anfang des Zwischenstücks sind schließlich keine Metaphern. Bei einer so dichten Ansammlung von Gegensatzpaaren braucht man auch keine leeren Gleichnisse als Ballaststoff. Offensichtlich handelt es sich um einen "radikalen metaphysischen Dualismus, der die gesamte Wirklichkeit in den Bereich des göttlichen Heils und der satanischen Bosheit aufteilt".[20] In abgemilderter Form, gleichsam nebenbei kommt die Metapher Licht - Finsternis allerdings auch in paulinischen Texten vor, z.B. in Röm. 2,19; 13,12; 2.Kor. 4,6. Am nächsten kommt Paulus an die Zweiteilung des "Zwischenstücks" in 1.Thess. 5,4-10 heran, aber auch dort fehlt die schroffe metaphysische Aufteilung in zwei Gruppen. Das Bild illustriert die paulinische eschatologische Ethik. Die Existenz als "Kind des Lichts" bedeutet den Verzicht auf die Werke der "Finsternis", eine ethische Wanderung im Wissen um den bald anbrechenden Tag des Herrn. Dem Gleichnisbild zufolge ist es möglich, daß Christen der "Finsternis" verfallen können, wenn ihr Glaubenseifer ermattet. Im 1.Thess. werden zwei unterschiedliche christliche Lebensweisen einander gegenübergestellt; dagegen fehlt völlig das Bild einer metaphysisch vorherbestimmten Schar der "Kinder der Finsternis".[21]

3) Die Mahnung, "sich von allen Verunreinigungen des Fleisches (σάρξ) und des Geistes (πνεῦμα) zu reinigen" (7,1), ist der paulinischen Anthropologie und Ethik fremd. Normalerweise sind in den Mahnungen des Paulus "Fleisch" und "Geist" dergestalt gegensätzlich, daß das "Fleisch" nicht gereinigt werden kann, sondern der Mensch schlechthin völlig von der durch es bestimmten Lebensführung abkommen muß. Der "Geist" hingegen bedarf überhaupt keiner "Reinigung".[22] Anschaulich ist in diesem Zusammenhang z.B. Gal. 5,13-24 und da vor allem Vers 16: πνεύματι περιπατεῖτε καὶ ἐπιθυμίαν σαρκὸς οὐ μὴ τελέσητε.

Die Vertreter des paulinischen Ursprungs des "Zwischenstücks" erklären die ungewöhnliche Verwendung dieser Begriffe mit der Annahme, daß Paulus es mit dem Gebrauch dieser Begriffe nicht so genau nimmt. Daher bedeuteten in diesem Zusammenhang "Fleisch und Geist" dasselbe wie "Körper und Seele" also den "ganzen Menschen" mit seinem äußeren und inneren Wesen.[23] Barrett beispielsweise betont, daß Paulus mitunter die Wörter "Fleisch" und "Geist" in nichttheologischem, populären Sinn gebraucht. Als Beispiel führt er die Verse 2,13 und 7,5 an. In 7,1 meine Paulus mit "Fleisch" die äußere und mit "Geist" die innere Seite des Menschen. Als Vergleich nimmt Barrett 1.Kor. 7,34.[24] Schmithals zieht daneben auch noch 1.Kor. 16,18; 1.Thess. 5,23 (πνεῦμα) und 1.Kor. 1,26.29; 5,5; 7,28; 10,18 (σάρξ) heran. Für ihn zeigen diese Stellen auf, daß die Begriffe in 7,1 nicht im Widerspruch zum sonstigen Sprachgebrauch des Paulus verwendet werden.[25]

Die von Barrett und Schmithals angeführten Stellen zeigen, daß auch der menschliche "Geist" in die paulinische Anthropologie integriert ist, und σάρξ manchmal eine Bedeutung annimmt, die sonst im Sprachgebrauch des Paulus σῶμα zukommt. Die angeführten Vergleichsstellen zeigen jedoch nicht, daß Paulus bei seinen ethischen Ermahnungen an anderer Stelle das Wort σάρξ in neutraler Bedeutung gebraucht. Der Vers 1.Kor. 7,34 kommt der Paränese von 7,1 am nächsten, aber dort wird die Aufforderung auf dem Begriffspaar πνεῦμα und σῶμα aufgebaut. Die Stelle 1.Kor. 5,5 dagegen, die von Schmithals angeboten wird, kann in ihrer Rätselhaftigkeit eher als ein Beispiel dafür dienen, daß Paulus σάρξ und πνεῦμα nicht parallel setzt, sondern als Gegensätze gebraucht.[26]

Nach allem bisher gezeigtem, dürfte man mit der Feststellung nicht fehlgehen, daß sich die Ermahnung 7,1 recht fremd unter den Texten des Paulus ausmacht. Allerdings kann man auch nicht sagen, daß Paulus auf keinen Fall jene Begriffe in dieser Weise hätte gebrauchen können. Zusammen mit anderen Argumenten läßt dieser Einzelzug jedoch in jedem Falle die Waagschale eher zugunsten der Annahme heruntersinken, daß das "Zwischenstück" nichtpaulinischen Ursprungs ist.

4) Im "Zwischenstück" kommen zwei in den paulinischen Texten recht gebräuchliche Termini vor: "Rechtfertigung" (δικαιοσύνη,6,14) und "Heiligung" (ἁγιοσύνη, 7,1). Diese Begriffe sind nicht eben selten - ganz im Gegenteil - aber die Weise, wie sie hier verwendet werden, wirft dennoch einige Fragen auf.

In 6,14 bilden "Rechtfertigung" und "Gesetzlosigkeit" (ἀνομία) ein Gegensatzpaar. "Rechtfertigung" nimmt somit die Bedeutung an, "eine Gottes Gebot und Willen entsprechende Lebensweise". Diese Bedeutung fand man für paulinische Texte recht ungewöhnlich.[27] Benutzt doch Paulus den Begriff "Rechtfertigung" üblicherweise im juridisch-forensischen

Kontext: Er ist das annehmende Urteil Gottes, das am jüngsten Tag in der Erlösung zum ewigen Leben konkret wird. Gegensatzpaare sind also nicht "Rechtfertigung" und "Gesetzlosigkeit", sondern "Rechtfertigung aus dem Glauben" und "Rechtfertigung aus den Werken des Gesetzes". Für diesen Begriffsgebrauch kann Röm. 3,21-22 als ein gutes Beispiel dienen.

Man braucht jedoch die Weise, in der "Rechtfertigung" in 6,14 verwendet wird, dennoch nicht als völlig unpaulinisch ansehen. Auch in Röm. 6,15-23 kommt Paulus nahe an die Bedeutungsnuance im "Zwischenstück" heran.[28] In Röm. 6,19 findet man ganz entsprechend eine Gegenüberstellung der Begriffe ἀνομία und δικαιοσύνη, so daß die Bedeutung von δικαιοσύνη dort mit der in 2.Kor. 6,14 gleichgesetzt werden muß.[29]

In Röm. 6,19 begegnen wir noch einem weiteren Begriff, der im "Zwischenstück" eine zentrale Rolle einnimmt. Es handelt sich um "ἁγιασμός", dem in 2.Kor. 7,1 als Synonym "ἁγιοσύνη" entspricht. In beiden Stellen liegt der Ton darauf, daß das Ziel des christlichen Kampfes die "Heiligung" ist. Trotz dieser Berührungspunkte hat man jedoch einen tiefgreifenden Unterschied zwischen dem Inhalt des "Zwischenstücks" und der Rechtfertigungs- und Heiligungslehre des Paulus gesehen. Im "Zwischenstück" ist "Heiligung" nämlich als eine an den Gläubigen gerichtete Forderung gedacht, während sie sonst bei Paulus als <u>Werk Gottes</u> aufgefaßt wird.[30] Auch Röm. 6,19 steht mit der normalen paulinischen Heiligungslehre im Einklang. Der Indikativ der Erlösung wird nämlich unzweifelhaft vom unmittelbaren Kontext her deutlich: Röm. 6,18 (ἐλευθερωθέντες δὲ ἀπὸ τῆς ἁμαρτίας...) geht Röm. 6,19 voraus. Der paulinische Ursprung der Heiligungslehre des "Zwischenstücks" kann daher nach Windisch nur gesichert werden, wenn man seiner Hypothese folgend annimmt, daß das "Zwischenstück" ursprünglich gleich hinter 6,2 gestanden hat![31] Da für eine solche Textumstellung aber sonst kein Anlaß besteht, kommt man um den Schluß nicht herum, daß im "Zwischenstück" die Beziehung zwischen der "Gottes Willen entsprechenden Lebensweise" des Menschen bzw. "Rechtfertigung" und der "Heiligung" sehr undialektisch verstanden ist: Von der eigenen Leistungsfähigkeit des Menschen wird abhängig gemacht, ob er das Ziel erreicht; **der Mensch ist aufgerufen, sich selbst zu reinigen, um dadurch seine Heiligung vollkommen zu machen.**[32]

Es gehört zu den Grundprinzipien paulinischer Ethik, ethische Anweisungen auf schon zurückliegenden Heilsereignissen aufzubauen. Wenn Paulus von Heiligung und der Gottes Willen erfüllenden Lebensweise spricht, weist er auf die als Grundlage bestehende Taufe und Rechtfertigung vor Gott zurück (vgl. Röm. 6,1-11). Die grundlegende Reinigung hat schon stattgefunden, dem Imperativ ethischer Aufforderungen geht der von der schon erfahrenen Rettung zeugende Indikativ voraus. Die Paränesen des Paulus sind daher dialektischer Natur: Werdet das, was ihr schon seid![33] Eben jene Dialektik scheint aber im Zwischenstück zu fehlen, falls man sie nicht in der Beteuerung von 6,16 sieht, die Christen seien der "Tempel Gottes", oder in der in den vorangehenden zwei Versen implizit durchscheinenden Auffassung, daß die Christen selbst das "Licht" sind und der Sphäre Chisti, der Sphäre der "Rechtfertigung" und des "Glaubens" angehören. Folgt man den alttestamentlichen Zitaten, dann würde die Gotteskindschaft jedoch anscheinend erst in der Zukunft Wirklichkeit werden; wenn die Angeredeten "ausziehen", werden sie von Gott aufgenommen (6,17).[34] Wir haben schon festgestellt, daß die Schlußermahnung von 7,1 sich nicht auf die zurückliegenden Heilstatsachen des Glaubens, sondern auf die Verheißungen des Kommenden gründet: "Da wir jene Verheißungen haben".

Alles in allem spricht wenig für den paulinischen Ursprung der Rechtfertigungs- und Heiligungstheologie des Zwischenstücks. Aufgrund dieser Analyse allein kann allerdings die Auffassung, daß Paulus auch eine Mahnschrift dieser Art verfaßt haben könnte, noch nicht als völlig unmöglich ausgeschlossen werden.[35]

5) Die Verwendung von πιστός im "Zwischenstück" ist mit dem sonstigen Sprachgebrauch des Paulus nicht in Einklang zu bringen. Als Gegenstück zum Begriff ἄπιστος nimmt πιστός in 6,15 die Bedeutung "gläubig" an und reicht damit an die Bedeutung der Bezeichnung "Christ" heran. Wenn auch ὁ ἄπιστος bei Paulus oft mit der Bedeutung "Heide", "Ungläubiger" erscheint, hat πιστός in den paulinischen Texten immer noch die ursprüngliche Bedeutung "verläßlich", "treu"; es wird sowohl auf Gott als auch auf den Menschen bezogen. Als teminus technicus erscheint der Begriff erst in der spätapostolischen Zeit, u.a. in Eph. 1,1 und den Pastoralbriefen.[36] Im "Zwischenstück" erinnert der Begriff πιστός also an den Sprachgebrauch der spätapostolischen Zeit.

6) Für die Art, wie im "Zwischenstück" Zitate aus dem Alten Testament als Stütze herangezogen werden, gibt es in den paulinischen Texten und im gesamten NT keine Entsprechung.[37] In der Zitatformel καθὼς εἶπεν ὁ θεὸς ὅτι ist sowohl die direkte Nennung Gottes als auch der Aorist εἶπεν Paulus fremd. Zwar fand <u>Barrett</u> einige Stellen, an denen Paulus seiner Ansicht nach der Zitatformel des "Zwischenstücks" nahekommt. Es handelt sich dabei um Röm. 9,15.25; 2.Kor. 4,6; 6,2; Gal. 3,16.[38] Jedoch bilden diese Stellen keine wirklichen Parallelen und vermögen die Tatsache nicht aus der Welt zu schaffen, daß die Zitatformel des "Zwischenstücks" sowohl bei Paulus, als auch im gesamten NT einzigartig dasteht. Es lassen sich zwar Parallelen finden, jedoch an ganz anderer Stelle, wie wir gleich zeigen werden.

c)   Die Verbindung des "Zwischenstücks" zu den Qumranschriften

Alle Begriffe und Denkweisen, die im letzten Kapitel abgehandelt wurden, sind Paulus mehr oder weniger fremd. In keinem Fall war es jedoch möglich, völlig auszuschließen, daß Paulus nicht doch die fraglichen Begriffe oder Denkweisen hätte benutzen können. Zwar wirkt die kumulative Anhäufung von fremdem Gedankengut auf engem Raum schwer in der Waagschale, vermag aber allein der Diskussion noch kein Ende zu setzen. Vielmehr bedarf es, um schließlich in dieser Frage zu überzeugen, neben den negativen, für die Fremdheit des "Zwischenstücks" sprechenden Argumenten, anderer, positiver Argumente, mit deren Hilfe versucht werden kann, die tatsächliche geistige Heimat des "Zwischenstücks" ausfindig zu machen. Viele Neutestamentler meinen, diese in einer der Bruderschaft von Qumran nahestehenden christlichen Gemeinschaft ausmachen zu können.[39] Wenn sich diese Annahme verifizieren ließe, hätte die These, das "Zwischenstück" sei eine Interpolation im paulinischen Text, eine nicht zu unterschätzende Stütze gefunden.

Von den Qumranschriften bietet vor allem der Abschnitt 1 QS 3,13 - 4,26 Anknüpfungspunkte zu den Gedanken des "Zwischenstücks". Der Abschnitt spricht davon, daß Gott den Menschen mit zwei Geistern ausgestattet hat, die beide seine irdische Wanderung bestimmen. Es sind dies der Geist der Wahrheit und der Geist des Frevels. In den Bereich des Geistes der Wahrheit gehören das "Licht", der "Fürst des Lichtes" und dementsprechend auch die "Kinder des Lichtes". In den Bereich des Geistes des Frevels gehören dagegen die "Finsternis", der

"Engel der Finsternis" und die "Kinder der Finsternis". Der "Engel der Finsternis" bringt auch alle Sünden und Verfehlungen der "Söhne der Gerechtigkeit" hervor (3,21-22). Die "Geister der Finsternis" versuchen auch die "Söhne des Lichtes" zu Fall zu bringen. Den einen Geist liebt Gott, den anderen aber haßt und verabscheut er ewiglich (3,25 - 4,1). Der "Geist der Wahrheit" bewirkt in seinen Söhnen u.a. "die reiche Liebe zu allen Söhnen der Wahrheit und glänzende Reinheit, die alle unreinen Götzen verabscheut" (4,5). Wirkungen des "Geistes des Bösen" sind dagegen u.a. "die Wege des Schmutzes im Dienst der Unreinheit" (4,10). Alle Menschen gehören dem Bereich des einen oder des anderen Geistes an, auch wenn es keinen reinen Typus gibt (4,15). Die Geister befinden sich, ebenso wie die von ihnen geleiteten Menschen in einem ständigen Kampf gegeneinander. "Ein Greuel für die Wahrheit sind die Taten des Frevels und ein Greuel für den Frevel sind die Wege der Wahrheit". Diese zwei Menschengruppen "können nicht gemeinsam wandeln" (4,16-18). Zur festgelegten Stunde kommt Gott, um einige Menschen zu "reinigen, indem er allen Geist des Frevels aus dem Innern ihres Fleisches tilgt und sie reinigt durch heiligen Geist von allen gottlosen Taten".[40] Jene Menschen werden mit der Wahrheit wie mit "Reinigungswasser" besprengt, das sie von allen Greueln reinigt, die ihnen im "unsauberen Geist" anhaften (4,20-22). Entsprechend dem Anteil, den ein Mensch an der Wahrheit und Gerechtigkeit hat, haßt er den Frevel, entsprechend seinem Anteil am Frevel verabscheut er die Wahrheit (4,23-25).

Beim Versuch, das "Zwischenstück" im Lichte dieser Qumranparallelen zu verstehen, finden viele Einzelzüge eine natürliche Erklärung. Die Aufforderung, sich von den Ungläubigen (Menschen, die unter der Gesetzlosigkeit, der Finsternis und den Götzen stehen) abzusondern, wird in beiden Texten gleich stark deutlich.[41] Beiden Texten gemeinsam ist auch die Gegenüberstellung von Licht und Finsternis.[42] Der Begriff "Gerechtigkeit" kommt in beiden Texten in der gleichen "praktischen" Bedeutung "Gott gemäßer Lebenswandel" vor.[43] "Reinigung" ist im Qumranfragment ebenso wie im "Zwischenstück" ein zentraler Begriff. Die Forderung V. 7,1 "von der Verunreinigung des Geistes zur Reinigung" zu gelangen, erhielte somit eine sehr einleuchtende Erklärung, wenn man sie im Lichte der Aussagen betrachtet, die im Qumranfragment über den "Geist des Frevels" gemacht werden.[44]

Da der Abschnitt 1 QS 3,13 - 4,26 seinem Wesen nach dogmatische Lehre und nicht ethische Ermahnung ist, was auch aus dem einleitenden Text hervorgeht ("Für den Unterweiser, um zu unterweisen und zu belehren alle Söhne des Lichtes über den Ursprung aller Menschenkinder..."), zielt er nicht in gleicher Weise auf Taten hin, wie es das "Zwischenstück" tut. Eine Ermahnung, ähnlich der im "Zwischenstück" liegt aber sehr wohl auf der Linie der Qumranstelle. Dies wird aus der Lehre von Zeile 4,23 deutlich: Der Geist des Frevels und der Geist der Wahrheit kämpfen bis zum letzten Gericht gegeneinander; ihr Kampfplatz sind die Herzen der Menschen; Dem Menschen bleibt die Aufgabe, bis zur letzten Entscheidung dem Geist des Frevels in seinem Herzen keinen Raum zu geben.

Zusätzliche Verbindungsstücke zur Denkwelt des "Zwischenstücks" finden sich auch in anderen Texten aus Qumran und in Schriften, die ihnen nahestehen. Während dem Begriff "Belial" im AT noch die abstrakte Bedeutung "Nutzlosigkeit", "Verderben" zukommt, hat er sich gerade in den Qumranschriften und in dem diesen nahestehenden Testament der zwölf Patriarchen zu einem Sondernamen für den Widersacher Gottes, Satan entwickelt.[45] Die fremdartig anmutende Zitatformel des "Zwischenstücks" findet sich ebenfalls in den qumrannahen Schriften, und zwar in der Rolle aus Damaskus.[46] Außerhalb des NT ist das Bild von der Gemeinde als Tempel Gottes fast nur aus eben den Qumranschriften bekannt.[47] Dieser Wertschätzung der Gemeinde folgt aber gleichzeitig auch die Forderung, sich von der "Versammlung der Männer des Frevels" fernzuhalten (1 QS 5,1-2; 9,5-9). Diese Forderung nach Absonderung wird in den Qumranschriften recht weit getrieben! Immer wieder kommt die Scheidung von den "Söhnen der Finsternis" ins Blickfeld. Die Vermeidung jeglichen Kontaktes reicht bis in ganz alltägliche Dinge hinein. So wird z.B. in 1 QS 5,14-17 festgestellt, daß jedes Zusammentun in der Arbeit, im Besitz und beim Essen untersagt ist. Essen und Trinken darf man nur annehmen, wenn man auch den Kaufpreis dafür bezahlt. Ebenso ist es verboten, sich über ein Gesetz oder Gebot zu unterhalten.[48] - Erwähnen könnte man noch, daß der im "Zwischenstück" (6,17) wahrscheinlich zitierte Abschnitt Ez. 20,34-35 auch in den Lehren von Qumran eine bedeutende Rolle spielt (1 QM 1,2-3).[49]

So sehr das "Zwischenstück" auch den Lehren von Qumran nahesteht, zwei Eigenschaften machen es zu einem christlichen Text: Die Gegenüberstellung des Namens Christus zum Namen Beliar und die Verwendung des Begriffes πιστός als Standartbegriff für die Kinder Gottes. In den Qumrantexten war Beliar der Gegenspieler Gottes und nicht der des Messias.[50] Aus der Sicht der Qumrantheologie ist dieser Unterschied allerdings nicht sehr groß. In einer Lehre, die Gott allein über dem Dualismus als Schöpfer der Geister des Frevels und der Wahrheit stehen sieht, wäre es angemessener, wenn der Messias und Beliar anstelle von Gott und Beliar das Gegensatzpaar bilden würden. Viel deutlicher wird aber der christliche Einschlag im "Zwischenstück" aus dem Gebrauch des Begriffes πιστός. Denn in den Qumranschriften spielt der Gegensatz Glaube contra Unglaube keine Rolle.[51]

Auch wenn das "Zwischenstück" nicht von Paulus stammt, dürfte es doch nach allem bisher festgestellten, christliche Gemeindelehre gewesen sein. Kaum anzunehmen ist, daß es in der vorliegenden Gestalt direkt aus dem Judentum kommt. Das ändert aber nichts an der Tatsache, daß es durch seine Christlichkeit nur wie mit einem Firniß überzogen ist, der die jüdischen Anschauungen nur wenig überdeckt.[52]

d)   Das Problem des Ursprungs des "Zwischenstücks"

Alle Forscher, die sich mit dem "Zwischenstück" auseinandergesetzt haben, geben zu, daß es beträchtliche Probleme aufwirft. Nichtsdestoweniger fehlte es aber auch nicht an jenen, die den Abschnitt als authentischen Teil von 2.Kor. 6 - 7 verstehen wollten.

Derrett[53] interpretiert 7,2 als bewußte Rückkehr zu den Gedanken von 6,12-13, nachdem Paulus den Midrasch aus Deut. 22,10 im Abschnitt 6,14 - 7,1 eingeflochten hatte. Hinter 6,12-13 steht die Bitte, die Korinther mögen die nun folgenden Gedanken des Paulus mit offenen Ohren aufnehmen. Derrets Annahme, daß "Zwischenstück" sei ein typischer Midrasch, kann richtig sein. Dennoch wirkt seine These, Paulus bringe einen solchen Midrasch gerade an dieser Stelle in der Absicht, die Zweifel an seiner Aufrichtigkeit als Kollekteneintreiber zu zerstreuen, nicht im geringsten glaubhaft. Dieser These zufolge sagt Paulus zum wiederholten Male: "laßt euch nirgends mit Irrgläubigen ein", während er eigentlich sagen will: "laßt euch ein mit mir, vertraut mir in wirtschaftlichen Angelegenheiten". Derrett überschätzt sicher die Bedeutung ökonomischer Gesichtspunkte, wenn er die Bedeutung von ἄπιστος in Vers 6,14 erklärt. Er meint, die Doppelbedeutung dieses Wortes hätte für seine Wahl den Ausschlag gegeben; Es bedeutete einerseits "ohne Teilhabe am christlichen Glauben" und andererseits "in wirtschaftlichen Dingen unzuverlässig". Derrett bringt noch weitere Argumente vor, die aber ebensowenig überzeugen.

Tasker versucht, die überlieferte Textfolge beizubehalten und meint, die Themensprünge seien auch sonst für Paulus typisch. Gerade im 2. Kor., der am Ende einer sehr kräftezehrenden Zeit geschrieben worden ist, sei das nicht überraschend. Das gute Zusammenpassen von 7,2 mit 6,13 könnte ein Indiz dafür sein, daß der Autor selbst merkte, wie er vom Thema abgekommen war und nun wieder zu ihm zurückkehren wollte.[54] Dagegen ist zu sagen, daß niemand in einer konkreten Situation während eines Briefdiktates in dieser Weise auf zuvor gesagtes zurückkommen würde.

Als ein Befürworter der traditionellen Textordnung aus der älteren Generation erklärt Lietzmann die Isoliertheit des "Zwischenstücks" mit einer "langen Diktierpause". In der Tat passe das Stück nur mühsam in den Kontext, aber so etwas fände man im Kap. 6 auch an anderer Stelle.[55] Kümmel spinnt diesen Gedanken weiter und erklärt den unbeholfenen Anschluß des "Zwischenstücks" an seinen Kontext damit, daß Paulus nach seinem langen Exkurs über das Amt nicht mehr in der Lage war, ohne Umschweife seinen eigentlichen Briefdialog mit den Korinthern wieder aufzunehmen. Die Verse 6,1f; 6,3ff; und 6,11ff sind jeder für sich ein Versuch, zum konkreten Anlaß zurückzufinden. Das "Zwischenstück" setzt den ersten Versuch, der in 6,1f seinen Anfang nimmt, fort.[56]

Die beiden hier referierten Erklärungsversuche stießen auf berechtigte Kritik. Windisch betonte, daß der Hinweis auf die Ungelenkheit des Paulus als Verfasser literarischer Texte nicht glaubhaft ist. Wenn man die Perikopen des Kap. 6 gesondert voneinander betrachtet, geben sie Zeugnis von höchster schriftstellerischer Kunst. Von Unbeholfenheit kann man nur bei den Nahtstellen zwischen den einzelnen Perikopen sprechen.[57] Wikenhauser-Schmid kritisieren an der These von der Diktatpause, daß sie nicht den bruchlosen Anschluß von 7,2 an 6,12-13 erklären kann.[58]

Georgi kritisiert die oben referierte These Kümmels mit der Bemerkung, daß man im "Zwischenstück" unmöglich die Fortsetzung der in 6,1 eingeleiteten ethischen Ermahnung sehen kann. Zunächst stellen 6,1f keine Paränese dar, sodann findet 6,1f in 6,3ff eine flüssige Fortsetzung.[59] - Diese Bemerkung zielt offensichtlich mehr auf die These Windischs als auf die Kümmels. Windisch sieht nämlich in den Kap. 6 - 7 ein noch größeres Durcheinander als viele andere Neutestamentler. Er sieht alle Versuche, das "Zwischenstück" an seinem angestammten Ort zu belassen, schlichtweg als gekünstelt an. Die syntaktischen Schwierigkeiten, die vor allem in 6,2-3 auftreten, bringen ihn dazu, den ursprünglichen Ort des "Zwischenstücks" zwischen 6,2 und 6,3 anzunehmen.[60] Zu einer solch radikalen Umstellung besteht jedoch kein Anlaß.[61]

Einige Exegeten, die sich für die Authentizität des traditionellen Platzes des "Zwischenstückes" einsetzen, gehen vor allem von einer inhaltlichen Analyse des Fragmentes aus. Barrett vermutet z.B., daß die Korinther auch noch während des Diktates von Kap. 1 - 7 immer noch mit den Gegnern des Paulus, die in die Gemeinde infiltrierten neuen Aposteln zu tun hatten und Paulus ihnen mit dem "Zwischenstück" diese Inkonsequenz deutlich machen wollte.[62] Gegen diese Annahme bringt Thrall vernichtende Kritik vor. Sie stellt u.a. fest, daß aus dem 2.Kor. hervorgeht, daß die Gegner des Paulus sich selbst für besonders gute Christen hielten. Selbst wenn Paulus der Ansicht gewesen wäre, daß seine Gegner um kein Stück besser wären als völlig Ungläubige, hätte er nicht solche Formulierungen, wie die im "Zwischenstück" anzutreffenden, gebrauchen und gleichzeitig hoffen können, in Korinth richtig verstanden zu werden. Wenn es sich um die Gegner des Paulus handeln würde, würde Paulus im "Zwischenstück" vor Leuten warnen, die nur vorgeben, "Männer Christi" zu sein (vgl. 11,13.15). Im vorliegenden Kontext können mit den "Ungläubigen" keine anderen als eben die Nichtchristen gemeint sein.[63]

Die Auslegung von Thrall ist zweifelsohne der beachtlichste Beitrag während der letzten Jahrzehnte zur Verteidigung der Authentizität der traditionellen Plazierung des "Zwischenstücks". Thrall geht davon aus, daß das "Zwischenstück" die Fortsetzung zu 6,1-2 darstellt, während die Verse 6,3-13 einen dazwischenliegenden langen Exkurs bilden. Paulus schneidet in den Ermahnungen des "Zwischenstücks" wiederholt Themen an, die er schon in den vorangegangenen Kapiteln zur Sprache gebracht hatte. So gibt es z.B. in 4,3-6 drei Anknüpfungspunkte zum Text des "Zwischenstücks". In beiden Stellen ist 1. die Rede von den "Ungläubigen" ἄπιστοι (4,4 - 6,14), 2. wird Satan, wenn auch unter verschiedenen Bezeichnungen, genannt (4,4 - 6,15) und 3. werden in beiden Texten die "Ungläubigen" mit der Finsternis und die Christen mit dem Licht in Zusammenhang gebracht (4,3-6 - 6,14). Thrall erklärt diese Berührungspunkte damit, daß Paulus durch seinen Appell, das Evangelium anzunehmen (6,1-2) an das erinnert wird, was er früher über diejenigen gesagt hat, die das Evangelium ablehnen. Er will die Gemeinde vor ihnen warnen. Es gibt noch andere Berührungspunkte zu früheren Kapiteln des 2.Kor. im "Zwischenstück". So das Wort δικαιοσύνη (5,21 - 6,14) und die Hervorhebung der engen Beziehung zwischen Gott und seinem Volk (5,18-20 - 6,16-18). In jedem Vers des "Zwischenstücks" gibt es, meint Thrall, wenigstens eine Parallele zu dem, was Paulus schon vorher gesagt hat.[64]

Einen wesentlich neuen Gesichtspunkt über den Anschluß des "Zwischenstücks" an den Kontext bringt Thrall vor, wenn sie den Hintergrund der Worte ἡ καρδία ἡμῶν πεπλάτυνται (6,11) beleuchtet. Ihrer Ansicht nach rühren diese Worte von einer Assoziation des Paulus mit Deut. 11,16 her. Die LXX Version dieser Stelle enthält auch die Wörter καρδία und πλατύνειν. Der Vers lautet: καὶ φαγὼν καὶ ἐμπλησθεὶς πρόσεχε σεαυτῷ, μὴ πλατυνθῇ ἡ καρδία σου καὶ παραβῆτε καὶ λατρεύσητε θεοῖς ἑτέροις καὶ προσκυνήσητε αὐτοῖς. Die zweite Stelle in LXX, in der καρδία und πλατύνειν gemeinsam auftreten ist Ps. 118,32: ὁδὸν ἐντολῶν σου ἔδραμον, ὅταν ἐπλάτυνας τὴν καρδίαν μου. Da das Verb πλατύνειν sowohl in Deut. 11,16 als auch in Vers 6,11 im Passiv steht, wäre wahrscheinlicher, daß Paulus gerade Deut. 11,16 in den Sinn gekommen ist und nicht Ps. 118,32. Die rabbinische Bibelauslegung hätte ihn angeregt, daran anschließend das Thema eben dieses Verses, nämlich die Meidung von Götzendienst, zu behandeln.[65] 6,3-13 wären somit nach Thrall nicht allein ein zwischengeschobener Exkurs, sondern ihr Inhalt hätte mit auf den Inhalt des ganzen "Zwischenstücks" abgefärbt.

Diese Auslegung vermag so nicht völlig zu überzeugen. Die Äußerungen in 6,11 können schwerlich eine Assoziation des Paulus von Deut. 11,16 her sein. Dies wird daraus ersichtlich, daß Paulus sowohl in diesem Vers wie auch später in 6,13 das Verb πλατύνειν ganz in positiver Bedeutung gebraucht. Angenommen, Deut. 11,16 wäre Paulus schon in den Sinn gekommen, als er 6,11 diktierte, hätte er in 6,13 die Gemeinde nicht mehr aufgefordert, "sich zu öffnen" bzw. gemäß dem assoziierten Bild "den Götzen Platz zu machen"! Wenn hinter 6,11 eine alttestamentliche Assoziation steckt, dann kann es sich nur um Ps. 118,32 handeln, in dem die gemeinsamen Begriffe in positiver Bedeutung vorkommen.

Obwohl Thrall meint, schon eine Antwort auf die Frage gegeben zu haben, warum Paulus das "Zwischenstück" an seinen gegenwärtigen Platz gestellt hat, bleibt es dennoch für sie ein Fremdkörper unter den Texten des Paulus. So läßt sich u.a. ein deutlicher Unterschied zwischen dem 1.Kor. und dem "Zwischenstück" ausmachen. Vor allem die verschärfte Sicht des Paulus über die Möglichkeiten einer Gemeinschaft zwischen Christen und Heiden befremdet nach der Debatte, die Paulus über dieses Thema mit den Korinthern durchgefochten hat (vgl. 1.Kor. 5,9-13). Obwohl die schärfsten Spitzen auch in den alttestamentlichen Zitaten des "Zwischenstücks" zu finden sind, die Paulus als fertige Stücke übernommen haben könnte, kommt man nicht um die Frage herum, warum Paulus die härtesten Formulierungen nicht weggefiltert hat und in seiner Rhetorik nicht vorsichtiger gewesen ist. Auf diese Fragen weiß Thrall keine Antwort. Sie muß sich damit begnügen, daß das "Zwischenstück" inhaltlich ein Mysterium bleibt, für dessen Erklärung man nur auf die irrationalen Seiten des Paulus zurückgreifen kann.[66] Legen die auftretenden Schwierigkeiten dann nicht doch eher die Erklärung nahe, daß das Stück eben keine Schöpfung des Paulus ist? Man kann Thralls scharfe Beobachtungen auch für eine ganz andere Lösung verwenden, als sie selbst meint bieten zu können. Wir kommen später noch darauf zurück. Hier bleibt zunächst nur festzustellen, daß das "Zwi-

schenstück" letztlich für alle ein Problem bleibt, die sich für die
Einheit der Kap. 6 - 7 einsetzen.[67]

Bisher scheint die Analyse unstrittig nahezulegen, daß das "Zwischenstück" nicht an seinen jetzigen Platz gehören kann. Die Antwort auf die sich unmittelbar daraus ergebende Frage, wo denn nun sein wirklicher Ursprung liegt, fällt jedoch schwer. Es könnte ursprünglich ein mit leichter Hand in eine christliche Form gebrachter, dem Geist von Qumran nahestehender Traktat gewesen sein. Da es schwerfällt, im als Textstück recht einheitlichen "Zwischenstück" Stellen zu finden, an denen ein ursprünglich jüdischer Text später umgeformt worden wäre, ist es doch wahrscheinlicher, daß der Text von Anfang an ein christlicher Mahntraktat war. In jedem Falle steht der Vater des Textes einem solchen Judentum geistig nahe, wie es auch von den Qumranschriften repräsentiert wird.[68]

Einige Exegeten halten das "Zwischenstück" für das Produkt eines Diktates des Paulus und für einen authentischen Teil der Kap. 6 - 7, ungeachtet dessen, daß sie es gleichzeitig von seiner Herkunft her für nicht-paulinisch halten. Paulus hätte, meint z.B. Gyllenberg, gerade an dieser Stelle das Qumranfragment selber zitieren können.[69] Er führt zur Begründung an, daß Paulus auch an anderer Stelle Hymnen (Phil. 2,5-11) oder auch im Bekenntnisstil verfaßte, fertig ausformulierte Formeln zitierte (Röm. 3,24-26).[70]

Das "Zwischenstück" ist aber weder eine Hymne noch ein Bekenntnis und hat auch kein so schweres theologisches oder ästhetisches Gewicht, als daß es Paulus zu seiner Zitierung hätte verleiten können. Ohne Zweifel ist das "Zwischenstück" eine mit Sorgfalt kompilierte schriftliche Einheit.[71] Auch wenn man dies eingesteht, muß man sich dennoch nicht Urteilen anschließen, die es wegen der fünf rhetorischen Fragen für eine "hervorragende Stilprobe"[72] halten oder die Synonyme "treffend gewählt"[73] finden. Man kann die Sache auch so sehen: Der Gedanke tritt im unzweifelhaft sorgfältig konstruierten Stück auf der Stelle, und auch die Anhäufung von Synonymen trägt weder zur leichten Lesbarkeit noch zur Vertiefung des Textes bei.[74] Das "Zwischenstück" stellt den Leser vor die Frage, warum Paulus, der sicher in 1.Kor. 13 einen wahrscheinlich früher einmal selbst verfaßten Hymnus zitiert,[75] hier einen Text zitieren will, der so nichtssagend ist. Abgesehen davon, daß er in keiner Weise weder in den Zusammenhang noch zur paulinischen

Theologie paßt, hätte er nicht einmal wegen seiner poetischen Schönheit die Gunst des Paulus erlangen können. Wenn man im "Zwischenstück" das Ergebnis eines Diktates des Paulus sieht, geht dies einzig und allein, wenn man der Ansicht ist, Paulus formuliere hier frei seine eigenen Gedanken und zitiere nicht.[76] Mit der Zitationshypothese läßt sich die Authentizität des "Zwischenstücks" nicht retten.[77]

e) Die Verbindung des "Zwischenstücks" zu 1.Kor. 5,9-13

Viele Forscher meinen in 1.Kor. 5,9-13 Gründe für die Annahme finden zu können, daß das "Zwischenstück" trotz allem geistiges Produkt des Paulus ist. Paulus referiert in dieser Stelle den Inhalt seines ältesten Briefes nach Korinth und berichtet von den Reaktionen, die dieser Brief unter den Korinthern ausgelöst hat. Paulus hatte in jenem Brief den Korinthern untersagt, mit "Unzüchtigen" oder anderen Sündern Umgang zu pflegen. Darauf hatte die Gemeinde entgegnet, daß es unmöglich wäre, diese Vorschrift zu beachten. Dies ginge nur, wenn man sich völlig aus der von allen möglichen Sündern bevölkerten Welt zurückziehen würde.

Aufgrund dieser Reaktion der Gemeinde hat man angenommen, daß das "Zwischenstück" ein Teil des Briefes sein könnte, auf den in 1.Kor. 5,9-13 verwiesen wird. Somit stammte das "Zwischenstück" in der Tat aus der Hand des Paulus. Lediglich die Stelle, an der es sich jetzt befindet, wäre nicht die richtige.[78] Diese Deutung stieß auf Widerspruch, da nach Auffassung vieler Forscher das in 1.Kor. 5,9-13 präsentierte Bild nicht mit dem "Zwischenstück" in Einklang zu bringen ist. Die in 1.Kor. 5,9-13 angedeutete Warnung, galt nur für den Umgang mit <u>Gliedern der Gemeinde</u>, die sich daneben benahmen (1.Kor. 5,11), während hingegen im "Zwischenstück" vor der Gemeinschaft mit "Ungläubigen" (ἄπιστοι) gewarnt wird.[79] Bei all dem starken Nachdruck, mit dem auf diesen Umstand hingewiesen wird, wird allerdings außer Acht gelassen, daß die Korinther in jedem Falle die Sache so verstanden haben dürfen, daß Paulus <u>im allgemeineren Sinn</u> von Sündern spricht (1.Kor.5,11). Zu diesem Mißverständnis dürfte die Sprache beigetragen haben, in die Paulus in seinem frühesten Brief seine Gedanken gekleidet hatte. Was Paulus auch immer beabsichtigt hatte, die Korinther lasen in jedem Fall aus seinen Worten den unmöglichen Befehl, alle Verbindungen zu Personen außerhalb der Gemeinde abzubrechen.[80]

Gegen ein Gleichsetzung des "Zwischenstücks" mit dem allerältesten Korintherbrief wurden zwei kritische Einwände erhoben, die eine eingehendere Behandlung verdienen, als die zuvor erwähnten. 1) Im frühesten Brief sprach Paulus von "Unzüchtigen" (1.Kor.5,9), aber solche werden im "Zwischenstück" mit keinem Wort erwähnt. 2) In 1.Kor. 5,11 macht Paulus deutlich, daß er mit seinen Warnungen auf "Glaubensbrüder" abzielt, was mit dem Begriff ἄπιστοι (6,15) im "Zwischenstück" in keinem Fall in Einklang zu bringen ist.[81]

Diese Beobachtungen vermögen jedoch noch nicht, das Schicksal der hier zur Debatte stehenden Hypothese zu besiegeln, wenn man annimmt, daß das "Zwischenstück" als solches noch nicht den ganzen ältesten Brief ausmacht. Aus 1.Kor. 5,9-11 geht hervor, daß die "Unzüchtigen" nicht die einzige Gruppe waren, mit der Umgang zu haben von Paulus untersagt worden war. Wahrscheinlich hatte er auch u.a. von den Götzendienern gesprochen (εἰδωλολάτρης, 1.Kor. 5,11). Als Paulus nun den Inhalt seines Briefes in Kurzfassung wiederholte, verallgemeinerte er möglicherweise die Angelegenheit, die er seinerzeit zur Sprache gebracht hatte; er hatte vielleicht gar nicht ausschließlich von christlichen Unrechttätern gesprochen, sondern auch allgemein über das Verhältnis der Gemeinde zur Welt; in der Darstellung entstand dabei ein so großes Durcheinander, daß sich die Korinther veranlaßt sahen, die Anweisungen des Paulus in ganz absurder Weise auszulegen. Wenn man das "Zwischenstück" für einen Teil des allerältesten Briefes hält, liegt die Annahme nicht sehr fern, daß Paulus, nachdem ihm die Reaktion der Gemeinde zu Ohren gekommen war, das rhetorische und von der jüdisch-separatistischen Tradition gefärbte Pathos des "Zwischenstücks" in eine lebensnähere Form brachte, wie es in 1.Kor. 5,9-13 der Fall ist. Eine solche Umdeutung hätte auf ihre Weise die Kritik beeinflussen können, die sich in den Worten des Paulus οὐ γὰρ ἄλλα γράφομεν ὑμῖν ἀλλ' ἢ ἃ ἀναγινώσκετε in Vers 1,13 widerspiegelt. Die offensichtliche Verwandtschaft des "Zwischenstücks" mit dem in 1.Kor. 5,9-13 erwähnten Brief ist allein jedoch noch kein Beweis dafür, daß es ursprünglich einmal Bestandteil des ältesten Korintherbriefes gewesen ist.

Aus dem 1.Kor. geht eindeutig hervor, daß es den Korinthern schwer fiel, sich eine positive christliche Identität zu verschaffen, ihr Verhältnis zu ihrer Vergangenheit und ihrer heidnischen Umgebung abzuklären (vgl. z.B. 1.Kor. 6,12-20; 1.Kor. 8; 1.Kor. 10,14-33). Als sich Paulus zum ersten Mal dieser Probleme annahm, hat er sich möglicherweise unbeholfen rigoristisch ausgedrückt. Als eine Folge davon ist die Erschütterung zu verstehen, die sich in 1.Kor. 5,10 widerspiegelt.[82] Es läßt sich leicht ausmalen, daß das "Zwischenstück" eine gleichartige Reaktion ausgelöst hätte.

In 1.Kor. 8,7-13; 10,23-33 wird von der Einstellung zu den Gebräuchen der heidnischen Umwelt und zu den Ungläubigen ein wesentlich flexibleres Bild geboten als im "Zwischenstück". In bestimmten Fällen ist die Teilnahme an Opferhandlungen nicht von vornherein verwerflich; Zurückhaltung sollte allein um deren willen geübt werden, die ein "schwaches Gewissen" haben. In diesen Stellen könnte man den Versuch des Paulus sehen, im nachhinein den Rigorismus des "Zwischenstücks" durch Präzisierungen und Verdeutlichungen abzumildern. Nimmt man dies an, müßte man weiterhin folgern, daß sich Paulus in seinem frühesten Brief radikal separatistischen Ansichten angenähert hätte, die mit der Gedankenwelt der Qumraner verwandt sind.[83] Nur unter dieser Voraussetzung läßt sich das "Zwischenstück" als Produkt des Paulus retten. Man würde nicht erwarten, daß Paulus nach den gemäßigteren Stellungnahmen im 1.Kor. noch einmal so rigorose Anweisungen wie im "Zwischenstück" geben würde. Noch viele weitere Umstände sprechen dafür, daß das "Zwischenstück" nicht ohne Gewalt der Verkündigung des Paulus zugedacht werden kann.[84]

Schon der rein inhaltliche Vergleich des "Zwischenstücks" mit dem allerersten Korintherbrief, wie man ihn auf der Basis von 1.Kor. 5,9-13 annehmen kann, bringt Sachverhalte ans Licht, die es schwermachen, beide Texte miteinander in Verbindung zu bringen. Weitere Schwierigkeiten entstehen, wenn wir den Inhalt des "Zwischenstücks" mit dem vergleichen, was Paulus im 1.Kor. über das gleiche Thema zu sagen weiß: Der Unterschied ist groß, selbst wenn man in Rechnung stellt, daß Paulus eine Wandlung in seinem Denken durchgemacht und seine Sprache verändert hat. Wenn wir daneben auch noch die vielen formalen unpaulinischen Spracheigentümlichkeiten berücksichtigen, können wir im Endergebnis nur zu der Feststellung gelangen, daß das "Zwischenstück" kein Bestandteil des ältesten Briefes an die Korinther gewesen sein kann, ja überhaupt kein Produkt aus der Feder des Paulus ist.

f)   Endergebnis

Da das "Zwischenstück" 1) die ansonsten zusammengehörige Einheit 6,11-13 + 7,2-4 aufbricht[85], 2) weder inhaltlich noch der Stimmung nach mit dem übrigen Inhalt der Kap. 6 - 7 zusammengeht, sowie 3) von seinem ganzen Inhalt her durchweg einen unpaulinischen Eindruck hinterläßt, hält man es am besten für eine Interpolation, die zu einem späteren Zeitpunkt an ihren gegenwärtigen Platz gebracht wurde. Die kumulative Häufung von Argumenten, die in die gleiche Richtung zielen, läßt diese Lösung sehr wahrscheinlich werden.[86] Ihr kommt dabei eine grundsätzliche Bedeutung für das ganze Problem der Zusammensetzung des 2.Kor. zu: Wenn der Text auch nur an einer Stelle nicht in seiner ursprünglichen Gestalt bewahrt ist, wenn der Redaktor an einer Stelle dem Text ein fremdes Stück hinzugefügt hat, ist der Weg frei, um weiteren Spuren der Arbeit dieses Redaktors nachzugehen.[87]

Es erscheint als äußerst unwahrscheinlich, daß das "Zwischenstück" durch ein Versehen an seinen jetzigen Platz geraten ist.[88] Wir müssen uns daher mit der Frage befassen, warum es der Redaktor an der Stelle eingefügt hat, an der es jetzt steht. Eine sichere Antwort darauf fällt schwer.[89] Der Interpolationscharakter des Stückes geht ja in erster Linie gerade daraus so gut hervor, daß es so wenig in den Kontext paßt. Es bietet sich jedoch folgende Möglichkeit an: Der Redaktor befürchtete, die Christen könnten sich als Folge der Aufforderungen von 6,11-13 zu sehr "öffnen"; ja sogar dazu verleitet werden, ihr Herz den "Ungläubigen" und deren verwerflichen Zielen aufzutun. Um diese Möglichkeit auszuschließen, fügte der Redaktor dem paulinischen Text das "Zwischenstück" hinzu.[90]

Wir diskutierten schon Thralls Versuch, die Existenz des "Zwischenstücks" als Assoziation des Paulus mit Deut. 11,16 zu erklären.[91] In der gegebenen Form befriedigte diese Hypothese nicht. Wenden wir die Assoziationshypothese jedoch bei einem späteren Redaktor an, können wir feststellen, daß viele Beobachtungen dabei in die richtige Richtung zielen. Wir können uns sehr gut vorstellen, wie der Redaktor den Text des Paulus durchgegangen ist und beim Lesen auf Vers 6,11 stieß, einen Vers, der in der Formulierung des Paulus möglicherweise den Psalm 118,32 LXX widerspiegelt. Dem mit den heiligen Schriften gutvertrauten Redaktor bot sich die Assoziation zu Deut. 11,16 an, wo die

Begriffe καρδία und πλατύνειν in einem negativen Kontext vorkommen. Die Situation, die gerade in der Gemeinde geherrscht haben mag, könnte dem Redaktor eine Assoziation dieser Art nahegelegt haben. Gleich nachdem er die beiden von Paulus positiv gebrauchten πλατύνειν-Verben passiert hatte, hielt er es für angebracht, seine eigene gegenwärtig aktuelle Ermahnung hinzuzufügen, wobei er seinen eigenen einem Separatismus zuneigenden und von einer qumranähnlichen Religiosität geprägten theologischen Ansichten Raum verschaffte. Für die vielen Anknüpfungspunkte des "Zwischenstücks" an Denken und Sprache der vorangegangenen Kapitel, die <u>Thrall</u> ein wenig übertreibend hervorhebt, gibt es somit eine einleuchtende Erklärung: Der Redaktor hatte sich gerade mit den vorangegangenen Kapiteln vertraut gemacht; aus Respekt vor Paulus versuchte er einen Stil zu finden, der dem entspricht, den Paulus in gleicher Lage wohl verwendet hätte. Die Abweichungen in Zeit und Theologie sind jedoch augenfällig. Aus Respekt vor Paulus läßt der Redaktor dessen Text unangetastet und verändert ihn auch nicht, nachdem er seine eigenen Ermahnungen eingefügt hat. Die Verwendung des Begriffes πιστός als Terminus technicus für den Christen, deutet darauf hin, daß dieser Redaktor in spätapostolischer Zeit gelebt und gewirkt haben muß.[92]

Natürlich ist diese Erklärung eine Hypothese, eine Möglichkeit, sich vorzustellen, wie eine Redaktion hätte vonstatten gehen können. Niemand kann nach 2000 Jahren sichere Aussagen darüber machen, was im Kopf eines Redaktors vorgegangen sein mag. In jedem Fall kommt eher in Betracht, daß ein Redaktor das Durcheinander in 6,11 - 7,4 verursacht hat, als daß Paulus selbst dafür verantwortlich ist. Wir können uns leicht vorstellen, daß der Redaktor bei seiner Kompilationsarbeit ganz mechanisch dem Text neue, den logischen Zusammenhang störende Gedanken hinzugefügt hat. Der Autor selbst hinterläßt solche Spuren nicht. Ihm stehen alle Möglichkeiten offen, Bruchstellen im Text auszugleichen, aber einem späteren Redaktor, der zudem dem Text mit Achtung begegnet, steht dieses Recht nicht zu.[93]

2. Die Nahtstellen 2,13/2,14 und 7,4/7,5

a) Das Problem

Im Vers 2,13 bricht die Schilderung der Ereignisse, die auf den "Zwischenbesuch" des Paulus in Korinth folgten, unvermittelt, wie durch ein Messer getrennt, ab. In 2,12-13 erzählt Paulus, wie er von Troas nach Makedonien reiste, weil er Titus in Troas nicht angetroffen hatte. In 2,14 schneidet er dann ohne Vorbereitung und Vorwarnung ein ganz neues Thema an: Er preist Gott, der ihn ständig im "Triumpfzug" mitschreiten läßt. Anschließend beleuchtet er das Wesen des apostolischen Amtes aus verschiedenen Blickwinkeln. Die Stimmungsunterschiede auf beiden Seiten der Nahtstelle lassen den Bruch noch krasser hervortreten: In den Versen 12-13 spricht Paulus von der Unruhe, die ihn nicht dort bleiben ließ, wo er sich befand, sondern ihn dazu trieb, seine Reise fortzusetzen; Vers 14 dagegen ist ein freudiger Lobpreis Gottes, ohne daß mit einem Wort erwähnt würde, was zu diesem Stimmungsumschwung geführt hätte.[94]

Auch wenn der Knotenpunkt 2,13/2,14 einige Fragen aufwirft, würde er dennoch kaum Kopfschmerzen bereiten, wenn es nicht im 2.Kor. noch eine weitere Bruchstelle zwischen V. 7,4 und 7,5 gebe, die mit der vorherigen Bruchstelle in Zusammenhang steht. Nachdem Paulus in 6,11-13 und 7,2-4 seinen herzlichen Gefühlen der Gemeinde von Korinth gegenüber Ausdruck gegeben hat, geht er von 7,5 an überraschend dazu über, seine in 2,13 unterbrochene Erzählung fortzusetzen. An sich würde der Übergang von 7,4 nach 7,5 auch hier keine großen Schwierigkeiten machen, wenn es sich nicht ausgerechnet um die Rückkehr zu dem früheren Thema handeln würde.

Vor einem solchen Sachverhalt stellt sich natürlich die Frage, ob der 2.Kor. zu irgendeinem Zeitpunkt in Unordnung geraten ist. Folgte 7,5 ursprünglich unmittelbar auf 2,13 und wurde dann erst später davon getrennt? Die Frage gewinnt dadurch an Bedeutung, daß auch das zweite Thema des 2. Kap., das vor der Bruchstelle eine Rolle spielt, nämlich der Mann, der Paulus Unrecht angetan hat, erst hinter dem Vers 7,5 in dessen unmittelbarer Nähe weitergeführt wird (2,5-11; 7,11-12).[95]

b)   Das Verhältnis der Verse 7,5-6 und 2,12-13 zueinander

Zieht man die Verse 2,12-13 und 7,5-6, die beide von der Reise nach Makedonien handeln, zusammen, ergibt sich folgender Text:

Ἐλθὼν δὲ εἰς τὴν Τρῳάδα εἰς τὸ εὐαγγέλιον τοῦ Χριστοῦ, καὶ θύρας μοι ἀνεῳγμένης ἐν κυρίῳ, οὐκ ἔσχηκα ἄνεσιν τῷ πνεύματί μου τῷ μὴ εὑρεῖν με Τίτον τὸν ἀδελφόν μου, ἀλλὰ ἀποταξάμενος αὐτοῖς ἐξῆλθον εἰς Μακεδονίαν. καὶ γὰρ ἐλθόντων ἡμῶν εἰς Μακεδονίαν οὐδεμίαν ἔσχηκεν ἄνεσιν ἡ σὰρξ ἡμῶν, ἀλλ' ἐν παντὶ θλιβόμενοι· ἔξωθεν μάχαι, ἔσωθεν φόβοι. ἀλλ' ὁ παρακαλῶν τοὺς ταπεινοὺς παρεκάλεσεν ἡμᾶς ὁ θεὸς ἐν τῇ παρουσίᾳ Τίτου.

Auch wenn 7,5-6 die in 2,12-13 begonnene Erzählung fortsetzen, läßt sich schwer vorzustellen, daß sie einmal eine bruchlose Einheit miteinander gebildet hätten. Folgende Umstände, die vor allem mit der formalen Gestalt der beiden Verspaare zusammenhängen, sprechen dafür, daß sie nichts miteinander zu tun haben:

1) In 2,12-13 gebraucht Paulus die 1.Pers. Singular, in 7,5-6 dagegen die 1.Pers. Plural. Zwischen Singular und Plural gibt es hier keinen Bedeutungsunterschied.[96]

Werden diesen Verspaaren die Verse 7,2-16 in ihrer überlieferten Reihenfolge zum Vergleich gegenübergestellt, sieht man, daß auch in ihnen oft die 1. Person mal im Singular, mal im Plural gebraucht wird, wenn Paulus von sich (und seinen nächsten Mitarbeitern) spricht. In 7,2-16 läßt sich der Wechsel im Numerus jedoch für jede Stelle so erklären, daß Paulus sich zwischendurch allein auf seine eigenen Taten und Erlebnisse beschränkt, an anderer Stelle aber seine nächsten Mitarbeiter in seine Erfahrungen mit einbezieht. Aber unmöglich ist auch nicht, daß Paulus an einigen Punkten die 1.Pers. Plural gebraucht, wenn er ausschließlich von sich selbst spricht.[97] Es scheint geradezu so zu sein, daß er an jeder beliebigen Stelle im 7. Kap. zwischen beiden Numeri frei hätte wählen können. Dies wird besonders deutlich bei den synonymen Ausdrücken τὸν ὑμῶν ζῆλον ὑπὲρ ἐμοῦ (7,7) und τὴν σπουδὴν ὑμῶν τὴν ὑπὲρ ἡμῶν (7,12).

Aus all dem bisher festgestellten wird deutlich, daß der überraschende Wechsel des Numerus im Text des Paulus kein besonders beweiskräftiges Argument gegen die Zusammengehörigkeit bestimmter Verse darstellt. In dem uns hier interessierenden Fall ist er nur als zusätzliches Argument zur Stützung anderer Argumente von Bedeutung.

2) Die Einleitungspartikel καὶ γάρ in 7,5 eignen sich nicht als flüssige Fortsetzung von 2,13. Eher würde man in 7,5 z.B. den Anfang ἐλθόντων δὲ ἡμῶν erwarten, wenn der Vers direkt an 2,13 anzuschließen wäre.[98]

3) In 2,13 und 7,5 machen sich wiederholende, gleichlautende Formulierungen einen störend tautologischen Eindruck, <u>falls</u> man ihre ursprüngliche Zusammengehörigkeit annimmt:[99] οὐκ ἔσχηκα ἄνεσιν τῷ πνεύματί μου - οὐδεμίαν ἔσχηκεν ἄνεσιν ἡ σάρξ ἡμῶν; ἐξῆλθον εἰς Μακεδονίαν - ἐλθόντων ἡμῶν εἰς Μακεδονίαν. Die gleichlautenden Formulierungen legen nahe, daß sich die Verse sicherlich gegenseitig beeinflußt haben. In der vorliegenden Form ist dieser Einfluß allerdings anderer Art, als daß der eine Text die Sprachform des anderen, die gleiche Thematik direkt und unmittelbar fortführenden, Textes beeinflußt hätte.[100]

Aufgrund der hier beschriebenen Beobachtungen läßt sich schwer vorstellen, daß die Verspaare als solche jemals fest miteinander verbunden gewesen wären. Wenn man diese Schwierigkeiten bedenkt, sollte man allerdings auch nicht außer acht lassen, daß der Redaktor bei der Trennung und Zusammensetzung der Teilstücke selbst passende Überleitungen hätte formulieren können, so daß 2,13 und 7,5 danach nicht mehr wie die "Bruchstellen eines Ringes" zusammenpassen würden.[101] Dies gilt vor allem für das oben beschriebene zweite Argument.

Man kann sich theoretisch die Auswirkungen der Arbeit des Redaktors sogar als so weitreichend vorstellen, daß sich mit ihnen auch die Schwierigkeiten im Sinne des dritten Argumentes wegerklären ließen. Der Redaktor hätte dann die sog. "Ringkompositionstechnik" angewandt, mit der man besonders bei Schriften des Alten Testaments dem Text neue Elemente zugefügt haben dürfte.[102] Damit wäre der ganze Vers 7,5 eine Schöpfung des Redaktors, gedacht als eine künstliche Brücke, die zum abgebrochenen Text in 2,13 zurückführen und gleichzeitig den Bruch nach 7,4 weniger auffällig erscheinen lassen sollte.[103] Vers 7,6 bietet sich gut als Fortsetzung des Verspaares 2,11-13 an; so daß man sich leicht vorstellen könnte, daß sie ursprünglich eine Einheit gebildet hätten.[104] Da es diese Möglichkeit gibt, läßt sich das Problem der Zusammensetzung der Kap. 1 - 7 nicht einfach dadurch aus der Welt schaffen, daß man die Verspaare 2,11-13 und 7,5-6 miteinander vergleicht und untersucht, wie weit sie zusammenpassen bzw. nicht zusammenpassen.

c)   Die Beziehung des Stückes 7,5-16 zu 6,11-13 und 7,2-4

Die gewichtigsten Argumente gegen eine Umstellung der Kap. 1 - 7 ergeben sich aus der Analyse der Nahtstelle 7,4/7,5 und ihres unmittelbaren Kontextes. Es gibt dort nämlich viele Formulierungen und Themen, die den Abschnitt 7,5-16 eng an die vorausgehenden Verse anschließen.

1) In 7,4 beschreibt Paulus den Zustand, in dem er sich befand, nachdem er die erfreulichen Nachrichten erhalten hatte, mit den Worten ἐπὶ πάσῃ τῇ θλίψει ἡμῶν. Nach der Nahtstelle, in 7,5 beschreibt er noch einmal seine Lage nach der Ankunft in Makedonien und vor seinem Zusammentreffen mit Titus mit den Worten ἀλλ' ἐν παντὶ θλιβόμενοι. Diese Bedrängnis hatte ihre Ursache sowohl in äußeren "Kämpfen", als auch in der Ungewißheit über die Lage in Korinth. Nach der Ankunft des Titus fiel zwar der zweite Grund fort, aber der erste, der von den Nachrichten aus Korinth unabhängig war, blieb weiter bestehen. Darum ist es sachlich zutreffend, wenn Paulus in 7,4 davon spricht "über die Maßen froh in seiner ganzen Bedrängnis zu sein", nachdem er die guten Nachrichten erhalten hatte. Der Gedanke schreitet in 7,4-5 also logisch und konsequent fort: Paulus schildert sein wiederhergestelltes gutes Verhältnis zur Gemeinde; indem er davon spricht, sich trotz aller "Bedrängnis" über die Korinther zu freuen, verschafft er sich die Möglichkeit, näher zu erklären, was es mit der "Bedrängnis" auf sich hat, welche Ursachen und welche Vorgeschichte sie hat, und vor allem wie weit sie mit Korinth zusammenhängt (7,5-6).

2) In 7,4 sagt Paulus über die Korinther: πολλή μοι καύχησις ὑπὲρ ὑμῶν. In 7,14 berichtet er dann ausführlicher, wie er die Korinther gerühmt hat und wie sich dies bewahrheitet hat: ὅτι εἴ τι αὐτῷ ὑπὲρ ὑμῶν κεκαύχημαι, οὐ κατῃσχύνθην, ἀλλ' ὡς πάντα ἐν ἀληθείᾳ ἐλαλήσαμεν ὑμῖν, οὕτως καὶ ἡ καύχησις ἡμῶν ἡ ἐπὶ Τίτου ἀλήθεια ἐγενήθη. Der Gedanke des "Rühmens" ist in diesen beiden Versen in ein sehr einleuchtendes Verhältnis gesetzt. Aus gebührendem Abstand zum ersten Anschneiden des Themas expliziert Paulus nun genauer, was er mit dem **Rühmen der Korinther** meinte.

3) In 7,4 stellt Paulus fest: πεπλήρωμαι τῇ παρακλήσει. In gleicher Weise wie im vorigen Beispiel, aber weit ausführlicher und unmittelbarer, expliziert er darauf den Inhalt dieser Aussage in den Versen

7,6-7.13. Die Feststellung διὰ τοῦτο παρακεκλήμεθα in 7,13 gibt zu verstehen, daß auch die Ausführungen in 7,8-12 über die Sorge der Korinther, die zu ihrer Umkehr und zur Begeisterung für Paulus führte, mit der Schilderung des "Trostes" des Paulus zusammenhängt.

4) Das Gleiche, was über die Themen "Bedrängnis", "Rühmen", und "Trost" festgestellt wurde, gilt auch für das Thema "Freude". In 7,4 vertritt Paulus die These: ὑπερπερισσεύομαι τῇ χαρᾷ. In 7,7.9.13.16 führt Paulus seine Freude näher aus.

5) Auch der erste Gedanke in Vers 7,4 πολλή μοι παρρησία πρὸς ὑμᾶς kommt später erneut zum Zug, nämlich in 7,16: χαίρω ὅτι ἐν παντὶ θαρρῶ ἐν ὑμῖν. παρρησίαν ἔχειν und θαρρεῖν sind praktisch Synonyme, so daß man sagen kann, daß auch in dieser Hinsicht ein starkes verknüpfendes Band über die Bruchstelle hinwegverläuft.

Im Licht der oben ausgeführten Argumentation zeigt sich, daß Vers 7,4 seiner Natur nach am ehesten als eine Art Überschrift oder Inhaltsverzeichnis für das, was Paulus später näher erläutert, zu verstehen ist. Alles, was hier zur Sprache kommt, wird nämlich dort später noch einmal aufgegriffen. Abgesehen vom ersten Thema, wird es dann auch noch ausführlicher behandelt. Die Ausführungen befolgen ein nahezu makelloses chiastisches Schema:

7,4:   Mut - Rühmen - Trost - Freude - Bedrängnis
7,5-16:   Bedrängnis (5) - Trost - (6-13a) - Freude (7.9.13.16) - Rühmen (14) - Mut (16)

Wenn man die Gemeinsamkeiten des Abschnittes 7,5-16 mit dem vorangehenden Text untersucht, findet man noch zwei weitere Argumente:

6) In den echt paulinischen Briefen kommt der Begriff σπλάγχνα außer in 2.Kor. 6,12 und 7,15 nur noch in Phil. 1,8; 2,1 und Philemon 7.12.20 vor. Sein Bedeutungsfeld erstreckt sich vom "Innersten" des Menschen als Hort positiver Gefühle bishin zur rein abstrakten Bedeutung "Liebe". In 2.Kor.6,12 und 7,5 wird σπλάγχνα im ersten Sinn verwendet. Als Synonym kommt in 6,11 und 7,3 καρδία vor. Dadurch, daß σπλάγχνα beiderseits der Bruchstelle in gleicher Bedeutung vorkommt, wird der Eindruck verstärkt, daß sich Wortwahl, Thematik und Atmosphäre auf beiden Seiten der Bruchstelle entsprechen.

7) Bei aller Freude, die ihm die Korinther bereiteten, sieht sich Paulus veranlaßt, sie in 6,11-13 und 7,2 aufzufordern, ihm ihrerseits "ihr Innerstes" zu "öffnen". Das paßt gut mit 7,11 zusammen. Dort steht, daß der Brief, den Paulus der Gemeinde geschickt hatte, neben einer Erwärmung der Beziehungen in den Reihen der Gemeinde auch zu "Verteidigung, Unwillen und Furcht" geführt hatte. Auf beiden Seiten der Nahtstelle stößt man nun auf die Freude darüber, daß zwischen Paulus und der Gemeinde wieder Eintracht besteht. Dennoch verlangt die jüngste Uneinigkeit noch nach einer Nachbehandlung. Aus dieser Perspektive betrachtet, scheint das Verhältnis zwischen Paulus und der Gemeinde auf beiden Seiten der Nahtstelle das gleiche zu sein.

Aus der bisherigen Darstellung dürfte deutlich geworden sein, daß es unnatürlich wäre, zu versuchen, die Verse 6,11-13 und 7,2-4 aus ihrer organischen Verbindung mit 7,5-16 herauszureißen.[105] Gerade 7,4 bietet sich als Einleitung für alles Folgende geradezu an. Damit verliert die Theorie, daß 7,5 ursprünglich die Fortsetzung zu 2,13 war, an Überzeugungskraft. Der Abschnitt 7,5-16 kann niemals zwei verschiedene Einleitungen gehabt haben. Bei den hier theoretisch bestehenden Alternativen fällt die Wahl aber eher auf den Abschnitt 6,11-13 + 7,2-4 als auf 2,12-13.

d) Kritische Sichtung anderer Auslegungen

Die Annahme, ein bestimmter Abschnitt sei eine später in den Text eingefügte Interpolation, erfordert gewichtige Argumente zu ihrer Untermauerung, wenn durch die Handschriften eindeutig die überlieferte Textordnung gestützt wird. Die Argumente, die für den Interpolationscharakter von 2,14 - 7,4 sprechen, verblassen neben den Argumenten für die gegenteilige Annahme. Die Lage ist hier also anders als bei der Erforschung des Interpolationscharakters des "Zwischenstücks" (6,14 - 7,1). Ringt man sich zu dieser Schlußfolgerung durch, bedeutet dies gleichzeitig, daß man zwei Interpretationsmuster aufgibt, die bei der Erforschung des 2.Kor. eine nicht geringe Rolle gespielt haben. Wie im Einleitungskapitel (I 2 c-d) gezeigt wurde, halten viele Neutestamentler das Stück 2,14 - 7,4 für eine Apologie, die vor dem "Tränenbrief" abgeschickt worden war, während andere wiederum denselben Abschnitt mit den Kap. 10 - 13 zusammenziehen, so daß der "Tränenbrief" aus beiden Einheiten bestanden hätte.

Wenn wir im Folgenden die wesentlichen Argumente untersuchen, die für beide Auslegungsalternativen in der Hauptsache ins Feld geführt werden, stellen wir fest, daß es relativ wenige sind, neben dem immer wieder vorgebrachten, daß 7,5-6 den Gedanken von 2,12-13 gut fortführen.

Alle Forscher, die die Verse 2,14 - 7,4 aus den Kap. 1 - 7 herauslösen wollen, weisen mit Nachdruck auf inhaltliche Unterschiede gegenüber dem Kontext hin. So hält z.B. Weiß 2,14 - 7,4 für einen Text, der entstand, als der Streit zwischen Paulus und den Korinthern in vollem Gange war. Für ihn ist 2,14 - 7,4 nahezu ausschließlich polemischer Natur. Um diese These am Leben zu erhalten, muß auch Vers 7,4 diesem Gesamtbild angepaßt werden. Laut Weiß klingt dieser Vers unbestreitbar fröhlich und zuversichtlich. Dennoch kann man beim Lesen den Eindruck bekommen, daß sich Paulus diese Worte gleichsam abzwingen muß: In mutigem Vertrauen antizipiert er gleichsam, wofür er noch zu kämpfen, was er den Korinthern noch abzuringen hat.[106] Bornkamm, der die Auffassung vertritt, daß 2,14 - 7,4 eine Apologie sind, die geschrieben wurde, bevor der eigentliche große Streit zum Ausbruch kam, braucht 7,2-4 nicht gewaltsam polemisch zu verstehen, wie Weiß das tut. Jedoch ist auch er der Ansicht, daß 7,2-4 lediglich von der Hoffnung künden, die Paulus in die Korinther gesetzt hat. Gleichzeitig bieten diese Verse das Fundament für die Bitte des Paulus an die Korinther (6,13; 7,2a).[107] Auch diese Deutung klingt nicht sehr überzeugend, vor allem, was 7,4 betrifft. Ohne die Zwangsjacke eines zuvor akzeptierten Gesamtverständnisses wäre es das Nächstliegende, den betreffenden Vers als Ausdruck einer Freude zu verstehen, die auf tatsächliche oder für tatsächlich gehaltene Ereignisse zurückgeht. Am einleuchtendsten wäre die Auffassung, daß 7,4 die guten Nachrichten widerspiegelt, die Titus über die Lage bei den Korinthern zu überbringen wußte. All den Exegeten, die den Abschnitt 2,14 - 7,4 als eine eigene Einheit ausgrenzen wollen, kann man vorhalten, daß sie keine zufriedenstellende Erklärung für die Existenz der über die zweite Bruchstelle gehenden Verbindungslinien bieten können. Man hat es sich bei den Versuchen, mit diesen Schwierigkeiten fertig zu werden, oft sträflich leicht gemacht. So sieht Bultmann darin z.B. nur den Beweis für die Geschicklichkeit des Redaktors.[108]

Auch <u>Windisch</u> möchte innerhalb seiner These, die eine Textneuordnung der Kap. 1 - 7 voraussetzt, die Verse 7,4 und 7,5 voneinander trennen, auch wenn er sich der damit verbundenen Schwierigkeiten bewußt ist. Die Trennung des guten Verbindungsstückes wird seiner Ansicht nach dadurch wieder wett gemacht, daß für den Text 1 - 7 bessere Verbindungsstücke geschaffen werden. Das Besondere an <u>Windischs</u> Lösung für das Problem der Kap. 1 - 7 liegt darin, daß er, obwohl einerseits mit der vorfindlichen Textfolge unzufrieden, dennoch andererseits das gesamte Material dieser Kapitel innerhalb ein und desselben Briefes bewahrt wissen möchte. <u>Windisch</u> bringt diese beiden Auffassungen dadurch miteinander in Einklang, daß er den Text der Kap. 1 - 7 völlig neu ordnet. Die ursprüngliche Textfolge hätte demnach so gelautet 1,1 - 2,13 + 7,5-16 + 2,14 - 6,2 + 6,14 - 7,1 + 6,3-13 + 7,2-4 oder 1,1-11 + 2,14 - 6,2 + 6,14 - 7,1 + 6,3-13 + 7,2-4 + 1,12 - 2,13 + 7,5-16. In beiden Fällen fehlt laut <u>Windisch</u> zwischen 6,2 und 6,14 ein Stück, aber ansonsten ist der Text in Ordnung.[109]

Letztlich führt <u>Windisch</u> seine Umstellungsvorschläge nur als Möglichkeiten an, um zu demonstrieren, wie schwierig es ist, auf diesem Wege zu einer Lösung für das Problem der Zusammensetzung des 2.Kor. zu kommen. In dem Maße, wie ein Problem des logischen Fortgangs des Textes gelöst ist, entstehen neue Probleme, für die keine Entscheidungshilfen aus der Texttradition gegeben sind. <u>Windischs</u> Erklärungsmodelle haben auch noch mit der Schwierigkeit zu kämpfen, daß sie nur schwer die Frage beantworten können, wie eine so große Unordnung denn zustande kommen konnte und was den Redaktor dazu bewogen haben könnte, die Fragmente der paulinischen Briefe in der Weise umzustellen.

Natürlich könnte man annehmen, daß sich die Kap. 1 - 7 in einem hoffnungslos zersplitterten Zustand befunden hätten, als der Redaktor seine Arbeit in Angriff nahm. Er hätte sich dann ernsthaft daran gemacht, die Kapitel in ihrer ursprünglichen Reihenfolge zu rekonstruieren, dies wäre ihm aber nicht vollständig gelungen. Um überzeugen zu können, müßte diese Erklärung allerdings zumindest der Forderung gerecht werden können, daß durch eine Umstellung besser zusammenhängende Einheiten geschaffen werden könnten, als die überlieferte Ordnung bietet. Dies vermag sie jedoch nicht. In <u>Windischs</u> Lösung wirkt z.B. gerade die Auseinanderreißung der Stücke 6,11-13 + 7,2-4 und 7,5-16 eindeutig als Verschlechterung. Die Theorie der "zerfledderten Seiten" sieht sich auch noch der weiteren Schwierigkeit gegenüber, daß die Unterbrechungen der ursprünglichen Verbindungen fast durchweg so glücklich vonstatten gegangen sein mußten, daß die Risse nicht durch ganze Sätze gehen.[110]

Will man die Kap. 1 - 7 in mehrere Einzelstücke aufteilen und danach neu ordnen, kann man das aufgrund der oben angeführten Gründe nicht damit begründen, daß der Text in irgendeiner Phase einmal aus Versehen in Unordnung geraten wäre. Der moderne Textumsteller müßte also - außer, daß er aus dem Text ein konsequenteres und bruchloser fortschreitendes Ganzes zu bilden hätte - in der Lage sein, eine glaubhafte Erklärung für die Beweggründe des Redaktors zu geben, der für die vorliegende Textordnung verantwortlich ist. Er müßte auf die Frage eine Antwort geben können, warum der Redaktor die ursprüngliche Einheit bewußt zerschnitten und in der vorliegenden Reihenfolge wieder zusammengestellt hat. Weder Windisch noch irgend ein anderer von denen, die radikale Textumstellungen für die Kap. 1 - 7 vorgeschlagen haben, ist imstande, diese Bedingungen zu erfüllen. Man kann somit sagen, daß alle Versuche, das Problem auf diesem Wege zu lösen, gescheitert sind.

Letztendlich ist Windisch mit den von ihm vorgeschlagenen Umstellungen selbst nicht zufrieden. Besonders der Hiatus zwischen 2,11 und 2,12, für den er keine Erklärung findet, bereitet ihm weiterhin Schwierigkeiten. Das Problem wird schließlich sogar so schwer, daß er bereit wäre, die Kap. 1 - 7 in ihrer überlieferten Ordnung zu belassen, wenn nur die Verse 2,12-13 aus ihrem gegenwärtigen Kontext herausgenommen und woanders eingesetzt werden könnten, z.B. zwischen 7,4 und 7,5. Windisch kann jedoch für die Verschiebung eines so kleinen Stückes aus seiner ursprünglichen Verbindung heraus keine Erklärung finden. Er könnte noch verstehen, wenn es sich um eine größere, etwa ein ganzes Papyrusblatt umfassende Verschiebung handeln würde.[111]

Auch wenn die Sprünge zwischen 2,11 und 2,12 einerseits, und 2,13 und 2,14 andererseits beachtlich sind, braucht man sie dennoch nicht ganz so wichtig zu nehmen, wie Windisch das tut. Paulus macht nämlich, wenn er in den ersten beiden Kapiteln seine Taten und Erlebnisse schildert, auch noch andere Sprünge. Er schildert auf der einen Seite chronologisch seine Erlebnisse, auf der anderen Seite unterbricht er an vielen Stellen diese konsequent fortschreitende Schilderung, um einem Exkurs, der wieder neue Gesichtspunkte ins Spiel bringt, Platz zu machen. Er folgt dabei diesem Schema: konkrete Schilderung

(1,15-16) - Exkurs (1,17-22) - konkrete Schilderung (1,23) - Exkurs (1,24) - konkrete Schilderung (2,1-4)[112] - Exkurs (2,5-11)[113] - konkrete Schilderung (2,12-13) - Exkurs (2,14ff). Der letzte Exkurs wird zu einer langen theologischen Reflexion ausgebaut, so daß Paulus nicht mehr vor Kap. 7 zu seiner chronologisch voranschreitenden Erzählung zurückfindet. Eingeordnet in dieses Schema wirkt der Hiatus vor und hinter 2,12-13 bei weitem nicht mehr so störend und erfordert zumindest keine Textumstellung.[114]

e)   Wie sind die Nahtstellen entstanden?

Nachdem wir uns für die Einheit der Kap. 1 - 7 ausgesprochen haben, aus der nur das "Zwischenstück" herauszunehmen ist, muß zur Untermauerung dieser These, eine möglichst einleuchtende Erklärung für den sprunghaften Gedankenfortgang gefunden werden.

Inhaltlich können die Kap. 1 - 7 in zwei Hauptthemen eingeteilt werden. Einerseits wird das wechselvolle Hin und Her in der Beziehung zwischen Paulus und den Korinthern und die aktuellen Ereignisse im Leben des Paulus geschildert (das <u>biographisch-praktische Thema</u>). Andererseits bieten diese Kapitel theologische Reflexion, zunächst über das Apostelamt, aber auch über echatologische Zukunftsvorstellungen (5,1-10) (<u>das theologische Thema</u>). Das zweite Thema wird innerhalb des ersten aufgebaut, so daß die erste Bruchstelle 2,13/14 gleichzeitig den ersten Übergang vom biographisch-praktischen zum theologischen Thema bildet. Paulus kehrt später wieder zu seinem ersten Hauptthema zurück, dies geschieht aber schon vor dem zweiten Bruch in 7,4/7,5. Die Weise, in der Paulus diesen Themenaufgriff bewerkstelligt, hat zu den Theorien geführt, die die Nichtauthentizität der überlieferten Reihenfolge behaupten.

Paulus hatte, nach allem zu schließen, keine klare Disposition vor Augen, als er die Kap. 1 - 7 diktierte. Nachdem er sein Verhältnis zur Gemeinde und seine damit verbundenen Erfahrungen ausführlich zur Sprache gebracht hatte, sieht er sich schon im 2. Kap. veranlaßt, auf theologisch wichtigere Dinge einzugehen. Er bedient sich dabei einer freien Assoziation in 2,14. Etwaige Zwischenbemerkungen, die das Verständnis des Übergangs erleichtern würden, fehlen. Vermutlich hatte Paulus schon beim Diktat von 2,13 das freudige Wiedersehen mit Titus in Makedonien im Blick. Dies würde erklären, warum in 2,14 Dankbarkeit gegenüber Gott die vorherrschende Stimmung ist.[115] Durch das Reisethema des vorangegangenen Verses wurde Paulus dagegen auf ein Gehen ganz anderer Art gebracht, nämlich auf den Triumphzug.[116] Vor allem, nachdem er von der glücklichen Klärung der angespannten Lage in Korinth erfahren hatte, fiel es ihm in der euphorischen Stimmung, von der Kap. 7 zeugt, leicht, alle Reisen, die er in Ausübung seines apostolischen Amtes unternommen hatte, gleichsam als Teil eines göttlichen Triumphzuges zu verstehen. Im Siegeszug des Triumphators ist er Herold oder Soldat oder ein mitgeschleppter Gefangener.[117] Auf jeden Fall hat er die Aufgabe, mit seiner Tätigkeit zur Vermehrung des Ruhms des Siegers beizutragen. Paulus war damit der Anlaß für eine eingehende theologische Abhandlung über Amt und Botschaft der Apostel gegeben. So verstanden ist der Sprung von 2,13 nach 2,14 nicht ungewöhnlicher als irgendeine andere überraschende Wendung in dem sehr assoziativen Diktierstil des Paulus.[118]

Für Paulus war es beim Diktat eines Briefes normale Praxis, theologische und grundsätzliche Erklärungen an den Anfang zu stellen; praktische Fragen und die Pflege der Gemeindebeziehungen fielen auf die Schlußhälfte der Briefe. Auf diese Grunddisposition stoßen wir in allen echten Briefen des Paulus. Wenn man noch das Grußwort, das normalerweise mit einer passenden captatio benevolentiae oder einem anders gearteten Aufgreifen der gegenwärtigen Situation des Briefempfängers verbunden ist, mit berücksichtigt, entsteht eine Dreiteilung in der Disposition der paulinischen Briefe, die auch in 2.Kor. 1 - 7 (+ 8 - 9) beobachtet werden kann: Am Anfang wird mehr oder weniger ausführlich die Situation bei Paulus und in der Gemeinde ausgeleuchtet, danach folgt eine konzentrierte Erörterung theologischer Grundsatzfragen, darauf wiederum eine Rückkehr zu praktischen Themen, wie Reise und Finanzangelegenheiten und schließlich die Grüße. Die Kap. 1 - 7 des 2.Kor. variieren dieses Schema ausnahmsweise dahingehend, daß sich die Behandlung der konkreten Fragen am Anfang des Briefes länger als gewöhnlich hinzieht. Vermutlich war es die Macht der Gewohnheit, die einer anderen Ordnung den Vorzug gab, welche Paulus dazu brachte, sobald sich die Gelegenheit ergab, zu grundsätzlicheren Fragen überzugehen.[119]

Wenn wir uns die Situation vor Augen halten, in der die Kap. 1 - 7 geschrieben wurden, wird gut verständlich, warum die erste Hälfte dieser Kapitel anders als die übrigen Briefe des Paulus gewichtet ist: Paulus hatte soeben von der veränderten Lage in Korinth erfahren und dachte an die vielen Dinge, die er den Korinthern anläßlich der jüngsten Ereignisse mitzuteilen wünschte. Möglicherweise dachte Paulus, als er bei 2,13 angelangt war, jetzt schon alles zum Thema "Streit und Wiederversöhnung" gesagt zu haben, so daß als konkrete Themen am Schluß des Briefes allein die Anweisungen für die Durchführung der Kollekte zugunsten der Jerusalemer Gemeinde übrig blieben. Während des Diktats stiegen jedoch die erst kurz zurückliegenden konkreten Ereignisse und die Gefühle, die Paulus mit ihnen verband, allmählich immer deutlicher an die Oberfläche.[120] Schon im theologischen Exkurs über das Apostelamt gab es immer wieder deutliche Anspielungen auf konkrete Ereignisse und Fragestellungen der nahen Vergangenheit (2,17; 3,1; 4,2-5; 5,12-13). Schließlich entsteht auch eine theologische Abhandlung nicht im luftleerem Raum und ist ihrer Natur nach auch nicht bloß akademisches Theoretisieren, sondern hängt im Gegenteil immer mit Fragestellungen zusammen, die Paulus für die Gemeinde in ihrer besonderen Lebenssituation für wichtig hält. In Kap. 6 bricht die Behandlung der grundsätzlichen Fragen wiederum jäh ab, wenn Paulus in 6,11-13 seinen Gefühlen freien Lauf läßt. Die theologische Belehrung der Korinther kann jetzt entfallen und Paulus befaßt sich bis zum Schluß von Kap. 7 mit seinem Verhältnis zur Gemeinde.

In 6,11 - 7,16 gibt es keine Information, die man nach den Mitteilungen aus den Anfangskapiteln noch vermissen würde. Man kann also annehmen, daß diese Verse Ausdruck einer nicht im Voraus geplanten Improvisation sind, Ausdruck dafür, daß Paulus nun den Korinthern einfach "sein Herz ausschüttet". Als sich Paulus klar wurde, daß er wieder mitten in diesem Thema steckt, ließ er wahrscheinlich den Schreiber nachsehen, was er schon am Anfang des Briefes über seine Stimmung auf der Reise nach Makedonien, die durch den Streit bedingt sehr niedergeschlagen war, gesagt hatte.[121] Bei einem Brief, dessen Diktat sich über mehrere Tage erstreckt, würde eine solche Vorgehensweise nicht überraschen. Dabei wurde Paulus bewußt, daß sein Bericht von der Ankunft in Makedonien noch vervollständigt werden könnte.[122] Auf dieser Grundlage läßt sich der zwar dem Inhalt nach, aber nicht von der Form her, genaue Anschluß des Wortlautes von Vers 7,5 an Vers 2,13 erklären. Daß beide Verse gleichen Inhalts sind, irritiert nicht mehr, nachdem mehrere Kapitel dazwischen liegen. So verstanden erinnert die Tautologie der beiden Verse die Leser des Briefes nur daran, wie sehr der Bruch Paulus zu Herzen gegangen ist und wie sehr sich seine jetzige Freude von seiner Stimmung zur Zeit der Streitigkeiten unterscheidet. Paulus tut gut daran, den Korinthern sowohl seine frühere Bedrängnis als auch seine gegenwärtige Freude nahezubringen als Zeichen dafür, wie lieb und teuer sie ihm doch sind. Beide Gefühle zeugen von der Wahrheit dessen, was Paulus in 7,3 sagt. Dort stellt er nämlich über sein Verhältnis zu den Gemeindegliedern fest: "Ihr seid in unserem Herzen, um mit zu sterben und mit zu leben". Dies macht Paulus sowohl für die Vergangenheit als auch für die gerade durchlebte Gegenwart deutlich.

Die Kap. 1 - 7 kann man, muß man sogar, vom "Zwischenstück" (6,14 - 7,1) einmal abgesehen, als eine einzige ursprüngliche Einheit ansehen, bei der nicht notwendigerweise angenommen werden muß, daß die Reihenfolge des Textes verändert worden ist. Der Frage, ob zu diesem Ganzen noch anderes Material gehört, soll in den nächsten Kapiteln nachgegangen werden.

3. Die Kapitel 8 und 9 in ihrem Verhältnis zueinander und zu den
   Kap. 1 - 7

a)   Das Problem und die Versuche, es zu lösen

Innerhalb des 2.Kor. bilden Kap. 8 und 9 eine eigene Einheit. Beide
befassen sich mit der Kollekte für Jerusalem und schon nach kurzer
Analyse gewinnt man den Eindruck, daß sie jeweils ein vollständiges,
in sich abgerundetes Stück zu diesem Thema bilden: Die Anfänge beider
Kapitel (8,1-2; 9,1-2) sind stilistisch gleichartige Einleitungen, als
handelte es sich jeweils um ein völlig neues Thema. Auch die Schluß-
verse (8,24; 9,15) machen den Eindruck, als würde eine Angelegenheit
zum Schluß abgerundet, von der vorher schon alles gesagt worden ist.
Auf den ersten Blick drängt sich daher die Schlußfolgerung auf, daß
die Kap. 8 und 9 zwei voneinander unabhängige Aufforderungen zur Kollekte sind, die nach Korinth - eine davon möglicherweise auch an andere Stelle, z.B. nach Achaia - geschickt wurden. Beide eignen sich gut
als Fortsetzung für die Kap. 1 - 7, und es fiele kaum auf, wenn eines
von ihnen im 2.Kor. fehlen würde.

Die Meinungen darüber, wie die Kap. 8 und 9 in den Briefwechsel eingeordnet werden sollen, den Paulus mit der Gemeinde von Korinth führte, gehen in der Forschung mindestens ebenso weit auseinander, wie bei
allen anderen literarkritischen Problemen der Korintherbriefe. Auch
bei dieser Fragestellung stoßen wir auf alle möglichen und auch unmöglichen Alternativen. Zu den letzteren kann man wohl in jedem Fall die
Theorie von Weiß zählen, laut der Paulus das 8. Kap. als Empfehlungsschreiben für Titus und die zwei anderen Männer in der Kollektenangelegenheit schon verfaßt hatte, bevor er der Gemeinde all das zu-
sandte, was jetzt im 1.Kor. enthalten ist. (Weiß vertritt die Auffassung, daß der 1.Kor. aus drei verschiedenen Briefen an die Korinther
zusammengesetzt ist). Kap. 8 wäre somit schon vor dem "Zwischenbesuch", dem "Tränenbrief" und der Ankunft des Paulus in Makedonien
geschrieben worden. Das 9. Kap. dagegen wäre Teil des aus Makedonien
abgeschickten "Versöhnungsbriefes", der nach Weiß aus 2.Kor.
1,1 - 2,13 + 7,5-16 und Kap. 9 bestand.[123] Die deutlichen Hinweise im
8.Kap. auf Makedonien als Abfassungsort und die chronologischen
Probleme, die diese Hypothese aufwirft (προενήρξασθε ἀπὸ πέρυσι,
8,10), berechtigen uns neben anderen Gesichtspunkten, diese Deutung
der Auslegungsgeschichte zu überlassen. Mir ist jedenfalls niemand bekannt, der in neuerer Zeit Weiß in der Einordnung von Kap. 8 in der
Chronologie der paulinischen Schriften gefolgt wäre.

Fast ebenso unmöglich ist eine andere These, die durch Bultmann bekannt wurde, aber auf breitere Zustimmung stieß und auch später noch ihre Anhänger fand.[124] Diese These besagt, daß Kap. 9 früher als Kap. 8 entstanden ist. Darüber läßt sich noch diskutieren. Weit schwerer fällt es jedoch, den Platz zu akzeptieren, den Bultmann dem 9.Kap. zuweisen will. Seiner Ansicht nach ist das 9.Kap. nämlich ein Teil des "Tränenbriefes". Zum "Tränenbrief" hätten damit 2,14 - 7,4, die Kap. 10 - 13 und Kap. 9 gehört.[125] - Wir brachten schon die Schwierigkeiten zur Sprache, die ein so verstandener "Tränenbrief" mit sich bringt. Außerdem macht sich ein Appell zur Kollekte, wie er für das 9. Kap. typisch ist, in Verbindung mit den groben Zornesausbrüchen in den Kap. 10 - 13 äußerst befremdlich aus. Dies bietet wieder ein Beispiel dafür, wie leicht man in der Forschung, sobald man sich vom ursprünglichen Problem des 2.Kor., nämlich dem Verhältnis der Kap. 10 - 13 zum übrigen Brief entfernt, auf Spekulationen verfallen kann, die auf noch wackligeren Füßen stehen, als die von Anfang an als schwierig empfundene Theorie, der 2.Kor. sei ein einheitlicher Brief.

Es gibt aber noch zur Genüge Hypothesen, die eine ernsthafte Auseinandersetzung verdienen. Die Auffassung, daß die Kap.8 und 9 eine von Anfang an zusammenhängende Fortsetzung zu Kap. 7 bilden, erfreut sich breiter Zustimmung auch unter Exegeten, die ansonsten in einleitungswissenschaftlichen Fragen des 2.Kor. verschiedene Wege gehen.[126] Einen Schritt weiter geht beispielsweise Windisch. Seiner Ansicht nach muß das 9.Kap. als ein neuer Brief oder Teil eines neuen Briefes verstanden werden, der bald nach der Absendung der Kap. 1 - 8 geschrieben wurde. Es wäre im Gegensatz zu den an die Korinther adressierten Kap. 1 - 8 ganz allgemein für die Gemeinden in Achaia bestimmt gewesen (9,2).[127] Georgi schlägt eine noch radikalere Operation vor. Ihm zufolge können Kap. 8 und 9 nicht nur nicht zusammengehören, sie setzen auch nicht die gleiche in Kap. 7 dominante Situation voraus. Es handelte sich vielmehr um zwei verschiedene, nacheinander - Kap. 9 nach Kap. 8 - abgesandte Kollektentraktate, die dann ganz in der von Windisch projizierten Weise für verschiedene Zielorte bestimmt sein konnten.[128] Schmithals und Héring vertreten die Meinung, daß Kap. 9 vor Kap. 8 entstanden ist. Sie folgen darin Bultmann, wenn auch nicht sehr weit, denn sie halten das 9.Kap. für einen eigenständigen Brief, der kurz vor dem aus Makedonien abgeschickten "Versöhnungsbrief" abgefaßt wurde, zu dem u.a. auch gemeinsam die Kap. 7 und 8 gehörten.[129] Auch Vielhauer setzt Kap. 9 vor Kap. 8 an und bietet eine Lösung an - wenn auch mit gewissen Vorbehalten - dergemäß Kap. 9 an den Schluß von Kap. 7 als letzter Teil des "Versöhnungsbriefes" gefügt werden muß; nach dieser Lösung wäre Kap. 8 erst nach dem "Versöhnungsbrief" als getrennter Empfehlungsbrief an Titus und seine Mitarbeiter geschrieben worden.[130] Der Begriff "Empfehlungsbrief" mutet in diesem Zusammenhang befremdlich an, denn diese Hypothese hat zur Voraussetzung, daß sich Titus schon bei vielen Gelegenheiten bei den Korinthern ins rechte Licht setzen konnte.

Damit wären nahezu alle theoretischen Möglichkeiten für die Reihenfolge der Kollektenkapitel und ihres Verhältnisses zum Kontext in der Forschungsgeschichte genannt worden.

b)   Der Inhalt der Kap. 8 und 9

Für eine Lösung der einleitungswissenschaftlichen Probleme der Kap. 8 und 9 bieten sich viele Möglichkeiten an, aber nur eine kann die richtige sein. Bei der Suche nach der richtigen Lösung ist zunächst zu fragen, ob vom Inhalt her vorstellbar ist, daß Kap. 8 und 9 von Anfang an in denselben Brief gehört haben. Wenn dieser Frage nachgegangen wird, ist genauer zu untersuchen, wie die Kollektenfrage in den betreffenden Kapiteln behandelt wird. Gibt es unnatürliche Überlagerungen und Parallelen? Die Themen, die in den Kapiteln vorkommen, sind kurz geschildert folgende:

Kap. 8

<u>1-5</u>: Die armen Makedonier haben sich eifrig für die Kollekte engagiert und ein ausgezeichnetes Sammelergebnis erzielt. <u>6-7</u>: Dies bringt Paulus dazu, Titus zu bitten, die Kollekte auch in Korinth zum Abschluß zu bringen; die Vortrefflichkeit dieser Gemeinde in vielen Gebieten sollte auch in dieser Frage deutlich zum Vorschein kommen. <u>8-9</u>: Es handelt sich nicht um einen Befehl, sondern um einen appellierenden Hinweis auf das Engagement der Makedonier und auf das Beispiel Christi, damit die Echtheit der Liebe der Korinther sichtbar würde. <u>10-12</u>: Die Korinther hatten mit dem "Tun und Wollen" schon im vorangegangenen Jahr begonnen; jetzt müßte es zum Abschluß gebracht werden. <u>13-15</u>: Es geht um einen Ausgleich zwischen Reichen und Armen; wenn Not wäre, würden auch die Korinther den Part der Nehmenden einnehmen. <u>16-17</u>: Titus bricht aus eigenem Antrieb und voller Tatendrang auf, um diese Aufgabe zu erfüllen. <u>18-24</u>: Er wird dabei von zwei Männern, offiziellen Abgesandten der Gemeinden, begleitet; die Korinther sollen sie gut aufnehmen, denn aus ihren Berichten machen sich die anderen Gemeinden ein Bild von der Korinther Gemeinde.

Kap. 9

<u>1-2</u>: Es erübrigt sich für Paulus den Korinthern über die Kollektenangelegenheit zu schreiben, da die Gemeinde schon so begeistert mitmacht, daß Paulus schon viele andere in Makedonien mit seinem Lob für das bereitwillige Engagement der Korinther mitreißen konnte. <u>3-5</u> Paulus schickt dennoch "Brüder" in die Gemeinde vor, damit seine Lobeshymnen auf die Korinther nicht Lügen gestraft werden. Wenn er nach Korinth kommt - möglicherweise mit seinen makedonischen Begleitern - müßte die Kollekte schon abgeschlossen sein. <u>6-11</u>: Eine freudige und freiwillige Freigebigkeit birgt Gottes Segen in sich; alles kommt letztlich von Gott. <u>12-15</u>: Die Kollekte dient nicht nur der Beseitigung materieller Not, sondern vor allem dazu, den Ruhm Gottes zu mehren und die Einheit der Christen zu festigen.

Beim inhaltlichen Vergleich der beiden Kapitel zeigt sich zumindest, daß es in ihnen keine direkten Überschneidungen gibt.[131] Würde es sich um zwei getrennte Schreiben mit dem gleichen Thema handeln, dürfte man erwarten, daß die Argumentation in groben Zügen in den gleichen Bahnen verliefe. Man würde dies nicht zuletzt dann erwarten, wenn es sich - wie viele annehmen - um zwei chronologisch nahe beieinanderliegende, vor demselben situativen Hintergrund entstandene Briefe mit identischem Thema handeln würde. Das Fehlen von Doppelungen würde noch störender ins Auge stechen, wenn die Briefe auch noch für verschiedene Adressaten bestimmt gewesen wären, wie in einigen Theorien vorausgesetzt wird, die diese Kapitel auseinanderreißen wollen.

Der ganze Vorgang läßt sich mit der Art und Weise vergleichen, in der Paulus nur wenige Monate später den Römern in Röm. 15,26-27 die gleiche Kollektenfrage nahebrachte. Dort stoßen wir sogar auf zwei einleuchtende Doppelungen für Themen der Kap. 8 und 9: 1) Paulus hebt den verbindenden Charakter der Spende hervor (κοινωνίαν ποιήσασθαι), wie in 9,13-14. 2) Es findet sich auch der Gedanke eines "Ausgleichs", wie in den Kollektenkapiteln (8,13-15). Was es mit diesem "Ausgleich" auf sich hat, wird in Röm. 15,27 allerdings genauer als in 2.Kor. 8,13-15 erläutert. Paulus findet gegenüber den Römern in dieser Sache deutlichere Worte, als gegenüber den Korinthern. Geistige Gaben, die der Gemeinde aus anderen Quellen als von Paulus selbst zukämen, waren wohl ein noch zu heikles Thema für die Korinther, nachdem die gegenseitigen Beziehungen dem Abbruch nahe waren, weil sich unlängst neue geistliche Lehrer in der Gemeinde breit gemacht hatten (vgl. z.B. 10,13-16).[132] Eine Besonderheit dieses Ausgleichs liegt auch darin, daß es sich in 8,13-15 um eine gegenseitige materielle Hilfe handelt,[133] in Röm. 15,27 dagegen um einerseits geistlichen, andererseits materiellen Beistand. Aber vielleicht wäre es ein zu schwerer Brocken für die Korinther, die so sehr auf ihre eigene geistliche Reife und Gleichberechtigung Wert legen, wenn Paulus auf diese Weise von geistlichem Beistand reden würde.[134]

Das Fehlen direkter Doppelungen in Kap. 8 und 9 spricht dafür, daß sie beide einmal Bestandteil ein und desselben Briefes gewesen sein konnten.

c)   Die inhaltliche Spannung zwischen Kap. 8 und 9

Auch wenn sich Kap. 8 und 9 in der tieferen Begründung der Kollekte nicht überschneiden, läßt sich dennoch beobachten, daß sie inhaltlich in einer gewissen <u>Spannung</u> zueinander stehen. Das zeigt sich vor allem in der Methode, mit der Paulus in beiden Kapiteln die Korinther konkret jeweils dazu bringen will, die Kollekte zu einem schnellen und glücklichen Abschluß zu bringen. In 9,2-5 treibt Paulus die Korinther dazu an, den Lobeshymnen gerecht zu werden, mit denen er die Makedonier über die Willigkeit und Bereitschaft der Korinther zur Kollektensammlung informiert hat. Es war, wenn man diesen Versen folgt, nicht zuletzt die Schilderung des Engagements der Korinther, die "viele" Makedonier dazu gebracht hat, selbst mitzumachen. Nach 8,1-6 scheint jedoch das Verhältnis zwischen Korinthern und Makedoniern als gegenseitiger Ansporn umgekehrt zu sein. Paulus malt dort nämlich die große und aufopferungsvolle Begeisterung der <u>Makedonier</u> aus, die ganz von selbst unter ihnen entflammte und möchte damit die Korinther dazu bringen, mit ihrer eigenen Sammlung fertig zu werden.

Das starke Bedürfnis des Paulus, die Korinther auf Trab zu bringen, macht deutlich, daß er den Makedoniern von der Kollektensammlung der Korinther ein Bild vorgemalt hat, das die Wirklichkeit beträchtlich beschönigt. Vor allem παρεσκεύασται ἀπὸ πέρυσι (9,2) erscheinen im Lichte von 8,11 als eine klare Übertreibung. Fatal wird die Sache dadurch, daß Paulus - vorausgesetzt, Kap. 8 und 9 gehören in denselben Brief - den Korinthern so offen zu verstehen gibt, daß sein übertriebenes Lob reine Taktik ist.[135] Damit schwächt er aber die Schlagkraft seines Appells vom Anfang des Kap. 8 ab - basiert dieser doch auf der lobenden Herausstellung der Makedonier! Dann ist aber nicht auszuschließen, daß einem aufmerksamen Hörer des Briefes nach dem Anfang von Kap. 9 der Verdacht kommen konnte, daß auch mit dem Idealbild von 8,1-5 etwas nicht stimmt. Wodurch ist garantiert, daß Paulus in diesen Versen den Makedoniern nicht ein ebenso übertrieben gutes Zeugnis ausstellt, wie vorher den Korinthern. Die beiden Schilderungen wirken also viel einleuchtender, wenn man annimmt, daß sie ursprünglich in zwei verschiedenen Briefen gestanden haben, obwohl auch dann ein fader Nachgeschmack verbleibt.[136]

Die Spannung zwischen den Begründungen der Kollektenforderungen wäre leichter zu akzeptieren, wenn die Kapitel wirklich - wie einige meinen - ursprünglich für verschiedene Adressen bestimmt gewesen wären, auf der einen Seite für die Korinther, auf der anderen Seite für die Achäer. Paulus macht jedoch an keiner Stelle einen Unterschied zwischen Korinthern und Achäern, sondern gebraucht diese Bezeichnungen aller Wahrscheinlichkeit nach synonym.[137] Um die Widersprüche zu beseitigen, hat man auch vorgeschlagen, daß Paulus am Anfang der beiden Kollektenkapitel von verschiedenen Gemeinden in Makedonien spricht, so z.B. in dem einen von der Gemeinde zu Philippi, im anderen von der in Thessalonich. Die eine Gemeinde hätte Paulus für die Kollekte erwärmt, indem er ihr das leuchtende Beispiel der Korinther vorstellte, die andere Gemeinde hätte sich dazu aus eigenem Antrieb bereitgefunden.[138] Gegen diese Lösung spricht, daß in 8,1 im Plural von den makedonischen Gemeinden gesprochen wird (ἐν ταῖς ἐκκλησίαις τῆς Μακεδονίας). Damit sind aller Wahrscheinlichkeit nach alle Gemeinden dieser Gegend gemeint. Auch in Kap. 9 spricht Paulus nur ganz allgemein von "Makedoniern" (9,2.4). Sie bilden eine Einheit, so wie auch die Korinther, mit anderem Namen auch "Achäer" genannt, eine Einheit bilden.[139]

Auch wenn die Mahnungen am Anfang von Kap. 8 und 9 miteinander in Spannung stehen, muß dies nicht zu literarkritischen Schwierigkeiten führen. Man kann die Angelegenheit so verstehen, daß die Begeisterung der Makedonier, von der zu Beginn des Kap. 8 die Rede ist, Folge jener Lobpreisungen war, auf die am Anfang des Kap. 9 hingewiesen wird. Man braucht aus der inneren Zeitfolge der berichteten Ereignisse nicht den Schluß zu ziehen, daß die von früheren Geschehnissen berichtende Schrift (Kap. 9) chronologisch vor dem eine spätere Phase der Werbung für die Kollekte schildernden 8. Kap. anzusetzen wäre.[140] Paulus konnte innerhalb ein und desselben Briefes in jeder beliebigen Reihenfolge von diesen Ereignissen berichten. Bei der Spannung zwischen Kap. 8 und 9 handelt es sich offensichtlich um einen jener Widersprüche, die man einerseits mit dem zu Extremen und Übertreibungen neigenden Temperament des Paulus und andererseits mit der seiner Persönlichkeit eigenen Redlichkeit erklären kann.[141] Wunschdenken und das Bedürfnis, möglichst wirksam für die gute Sache eintreten zu können, diktierten Paulus offensichtlich die Regeln für sein Verhalten, sowohl als er den Makedoniern von den Korinthern erzählte, als auch - nach allem zu schließen - dann, als er das Bild 8,1-5 diktierte, um die Korinther ethisch aufzurichten. Noch verständlicher wird das Ganze, wenn man sich vorstellt, daß das in 9,2-3 geschilderte Rühmen in der freudigen Atmosphäre nach der Rückkehr des Titus aus Korinth geschah. Für die Offenheit des Paulus spricht, daß er arglos seine Verfahrensweise offenlegt, die man von einem etwas anderen Standpunkt aus auch als häßliches Taktieren ansehen könnte. Man <u>kann</u> sich also recht gut vorstellen, daß 9,2-4 zum gleichen Brief wie 8,1-5 gehört haben. Ihre Existenz ließe sich so erklären, daß Paulus noch ein wirksames Argument zu Felde führen wollte, um die Korinther zu motivieren; dabei wurde ihm nicht bewußt, wie gefährlich die dabei ausgesprochenen Gedanken gegenüber dem vorher diktierten Text sein können. ἐν τῷ μέρει τούτῳ in 9,3 läßt sich gut als Anspielung auf 8,7 verstehen, wo gesagt wird, daß die Gemeinde in jeder Hinsicht Lob verdient, außer in bezug auf die Kollekte. Allein vom Kontext der Verse 9,1-4 her gesehen, wäre diese Wendung jedenfalls völlig überflüssig.[142]

Ein weiterer inhaltlicher Unterschied zwischen Kap. 8 und 9 wurde darin gesehen, daß in Kap. 8 die Korinther erst aufgefordert werden, die Kollektensammlung wieder aufzunehmen, im Kap. 9 dagegen die Sache schon so weit fortgeschritten wäre, daß es jetzt darum ginge, dazu zu ermahnen, die Kollekte zu einem Abschluß zu bringen.[143] Sieht man allerdings etwas genauer hin, läßt sich ein solcher Unterschied aber nicht ausmachen, denn das Verb ἐπιτελεῖν in 8,6.11 zeigt klar, daß auch das 8. Kap. auf den ordentlichen Abschluß der Kollekte hinzielt.[144]

d) Gemeinsamkeiten in Kap. 8 und 9

Es lassen sich folgende Einzelzüge, die für eine Beibehaltung von Kap. 8 und 9 als zusammengehörende Stücke ein und desselben Briefes sprechen, herausfiltern.

1) Beide Kapitel sind an Korinth adressiert. Zwar gibt es in Kap. 8 keine geographischen Angaben für den Zielort des Textes, aber die Hinweise auf die Tätigkeit des Titus (8,6), die Lage der Gemeinde (8,7) und die dort schon früher in Gang gekommene Kollektensammlung (8,6.10-11; vgl. 1.Kor. 16,1-4) lassen keinen Zweifel. Es gibt keine andere Alternative. Dagegen gibt es in Kap. 9 einen deutlichen Hinweis

auf die Empfänger, wenn dort von Achaia gesprochen wird. Wir haben oben schon festgestellt, daß dieser Begriff im Sprachgebrauch des Paulus gleichbedeutend mit Korinth ist.

2) Beide Kapitel wurden in Makedonien geschrieben (8,1-6; 9,2-5).

3) Beiden Kapiteln zufolge haben die Korinther mit der Sammlung schon "im vorigen Jahr" (ἀπὸ πέρυσι) begonnen (8,10; 9,2). Dabei wird in beiden Kapiteln derselbe Ausdruck verwendet, ein Ausdruck, der sonst im NT nicht vorkommt.

Schon aufgrund der ersten drei Argumente kann man schließen, daß beide Kapitel während der Reise, die Paulus von Ephesus nach Troas und durch Makedonien zum dritten Besuch nach Korinth unternahm, aus Makedonien nach Korinth geschickt wurden (2,12-13; 7,5-6; Apg. 20,1-2).

4) Das Substantiv προθυμία, das Paulus in 9,2 verwendet, erscheint bei ihm außer an dieser Stelle nur noch in 8,11.12.19. Auch die Art, in der Paulus das Wort gebraucht, verbindet diese beiden Kapitel miteinander. Er drückt damit die "Bereitwilligkeit" der Korinther aus, die im "vorigen Jahr" schon merkbar war. Eben diese "Bereitwilligkeit", der allerdings noch nicht die Umsetzung in die Tat gefolgt war, war aller Wahrscheinlichkeit nach die Grundlage für das überschwengliche Lob für die Korinther (9,2), so daß die beste Erklärung für die Bedeutung von προθυμία in 8,10-12 gefunden werden kann. Dort wird nämlich gesagt, was es mit der "Bereitwilligkeit" tatsächlich auf sich hatte. Der ὅτι-Satz von 9,2 wiederum gibt wieder, wie Paulus die Sache den Makedoniern gegenüber dargestellt hat.[145]

5) Beiden Kapiteln zufolge schickt Paulus Männer vor, die die Sammlung in geordnete Bahnen lenken sollen. Laut Kap. 8 handelt es sich um drei Männer, von denen nur Titus namentlich genannt wird (8,6.16-24). Kap. 9 zufolge schickt Paulus "Brüder" nach Korinth, von denen keiner mit Namen erwähnt wird. Von ihrer Mission wird zudem wie von einer allen bekannten Sache gesprochen (ἔπεμψα δὲ τοὺς ἀδελφούς) (9,3.5). Ein so knapp gehaltener Hinweis würde sich sicher recht befremdlich ausmachen, wenn Kap. 9 als eigenständiger Brief angesehen werden müßte. In irgendeiner Form hätten diese Brüder vor dem Vers 9,3 näher vorgestellt werden müssen. Wenn man aber annimmt, daß Kap. 8 von Anfang an unmittelbar mit Kap. 9 verknüpft war, paßt die Vorstellung der Männer

in 8,16-24 ausgezeichnet mit den Anspielungen auf die nach Korinth Ausgesandten in Kap. 9 zusammen.[146]

Die ersten drei der oben aufgeführten Argumente lassen sich sowohl für die Annahme gebrauchen, daß die Kollektenkapitel Briefe sind, die vom selben Ort und ungefähr zur selben Zeit nach Achaia abgeschickt worden sind, als auch für die Annahme, daß beide Kapitel von Anfang an zum selben Brief gehört haben. Entschiedener für die ursprüngliche Einheit spricht schon das vierte Argument, aber am eindeutigsten wird diese Alternative durch das fünfte Argument gestützt. In einem getrennt abgeschickten Brief - und wäre er noch so bald nach demjenigen abgesandt worden, der Kap. 8 enthielt - hätte nicht mehr so einfach auf Personen angespielt werden können, von denen vorher einmal die Rede war. Wenn man das Kap. 9 - wie einige Exegeten voraussetzen - direkt an Kap. 7 anschließen würde, würde eine Einleitung fehlen, an der man problemlos die Andeutungen von 9,3.5 festmachen könnte.

e)   Das Problem des Anschlusses von Kap. 9 an Kap. 8

Um das Problem, wie sich die Kap. 8 und 9 zueinander verhalten, zu lösen, muß noch auf einen Umstand eingegangen werden, der für eine Trennung der Kapitel zu sprechen scheint. Es geht dabei um den Anschluß von Kap. 9 an das vorangegangene Kapitel, mit anderen Worten, um das Problem des Verses 9,1 und seines Kontextes.

Am Anfang des Kap. 9 ergibt sich das Problem, daß Paulus, obwohl er in Kap. 8 den Korinthern ausführlich erklärt hatte, was es mit der Kollekte auf sich hat, seine Angelegenheit auf folgende Weise formulierte: περὶ μὲν γὰρ τῆς διακονίας τῆς εἰς τοὺς ἁγίους περισσόν μοί ἐστιν τὸ γράφειν ὑμῖν (9,1). Zumindest <u>Bultmann</u> würde hier Wendungen wie ἄλλο τι oder πλείονα erwarten. Auch die genaue Erklärung der Kollekte (τῆς διακονίας τῆς εἰς τ. ἁγ.) wirkt seines Erachtens befremdlich, da die Hörer nach Kap. 8 schon lange wußten, um welche besondere Sammlung es sich handelte. Beide Umstände sprechen eher dafür, daß Kap. 9 von Anfang an eine eigene, selbstständige Darstellung der Kollekte war.[147]

Zwar trifft es zu, daß Paulus die Kollekte ähnlich wie in 8,4 und 9,1 auch in 1.Kor. 16,1 und Röm. 15,26 ausführlicher erklärt. Beide Male sieht er sich vor die Aufgabe gestellt, in jedem der beiden Briefe die

Angelegenheit zum ersten Mal zur Sprache zu bringen. Daneben fällt aber auf, daß Paulus auch in 8,19-20 eine sehr ähnliche Einführung bietet.[148] Er verwendet dort zwei (χάρις, ἁδρότης) der vielen austauschbaren Termini, mit denen er die für Jerusalem zu sammelnde Spende in den Kap. 8 und 9 zu bezeichnen pflegt.[149] Obwohl diese Begriffe auch für sich allein ausreichen, fügt Paulus beiden das gleiche in feierlichem Ton erklärende Attribut bei (τῇ διακονουμένῃ ὑφ' ἡμῶν). Somit ist keine absolute Seltenheit, daß Paulus nachdem er das Thema Kollekte schon behandelt hat, diese noch einmal ausführlich vorstellt. Die Formulierung in 9,1 verlangt also nicht unbedingt, daß Kap. 8 und 9 auseinanderzureißen sind.

Wenn Kap. 9 tatsächlich gleich hinter Kap. 8 gehören würde, würde man in 9,1 in der Tat - wie Bultmann feststellt - eine etwas schwächere Wendung als die kategorische "Schreiben" erwarten. Neben den von Bultmann vorgeschlagenen abmildernden Zusatzwörtern ließen sich noch μᾶλλον oder περισσόν (!) denken. Eine Möglichkeit, den unbeholfenen gedanklichen Anschluß von 9,1 an den vorausgehenden Text zu erklären, würde darin bestehen, daß Paulus περισσόν in dem Vers bereits in der Bedeutung "überflüssig" verwendet, und es nun vermeidet, περισσόν in dem Sinne "mehr, weiteres" ein zweites Mal zu benutzen. Eine Möglichkeit, den Gedanken dieses Satzes treffender auszudrücken, hätte nämlich so ausgesehen: περὶ μὲν γὰρ τῆς διακονίας τῆς εἰς τοὺς ἁγίους περισσόν μοί ἐστιν γράφειν ὑμῖν περισσόν. Möglicherweise war Paulus der Ansicht, daß περισσόν die Bedeutung "mehr" schon genügend mitschwingen läßt; dadurch fiel das Wort, das dies besonders ausgedrückt hätte, versehentlich unter den Tisch. In dem uns vorliegenden Vers kann der Hörer/Leser περισσόν allerdings nur in der Bedeutung "überflüssig" verstehen.[150]

In diesem Zusammenhang verdient auch der besondere, mit dem Artikel versehene Infinitiv τὸ γράφειν in 9,1 eine nähere Untersuchung. U.a. hält Barrett ihn für ein sicheres Indiz dafür, daß Kap. 8 und 9 zusammengehören. Zu diesem Ergebnis gelangt er, nachdem er den Ausdruck denjenigen Versen gegenübergestellt hat, in denen Paulus eine Formulierung gleicher Art und gleichen Inhalts verwendet, der Infinitiv aber ohne Artikel vorkommt (z.B. 1.Thess. 4,9; 5,1).[151] In Vers 9,1 verleiht der Artikel dem Infinitiv eine anaphorische Bedeutung.[152] Man findet daneben noch andere Fälle von eindeutig anaphorischem Gebrauch des mit dem Artikel versehenen Infinitivs im 2.Kor., noch dazu in nächster Umgebung von Vers 9,1: 7,11; 8,11 (vgl. auch 2,1; 8,10). Im

1.Kor. kommt eine solche Formulierung z.B. in Vers 11,6 vor. Diese Verse, ebenso wie der Vergleich von 9,1 mit den Versen 1.Thess. 4,9 und 5,1, in denen Paulus zwar auf ähnliche Art, aber durch Auslassung des Artikels doch in abweichender Form daran geht, ein tatsächlich neues Thema anzuschneiden, bekräftigen die obige Annahme hinsichtlich der Bedeutung des Infinitivs τὸ γράφειν. Paulus verwendet hier also aus irgendeinem Grund nicht das frühere Modell, das etwa so lauten würde: περὶ δὲ τῆς διακονίας τῆς εἰς τοὺς ἁγίους οὐ χρείαν ἔχετε γράφεσθαι ὑμῖν. Eine einfache Erklärung dafür wäre, daß die Situation anders geartet ist, als in den gerade genannten Stellen aus dem 1.Thess: Die Sache ist schon früher verhandelt worden.

Gestützt auf diese These kann man Vers 9,1 als rhetorisches Mittel verstehen, mit dessen Hilfe Paulus auf das eigentlich schon im 8.Kap. abgehandelte Thema zurückkommt. Die Rhetorik ist nötig, damit die Gemeinde nicht so sehr Anstoß daran nimmt, daß die Kollekte schon wieder zur Sprache kommt.[153] Gerade nach der langen Einleitung ist wichtig, hervorzuheben, daß es eigentlich müßig ist, weiter über dieses Thema zu schreiben. Daher leuchtet auch ein, wenn Paulus hinter Kap. 8 feststellt: " Denn was nun die für die Heiligen zu sammelnde Kollekte anbelangt, ist die Tatsache, daß ich euch schreibe (d.h. alles was ich schon im 8.Kap.geschrieben habe) eigentlich ein überflüssiges Bemühen, denn ich kenne ja eure Bereitwilligkeit..." So verstanden wäre der Vers in der vorliegenden Form vollständig und ein weiterer Ausdruck mit der Bedeutung "mehr" bräuchte ihm nicht hinzugefügt werden.

Im Folgenden soll die innere Logik des Verses 9,1 und seines unmittelbaren Kontextes, so wie sie sich im Lichte der Partikeln darbietet, untersucht werden. Als Ausgangspunkt dient dabei die Beobachtung, daß der Anfang von Kap. 9 formal sehr stark an 1.Kor. 16,1 erinnert. Dort nämlich erteilt Paulus den Korinthern für die Kollektensammlung folgenden Rat: περὶ δὲ τῆς λογείας τῆς εἰς τοὺς ἁγίους ὥσπερ διέταξα ταῖς ἐκκλησίαις τῆς Γαλατίας, οὕτως καὶ ὑμεῖς ποιήσατε. περὶ δέ + Gen. weist im 1.Kor. deutlich auf eine erstmalige Behandlung eines Themas hin, die durch eine Anfrage der Gemeinde veranlaßt wurde.[154] Die Partikeln sind jedoch in den Einleitungen von 1.Kor. 16 und 2.Kor. 9 verschieden (δέ kontra μὲν γάρ). Dies ist von entscheidender Bedeutung. Im Gegensatz zu δέ, das oft zu einer bloßen inhaltslosen Überleitungspartikel verkümmert ist, dient das Partikelpaar μὲν γάρ als in Sätze verbindender Ausdruck, der deutlich macht, daß das Thema schon vorher einmal bearbeitet wurde.[155]

Richten wir unsere Aufmerksamkeit zunächst auf die Partikel γάρ. Worauf weist sie hin? Eine mögliche Antwort wäre: auf Vers 8,24, so daß man ihn gleichzeitig inhaltlich als Einführung eines neuen Themas versteht. Der Vers wäre damit nicht lediglich als Abrundung der in Kap. 8 zur Sprache gebrachten Themen zu verstehen, sondern mit ihm würde ein völlig neues Thema in die Kollektenmahnung eingebracht.[156] Dieses neue, zuvor noch nicht erwähnte Thema trete dann in Vers 8,24 mit den Worten εἰς πρόσωπον τῶν ἐκκλησιῶν auf. Es ginge dabei um das Bild, das sich die anderen Gemeinden von den Korinthern als freiwillige Spender ihrer Ersparnisse zugunsten der Kollekte machen würden. Schon die Ankunft der beiden mit Titus reisenden "Kollektenboten" (8,18-23) läßt der Gemeinde breitere Aufmerksamkeit zuteil werden. Auch die Behandlung, die diesen zuteil wird, vollzieht sich "vor den Gemeinden". Beim Diktat von 8,24 fiel Paulus dann ein - so vermutet diese Auslegung -, daß die eigentliche ökumenische Prüfung der Korinther Gemeinde erst vonstatten ginge, wenn Paulus mit seinen makedonischen Begleitern persönlich dort ankäme (9,4). In 9,1 geht Paulus dann näher darauf ein. Für die Partikel γάρ in 9,1 wäre somit eine Erklärung gefunden: Der Anfang von Kap. 9 ist die Begründung für 8,24.[157] Wie könnte man sich dies vorstellen und wo müßte man diese Begründung genauer suchen? Eine Antwort wird durch die Partikel μέν angedeutet, die in diesem Fall als Gegenüber zur Partikel δέ in 9,3 verstanden werden kann.[158] Durch dieses Partikelpaar werden die Verse 9,1-4 zu einer festen logischen Einheit miteinander verbunden. μέν am Anfang indiziert, daß alle Verse zusammen die Begründung für 8,24 bilden. Das miteinander korrellierende Partikelpaar μέν - δέ hebt dabei die Gegensätzlichkeit ("zwar - aber") hervor. Gleichzeitig zeigt die konzessive Partikel μέν innerhalb des logischen Gebäudes von 9,1-4 an, daß der Schwerpunkt der Verse auf den Gedanken liegt, die mit der Partikel δέ eingeleitet werden.[159] Anders gesagt, die eigentliche Begründung für 8,24 findet man in 9,3-4, wozu 9,1-2 nur eine parenthetische Anmerkung bildet.

Der Gedankengang in 8,24 - 9,4 läßt sich dann aufgrund der oben dargelegten Rekonstruktion folgendermaßen skizzieren: "Wenn ihr ihnen zeigt, wie berechtigt unser Lob für euch ist (wenn ihr also eure Kollektensammlung erfreulich abschließt), dann geschieht dies vor (coram) den Gemeinden.[160] Denn es ist zwar überflüssig, euch hinsichtlich der Kollekte zu schreiben..., aber ich schicke diese Brüder, damit ich mich eurer nicht schämen muß, wenn einige Makedonier mit mir kommen."[161] Kurzgefaßt lautet der logische Aufbau der Verse von der Partikel γάρ her betrachtet also: "Der Aufweis eurer Fähigkeit geschieht vor den Gemeinden, denn Gemeindevertreter aus Makedonien werden mich begleiten." Daß Paulus vor allem an die Makedonier denkt, geht auch aus Vers 2 hervor, in dem von dem Rühmen vor den Makedoniern die Rede ist.

Die komplizierte und gewundene Struktur von 9,1-4 ist ein beredtes Zeugnis von der Zwickmühle, in der sich Paulus bei seinen Ermahnungen zur Kollekte befindet: er darf die empfindlichen Korinther nicht zu sehr bedrängen (περισσόν έστιν), hat aber auch dafür zu sorgen, daß die Makedonier keine böse Überraschung erleben.[162]

Man sollte ferner beachten, daß die Partikel γάρ nicht immer eine Begründung für eine vorausgehende Aussage einleitet, sondern manchmal Sätze viel lockerer miteinander verbindet.[163] Auch diese Auslegung ist vom Stil des Paulus her gesehen möglich. Wenn man ihr zuneigt und dennoch an der Zusammengehörigkeit der Kapitel festhalten will, dürfte es am zweckmäßigsten sein, zwischen den Kapiteln eine Diktatpause anzunehmen.[164]

Es fällt schwer, eine in jeder Hinsicht zufriedenstellende Erklärung für den Anschluß von Kap. 9. an den vorausgehenden Text zu bieten. Die Verbindung beider Kapitel bleibt in jedem Falle unbeholfen. Aufgrund der bisherigen Untersuchung läßt sich jedoch sagen, daß die Kluft zwischen Kap. 8 und 9 nicht unüberbrückbar ist. Allein auf die formalen Schwierigkeiten, die sich bei der Verknüpfung der Kapitel miteinander ergeben, läßt sich die Theorie von der selbstständigen Einheit eines Kapitels oder beider Kapitel nicht gründen. Dazu bedarf es noch weiterer gewichtiger Argumente. Wie wir beobachten konnten, sprechen andere Argumente aber in viel stärkerem Maße für eine gegenseitige Zusammengehörigkeit der Kapitel als für ihre Auseinanderreißung.

f) Das Verhältnis der Kap. 8 - 9 zu den Kap. 1 - 7

Die Kollektenkapitel 8 und 9 gehören mit den Kap. 1 - 7 zusammen, denn neben anderen Faktoren, die hier zum Tragen kommen, ist die Situation, von der in beiden Kapiteleinheiten ausgegangen werden kann, völlig die gleiche: 1) Auch Kap. 1 - 7 zufolge ist Paulus in Makedonien, wohin ihm Titus entgegengereist ist (7,5-6). 2) Die Begeisterung des Titus über die Korinther kommt in beiden Blöcken gleichermaßen von Herzen (7,13-15; 8,16-17). 3) Zwar spricht Paulus in 1 - 7 nicht so direkt von seinem Vorhaben, alsbald nach Korinth zu kommen, wie in 9,3-5, ein solcher Schluß liegt aber aufgrund seiner vielen Andeutungen in dieser Richtung sehr nahe (z.B. 2,1-3). Aus 1 - 7 wird deutlich, daß sich Paulus auf der Reiseroute (Ephesus) - Troas - Makedonien befindet. Dadurch ist der Zielort der Reise klar: Korinth.

Die Beziehung des Paulus zu den Korinthern scheint in den Kap. 8 - 9 gegenüber den Kap. 1 - 7 etwas abgekühlt zu sein.[165] Wenn in 8,16-17 die Gefühle des Titus geschildert werden, sagt dies mittelbar natürlich auch etwas über die Stimmung bei Paulus selbst etwas aus. Lediglich Vers 8,7 sagt aber direkt, daß auch Paulus selbst mit der Lage in der Gemeinde sehr zufrieden war, als er Kap. 8 und 9 diktierte. Bezeichnend ist weiterhin, daß der Dank in 8,7 kaum anders klingt, als der Dank in 1.Kor. 1,4-9; diese Verse gehören ihrerseits zu einem Brief, in dem Paulus zwischendurch hart mit den Korinthern ins Gericht geht.

Vers 8,24 erweckt wiederum den Eindruck, daß Paulus einem negativen Verhalten der Korinther vorbeugen will. Er ist sich also seiner Gemeinde nicht ganz sicher (vgl. 1.Kor. 16,10-11). In 9,1-5 klingt dagegen eine gewisse Ironie an, die einer Distanz zu den Gemeindegliedern Ausdruck gibt. Vom Verfasser dieser Zeilen kann man kaum sagen, daß er sich voll Herzenswärme frei und offen den Briefempfängern gegenüber gibt.[166]

Wie läßt sich nun diese Abkühlung im Verhältnis des Paulus zu den Korinthern in Kap. 8 - 9 erklären? Bereitet Paulus so in aller Stille den Ausbruch des Gewitters vor, von dem dann die Kap. 10 - 13 Zeugnis geben? Zu einer so weitreichenden Schlußfolgerung besteht jedoch kein Anlaß. Rührt die Stimmungsänderung nun einfach daher, daß eben bei dem mehrere Tage in Anspruch nehmenden Diktat die Stimmung des Verfassers umgeschlagen sein kann? Es reicht nicht aus, zwischen Kap. 7 und 8 eine halb durchwachte Nacht anzunehmen. Gegen die Annahme einer Pause spricht nämlich, daß sich die gleiche enthusiastische Stimmung, die im vorherigen Kapitel vorherrscht, am Anfang von Kap. 8 fortsetzt. Hier allerdings richtet sich die Begeisterung des Paulus auf die Makedonier.[167]

Um der Lösung dieses Problems näherzukommen, sollte beachtet werden, daß Paulus in den Kap. 1 - 7 nicht - wie auch sonst nirgends, abgesehen von dem Rühmen in 9,2, das ihn dann auch in Schwierigkeiten gebracht hat - die Spendefreudigkeit der Korinther bei der Durchführung der Kollekte oder bei anderen, finanzielle Opfer erfordernden, Anlässen in den Himmel lobt.[168] Bezeichnend ist in diesem Zusammenhang der Inhalt von 8,7: Wenn sonst alles in Korinth in Ordnung ist, dann stellt doch endlich auch die Geldspende für Jerusalem fertig! Das Thema, mit dem sich Paulus in Kap. 8 - 9 beschäftigt, macht auch den sachlich kühlen Ton dort verständlich.[169] Paulus scheint den Korinthern bei der Sammlung noch nicht so recht zu trauen. Daher muß dem Problem so gründlich zu Leibe gerückt werden.[170]

g) Der Abfassungszweck der Kap. 1 - 9

Zum Schluß wollen wir uns der Frage zuwenden, mit welcher Absicht die Kap. 1 - 9 geschrieben wurden. Diese Frage hängt eng mit dem Stellenwert zusammen, den die Kollekte im Brief einnimmt. Im allgemeinen hält sich Paulus bei solchen Fragen in seinen Briefen viel kürzer auf. Was hat ihn also veranlaßt, sich so gründlich diesem Thema zu widmen? Ist die Ausführlichkeit, mit der über die Kollekte gesprochen wird, ein Zeichen dafür, daß im 2.Kor. zwei dieselbe Angelegenheit betreffende Darstellungen künstlich aneinandergefügt worden sind, oder gibt es für sie noch eine andere Erklärung?

Eine Erklärung für die Ausführlichkeit des Kollektenteils kann einfach die Tatsache sein, daß gerade die Kap. 8 - 9 das Hauptstück des Briefes ausmachen, den Paulus aus Makedonien nach Korinth gesandt hatte. Paulus befand sich dem Zielort ja schon relativ nahe und sollte bald dort ankommen. Warum hätte er sich sonst überhaupt die Mühe gemacht, der Gemeinde einen Brief zu schreiben?

Titus hatte Paulus erfreuliche Nachrichten aus Korinth zu melden; Paulus war mit herzlichen Gefühlen für die Korinther erfüllt. Rief er also deshalb den Schreiber zu sich? Liebesbeteuerungen und Äußerungen von Zufriedenheit finden sich in dem Brief in reichlichem Maße. Allein der Wunsch, ihnen Ausdruck zu geben, wäre allerdings kaum ein hinreichender Grund, eine derart mühsame Schreibarbeit in Angriff zu nehmen.[171] So etwas ließe sich bei dem persönlichen Treffen in naher Zukunft viel ungezwungener und leichter zur Sprache bringen.

Paulus hält sich in seinem Brief auch lange bei der Erörterung der Größe des apostolischen Amtes auf. Ohne Zweifel ist diese Frage wegen des erst kürzlich darüber geführten Streites aktuell. Ein wirklich konkreter Anlaß zur Klärung des Wesens des Apostolats, besteht jedoch nicht mehr; dies ist vielmehr schon geklärt und die Autorität des Paulus unangefochten in Korinth. Auch war das Thema in der gegebenen Situation nicht so dringlich, als daß es Paulus zur mühsamen Diktierarbeit hätte veranlassen können und dazu, Titus von neuem nach Korinth zu schicken.

Alle Briefe, die Paulus abgesandt hat, haben eine deutliche und oft sehr konkrete Schreibabsicht.[172] Der tatsächliche Grund für die Kap. 1 - 9, der Paulus dann auch seine Schreibverhältnisse so ordnen ließ, daß er auch andere wichtige Dinge diktieren konnte, liegt sehr wahrscheinlich gerade in der Kollektenfrage. Der Abschluß dieser Kollekte war wegen des Streites, der zwischen Paulus und der Gemeinde ausgebrochen war, ausgeblieben, obwohl die Sache dringlich war. Denn es ging diesmal nicht um eine praktische Frage neben anderen, die allesamt für den Schluß des Briefes aufgehoben und dort mit einer kurzen Erwähnung abgetan werden konnten, nachdem in den zentraleren Kapiteln die Hauptsache behandelt worden war. Die Hauptsache kam diesmal gerade am Schluß. Deshalb vertiefte sich Paulus, nachdem er nach Kap. 7 zu seinem eigentlichen Thema gelangt war, auch gleich darein und untersuchte es von mehreren Seiten.

Erkennt man in der Kollekte das Hauptthema der Kap. 1 - 9, wird einem noch klarer, daß der 2.Kor. unmöglich als ein einheitlicher Brief aufgefaßt werden kann. Denn wie hätten die Bitte um die Kollekte und der strenge Tadel der Gemeinde (10 - 13) im selben Brief Platz finden können? Der ungebremste Angriff in Kap. 10 - 13 hätte die lange und gründliche Überzeugungsarbeit in den Kap. 8 - 9 zunichte gemacht.[173]

Man könnte gegen eine Auslegung, die die zentrale Stellung der Kollekte in den Kap. 1 - 9 hervorhebt, die Frage einwenden, ob dieses Thema hinsichtlich seiner Dringlichkeit nicht letztendlich dem analog ist, was Paulus über seine herzlichen Gefühle zur Gemeinde oder was er über das Wesen des Apostolats schreibt. Apg. 20,2-3 und 1.Kor. 16,6 lassen nämlich den Schluß zu, daß Paulus die Absicht hatte, für längere Zeit, nämlich den Winter über, in Korinth zu bleiben. In dieser Zeit hätte die Sammlung ungehindert vonstatten gehen können, selbst wenn sie erst unmittelbar nach der Ankunft des Paulus in der Gemeinde in Angriff genommen worden wäre. Welcher Grund drängte Paulus also bei der Abwicklung der Kollekte so zur <u>Eile</u>, daß er diesen Brief schrieb und Titus nebst zwei anderen Brüdern auf den Weg schickte? Die Antwort findet man in 9,2-5: Paulus fürchtete, als falscher Informant vor den Vertretern der anderen Gemeinden bloßgestellt zu werden, wenn er mit ihnen zusammen in Korinth ankommt. Darum mußte die Angelegenheit in Ordnung gebracht werden und mußten die "Brüder" schon vorher mit dem brieflichen Appell im Gepäck losmarschieren. Der herzliche Ton am Anfang des Briefes und die lobenden Worte vor allem in Kap. 7 über die Korinther und ihren Eifer zu allen möglichen guten Taten bilden einen idealen Hintergrund für die nachdrückliche Aufforderung zur Kollekte.[174] Sieht man den ganzen Vorgang vor diesem Hintergrund, so drängt sich die Annahme auf, daß die Kap. 8 - 9 beide zusammen von Anfang an in eine aus den Kap. 1 - 9 bestehende Einheit gehört haben. Ohne den Grund, der aus dem Kap. 9 sichtlich wird, wäre der ganze Brief wahrscheinlich nicht geschrieben worden.[175]

Falls es aus irgendeinem Grund doch unmöglich sein sollte, die These von der Zugehörigkeit der Kap. 8 und 9 zu ein und demselben Brief zu akzeptieren, wäre die nächstbeste Alternative, sich das Kap. 9 als ein albald nach den Kap. 1 - 8 nach Korinth geschicktes Ergänzungsdokument vorzustellen. Von dessen Anfang hätte dann der Redaktor ein Stück weggelassen. Zu einem solchen Ergänzungsbrief hätte sich Paulus veranlaßt sehen können, nachdem ihm bewußt geworden war, daß seine Begleiter nach Korinth ja eben jene Makedonier sein könnten, denen er - um sie zu motivieren - die Korinther und ihren Eifer bei der Kollektensammlung in etwas übertriebener Weise angepriesen hatte. Somit war Paulus gezwungen, den Korinthern einige seiner taktischen Züge offenzulegen (9,2), um der Angelegenheit zu einem glücklichen Abschluß zu verhelfen.

Wenn man eine redaktionelle Bearbeitung des 2.Kor. grundsätzlich für möglich hält, kommt auch die Möglichkeit in Betracht, daß der Einheit aus Kap. 1 - 8 ein ihr zeitlich und von der Situation her eng verbundener, aber dennoch getrennter Abschnitt, d.h. das Kap. 9 angehängt wurde. Die Verbformen ἔπεμψα und ἡγησάμην in 9,3.5 wären dann wirkliche Aoriste, die auf vergangene Geschehnisse hinweisen würden. Diese Annahme ist aber eindeutig nur die zweitbeste Möglichkeit, denn die gewichtigeren Argumente sprechen für eine ursprüngliche Zusammengehörigkeit der Kap. 1 - 9.[176]

4.Die Kapitel 10 - 13 im Gesamtkomplex des 2.Kor.

a) das Problem des Schlusses von Kap. 10 - 13

Der Schlußgruß 13,11-13 wirkt gegenüber dem, was die Kap.10 - 13 sonst noch zu bieten haben, recht versöhnlich. Viele Forscher halten es deshalb für das beste, die Schlußwünsche als einen ursprünglich in einen anderen Zusammenhang gehörenden Gruß von dem übrigen Block 10 - 13 abzusondern.[177] Für eine Abtrennung des Schlußstücks aus seinem jetzigen Kontext sprechen vor allem die Ermahnung χαίρετε in 13,11 sowie die Aufforderung zum "heiligen Kuß" und die Rede vom Grüßen der "Heiligen" in 13,12. Der Wunsch von 13,13 dagegen ist ein Stereotyp, das in diesem Zusammenhang nichts beweist.[178] Bei der Untersuchung dieses Schlußstücks fragen wir also, ob die ein normales und herzliches Verhältnis widerspiegelnden Einzelzüge mit dem angespannten Verhältnis zwischen Paulus und der Gemeinde, wie es sonst in den Kap. 10 - 13 vorausgesetzt ist, in Einklang zu bringen sind.

Eine vergleichbare Aufforderung wie die "zur Freude" in 13,11 finden wir vor allem im Philipperbrief (2,18; 3,1; 4,4). Auch diese Stellen lassen die Annahme ganz unwahrscheinlich werden, daß es sich lediglich um einen inhaltslos gewordenen griechischen Abschiedsgruß handeln könnte.[179] Vor allem Phil. 4,4 kommt der Aufforderung in 13,11 nahe. Der Kontext ist dort eschatologischer Natur (Phil. 4,5b: ὁ κύριος ἐγγύς). Das gibt einen Hinweis darauf, wie Paulus an anderer Stelle diese Mahnung versteht.[180] Der Aufforderung in 13,11 am nächsten kommt die kurze isoliert stehende Aufforderung πάντοτε χαίρετε in 1.Thess. 5,16, die ebenso wie die in 13,11 nicht näher begründet wird.

Außerhalb des 2.Kor. schreibt Paulus die Aufforderung, sich zu freuen an die Gemeinden immer dann, wenn er zu ihnen ein ungetrübtes Verhältnis hat, wie aus dem Philipper- und dem 1.Thessalonicherbrief hevorgeht. Grundlage ist jedoch das zukünftige Wirken Gottes und nicht der religiöse Zustand der Gemeinde. Es ist also nicht grundsätzlich ausgeschlossen, daß Paulus auch einer Gemeinde, mit deren gegenwärtigen christlichen Lebensführung er nicht zufrieden war, eine solche Aufforderung erteilte. Voraussetzung ist nur, daß er auf eine Verbesserung der Lage hoffen kann.

Die Aufforderung, sich mit dem "heiligen Kuß" zu grüßen, finden wir in Schlußgrüßen des Paulus auch in Röm. 16,16; 1.Kor. 16,20 - beides Stellen, die dem 2.Kor. 13,12 sowohl in inhaltlicher als auch formaler Hinsicht ziemlich nahe kommen - sowie ferner in 1.Thess. 5,26. Auch diese Ermahnungen stehen in Briefen an Gemeinden, zu denen Paulus ein ungetrübtes Verhältnis hat. Eine Aufforderung zum Kuß in dieser Art ist in den Schlußgrüßen bei Paulus so üblich, daß aus ihrem Vorhandensein oder ihrem Fehlen in einem bestimmten Brief keine großen Schlüsse über das Verhältnis zum Empfänger des Briefes gezogen werden können.

Die Ermahnungen τὸ αὐτὸ φρονεῖτε und εἰρηνεύετε in 13,11 sind allgemeinerer Natur und scheinen mit der besonderen Situation in den Kap. 10 - 13 in keinem Zusammenhang zu stehen, wenn man vom dem stereotypen Lasterkatalog in 12,20 einmal absieht. Viel besser würden sie in eine Situation passen, wie sie aus dem 1.Kor. deutlich wird. Ermahnungen dieser Art werden von Paulus und auch sonst im NT oft in Schlußgrüßen verwendet. Wie stereotyp sie sind, zeigen anschaulich folgende Verse: 1.Thess. 5,13b (εἰρηνεύετε ἐν ἑαυτοῖς), Röm. 12,16.18 (Beachte: Beide Aufforderungen stehen auch hier in Nachbarschaft zueinander), Röm. 15,5; Phil. 2,2; 4,2. Aus dem Vorkommen dieser Wendungen in bestimmten Briefen kann man somit keine sehr zuverlässigen Schlüsse über die spezifische Situation, in der sich der Briefempfänger jeweils befindet, ziehen.

Im Schlußstück gibt es auch einige Ermahnungen, die trotz ihrer Kürze gut mit der Situation zusammengehen, die in den Kap. 10 - 13 vorausgesetzt ist. Es sind dies vor allem die Imperative καταρτίζεσθε und παρακαλεῖσθε. Das Verb καταρτίζεσθε, das am besten passiv verstanden wird als "werdet wieder in Ordnung gebracht",[181] paßt gut in eine Situation, in der Paulus mit der Gemeinde unzufrieden ist. Auch sollte man Vers 13,9: τοῦτο καὶ εὐχόμεθα, τὴν ὑμῶν κατάρτισιν nicht übersehen. Es handelt sich hier um die einzige Stelle im NT, in der das Substantiv κατάρτισις vorkommt, das mit dem Verb καταρτίζειν die gleiche Wurzel hat. Im Kontext von 13,9 nimmt der Begriff die Bedeutung "Restauration", "Wiederherstellung von etwas, das kaputt gegangen ist" an.[182] Somit überbrückt ein nicht zu unterschätzendes verknüpfendes Band die vermeindliche Bruchstelle zwischen 13,10 und 13,11.

Das Verb παρακαλεῖσθε, mit der Bedeutung "nehmt die Aufforderung an" paßt ausgezeichnet in den Schluß der Kap. 10 - 13. Damit entspricht es der Aufforderung παρακαλῶ am Anfang dieser Kapitel (10,1).[183] Als medial-passives Verb kommt es in den Schlußgrüßen des Paulus sonst nicht vor. Der Rat "παρακαλεῖτε ἀλλήλους" in 1.Thess. 5,11 kommt dem allerdings bedeutungsmäßig recht nahe. Aber die Form παρακαλεῖσθε läßt offen, ob das Verb medial oder passivisch zu verstehen ist: Entweder weist Paulus die Korinther an, einander gegenseitig zu ermahnen oder von außen, d.h. von Paulus selbst Ermahnungen anzunehmen. Vorausgesetzt, das "Schlußstück" gehört wirklich in den Zusammenhang der Kap. 10 - 13, könnte für Paulus wichtig gewesen sein, daß das Verb gerade die letztere Bedeutungsnuance enthält.[184] Durch sie würde sich auch die seltene grammatikalische Form des Verbes erklären lassen. Sonst würde man erwarten, daß Paulus der Ermahnung die gleiche Form gibt wie in 1.Thess. 5,11. Die Bedeutung "getröstet werden" kommt dabei nicht in Betracht, wenn man die anderen Ermahnungen, die das Verb einrahmen, mit berücksichtigt. Man beachte, daß ähnlich wie der Imperativ παρακαλεῖσθε in dieser Form in einer Schlußermahnungen bei Paulus einzigartig dasteht, auch καταρτίζειν dort sonst nie in dieser Form und Bedeutung vorkommt.

Für die Untersuchung einer möglichen Verknüpfung der Verse 13,11-13 mit dem vorausgegangenen Text, werden vor allem die Elemente im Schlußstück wichtig, die am wenigsten Stereotype sind. Sonderstoff dieser Art sagt natürlich am meisten über die Situation aus, in der das Schlußstück geschrieben wurde. Wie oben gezeigt wurde, bleiben als Sonderstoff in 13,11-13 die Paränesen καταρτίζεσθε und παρακαλεῖσθε übrig, die sich beide ausgezeichnet in den Gesamtkomplex der Kap. 10 - 13 einfügen.

In Vers 13,12 wird die Aufmerksamkeit noch auf die Kürze gelenkt, mit der die Grüße abgeleistet werden. Am Schluß von Röm., 1.Kor. und Phil. schließen sich als wesentliche Bestandteile eine Reihe von persönlichen Grüßen an. So auch im kurzen Philemonbrief. Andererseits fehlen aus verständlichen, situationsbedingten Gründen solche Grußworte im 1.Thess. Als die Missionsarbeit des Paulus noch in ihren Anfängen steckte, hatten die Gemeinden eben noch keine gegenseitigen Beziehungen zueinander knüpfen können. Ansonsten wird der Tonfall am Schluß des 1.Thess. von der langen, herzlichen Anrede der Gemeinde in 1.Thess. 5,12-28 geprägt. Im Galaterbrief fehlen persönliche Grüße völlig, was ein eigenes Licht auf die schlechten Beziehungen zwischen Paulus und der Gemeinde wirft.[185] Daher darf man auch aus der Kürze des Schlußgrußes im 2.Kor. den Schluß ziehen, daß zwischen Paulus und der Gemeinde ein recht angespanntes Verhältnis vorherrschte, als er den Brief diktierte, der die Verse 13,11-13 enthielt.[186]

Die Versöhnungsbereitschaft, die allem zum Trotz dann doch im "Schlußstück" vorherrschend ist, kann noch aus zwei Blickwinkeln untersucht werden. Zunächst bietet sich der Galaterbrief als Vergleichsobjekt für den Schluß des 2.Kor. gut an, da Paulus auch dort an eine Gemeinde schreibt, die in Gefahr steht, von ihrem Apostel abzufallen. Trotz all dem "Donnerwetter" herrscht am Schluß des Galaterbriefes auch dann noch ein recht ausgeglichener und versöhnlicher Geist vor. Auch die Anrede ἀδελφοί kommt im Galaterbrief vor (6,1; vgl. 2.Kor. 13,11).

Allein von ihrem Tonfall her ließen sich die Verse Gal. 6,1-10 in jeden beliebigen Brief des Paulus einfügen. Sie spiegeln nicht unbedingt die tatsächliche Angespanntheit der Lage wider, auch wenn sie auf der anderen Seite nicht besonders warmherzig sind. Der Segensgruß im Galaterbrief (6,18) erinnert sehr an 2.Kor. 13,13; er ist nur kürzer als dieser. Der Gal. zeigt somit, daß Paulus in den Schlußparänesen seiner Briefe - möglicherweise in voller Absicht - in allgemeinerem Sinne schreibt, ohne daß die aktuelle Situation aus dem Tonfall seiner Wortwahl besonders durchklingen würde. Die sachlichen Aussagen in Gal. 6,1-10 könnten dagegen sehr gut die wirklichen Streitfragen der Gemeinde widerspiegeln. Dennoch gelingt Paulus sein Bestreben nach Objektivität im Galaterbrief nicht in Reinkultur. Das erweist sich in Gal. 6,11-17, wo der frühere Tonfall des Briefes noch einmal zum Durchbruch kommt, bevor er dem Schlußsegen Platz macht.[187]

Andererseits sollte man nicht übersehen, daß Paulus schon in der Perikope 13,7-10 die Versöhnlichkeit des "Schlußstücks" vorwegnimmt. Er bewegt sich nämlich dort einen entscheidenden Schritt vom bedrohlichen Unterton der voraufgegangenen Verse weg und versucht, die Korinther auf seine Seite zu ziehen, indem er auf positive Dinge eingeht.[188] Das "Schlußstück" eignet sich auch sehr gut als Fortsetzung für die Perikope 13,7-10, denn es fügt sich ihm atmosphärisch bruchlos an. Die Kürze des Schlußstücks spricht wiederum dafür, daß die positive Haltung des Paulus eher Ergebnis bewußter Überlegung als ein unmittelbarer Ausdruck von Herzlichkeit ist. Jedenfalls ist Paulus so klug, seinen Brief nicht mit vernichtender Kritik und Drohungen zu schließen, sondern zum Schluß noch einmal Möglichkeiten zu suchen, zwischen sich und der Gemeinde eine Brücke zu bauen.

Nach allem, was bisher gesagt wurde, ist es das Nächstliegende, die Verse 13,11-13 als natürlichen Abschluß der Kap. 10 - 13 zu betrachten. Das Schlußstück enthält nichts, was die Annahme notwendig machte, daß es ursprünglich in einem anderen Zusammenhang gestanden hätte.[189]

b) Das Problem des Anfangs der Kap. 10 - 13

Der Beginn von Kap. 10 weicht inhaltlich kraß vom Schluß des Kap. 9 ab. Die Kollektenmahnung, die von Vers 9,8 an wieder völlig zu einem herzlichen und vertrauensvollen Ton zurückgefunden hat, mündet in 9,15 in einen Lobpreis Gottes für seine "unaussprechliche Gabe". Unmittelbar ausgelöst wird dieser Lobpreis durch die Rede in 9,14 von der "überschwenglichen Gnade Gottes, die den Korinthern zuteil wurde" (τὴν ὑπερβάλλουσαν χάριν τοῦ θεοῦ ἐφ' ὑμῖν). Im Lichte von Vers 9,13 weist χάρις an dieser Stelle nicht auf den Gnadenerweis, sondern auf die von Gott bewirkte christliche Geisteshaltung, die in den konkreten Taten der Liebe, d.h. in der Sammlung einer reichlichen Kollekte, die den Bedürfnissen der Armen in Jerusalem zugutekommen soll, Gestalt annimmt. In gleicher Bedeutung tritt der Begriff χάρις auch im näheren Kontext auf (8,1-2.6-7.19; 9,8). Vom Schluß des Kap. 9 her gesehen, sind die Hoffnungen, die Paulus in die Korinther setzt, recht groß. Er ist sich sicher, daß sie bei der Kollektensammlung diesen Ansprüchen gerecht werden.

Der Anfang von Kap. 10 kommt nach dem Kap. 9 ziemlich überraschend. Der Abschnitt 10,1-6 ist voll von Bitterkeit und Ironie, er enthält sowohl Angriff und Drohung, als auch - andererseits - Apologetik.[190] So gehören 10,1-6 und die Fortsetzung dieser Verse in einen ganz anderen atmosphärischen Zusammenhang, als das Ende von Kap. 9.[191] Barrett warnt jedoch davor, die Unterschiede zwischen Kap. 9 und 10 überzubewerten mit dem Hinweis, daß Paulus in Kap. 9 nicht die tatsächlichen Ereignisse in Korinth und Jerusalem geschildert hat, sondern das, was er sich zu geschehen erhoffte.[192] Der Hinweis ist an sich richtig, ändert aber nichts an der Tatsache, daß Paulus in keinem Fall in eine Gemeinde, wie sie im Kap. 10 geschildert wird, solche Hoffnungen gesetzt hätte, wie er es im Kap. 9 tut.

Wenn der Anfang von Kap. 10 auch inhaltlich klar vom Schluß des Kap. 9 abweicht, bereitet der Übergang in formaler Hinsicht keinerlei Schwierigkeiten. Die Sätze folgen reibungslos aufeinander. Vers 10,1 wird mit dem vorausgehenden Text durch die Konjuktion δέ verbunden. Diese Konjunktion dient im ntl. Griechisch häufig als recht förmliche Überleitungspartikel, die Gedanken und Sätze verbindet; vielfach werden mit ihrer Hilfe auch ganz neue Themen angeschlagen.[193] Eine rein formale Betrachtungsweise sagt somit noch nichts darüber aus, ob die Kap. 9 und 10 zu ein und demselben Brief oder zu verschiedenen Briefen gehören.[194]

Vom Standpunkt der paulinischen Kompositionstechnik aus betrachtet, wirkt bei einer Einfügung der Kap. 10 - 13 in das übrige Material des 2.Kor. befremdlich, daß sich Paulus nach der Klärung einiger praktischer Fragen noch einmal über vier Kapitel hinweg der Klarstellung wichtiger Grundsatzfragen widmet. Wenn man den 2.Kor. als einen von Anfang an einheitlichen Brief ansieht, würde er damit eine von allen anderen Briefen abweichende Konstruktion aufweisen. Diese ungewöhnliche Komposition hat man u.a. durch die Annahme zu erklären versucht, daß Paulus am Anfang von Kap. 10 den Stift selbst in die Hand genommen hätte, um einen kurzen persönlichen Schlußgruß zu schreiben; die Erinnerung an vergangenes Unrecht hätte ihn dabei jedoch zu einer heftigen Polemik gegen die sich noch querstellenden Gemeindeglieder verleitet.[195] Zur Verteidigung der These von der Einheit des Briefes hat man weiterhin vorgebracht, daß Paulus auch anderswo ganz am Schluß eines Briefes vor Gegnern und Irrlehrern zu warnen pflegte. Im vorliegenden Fall hätte diese Warnung nur größeren Umfang als gewöhnlich angenommen.

Lietzman sieht in den Versen Röm. 16,17-20; 1.Kor. 16,22 und Gal. 6,11-17 Beispiele für die Art, in der Paulus am Schluß seiner Briefe mit seinen Gegnern verfährt.[196] Wirkliche Analogiefälle zum 2.Kor. sind diese Stellen jedoch nicht. Die Galaterperikope ist Bestandteil eines Briefes, der schon als Ganzes gegen den Einfluß der sich entgegenstellenden Männer gerichtet ist. 1.Kor. 16,22 wiederum ist zu unspezifisch, als daß man aus ihm irgendwelche Schlüsse über die Behandlung seiner Gegner durch Paulus ziehen könnte. Zu Röm. 16,17-20 stellt Lietzmann fest, daß dort die Gegner ebenso überraschend auftreten wie in den Schlußkapiteln des 2.Kor. Dies stimmt, wenn auch in anderer Hinsicht der Vergleich hinkt. In Röm. 16,17-20 ist die Warnung recht allgemein gehalten. Man erhält den Eindruck, daß sich Paulus nur der Sicherheit halber auch noch dieser Sache annimmt. Entweder befürchtet er nur, daß eine solche Gefahr der Gemeinde drohen könnte, oder er kennt die Situation einfach nicht zur Genüge, um seine Warnung auf die konkrete Situation zu beziehen. Die Schlußkapitel des 2.Kor.

sind dagegen etwas anderes: Paulus spricht hier über eine aktuelle Situation, die er zudem gut kennt.[197]

Um eine Lösung für das Problem der gegenseitigen Beziehung der Kap. 10 - 13 und des übrigen 2.Kor. zu finden, genügt es nicht, lediglich den Bruch zwischen Kap. 9 und 10, also die formale Verknüpfung dieser Kapitel miteinander und die Unterschiede und Übereinstimmungen zwischen den Nachbarperikopen ins Auge zu fassen. Vielmehr müssen sowohl die Kap. 1 - 9 als auch die Kap. 10 - 13 als Ganzes zum Gegenstand der Untersuchung gemacht und ihr gesamter Inhalt miteinander verglichen werden. Die Frage lautet dann: Paßt die in den Kap. 10 - 13 vorausgesetzte Abfassungssituation und die sich dort widerspiegelnde Beziehung zwischen Paulus und der Gemeinde mit den entsprechenden Angaben in den Kap. 1 - 9 zusammen?

5. Ergebnisse

Aufgrund der Analyse der wichtigsten Nahtstellen im 2.Kor. läßt sich lediglich das "Zwischenstück" 6,11-7,1 als von Anfang an in einen anderen Zusammenhang gehörende Einheit direkt aus dem übrigen Stoff im Brief herausnehmen. Das "Zwischenstück" ist deutlich ein Fremdkörper inmitten eines ansonsten zusammengehörigen Textes. Begünstigt wurde das Erzielen eines so sicheren Ergebnisses dadurch, daß das Zwischenstück wegen seiner Kürze bei der Untersuchung der Nahtstellen inhaltlich ganz analysiert werden konnte. Man kann dabei festhalten, daß es sich um einen in seinem Kontext völlig fremden, wahrscheinlich auch unpaulinischen Zusatz im 2.Kor. handelt.

Die u.a. von Weiß und Bornkamm in ihren Teilungstheorien vertretene Auffassung, daß der Abschnitt 2,14 - 7,4 (um das "Zwischenstück" verringert) innerhalb der Kap. 1 - 7 eine besondere, vom übrigen Material abweichende Einheit bildet, konnte in dieser Untersuchung keine Unterstützung finden. Was diese Auslegung so unwahrscheinlich macht, ist zunächst die unnatürliche Textform, die entsteht, wenn man 7,5 unmittelbar an V. 2,13 anschließt, was diese These notwendigerweise voraussetzt. Die Unstimmigkeit dabei springt vor allem dann ins Auge, wenn man auf die vielen und festen Verbindungen sieht, mit denen die Texte beiderseits der zweiten Nahtstelle 7,4/7,5 miteinander verbunden werden. Es ist offensichtlich, daß der Text hier schon immer in der gegenwärtigen Reihenfolge fortgeschritten ist.

Auch die Trennung der Kap. 8 und 9 voneinander und aus dem Zusammenhang der vorherigen Kapitel heraus konnte in dieser Untersuchung keinen Rückhalt finden. Nach all dem, was wir über den Sinn und Zweck des Anfangsteils (Kap. 1 - 9) des 2.Kor. wissen, kann gesagt werden, daß das Kap. 9 wahrscheinlich immer ein Teil des Briefes war, der aus diesen Kapiteln bestand. Über die Nahtstelle zwischen Kap. 8 und 9 verläuft ein diese Kapitel inhaltlich verbindendes Kettenglied: Die Männer, von denen am Ende des 8. Kap. und am Anfang des 9. Kap. gesagt wird, daß sie nach Korinth geschickt werden sollen, sind aller Wahrscheinlichkeit nach identisch miteinander. Die Weise, wie sie erwähnt werden, legt zudem nahe, daß die Kapitel sehr wahrscheinlich schon immer in enger Verbindung zueinander gestanden haben. Die besondere Einleitung von Kap. 9, in der von der Kollektenangelegenheit gleichsam wie von einer völlig neuen Sache gesprochen wird, obgleich sie erst im vorausgegangenen Kap. 8 gründlich behandelt worden war, sowie die damit verbundene weitschweifige Erörterung der Kollekte sind erklärbar und zwingen keineswegs dazu, die Kap. 8 und 9 auseinanderzureißen. Allerdings erlangt diese Lösung nicht einen ebenso hohen Sicherheitsgrad, wie die für den Abschnitt 2,13 - 7,4. In jedem Falle ist aber die Annahme, daß die Kollektenkapitel von Anfang an zusammengehört haben, glaubhafter als die, nach der Kap. 9 bald nach der Sendung des aus Kap. 1 - 8 bestehenden Briefes ebenfalls nach Korinth gesandt wurde. Ganz ausgeschlossen werden kann diese Möglichkeit aber auch nicht und bietet sich somit als zweitbeste Lösung an.

Über das Verhältnis der Kap. 10 - 13 und der Kap. 1 - 9 läßt sich mit der Methode, die bisher angewandt wurde, noch nicht viel sagen. Die Nahtstelle zwischen Kap. 9 und 10 ist jedenfalls nicht in dem Maße problematisch, daß man aus ihr Schlüsse in der einen oder anderen Richtung ziehen könnte. Ein Umstand verlangt jedoch nach einer Erklärung, wenn man den 2.Kor. als Gesamtkomposition im Auge behalten will. Es ist die Art und Weise, in der Paulus entgegen seiner sonstigen Gewohnheit nach der Klärung von praktischen Fragen (Kap. 8 - 9) noch einmal zu einer ausführlichen grundsätzlichen Erörterung in den Kap. 10 - 13 zurückfindet. In jedem Fall ist dies ein Hinweis auf eine Störung und Ausnahmesituation beim Diktat des Briefes, wenn man die entstandene Einheit nicht als Resultat einer Redaktionsarbeit auffassen will, in der ursprünglich nicht zusammengehörende Brieffragmente zusammengefügt wurden. Das Schlußstück 13,11-13 wiederum hat aller Wahrscheinlichkeit nach immer zu den Kap. 10 - 13 gehört. Ebensowenig wie die bisher angewandte Methode eine Antwort auf die Frage zu geben vermochte, ob die Kap. 10 - 13 ursprünglich mit den Kap. 1 - 9 zusammengehört haben oder nicht, war sie imstande, Angaben über die Situation zu machen, in der die beiden Hauptteile des 2.Kor. abgefaßt wurden und die mögliche Reihenfolge dieser Teile zu klären. Um auf diese Frage eine Antwort zu erhalten, müssen die inhaltlichen Fragen des 2.Kor. eingehender untersucht werden.

Dennoch ist die Situation nach der Prüfung der Nahtstellen im 2.Kor. im Blick auf die weitere Untersuchung in vieler Hinsicht abgeklärt: Die aller Wahrscheinlichkeit nach falschen Deutungen brauchen jetzt kaum mehr berücksichtigt werden. Die Prüfung der Nahtstellen hat deutlich werden lassen, daß die eigentliche Frage zum Problem der Komposition des 2.Kor. einfach so lautet: War der Brief von Anfang an einheitlich (abgesehen vom "Zwischenstück") oder bilden die Kap. 10 - 13 ein eigenständiges Brieffragment? Entscheidet man sich für letztere Alternative, so spaltet sich die Frage weiter auf: In welcher Reihenfolge wurden die beiden Hauptteile des 2.Kor. geschrieben? An wirklich ernstzunehmenden Lösungsvorschlägen bleiben dabei also nur drei der in der Einleitung vorgestellten Thesen übrig: Die älteste Auffassung, der Brief sei ein einheitliches Ganzes, die These von Hausrath, die Kap. 10 - 13 seien der "Tränenbrief" und Windischs Auffassung der Kap. 10 - 13 als ein Brief, der nach den Kap. 1 - 9 abgeschickt wurde. Weitergehende Aufspaltungen des 2.Kor. erscheinen schon in dieser Phase als äußerst unwahrscheinlich. Die in den Einleitungskapiteln vorgestellten speziellen Hypothesen, die von den fünf Hauptinterpretationsmodellen abweichen, haben sich bei der Untersuchung der Nahtstellen als nicht sonderlich relevant erwiesen.

Anmerkungen

1. Die Isoliertheit wird auch gegenüber der Themenstellung des ganzen 2.Kor. sichtbar. Die Thematik des "Zwischenstücks" ist für den 2.Kor. einzigartig. Thrall 1978 S. 140-141 bringt dies deutlich zum Ausdruck: "One has the impression that Paul's rivals for the Corinthians' affections were not so much their pagan friends as Christians who propounded and exemplified a different view of the apostolate... up to 6,14 there has been no hint whatsoever of Paul's anxiety about the perils of compromise with paganism."

2. Vgl. Lake 1911 S. 122-123, der über den Text nach dem Entfernen des "Zwischenstücks" schreibt: "No one would ever guess that anything has been removed from the middle of this passage."

3. Vgl. Windisch 1924 S. 220: "Richtiger scheint mir die Annahme, daß bei der Versetzung des Abschn. eine oder wenige Übergangswendungen oder Zeilen getilgt oder weggefallen sind."

4. So auch Tasker 1958 S. 30.

5. Auch Prümm 1967 S. 379-381 versucht, die mit dem "Zwischenstück" verbundenen Schwierigkeiten wegzuerklären. Sein Vorschlag für den formalen Anschluß des "Zwischenstücks" an den Kontext ist alles andere als überzeugend. Er meint dazu: "Schriftstellerisch ist der Übergang zur Paränese sogar glänzend vermittelt." Andererseits sind die Gemeinsamkeiten, die Prümm zwischen dem "Zwischenstück" und dem diesem vorausgehenden Text zu finden meint, von so allgemeiner Natur, daß sie für sich allein nicht viel für oder gegen eine bestimmte Lösung aussagen können.

6. In diesem Schema bildet zumindest der Punkt b kein von vornherein selbstverständliches Paar.

7. Vgl. Eph. 3,3: καθὼς προέγραψα ἐν ὀλίγῳ. Haapa 1978 S. 102 zu dieser Wendung: "Es können nur die vorausgegangenen Zeilen des Eph. gemeint sein." Lambrecht 1978 S. 146-147, 151-153.

8. Die Verse 6,13 und 7,2 bedeuten natürlich, daß Paulus die Korinther bittet, ihm "Platz einzuräumen", d.h. ihm herzliche Gefühle, Liebe zu erweisen. So auch u.a. Barrett 1973 S. 203. Bultmanns Theorie 1976 S. 178 zu den Versen überzeugt nicht. Seiner Auffassung nach bittet Paulus die Korinther sich ihm zu öffnen in dem Sinn, daß sie die Liebe des Paulus ihnen gegenüber empfangen.

9. Fee 1977 S. 161, der sich für die Originalität der traditionellen Textordnung ausspricht, überbetont die Unbeholfenheit, mit der sich der übrig gebliebene Text anschließt, wenn man das "Zwischenstück" herausnimmt. Er schreibt: "It is significant to note here that the χωρήσατε ἡμᾶς is clearly resumptive, and it is a cumbersome intrusion if 6,14 - 7,1 is taken out. That is, the oftrepeated assertion that 6,13 and 7,2 read smoothly without 6,14 - 7,1 is not altogether

true. What would read smoothly would be 6,13 and 7,2 beginning with οὐδένα ἠδικήσαμεν." Vers 7,2 läßt sich gegen den Vorschlag Fees nicht mit 1.Kor. 14,1 vergleichen, denn die Rückkehr von 1.Kor. 14,1 zu dem in 1.Kor. 12,31 abgebrochene Thema ist besonders deutlich. Vgl. auch wie Paulus in 7,5 zu dem in 2,13 abgebrochenen Thema zurückfindet.

10. Wendland 1972 S. 212 beschreibt das "Zwischenstück" so: "eine Paränese im apokalyptischen Stil, die nach dem bisher von Paulus Ausgeführten gänzlich unmotiviert ist und wirkt."

11. Dies wird zu Recht von z.B. Fitzmyer 1981 S. 387 Anm. 3, wie auch u.a. von Fee 1977 S. 140 Anm. 4 hervorgehoben.

12. Das Wort kommt auch in Kol 1,12 vor. Der Kolosserbrief stammt jedoch aller Wahrscheinlichkeit nach nicht von Paulus. Dazu näher Lohse 1968 S. 249-257. Über die Verbindungen dieses Wortes zu dem in den Qumranschriften zentralen Begriff גורל "Los", "Teil" stellt Fitzmyer 1981 S. 390-391 recht überzeugende Vermutungen an.

13. Muß man λέγει κύριος παντοκράτωρ als einen Teil der AT-Zitate oder als Zitatrahmen verstehen? Wenn man letzteres annimmt, käme zum "Zwischenstück" noch ein Hapaxlegomenon, παντοκράτωρ, das man sonst nicht bei Paulus findet. Mehr über diese Frage bei Gnilka 1963 S. 89 und Fee 1977 S. 146.

14. U.a. diese Wörter nimmt sich Schlatter 1962 S. 580-581 vor, wenn er anhand einer Wortstatistik folgendes beweisen will: "Die Sprache dieser Sätze umfaßt nichts, was auf eine fremde Hand hindeutet." Mit dieser Behauptung vereinfacht er aber zu sehr die vorhandenen Schwierigkeiten. Die Aussagekraft seiner Statistiken wird deshalb geringer, weil er keinen Unterschied zwischen echten und unechten Paulusbriefen macht. Auf methodisch verläßlicherem Boden operiert Lambrecht 1978 S. 157, wenn er Wortparallen präsentiert; deshalb ist sein Material auch weniger umfangreich als bei Schlatter.
Neben den oben besprochenen Wortvergleichen nimmt sich Fee 1977 S. 144-146 noch folgende Gemeinsamkeiten im Wortschatz des "Zwischenstücks" und anderen Texten des Paulus vor: Dem Verb ἑτεροζυγεῖν kommt das Substantiv σύζυγος (Phil 4,3) nahe, zu συμφώνησις und συγκατάθεσις stellt Fee fest: "The Pauline letters abound in σύν-compounds which are NT hapax legomena (eighteen others in all, not counting strictly Pauline σύν-compounds which occur more than once in his letters). The argument, therefore, may be turned on its head at this point. Instead of these two words supporting non-Pauline authorship because they are hapax legomena, they rather support Pauline authorship because they are of a kind with other Pauline hapaxes." Diese Argumentation bringt zu Beginn eine ernstzunehmende Beobachtung. Andererseits läßt sich das "Zwischenstück" mit seinen σύν-Komposita nicht als besonders paulinisch einordnen, denn Begriffe mit σύν-häufen sich in einem Text, der von "Verbindung, Zusammenhang etc." handelt, notwendigerweise an, unabhängig davon, wer sein Verfasser ist.

15. Plummer 1948 S. XXIV schreibt dazu: "The subject of intimacy with the heathen is rarely discussed by St Paul, and this topic accounts

for some of these six words: and when a writer, in order to vary his language, requires five different words to express 'intimacy', he is likely to employ some that are less usual." Ebenso auch Windisch 1924 S. 213 und Lambrecht 1978 S. 157 Anm. 37. Auf der gleichen Linie liegt auch Fee 1977 S. 144, der feststellt: "It is the nature of Pauline rhetoric to have a sudden influx of hapax legomena." Als Paralleltext für dieses Phänomen bietet Fee 1.Kor. 4,7-13 an, der 6 Hapaxlegomena im NT und 2 bei Paulus enthält, sowie 2.Kor. 6,3-10, der 4 NT-Hapaxlegomena und einen bei Paulus aufweist. Fee stellt dazu fest: "The quantity of hapaxes in 6,14 - 7,1 is therefore not a particularly unusual feature." Man sollte jedoch beachten, daß vor allem der letztere Vergleichstext deutlich länger ist als das "Zwischenstück" und daß die Rhetorik des Paulus in beiden Vergleichsperikopen in großem Maße von der Rhetorik im "Zwischenstück" abweicht, die in den Texten des Paulus einmalig dasteht.

16. Gnilka 1963 S. 89.

17. ἄπιστος bekommt im "Zwischenstück" als Gegenstück einen anderen bei Paulus üblichen Begriff, πιστός an die Seite gestellt. Letzterer wird in diesem Zusammenhang aber in einer besonderen Bedeutung gebraucht. Dazu später mehr.

18. Paulus benutzt als einziger der ntl. Autoren dieses Wort.

19. Auch ναὸς θεοῦ als Ausdruck für die Gemeinde macht einen ziemlich paulinischen Eindruck. Der Ausdruck kommt auch in 1.Kor. 3,16 vor (vgl. auch 1.Kor. 6,19). Vgl. Gyllenberg 1969 S. 228. Dazu später mehr. - Lambrecht 1978 S. 157 zieht noch weitere Wendungen aus dem "Zwischenstück" heran, die er für typisch paulinisch hält: "Constructions such as μὴ γίνεσθε (6,14a), ὑμεῖς γάρ... (6,16b) and ταύτας οὖν ἔχοντες (7,1a) are in keeping with his way of writing. Paul likes to use ἄπιστος, θεοῦ ζῶντος... ἐπιτελέω and ἀγαπητός, this last word also in addresses as in 7,1a." Diese Wendungen sind in Texten des Paulus recht gebräuchlich, kommen aber auch anderswo vor, wie ein auch nur flüchtiger Blick in die Konkordanz oder ins Wörterbuch zeigt. Oft handelt es sich dabei um allgemeinen christlichen Sprachgebrauch. Vgl. z.B. Hebr. 4,14; 10,9 (ἔχοντες οὖν), Matth. 6,16 (μὴ γίνεσθε); μή + Imp. präs. ist im NT recht gewöhnlich, ebenso auch θεὸς ζῶν und ἀγαπητός. Auch Fee richtet sein Augenmerk auf die oben genannten, wie auch noch auf andere Wendungen. Fee 1977 S. 147. Die Argumentation wird bei beiden Exegeten in diesem Zusammenhang dadurch gestört, daß allein solche Gemeinsamkeiten mit anderen Texten des Paulus noch nicht viel beweisen. Man muß gleichzeitig nachweisen, daß die betreffenden Ausdrücke und Wendungen in dieser Zeit allgemein nicht üblich waren. Mit Hilfe einer Computerstatistik erhielte man vielleicht ein sichereres Fundament dafür. Eine methodisch konsequente Sichtung des Materials von dieser Problemstellung her steht noch aus; deshalb haben Argumente dieser Art weder in der einen noch in der anderen Richtung viel Beweiskraft.

20. Betz 1973 S. 91.

21. Vgl. was z.B. Dibelius 1925 S. 25 über die Beziehung der in 1.Thess. 5,4-10 auftretenden Metaphern über die in gnostischen und anderen Kreisen entwickelten vollgeladenen Metaphern Licht - Finsternis, Trunkenheit - Abstinenz sagt: "Unsere Stelle zeigt eine relative Frische des Bildgebrauchs, so daß höchstens unbewußte Abhängigkeit anzunehmen ist." Mit einem reinen Vergleichsbild läßt sich noch spielerisch umgehen; so verfährt auch hier Paulus. Vgl. von Dobschütz 1974 S. 207: "P. spielt, an das Bild vom Dieb anknüpfend, mit den verschiedenen Bedeutungen von σκοτία...". Vgl. ferner Gyllenberg 1975 S. 54-55. Zum Thema Licht - Finsternis vgl. weiter unten die Erörterung der Verbindung zwischen dem "Zwischenstück" und Qumran.

22. Vgl. Wendland 1972 S. 213: "Ist denn nicht das Fleisch der Sitz der Sünde und also an sich schon befleckt, und kann der Geist, der seinem Wesen nach Heiliger Geist ist, überhaupt noch befleckt werden?... Dieser Sprachgebrauch ist durchaus unpaulinisch und läßt sich schwerlich als Aussage des Apostels vorstellen." Ebenso Georgi 1964 S. 21-22.

23. So z.B. Lietzmann(-Kümmel) 1969 S. 130, Windisch 1924 S. 218-219, Plummer 1948 S. XXIV-XXV und Gyllenberg 1969 S. 229.

24. Barrett 1973 S. 202. Ebenso Fee 1977 S. 161. Jewett 1971 S. 184-186 interpretiert den Begriff "Geist" anders: Paulus hält sich im "Zwischenstück" an die traditionelle jüdische Paränese. Nachdem er dies konstatiert hat, schreibt er: "Since II Cor. 7,1 stands within this tradition, there is no reason to think that 'spirit' ought to be interpreted in the idealistic sense as the inner, rational man. In II Cor. 7,1, in the earlier Pauline epistles, and in the apocalyptic tradition, the divine spirit is thought of as being given to man so that no distinction ist made between it and the human spirit." Vgl. auch Aejmelaeus 1981 S. 74-77. Plummer 1948 S. 212 drückt seine Haltung zu diesem Problem so aus: "It is uncritical dogmatism to assert that St Paul would never have used such an expression as 'defilement of flesh and spirit'."

25. Schmithals 1960 S. 88 Anm. 2.

26. Alles in allem kommt Betz 1973 S. 98 Anm. 73 der Wahrheit näher als Barrett und Schmithals, wenn er schreibt: "Paulus would not say that the 'flesh' is capable of purification."

27. Gnilka 1963 S. 91.

28. Dies wird auch u.a. von Schlatter 1962 S. 581 und Barrett 1973 S. 197 hervorgehoben.

29. Über die Bedeutungsnuancen des Begriffes "Rechtfertigung" bei Paulus schreibt Toivanen 1975 S. 168-173, näheres. (Leider nur auf Finnisch).

30. __Wendland__ 1972 S. 213-214. Ebenso auch __Georgi__ 1964 S. 22. Als Beispiele für die normale Heiligungslehre des Paulus nennt __Wendland__ 1.Kor. 1,2.30; 6,11; 1.Thess. 5,23.

31. __Windisch__ 1924 S. 217-218. __Windisch__ charakterisiert das "Zwischenstück" weiterhin wie folgt: "Man beachte nun noch die unpaulinische, aber gut alttest. Heilsordnung, wonach die Verwirklichung der göttlichen Verheißung, der Einwohnung und Adoption abhängt von der Loslösung der Berufenen aus dem bisherigen, sündigen Volksverband und von ihrer Selbstheiligung (vgl. auch Apk 21,7; 2. Klem 8,4.6; 9,10!)." __Windisch__ stellt ferner fest, daß die Heilsordnung im "Zwischenstück" der bei Philo und in Hebr. 10,36 entspricht. Neben diesen Beobachtungen legt __Windisch__ andererseits Vers 7,1 recht eigenwillig aus, wenn es ihm darum geht, die Echtheit des Stückes zu betonen (S. 219): "Die Vorstellung von dem Reinigungsakt, der hier gefordert wird, gewinnt durch den Aorist und durch den Zusatz παντός noch eine besondere Färbung. Es ist die der 'Generalamnestie' entsprechende einmalige Radikalreinigung, die das empirische Wesen des Christen begründet und nach paulin. Lehre auch im Gebiet des 'Anschaulichen' ihren Bestand hat." Die Forderung in 7,1 weist jedoch nicht auf eine "Radikalreinigung" in der Vergangenheit hin, sondern sie drückt eine an die schon Getauften gerichtete, in die Gegenwart und Zukunft weisende Forderung aus. Wenn Paulus wirklich mit dem Verb καθαρίζειν auf die Vergangenheit und mit dem Verb ἐπιτελεῖν auf die Gegenwart hinweisen wollte, wäre es einleuchtender, wenn ersteres im Aor. partiz. und erst das letztere im Imp. (Präs.) stehen würde.

32. Vgl. __Betz__ 1973 S. 98: "The only concern of this parenesis is: 'Let us purify ourselves from all the pollution of the flesh and of the spirit.' The whole task of the Christian existence in this world can be subsumed under this appeal."

33. Über das Verhältnis von Indikativ und Imperativ in Theologie und Ethik des Paulus siehe näher __Schrage__ 1982 S. 156-161 und __Kümmel__ 1976 S. 199-203. Letzterer schreibt dazu u.a. (S. 202-203): "Was der gläubige Christ tut, tut er nicht aus eigener Kraft, sondern aufgrund des ihm widerfahrenen göttlichen Heils..., und der Imperativ ermahnt nicht dazu, sich das Heil zu erwerben, sondern das empfangene Heil festzuhalten und nicht zu verlieren."

34. Anderer Ansicht ist __Lambrecht__ 1978 S. 159-160, der herausstellt, daß es im "Zwischenstück" die paulinische Spannung zwischen dem "Schon jetzt" und dem "Noch nicht" gibt, und daß sich auch im "Zwischenstück" der Imperativ auf den Indikativ stützt, da es sich nicht um Polemik gegen die Verfälscher des Evangeliums handelt, sondern um eine an die Gläubigen gerichtete Ermahnung. Lambrecht schreibt u.a.: "The future tenses of the Covenant formula (6:16def) are, in ligth of 6,16b, most probably to be understood as fulfilled promises." Auch __Fee__ 1977 S. 159 ist hinsichtlich Vers 6,16 der gleichen Ansicht. Ein solches Verständnis von 6,16 ist auch sehr gut möglich. Das kann man aber nicht von der Interpretation sagen, die __Fee__ für Vers 6,17 bietet. Er sagt (S.160): "'Them' in this context...refers only indirectly to the ἄπιστοι in verse 14. It is not unbelievers per se who are in view - that __is__ indeed foreign to Paul - but neither in this context is ritual uncleanness or Gentiles (a true absurdity) in view. Nor should one reverse the text to suggest that it involves the cleansing of impurity

from the church. It simply repeats the prohibition to join in the temple feasts." Fee meint, daß das "Zwischenstück" die Opfermahle behandelt, die in den Götzentempeln gefeiert wurden. Nachdem er dies festgestellt hat, erklärt er 6,17d-18ab in diesem Zusammenhang für inhaltsleer: "The second promise, that God will welcome them and be their Father, probably existed in the original catena and is here merely carried over." Fee liefert ein gutes Exempel dafür, was der Versuch des Nachweises, daß die Imperative des "Zwischenstücks" fest in den Indikativen des Glaubens ruhen, mit sich bringt. Zu diesem Ergebnis kann man nur kommen, wenn man einerseits viele gegen diese Auslegung sprechende Faktoren einfach außer Acht läßt und andererseits viele für diese Hypothese schwierige Details gegen ihren Strich uminterpretiert.

35. Andererseits ist völlig richtig, was Lambrecht 1978 S. 158-159 schreibt: "There is a danger that Paul is seen in too monolithic and one-sided a way when attention is payed exclusively to the central, yet polemical affirmation of righteousness apart from works of the Law, through faith and grace alone. Such a presentation of Paul's theological position has to play down or even reject a number of texts which are most probably written by Paul...It should be asked, however, whether the real Paul was not more many-sided and, now and then, less systematic or polemical than this (sc. Paul in Gal.)."

36. Gnilka 1963 S. 92. Gnilka führt die Stellen an, die dies bestätigen. Vor allem die Offenb. und der Epheserbrief scheinen der Denkwelt des "Zwischenstücks" an einigen Stellen nahezukommen. Näher auf diese Verbindungsstellen geht Gnilka 1963 S. 88 Anm. 12, 89, 96-97 ein. S. 98-99 schreibt er "Daß der Redaktor des 2.Kor und nicht Paulus als Interpolator zu gelten hat, ergibt sich...aus der festgeformten Bedeutung von πιστός gleich 'Christgläubiger' in Vers 15. Diese weist nämlich in eine spätere, auf jeden Fall nach der Abfassung der in 2 Kor gesammelten Briefe und Briefreste liegenden Zeit." Gegen diese Auffassung wendet sich Barrett 1973 S. 198-199, jedoch ohne viel in der Hand zu haben. Vgl. auch Fee 1977 S. 159 Anm. 1: "I grant that this substantival usage of πιστός is unusual for Paul; but it is surely not impossible - nor improbable. When he says that one who is justified by faith is blessed σὺν τῷ πιστῷ Ἀβραάμ (Gal 3,9), he uses the adjective with nearly the same meaning as he does the substantive here."

37. Fitzmyer 1981 S. 397, Wikenhauser-Schmid 1973 S. 441.

38. Barrett 1973 S. 200, vgl. auch Lambrecht 1978 S. 154.

39. So u.a. Bornkamm 1961 S. 32, Braun 1966 S. 203, Wendland 1972 S. 214, Wikenhauser-Schmid 1973 S. 440-441, Vielhauer 1975 S. 153. Georgi 1964 S. 22 dazu etwas allgemeiner: "So dürfte die Entstehung dieses Prophetenspruches in palästinisch-judenchristlichen Kreisen zu suchen sein." Ähnlich auch Köster 1980 S. 554. Auch Fitzmyer (1981) und Gnilka (1963) betonen in ihren Aufsätzen die Verwandtschaft des "Zwischenstücks" mit Qumran.

40. Der Urtext lautet: להתם כול רוח עולה מתכמי בשרו ולטהרו ברוח קודש
רשעה   עלילות   מכול (4,20-21).

41. In seiner Auslegung von 6,15 versucht Barrett 1973 S. 199 den Inhalt des "Zwischenstücks" abzuschwächen: "The Christian faith is exclusive, and the question is intended rather to make the point that one cannot be a believer and an unbeliever at the same time than that Christians and non-Christians may have no contact with each other."; Barrett deutet das "Zwischenstück" im Lichte des Inhalts des 1.Kor.; ein ursprünglicher Leser hätte diese Verse beim Lesen kaum als so harmlos empfinden können. Windisch 1924 S. 214 erkennt die Botschaft des "Zwischenstücks" besser, wenn er schreibt: "All diese synonymen Begriffe wollen zum Ausdruck bringen, daß zwischen Gläubigen und Ungläubigen weder Wesensverwandtschaft noch Interessengemeinschaft stattahaben kann, darum auch jegliches Zusammentun zu irgend welchem Geschäfte sich verbietet."

42. Weitere Stellen, an denen in den Qumran-Schriften der Dualismus Licht - Finsternis auftritt, hat Fitzmyer 1981 S. 388-390 zusammengestellt. Seine Analyse faßt er so zusammen: "Wenn auch der Gegensatz von Licht und Finsternis nicht nur ein natürlicher ist, sondern einer, den man als symbolische Darstellung für die Kräfte des Guten und Bösen in vielen Schriften findet, von denen wir das Alte Testament selbst erwähnen können (Jes 45,7, Mi 7,8, Hiob 29,3), so muß doch beachtet werden, daß die Metapher selbst weder im Alten Testament noch in der rabbinischen Literatur zu finden ist als Ausdruck für zwei große Klassen der Menschheit. In diesem Abschnitt des Korintherbriefes wird die Menschheit geteilt entsprechend Licht und Finsternis, genauso wie die 'Söhne des Lichts' und die 'Söhne der Finsternis' in den Texten von Qumran."

43. Näher geht darauf Gnilka 1963 S. 91-92 ein. Vgl. auch Braun 1966 S. 202.

44. Über andere jüdische Texte, die Licht in den Gedanken der "Geistreinigung" bringen, siehe Windisch 1924 S. 218, Gnilka 1963 S. 92-93. Bezeichnend ist, daß viele dieser Texte Schriften der Bruderschaft von Qumran oder ihr nahestehender Kreise sind. Als Beispiel dafür mag hier CD 7,3-4 gelten: "Das keiner seinen heiligen Geist beschmutzt." Vgl. auch 1 QS 3,7-9: "Und durch den heiligen Geist... wird er gereinigt von allen seinen Sünden und durch den Geist der Rechtschaffenheit und Demut wird seine Sünde gesühnt. Und wenn er seine Seele demütigt unter alle Gebote Gottes, wird sein Fleisch gereinigt werden, daß man ihn mit Reinigungswasser besprenge und daß er sich heilige durch Wasser der Reinheit." Zur Reinigung des "Fleisches" in den Qumranschriften vgl. noch Braun 1966 S. 202-203.

45. Fitzmyer 1981 S. 393 stellt dazu fest: "Es ist...bezeichnend, daß sich das einzige Vorkommen von Beliar im Neuen Testament in diesem auch sonst problematischen Abschnitt findet, der so viele Berührungen mit den Texten von Qumran aufweist." Über das Auftreten des Namens Beliar/Belial in jüdischen Schriften berichtet Fitzmyer sachkundig auf den Seiten 391-393. Vgl. auch Gnilka 1963 S. 90-91. Braun 1966 S. 202 stellt fest: "Diese Analogie ist besonders wichtig, weil Beliar, außer im Qumran, fast nur in qumrannahen Texten bezeugt ist." Vor diesem

Hintergrund macht sich recht befremdlich aus, wenn Lambrecht 1978 S. 160 Anm. 43 schreibt:"'Beliar'seems to have become a vogue word in the first century." Er hat diesen Gedanken von Barrett 1973 S. 198 übernommen.
Der Name Beliar kommt zusammen mit dem Dualismus Licht - Finsternis in Test. Lev 19,1 vor: ἐκλέξασθε ἑαυτοῖς ἢ τὸ φῶς ἢ τὸ σκότος ἢ τὸν νόμον κυρίου ἢ τὰ ἔργα τοῦ βελιάρ.

46. Vgl. CD 6,13; 8,9; 14,22: אך אחד. Barrett 1973 S. 200, Fitzmyer 1981 S. 397. Fitzmyer bemerkt, daß sich Vergleichbares weder im AT noch in der Mischna findet.

47. Braun 1966 S. 202.

48. Darüber mehr bei Gnilka 1963 S. 94-96. Über die Lehren der Qumranschriften über die Gemeinde als Tempel Gottes und der Verpflichtung, sich von anderen abzusondern, siehe auch Fitzmyer 1981 S. 394-396.

49. Gnilka 1963 S. 93-94. Thrall 1978 S. 138 schätzt die Verbindungen des "Zwischenstücks" zu den Qumranschriften folgendermaßen ein: "It is clear that most points of contact, if each is taken in isolation, can be explained on the basis of the Pauline authorship of the passage in II Corinthians. On the other hand, one might argue that the concentrated accumulation, within so short a passage, of so many points of comparison with Qumran does suggest an author more obviously under the influence of Qumran than Paul himself was. This is not a logically rigorous proof, however. The similar terms and ideas are found as widely scattered in the Dead Sea Scrolls as they are in the Pauline epistles. It is just as likely that Paul brought them together in short compass as that an Essene or Jewish-Christian author should have done so. Perhaps the only piece of real evidence...which counts against Pauline authorship is the use of Βελιάρ instead of the Pauline Σατανᾶς." Der qumrannahe Ursprung des "Zwischenstücks" läßt sich aber nicht so leicht abtun. Aus der Analyse dürfte deutlich geworden sein, daß das "Zwischenstück" im paulinischen Kontext ein Fremdkörper ist, sich aber gut in den qumranischen Kontext einfügt. Die paulinischen und qumranischen Texte bieten sich keineswegs als gleichwertig geeigneter Hintergrund für das "Zwischenstück" an.

50. Gnilka 1963 S. 91 schreibt u.a.: Der Dualismus Gott-Beliar ist älter, er ist jüdisch und findet sich ja bereits in Qumran, dagegen scheint der Dualismus Christus-Beliar nicht jüdisch, sondern in christlichen, von den auch in Qumran wirkenden Traditionen beeinflußten Kreisen entstanden zu sein." Ebenso auch Fitzmyer 1981 S. 391-392.

51. Gnilka 1963 S. 92, Braun 1966 S. 202-203.

52. Betz 1973 S. 104 beschreibt die Sache so: "In 2 Cor 6,15 'Christ' is mentioned as the cosmic force opposed to Beliar. No mention is made of the crucifixion, nor does it seem to express any concept of salvation in the Pauline sense. Only God is superior to the dualism, while christ seems to occupy a position like that of the archangel Michael

and the 'prince of light' in Qumran. Both have their significance for the faithful as cosmic powers, not as figures in a historical salvation event. It shoud also be added that the terminology of πιστός/ἄπιστος does not appear to be connected with 'Christ'. The way in which the Christian relates to Christ is not faith, but purity." Vgl. auch Braun 1966 S. 203.

53. Derrett 1978 S. 231-232, 234-236, 241.

54. Tasker 1958 S. 28-30.

55. Lietzmann(-Kümmel) 1969 S. 129-131.

56. (Lietzmann-)Kümmel 1969 S. 206.

57. Windisch 1924 S. 220.

58. Wikenhauser-Schmid 1973 S. 440.

59. Georgi 1964 S. 21 Anm. 3.

60. Windisch 1924 S. 212, 220.

61. Dazu näher z.B. Bultmann 1976 S. 312.

62. Barrett 1973 S. 194. Auf der gleichen Linie liegt auch Collange 1972 S. 304-305, 319. Er sieht im "Zwischenstück" einen judenchristlichen Text, der von Paulus zitiert wird und der dazu bestimmt ist, die Korinther (oder Achäer) aus dem Bannkreis der Gegner des Paulus zu lösen. Collange versucht mit seiner These allerdings nicht die traditionelle Textordnung zu verteidigen, sondern hat in dieser Hinsicht seine eigene spezielle Auffassung. Dazu siehe näher S. 35 dieser Untersuchung.

63. Thrall 1978 S. 142-143.

64. Thrall 1978 S. 144-147.

65. Thrall 1978 S. 146.

66. Thrall 1978 S. 147-148.

67. Dies gibt in seiner Einleitung auch Kümmel 1973 S. 254 zu: "Die Annahme der sekundären Einfügung eines paulinischen Fragments liegt hier wirklich nahe. Aber was könnte der Grund für eine solche Einfü-

gung gerade an dieser Stelle sein?" Jülicher 1931 S. 89 und Hyldahl 1973 S. 288, die den 2.Kor. ansonsten für einheitlich halten, nehmen an, daß das "Zwischenstück" nicht in den übrigen 2.Kor. gehört. Jülicher äußert dazu (S. 87): "Man wird das Gefühl nicht los, eine Interpolation vor sich zu haben, für die man ein Motiv eher bei einem Späteren als bei P. auszudenken vermöchte."

68. Zuvor war schon von den Berührungspunkten des "Zwischenstücks" mit einigen Schriften aus spätapostolischer Zeit die Rede. Insofern es sich gleichzeitig um Züge handelt, die auf einen qumranischen Ursprung hinweisen, könnte für ihr Auftreten in christlichen Texten die Flüchtlinge aus Palästina verantwortlich gemacht werden, die durch den jüdischen Krieg gezwungen waren, aus ihrer Heimat ins westliche Kleinasien umzusiedeln. Dazu näher Bauer 1964 S. 89-91. In ihrem Gefolge konnte eine von Qumran geprägte Denkweise sich in den christlichen Gemeinden des Mittelmeerraumes ausbreiten. Interessant ist die Auffassung von Betz (1973), auch wenn sie nicht über eine Hypothese hinausgeht, das "Zwischenstück" sei ein Schriftstück, das unter den gegen Paulus eingestellten Judenchristen entstanden ist und für andere Judenchristen bestimmt war. Betz' Anschauung wird aus folgenden Zitaten deutlich: "The Christians whose theology is contained in it are in fundamental agreement with Judaism that whether one is a 'believer' or a 'non-believer' is determined by whether or not one is under the yoke of the Torah." (S. 90). "One can say...that incidents like that at Antioch (sc. Gal 2,11-14) must have been the cause of 2 Cor 6,14 - 7,1." (S. 100). Thrall 1978 S. 148 Anm. 1 kritisiert diese Hypothese von Betz überzeugend und nennt u.a. folgenden entscheidenden Sachverhalt, der dieser Auffassung den Boden entzieht: "There is no evidence that Gentile Christians were ever called ἄπιστοι, and the small amount of evidence relating to the terminology of the Antioch dispute suggests that they would have been referred to, in some way or another, simply as 'Gentiles'."

69. Vgl. Lambrecht 1978 S. 160 Anm. 43: "One simply cannot deny the affinities between 2 Cor 6,14 - 7,1 and the qumran documents. Still, we could ask: must we therefore reject the authenticity of the passage? If in any case we must accept that the author was a Christian, why... could we not further accept that the Christian author was Paul himself?"

70. Gyllenberg 1969 S. 227-228.

71. Betz 1973 S. 108 sagt über das "Zwischenstück": "We have before us a carefully constructed parenesis, a literary unity which appears to be complete in itself." Sicher trifft auch zu, wenn Gnilka 1963 S. 88 sagt: "Der Schriftbeweis ist genau so kunstvoll aufgebaut wie die voraufgehende Fragenstrophe, denn er enthält mindestens vier atl Schriftworte, die in geschickter Kombination und Bearbeitung zu einer Einheit zusammenkomponiert sind."

72. Gyllenberg 1969 S. 228 Anm. 1.

73. Windisch 1970 S. 213.

74. Ich stimme hier Bachmann 1909 S.8 bei seiner Charakterisierung des "Zwischenstücks" zu: "ein durch unschöne und zwecklose Häufung von Ausdrücken...auffallender Stil."

75. Unter den Alternativen, die Weiß 1925 S. 311 zur Erklärung des unbeholfenen Anschlusses von 1.Kor. 13 an den Kontext angibt, leuchtet diese am ehesten ein.

76. So Tasker 1958 S. 30: "It would be very natural... for one so accustomed to preaching to the heathen to use on occasions the same type of language, even when he was dictating a letter to be read by a congregation of converted men and women."

77. Die Annahme des paulinischen Ursprungs des "Zwischenstücks" könnte man auch damit begründen, daß die Gedanken des Paulus auch an anderer Stelle besondere Bahnen gelaufen sind und überraschende Wendungen angenommen haben. So z.B. in 2.Kor. 5,1-10, wo die Lehre des Paulus über das Schicksal des Menschen nach dem Tod sich von seiner sonstigen Lehre in großem Maße zu unterscheiden scheint. Das Phänomen, daß Paulus sich an einigen Stellen zu widersprechen scheint und theologisch gesehen auf verschiedenen Gleisen innerhalb ein und desselben Briefes verkehrt, wird beispielsweise im Rahmen der Schwäche-Stärke-Theologie der Kap. 10 - 13 deutlich. Näher Aejmelaeus 1979 S. 208-209. Inhaltliche Widersprüche allein sind somit noch kein Beweis dafür, daß ein bestimmtes Kapitel nicht von Paulus stammt. Im Rahmen einer weitergehenden Argumentation kann ihnen jedoch eine wichtige Bedeutung zukommen.

78. Der Meinung, daß das "Zwischenstück" ein Teil des allerersten von Paulus nach Korinth geschickten Briefes ist, sind u.a. Weiß 1917 S. 246, Schmiedel 1897 S. 251-256, Strachan 1946 S. XV, Schmithals 1969 S. 88, Lake 1911 S. 122-123, Peltola 1966 S. 158-159. Auf dieser Grundlage schlägt auch Bultmann 1976 S. 182 als eine Erklärungsmöglichkeit für das "Zwischenstück" vor: "Es könnte der Mahnung μὴ συναναμίγνυσθαι πόρνοις (sc. 1.Kor. 5,9)... vorangegangen sein, denn diese Mahnung würde sich gut an 7,1 anschließen."

79. Wikenhauser-Schmid 1973 S. 440.

80. Vgl., was Thrall 1978 S. 135-136 über den Inhalt des ältesten Briefes schreibt: "It seems...likely that he spoke in general terms about immoral people, so that the Corinthians thought he was referring to non-Christians, while he himself was under the impression that he was warning them against Christians who led immoral lives."

81. Thrall 1978 S. 135.

82. Wie groß die Erschütterung gewesen sein mußte, die die rigoristische Forderung hervorrief, beschreibt Wendland 1972 S. 213: "Das ist eine ungeheure Forderung, wenn man bedenkt, daß das Heidentum eine gesellschaftliche Form der Religion ist, die, nicht etwa nur in dem Staatskult der älteren Zeit, den ganzen Alltag des sozialen Lebens in

die kultische Ordnung und Haltung einbezieht. Wer den Göttern absagte, war ein Feind des Staates, ein Asozialer."

83. Einen Überblick über die Verbreitung von Denkweisen im 1.Jahrh. n.Chr., die der Gedankenwelt der Bruderschaft von Qumran ähnlich waren, gibt z.B. Lohse 1979 S. 79-82. - Als einen Umstand, der die Theorie vom "Zwischenstück" als Teil des allerältesten Briefes stützt, bringt Windisch 1924 S. 215 vor: "Daß die Christen der Tempel Gottes sind, wird hier (anders als 1 Kor 3,16f.) wie etwas Neues gelehrt." Windisch fügt gleich hinzu, daß dies natürlich kein Beweis für die Richtigkeit dieser Theorie ist. Der Versuch von Plummer 1948 S. XXIV, jegliche Spannung zwischen den Regeln im 1.Kor. über die Teilnahme am Opfermahl und den Ermahnungen des "Zwischenstücks" zu bestreiten, vermag nicht zu überzeugen: "There, the Apostle tolerates the idea of a Christian caring to accept a heathen's invitation to dinner; here, he strictly forbids intimate combinations with heathen - a very different thing from an exeptional sharing of a meal."

84. Thrall 1978 S. 134-135 reflektiert ausführlich die Schroffheit, mit der das "Zwischenstück" von der Lehre des 1.Kor. abweicht: "In 1 Cor 6,18 and 10,14 it is the vices of the pagan world which believers are commanded to avoid... But in 2 Cor 6,14 - 7,1 it sounds as though what is required is absolute separation from pagans themselves, not only from the vices prevalent amongst them... The word ἑτεροζυγοῦντες in verse 14 is admittedly quite general, but would certainly include mixed marriages and would be understood to do so by the Corinthians, who had already been concerned with the problem (1 Cor 7,12-16)." Thrall sieht dennoch keinen Widerspruch zwischen dem 1.Kor. und dem "Zwischenstück": "In that letter, although he did not require the initiation of divorce by a Christian already married to an unbeliever (1 Cor 7,12-14), he did suggest that any fresh marriages contracted ought to be ἐν Κυρίῳ (1 Cor 7,39), that is, between believers only. To this would correspond the command μὴ γίνεσθε ἑτεροζυγοῦντες ἀπίστοις." Thrall muß jedoch gleich darauf einräumen, daß eine so konstruierte Widerspruchslosigkeit ziemlich unbefriedigend bleibt: "In 1 Cor 7,14-16 the unbeliever is regarded as sanctified by the Christian partner, and so has the possibility...of future salvation. In 2 Cor 6,14 - 7,1, however, the unbeliever is implicitly equated with ἀνομία, σκότος, and the followers of Βελιάρ, and it is further suggested that contact with the unbeliever causes the defilement of the Christian. Thus in I Corinthians the unbeliever is sanctified by a mixed marriage: in 2 Cor 6,14 - 7,1 the Christian is polluted by it." Vgl. auch Gnilka 1963 S. 96.

85. Morton 1966-67 S. 119 merkt an, daß auch vom Briefrhythmus des Paulus her gesehen das "Zwischenstück" ein Fremdkörper innerhalb eines ansonsten einheitlichen Textes ist. Siehe S. 43 Anm. 64 dieser Untersuchung.

86. Fitzmyer 1981 S. 397 sagt dazu: "Nicht alle Punkte in diesem Vergleich sind von gleicher Bedeutung oder gleichem Wert, aber der kumulative Effekt von so vielen von ihnen innerhalb eines so kurzen Passus gibt den Ausschlag."

87. Die grundsätzliche Bedeutung, die die für das Problem des "Zwischenstücks" gegebene Lösung für die einleitungswissenschaftliche Beurteilung des ganzen 2.Kor. hat, wird zutreffend von Wikenhauser-Schmid 1973 S. 440-441 herausgestellt: "Erkennt man aber einmal dies an (sc. daß der Abschnitt nicht von Paulus stammt), dann ist damit auch gesagt, daß der 2 Kor in seiner überlieferten Gestalt mindestens nicht restlos eine ursprüngliche Einheit ist, mag er auch in allen seinen Teilen, von dem eben besprochenen Abschnitt abgesehen, zweifellos von Paulus stammen." Ebenso z.B. Refshauge 1976 S. 216. Lake 1911 S. 162-163 hält dagegen die Abtrennung der Kap. 10 - 13 von den Kap. 1 - 9 für die stärkere Theorie, die es erlaubt, auch den Abschnitt 6,14 - 7,1 aus seinem Kontext herauszulösen.

88. Vgl. Plummer 1948 S. XXV: "If it is supposed that a stray leaf from one letter has accidentally got among the leaves of another letter, then we have to suppose that the stray leaf chanced to begin and end with a complete sentence, and that, of the leaves between which it was erroneously inserted, one chanced to end with a complete sentence and the other to begin with one. Such combination of chances is improbable." Thrall 1978 S. 139-140 weist nach, daß diese oft zitierte, und als letztes Wort gegen die Versehenstheorie vorgebrachte Argumentation von Plummer (siehe z.B. Fee 1977 S. 143) einer genaueren Prüfung nicht standzuhalten vermag. Auf einigen Papyri wurde der Text so geschrieben, daß die einzelnen Worte voneinander getrennt waren. Ein einzelnes Papyrusblatt konnte somit leicht mit einem natürlichen Satzschluß enden, worauf dann auch das darauffolgende Blatt mit einem vollständigen Satz begann (z.B. p^{66}). Falls der 2.Kor. ursprünglich in Kodexform vorgelegen hatte, ist die Annahme eines Versehens als Erklärung für das Problem des "Zwischenstücks" nicht so abwegig, wie Plummer das ansieht. War der 2.Kor. wiederum ursprünglich eine Papyrusrolle, könnte man sich theoretisch denken, daß die Buchrolle zwischen Vers 6,13 und 7,2 abgebrochen war und das "Zwischenstück" danach in die so entstandene Lücke eingesetzt wurde.

89. Fee 1977 S. 142-143, ein Befürworter der Echtheit der traditionellen Textfolge, vergleicht das "Zwischenstück" mit anderen Interpolationen im NT und stellt dabei fest, daß es für die anderen Interpolationen gute und nachvollziehbare Gründe gibt. Allein für die Plazierung des "Zwischenstücks" ausgerechnet zwischen 6,13 und 7,2 läßt sich keine Erklärung finden. Somit bleibt nur der Schluß, daß allein Paulus für den jetzigen Platz des "Zwischenstücks" verantwortlich gemacht werden kann. Mit dieser Annahme ist Fee gezwungen, das "Zwischenstück" und seinen näheren und weiteren Kontext in einer Weise zu erklären, die wenig überzeugt. Er nimmt beispielsweise an, daß Titus, nachdem er Paulus in Makedonien angetroffen hatte, diesen darüber informierte, daß in Korinth einige Probleme weiterbestehen (S. 155). Einige in der Gemeinde wollten weiterhin der Verbote trotzen, die Paulus im 1.Kor. gegen die Teilnahme am Opfermahl in Götzentempeln ausgesprochen hatte. "They had informed Titus in no uncertain terms that Paul's position had the effect of restricting them (6,12 στενοχῶρος in the classical sense), and therefore he ist wronging (ἀδικέω) or misleading (φθείρω) them (7,2)." Vers 7,2 wird von Fee entsprechend interpretiert (S. 161): "'Open wide to us,' he pleads, 'for this prohibition (sc. 6,14 - 7,1) is not restrictive, nor do we thereby wrong or take advantage of you'." Eine ziemlich gezwungen wirkende Auslegung, die zu widerlegen keiner weiteren Anstrengung bedarf.
Bessere Argumente stehen Fee dagegen zur Verfügung, wenn er die Hinweise im "Zwischenstück" auf 1.Kor. 8 - 10 zusammenstellt, wo Paulus

auf den Verzehr des Götzenopferfleisches eingeht. Sowohl im "Zwischenstück" als auch in den betreffenden Kapiteln im 1.Kor. geht es um die gleichen Motive wie "Einheit", "Götzen", und "Verunreinigung". Aus dem restlichen 1.Kor. kommt noch das Motiv der Gemeinde als Tempel Gottes (S. 158-159) hinzu. Im "Zwischenstück" wird jedoch nichts von einem Mahl gesagt, was Fee selbst zugeben muß (S. 161). Auch wenn die im "Zwischenstück" und in den Kapiteln 8 - 10 behandelten Themen sich sehr nahe kommen, deutet nichts darauf hin, daß im "Zwischenstück" exakt das gleiche Problem wie in 1.Kor. 8 - 10 zur Sprache käme. Wenn es im "Zwischenstück" wirklich um die Speisung im Götzentempel ginge, könnte man annehmen, daß dies wenigstens in der Schlußermahnung von 7,1 deutlich zum Ausdruck käme, z.B. in der Form καθαρίσωμεν ἑαυτοὺς ἀπὸ παντὸς μολυσμοῦ εἰδωλοθύτων. Weiterhin fehlen im "Zwischenstück" alle Hinweise darauf, daß es sich nur um seelsorgerliches Zurückhalten wegen der "Schwachen Brüder" handelt, wie in 1.Kor. 8 - 10 deutlich betont wird. Allerdings kommt Paulus in 1.Kor. 10,19-22 der Kompromißlosigkeit des "Zwischenstücks" nahe, wenn er sagt, daß das "Götzenopferfleisch" als solches zum Verderben führt. Man beachte jedoch den Unterschied zwischen einerseits μὴ γίνεσθε ἑτεροζυγοῦντες ἀπίστοις und andererseits οὐ θέλω δὲ ὑμᾶς κοινωνοὺς τῶν δαιμονίων γίνεσθαι (1.Kor. 10,20). Im "Zwischenstück" handelt es sich bei der Absonderung von Beliar und den Götzen lediglich um eine rhetorische Wendung, die der Aufforderung, sich von den Ungläubigen abzusondern, größeres Gewicht geben soll. Fee überzeugt darum nicht mit der Behauptung, die fundamentale Trennung, von der im "Zwischenstück" die Rede ist, sei keine andere als die vom Opfermahle: Eine Sache, die mit keinem Wort direkt benannt wird, soll dazu dienen, solchen Versen einen konkreten Inhalt zu geben, die allein genommen klar eine völlig andere Art von Absonderung nahelegen. Fees Erklärung kann man nur akzeptieren, wenn man zugleich annimmt, daß sich Paulus im "Zwischenstück" sehr unklar und unbestimmt ausgedrückt hat. Gerade eine solche Unklarheit hätte Paulus in dieser Angelegenheit jedoch beim Diktat des 2.Kor. tunlichst zu vermeiden gesucht. Wie schon oben gesagt wurde, mußte sich Paulus schon in 1.Kor. 5,9-10 gegen die Mißverständnisse zur Wehr setzen, die von unklar formulierten Gedankengängen verursacht worden waren. Der gleiche Vorwurf klingt auch in Vers 1,13 an. Paulus hatte also allen Grund, Unbestimmtheit zu vermeiden, als er den 2.Kor. diktierte. Darauf scheint er auch in den Kap. 1 - 9 zu achten. Das "Zwischenstück" würde von dieser Linie eindeutig abweichen, falls Fee mit seiner Hypothese Recht hätte.

90. So auch Friedrich Lang in seiner Vorlesung über den 2.Kor. im Herbst 1975 in Tübingen. Auch sonst habe ich viel während dieser Vorlesungsreihe gelernt. Dies alles richtig zu dokumentieren ist mir jedoch nicht mehr möglich, weil es nur in meiner Erinnerung ist und die wichtigen Impulse, die ich damals bekam, mit meinen eigenen Gedankengängen verschmolzen. Vgl. auch die Erklärung von Wendland 1972 S. 212-213 für die Motive des Redaktors: "Offenbar machte der Ruf zur Versöhnung mit Gott und die Darstellung der apostolischen Existenz nach Meinung des Redaktors hier die scharfe Abgrenzung vom Heidentum notwendig. Der Ruf zur Versöhnung, den Gott ausgehen läßt (5,19ff), ist für diesen zugleich die Forderung endgültiger Scheidung vom Unglauben. Wer zur Gerechtigkeit geworden ist (5,21), kann nichts mehr mit der Ungerechtigkeit zu tun haben."

91. S. 59-60.

92. Wenn man die Berührungspunkte des "Zwischenstücks" mit früheren Kapiteln für nicht so bedeutsam hält, sondern in ihnen eher Zufälle sieht, was sich durchaus auch begründen läßt, könnte man annehmen, daß der Redaktor den Text zwischen 6,13 und 7,2 nicht selbst schafft, sondern hier nur zitiert. Der oben beschriebenen Alternative dürfte jedoch der Vorzug gegeben werden.

93. Deshalb überzeugt beispielsweise die Erklärung nicht, die Plummer 1948 S. XXV vorlegt: "It seems, therefore, safer to abide by the external evidence and regard the passage as being not only Paul's, but as having been placed by him in this apparently unsuitable place. Abrupt digressions are more possible in dictating than in writing." Auch Fee 1977 S. 142 liegt mit der Behauptung falsch, daß die Vertreter der Nichtauthentizität des "Zwischenstücks" noch vor anderen eine Erklärung für den unbeholfenen Anschluß dieses Stücks an seinen Kontext schuldig sind: "The Person who holds to the 'collection of letters' hypothesis must show not only that the extant text makes little sense, but also how such a wild state of affairs came about. That is, he has solved nothing by saying it does not fit; and to keep repeating, 'for reasons unknown to us', will not do. One could say that of Paul: He must therefore offer an acceptable hypothesis as to how the present letter came about." Fees Ansicht, daß Paulus ebensogut wie irgend ein anderer als "Vater" eines "aus unbegreiflichen Gründen" in den Text gelangten Zusatzes gelten könnte, trifft nicht zu. Harte Bruchstellen sind für einen Verfasser nicht so typisch, wie für einen späteren Redaktor.

94. Windisch 1924 S. 224 hält es für "völlig unbegreiflich, daß P. in dem spannendsten Moment der Erzählung 2,13 plötzlich abbricht." Bornkamm 1961 S. 82 hebt hervor, daß vor der Nahtstelle 2,13/2,14 nichts ist, was Paulus zu seinem Lob in 2,14 hätte veranlassen können.

95. Windisch 1924 S. 19.

96. Barrett 1973 S. 206 schreibt über diesen Wechsel des Numerus: "It is not likely that in a continuous narrative Paul would have changed his mode of expression in this way."

97. Zu diesem "literarischen Plural" siehe näher bei Blass-Debrunner-Rehkopf 1975 §280 S. 230-231.

98. Windisch 1924 S. 226 schlägt in diesem Fall ἀλλὰ καί vor. Weiß 1894 Sp. 514 empfindet die Partikel καὶ γάρ ganz anders. Er schreibt: "Er (sc. Halmel) hat von der überraschenden Thatsache keinen Gebrauch gemacht, daß das schwierige καὶ γάρ (7,5) von den meisten Exegeten gar nicht erklärt wird. Freilich ist das auch im überlieferten Zusammenhange nicht möglich. Aber dies καί ist eben noch eine Spur davon, daß 7,5 ursprünglich sich eng an 2,13 anschloß." Die Partikel fügen sich dennoch besser in ihren traditionellen Kontext ein als in den Kontext, den Weiß vorschlägt, wenn man sich vorstellt, daß der Gesamtinhalt von 7,5-6, d.h. vor allem die Ankunft des Titus, den Grund für die Freude in 7,4 bildet.

99. Barrett 1973 S. 206: "There is also a little too much repetition and variation... to make plausible that 7,5 should be a direct continuation of 2,13." Ebenso Kümmel 1973 S. 253. In dieser Hinsicht unterscheiden sich diese Nahtstellen eindeutig von den durch das "Zwischenstück" gebildeten Nahtstellen.

100. Refshauge 1976 S. 231-236 entgeht diesen Schwierigkeiten mit der eigenwilligen These, daß Vers 7,5 ursprünglich die Fortsetzung von 2,11 gewesen sei; erst der Redaktor bildete im Zuge der Schlußredaktion die Übergangsverse 2,12-13 auf der Basis des Materials, das ihm durch die Verse 2,14 und 7,5-6 gegeben war. Refshauges Deutung schafft eher neue Probleme, als daß sie alte löst.

101. Aus diesem Blickwinkel gesehen, ist die Annahme von Bultmann 1976 S. 56 hinsichtlich Vers 7,5 an sich möglich: "Das γάρ stammt vom Redaktor, der die Stücke der verschiedenen Briefe verbunden hat." Der in dieser Verbindung oft gebrauchte Vergleich von den "Bruchstellen eines Ringes" dürfte seinen Ursprung bei Weiß haben, der (1917 S. 265) feststellte: "Die beiden Stellen... 2,13 und 7,5 passen genau auf einander, wie die Bruchstellen eines Ringes."

102. Über die Ringkomposition schreiben näher Riekkinen-Veijola 1983 S. 108-110.

103. Die Worte ἔξωθεν μάχαι, ἔσωθεν φόβοι am Schluß von 7,5 passen nicht mit dem Stil zusammen, in dem die Redaktoren gewöhnlich solche "Brücken" zu bauen pflegten. Aus der Sicht des Redaktors sind diese Worte überflüssig, passen aber ausgezeichnet zum Diktat des Paulus. Sie wären also in keinem Fall ein Teil der angenommenen "Brücke".

104. Das besondere Auftreten von σάρξ (pro πνεῦμα) in der Wendung "unser Fleisch fand keine Erleichterung" (7,5) könnte damit erklärt werden, daß der Redaktor auch sonst σάρξ in einer von der Anthropologie des Paulus abweichenden Weise gebrauchte - vorausgesetzt, das "Zwischenstück" stammte wirklich aus der Hand eines Redaktors.

105. Auf das Gewicht, das den über die Nahtstellen hinwegverlaufenden lexikalischen Gemeinsamkeiten in diesem Zusammenhang zukommt, richten auch Lietzmann(-Kümmel) 1969 S. 131 und Gyllenberg 1969 S. 231 Anm. 1 ihre Aufmerksamkeit. Auch Tannehill 1967 S. 95 hat sich um die Klärung dieser Frage besonders verdient gemacht.

106. Weiß 1917 S.264-265.

107. Bornkamm 1961 S.21 Anm.82.

108. Bultmann 1976 S. 56: "So beweist dies nur den Verstand der Redaktion, die auch das γάρ angefügt hat." Ziemlich viel schreibt dem Redaktor Refshauge 1976 S. 230-232 zu. Ihrer Ansicht nach ist das Stück 2,14 - 7,4 aus seiner Umgebung als eigenständiger Brief herauszutrennen, aber so, daß Vers 7,4b von seinem früheren Platz, der hinter 7,16

lag, an seinen jetzigen Platz gerückt ist. Vers 7,4b ist das fehlende Glied zwischen Vers 7,16 und dem sich ursprünglich direkt daran anschließendem Kap. 9.
Die Annahme einer Verschiebung des Verses ist ziemlich willkürlich. Auch wenn sie akzeptiert werden könnte, würde sie die von Refshauge favorisierte besondere Teilungstheorie für den 2.Kor. nicht retten können, weil sie mit zu vielen anderen Schwierigkeiten zu kämpfen hätte.

109. Windisch 1924 S. 225.

110. Eine ziemlich überzeugend klingende Erklärung für diesen Problembereich bietet Tasker 1958 S. 26-27: "As long as the various letters of Paul to the Corinthians existed on papyrus rolls, it is unlikely that they would have suffered the kind of damage that is necessary for the supposition that only fragments of them (though curiously enough rather neat and tidy fragments) were in existence, when the hypothetical editor undertook his work of salvage and constructed our 2 Corinthians." Tasker fährt fort, daß die Seiten erst dann in Unordnung geraten sein können, als die Papyrusrolle in Kodexform kopiert wurde. Auf der anderen Seite bedeutet die Kopierung in Kodexform, daß der Text für so wertvoll gehalten wurde, daß kaum vorstellbar ist, daß der Redaktor in ihn noch in radikaler Weise eingegriffen hätte. - Wenn man das hier Vorgetragene in der Anwendung auf den Stoff des 2.Kor. weitertreibt, könnte man sich theoretisch vorstellen, daß in der Papyrusrolle, die im Archiv der Gemeinde von Korinth aufbewahrt, die Kap. 1 - 7 enthielt, möglicherweise ein Bruchstück war, nämlich das zwischen den ursprünglich zusammengehörigen Versen 6,13 und 7,2; dies hätte dem Redaktor ermöglicht, das "Zwischenstück" gerade an dieser Stelle einzufügen. Zu einer anderen wahrscheinlicheren Lösung siehe jedoch Kapitel II 1. f in dieser Untersuchung. Die Annahme von mehr als einem Bruch bereitet in jedem Fall Schwierigkeiten. Völlig anders sieht die Sache aus, wenn wir annehmen, daß der Redaktor absichtlich an den Texten des Paulus herumgeschnitten hätte, um sie neu zusammenzustellen.

111. Windisch 1924 S. 225. Vgl. Héring 1967 S. 18, der zur Lösung des Textproblems der Kap. 1 - 7 folgendes vorschlägt: "We may simply suppose that 2,12-13 are not in place, but originally occurred just before 7,5, from whence they were by some error detached. The good linkage between 2,14 and 2,11 strengthens this view: after having spoken of the wiles of Satan, the writer glorifies God who has frustrated them." Auch Tannehill 1967 S. 95 Anm. 18 ist zu einer solchen Textänderung geneigt. Gegen diese Lösung spricht außer den von Windisch aufgeführten Umständen, was oben über das schlechte Zusammenpassen der Abschnitte 2,12-13 und 7,5-6 gesagt wurde. Außerdem paßt diese Lösung nicht damit zusammen, daß Vers 7,4 direkt vor die folgenden Verse zu gehören scheint.

112. Innerhalb von 2,1-4 gibt es gewissermaßen auch kleinere Exkurse des Paulus. So in Vers 2 und am Schluß von Vers 3.

113. Dieser Abschnitt weicht von anderen Exkursen dahingehend ab, daß er sich mit einer konkreten Angelegenheit zwischen Paulus und der Gemeinde befaßt. Als ein Exkurs kann er jedoch deshalb aufgefaßt werden,

weil er die chronologisch folgerichtig fortschreitende Erzählung abbricht, die nach 2,4 erst wieder in 2,12 weitergeführt wird.

114. Vgl. wie Hyldahl 1973 S. 296 1,15 - 2,13 in eine logische Reihenfolge aufteilt.

115. Ebenso Kümmel 1973 S. 253 und Plummer 1948 S. 64,67. Letzterer schreibt zu Vers 2,14: "And the gratitude here is evoked by the thought of the intense revulsion of feeling from anxiety to joy when he met Titus and heard that all was well in Corinth. To seek for any other explanation is unintelligent waste of time." Vgl. auch, was Strachan 1946 S. 73 zum selben Vers schreibt: "He is dictating the letter, and is suddenly overcome by the remembrance that...God gave him a notable victory at Corinth. Dictation, more readily than writing, allows for sudden changes of thought. He bursts into a paean of praise." Etwas anders sieht Manson 1953 S. 161 die Sache. Er bietet zu Vers 2,14 folgende Paraphrase: "But we must be thankful to God, who does not leave us a prey to our cares and anxieties but carries us along in the victorious progress of the Messianic triumph..."

116. Ebenso u.a. Gyllenberg 1969 S. 198-199 und Plummer 1948 S. 67.

117. (Lietzmann-)Kümmel 1969 S. 198 schreibt über die Bedeutung von θριαμβεύειν : "Die Übersetzung 'herumführen' ist doch wohl allzu blaß, die Übersetzung 'triumphieren lassen' sprachlich zu schwierig. So bleibt nur die Möglichkeit, von der ursprünglichen Bedeutung 'als Besiegte im Triumphe aufführen' auszugehen, jedoch den Gedanken des Überwundenseins beiseite zu lassen: Gott führt die Apostel (als seine Mitarbeiter) bei dem Triumphzug des Evangeliums mit sich herum." Wendland 1972 S. 176 begründet, warum man Paulus in diesem Bild eher als Herold oder Soldat denn als Gefangener sehen muß. Jedoch läßt sich auch die Vorstellung eines Vergleiches mit einem Gefangenen begründen, wie es u.a. Barrett 1973 S. 98 und Plummer 1948 S. 67-68 tun.

118. Vgl. Barrett 1973 S. 97: "It is not unlike Paul to jump to the conclusion, avoiding the intermediate stages (which Corinthians knew, because they knew what message Titus was taking back to Paul), and to burst out in a theological expression...of the foundation on which the new relations between himself and his converts rested."

119. Wenn man die Sache so sieht, braucht man nicht in die Verwunderung einzustimmen, die Windisch 1924 S. 224 darüber zum Ausdruck bringt: "(Es) ist völlig unbegreiflich, daß...er mit der Besprechung und Anerkennung dessen, was die Gemeinde zu leisten schuldig war und geleistet hat, so lange zögert und so viel Selbstverteidigung und Selbstbeschreibung und so viel Theologie und auch soviel Zuspruch dazwischen schiebt."

120. Vgl. Kümmel 1973 S. 253: Paulus kehrt "langsam" von seiner Apologie des Apostelamtes in 6,11 - 7,4 zu seinem ursprünglichen Thema zurück.

121. Damit verschwindet die von Windisch 1924 S. 224 empfundene Schwierigkeit: "Der Wortvergleich verlangt, daß P., als er 7,5ff. schrieb, den Wortlaut von 2,1ff. noch ziemlich genau im Kopfe gehabt hat." Windisch hat allerdings damit recht, daß man in Verbindung mit 7,5 von Paulus irgend eine Anspielung darauf erwarten könnte, daß er hier eine schon vorher angesprochene Angelegenheit erneut behandelt. So auch Bornkamm 1961 S. 21. Es dürfte jedoch nicht unmöglich sein, anzunehmen, daß auch der eigentliche Autor bei Gelegenheit eine Art "Ringkompositionstechnik" angewendet hätte, um seinen eigenen Text zu ordnen.

122. In gleicher Weise auch Barrett 1973 S. 206.

123. Weiß 1917 S. 268-269, 271-272.

124. Diese Deutung vertritt u.a. Dinkler RGG[3] IV 1960 Sp. 18.

125. Bultmann 1976 S. 23, 258.

126. Es ist klar, daß alle, die die völlige Einheitlichkeit des 2.Kor. betonen, dieser Ansicht sind. Von denen, die irgendeine Art von Teilungstheorie favorisieren, vertreten diese Auffassung z.B. Plummer 1948 S. XXVI, Strachan 1946 S. XIX und Barrett 1973 S. 232.

127. Windisch 1924 S. 287-288. Über die Einordnung der Kollektenkapitel in die Chronologie der paulinischen Briefe sind der gleichen Meinung Bornkamm 1961 S. 31-32, Wendland 1972 S. 218, 222, Lohse 1976 S. 45 und Fuller 1966 S. 48. Fuller betont jedoch: "Perhaps the division of chs. 8 and 9 is not quite so necessary."

128. Georgi 1965 S. 56-57. So auch Köster 1980 S. 572.

129. Schmithals 1969 S. 90-91, Héring 1967 S. XII, 65.

130. Vielhauer 1975 S. 153. Gleicher Ansicht ist auch Peltola 1966 S. 176-177. Als ein Argument für den direkten Anschluß von Kap. 9 an Kap. 7 nennt Peltola das Verb καυχᾶσθαι als Assoziationspunkt zwischen 7,14 und 9,2 (S. 173 Anm. 6). Auf der gleichen Bahn bewegt sich auch Refshauge 1976 S. 222-230, wenngleich sie auch mit dieser Deutung radikale Textumstellungen verknüpft. Ihrer Ansicht nach schloß sich Kap. 9 ursprünglich direkt an Kap. 7 an und das dazwischengeschobene Kap. 8 wäre ein zur gleichen Zeit geschriebener offizieller Empfehlungsbrief für Titus und die "Brüder" an mehrere Gemeinden gewesen. Vers 8,24 wäre an seinen ursprünglichen Ort hinter 9,2 zu rücken, so daß vom Anfang von 9,3 die Worte ἔπεμψα δὲ τοὺς ἀδελφούς entfallen würden. In ihren Details rührt diese Auslegung von einer zu frei waltenden Phantasie her.

131. Darauf richtet u.a. Barrett 1973 S. 232 sein Augenmerk, wenn er die Zusammengehörigkeit der Kapitel verteidigt. Ebenso verfährt auch Kümmel 1973 S. 253, der die unterschiedliche Thematik in diesen Kapi-

teln so zusammenfaßt: "Die Notwendigkeit der Hilfe für Jerusalem wird überhaupt nicht mehr (sc. im Kap. 9) erörtert, sondern nur zu reichlicher Hilfe aufgefordert." Windisch 1924 S. 286-287 sieht die Sache dagegen anders. Seiner Auffassung nach sind die Kapitel Doubletten, die von den gleichen Dingen sprechen. Die Verse würden sich dann so entsprechen: 9,1f - 8,1ff; 9,3-5 - 8,16ff; 9,6f - 8,12-15; 9,8-11 - 8,14; 9,8 - 8,7. Die Parallelen sind teilweise ziemlich weit hergeholt. In keinem Fall geben die paarweise gesetzten Versparallelen die gleiche Information; lediglich die Themen entsprechen einander.

132. Ungeachtet dessen, wie man die "Superapostel" genauer definiert, kann man der Auslegung zustimmen, die Lietzmann(-Kümmel) 1969 S. 135 bieten: "Es liegt Pls sehr fern, den Korinthern geistige Speisung gerade aus Jerusalem zu wünschen."

133. Näher darüber Windisch 1924 S. 259-260. Dieser Umstand scheint nicht mit der These von Berger (1977) zusammenzupassen, daß die von Paulus vermittelte Kollekte auf eine alte traditionelle Verpflichtung, nämlich ein "Almosen für Israel" zurückgeht, was eine materielle Hilfsgabe wäre, die nur in einer Richtung geht. Andererseits paßt es sicher mit dem zusammen, was Berger S. 199 feststellt: "Da den heidenchristlichen Gemeinden des Paulus die vorauszusetzenden jüdischen Denkkategorien sicher nicht ohne weiteres geläufig waren, mußte Paulus zu sekundären Motivationen greifen." In den Versen 8,13-15 handelt es sich jedoch nicht nur um neue Motive, sondern sogar um ein Stück Unehrlichkeit - vorausgesetzt, die These Bergers, die sonst recht überzeugend klingt, trifft zu.

134. Da Paulus in dem Kollektenkapitel 1.Kor. 16 nicht von den Grundlagen der Kollektensammlung spricht, gibt es dort auch kein Parallelmaterial zu den Kap. 8 - 9 des 2.Kor.

135. Die Erklärung Kennedys 1900 S. 128-129 für Vers 9,2 dürfte die böse moralische Entrüstung abschwächen, in die man über das "Taktieren" des Paulus geraten könnte: "It would appear from the directions originally given that each man was to be his own treasurer for the money which he laid by each week, and that diocesan treasurers were not to take charge of the contributions before St. Paul's arrival at Corinth... Under conditions such as these St. Paul might naturally fear that during the period of anarchy and confusion which intervened, the collection might have suffered as well as other still more important interests; and that many individual members of the Church, without being conscious of any dishonesty, might have dissipated part of the store which they had previously laid by, looking on it as their own money. Thus, though he had reason to believe that they were ready a year ago, he might not be certain, (and indeed he evidently did not feel certain) that they were ready now." Diese Deutung ist gut möglich. Sie hebt jedoch die Frage nicht auf, warum Paulus immer noch trotz aller Zweifel die Sache vor den Makedoniern rühmt (καυχῶμαι).

136. Zu einer solchen Lösung kommt z.B. Windisch 1924 S. 270-271. Er erörtert ausführlich die ethischen und praktischen Schwierigkeiten, die mit dem Taktieren des Paulus verbunden sind. Für völlig ausgeschlossen hält Windisch die Zusammengehörigkeit der Kapitel trotz seiner Überlegungen dennoch nicht, aber vor allem aus psychologischen

Gründen nur schwer einsehbar.

137. Am Anfang des 2.Kor. (1,1) adressiert Paulus seinen Brief "an die Gemeinde von Korinth und alle Heiligen in Achaia". So weit gestreut hat man sich am besten die Zielgruppen aller Brieffragmente der beiden Korintherbriefe vorzustellen.

138. Über eine derartige Lösung reflektiert Georgi 1965 S. 58: "Zwischen beiden Kollektenbriefen (sc. Kap. 8 und 9) können also gut und gern drei Wochen liegen, ja noch mehr. Vielleicht hatte Paulus inzwischen auch Philippi verlassen, sich nach Thessalonich begeben und erst dort 2.Kor. 9 geschrieben. Diese Ortsveränderung würde auch manche der oben erwähnten Spannungen zwischen 2.Kor. 8 und 9 erklären."

139. Vgl., was Theissen 1975 S. 203 über die Ausrichtung des Paulus an Städten schreibt: "Städte sind für ihn repräsentativ für die ganze Welt: Korinth für Achaia (1 Cor 16,15), Ephesus für Asien (16,19)."

140. Hier bin ich mit Bultmann 1976 S. 258 verschiedener Ansicht: Bultmann zieht über die widersprüchliche Art des Paulus Vorbilder zu geben, folgende Schlußfolgerungen: "Das ist doch nur so verständlich, daß Kapitel 9 früher als Kapitel 8 geschrieben ist und daß der Bericht, den Paulus einst den Makedoniern von der προθυμία Achaias gab (die προθυμία kann vielleicht das θέλειν von 8,10f. sein), eben jenen Eifer 8,2-5 hervorrief, der jetzt den Korinthern als Beispiel dienen kann."

141. Vgl. Lüdemann 1980 S. 120 Anm. 150: "Wer... hier vorschnell psychologisch-ethische Widersprüche sehen zu müssen glaubt.., verkennt die Situationsgebundenheit des 2 Kor und die in ihm verwendeten rhetorischen Mittel."

142. Die Verse 9,2-4 bieten einen Hintergrund dafür, warum Paulus in Vers 1,12 so heftig beteuern muß, daß er keine "fleischliche Weisheit" übt. Die Kritik der Korinther in dieser Frage an ihrem Apostel war zumindest teilweise berechtigt.

143. So Windisch 1924 S. 287, Georgi 1965 S. 57.

144. Vgl. Lüdemann 1980 S. 120: "Die Sendung des Titus nach Korinth zwecks Organisation des Abschlusses der Kollekte (8,6) paßt doch gut zu der Bitte, bis zum Kommen des Paulus mit den mazedonischen Brüdern die Kollekte abgeschlossen zu haben."

145. Windisch 1924 S. 271 Anm. 1 bemerkt als einen die Kapitel voneinander trennenden Zug, daß im 8. Kap. die 1.Pers. Pl., dagegen im 9. Kap. die 1.Pers. Sing. gebracht wird: 8,18.19 contra 9,5. So auch Georgi 1965 S. 57 Anm. 212. Die "wir"-Formen in 9,3b.4 entziehen diesem Argument jedoch den Boden.

146. Kümmel 1973 S. 253 betont besonders dieses Argument. Stephenson 1964 S. 640-642 befaßt sich ausführlich damit und kommt zu dem Schluß: "Clearly both verses 9,3 and 9,5 refer back to the previous chapter: This rules out any possibility of separating the two chapters..."

147. Bultmann 1976 S. 258. Bultmann behauptet, daß nach 8,4 die Kollekte in Kap. 8 nicht mehr genauer definiert wird.

148. Vgl. auch 9,12: ἡ διακονία τῆς λειτουργίας ταύτης.

149. Die vielfältige Ausdrucksweise, der sich Paulus bedient, wenn er in verschiedenen Briefen über die Kollekte spricht, stellt Georgi 1965 S. 58 Anm. 215a im Überblick vor.

150. Zu den unterschiedlichen Bedeutungen von περισσός siehe Bauer Wb 1958 Sp. 1291. Beachte auch die illustrative Textvariante περισσότερον (p^{46}).

151. Barrett 1973 S. 233. Vgl. auch Plummer 1948 S. 253.

152. Blaß-Debrunner-Rehkopf 1975 § 399 S. 329-330 schreiben über den substantivierten Infinitiv im Nominativ und Akkusativ: "Im allgemeinen tritt die anaphorische Bedeutung des Artikels mehr oder weniger deutlich hervor." Als Beispiel dafür dient Math. 15,20. Allerdings wird 9,1 von dieser Regel abweichend erklärt: "Weniger deutlich anaphorisch: 2 Kor 9,1 περισσόν ἐστιν τὸ γράφειν (der Artikel bezeichnet etwas Naheliegendes, das geschehen könnte)." Die Verfasser der Grammatik bieten keine anderen Beispiele aus den paulinischen Texten, wo es sich um eine "weniger deutliche Anaphora" dieser Art handeln würde.

153. Windisch 1924 S. 269 befaßt sich mit dieser Lösungsmöglichkeit, aber verwirft sie mit folgender Begründung: "Dagegen spricht indes, daß die einleitenden Worte eine ganz andere 'Vorbereitung' voraussetzen, als Kap. 8 enthält, keine ausführliche und beinahe erschöpfende Erörterung, vielmehr nur eine erstmalige Erwähnung oder vorläufige Ankündigung des Gegenstandes, der die nun eigentliche Behandlung folgen soll."

154. Darauf richtet u.a. Bultmann 1976 S. 258 sein Augenmerk. Er hält dies für ein Argument, das den Versuch, das Kap. 9 von Kap. 8 loszulösen unterstützt. Über den Ausdruck περὶ δέ + Gen. im 1.Kor. siehe S. 211, 273 Anm. 215 in dieser Untersuchung.

155. Vgl. Windisch 1924 S. 268-269: "Zu beachten sind hier freilich die Übergangspartikeln μὲν γάρ, die doch, im Gegensatz zu dem weiterführenden δέ, meist an etwas Vorangegangenes anknüpfen, also eine Art Wiederaufnahme anzeigen."

156. So z.B. Lietzmann(-Kümmel) 1969 S. 137.

157. Dieser Meinung sind viele Exegeten, die die Kap. 8 und 9 miteinander verbunden sehen, z.B. Plummer 1948 S. 253, Barrett 1973 S.232, Tasker 1958 S. 24 Anm. 1.

158. Der gleichen Auffassung sind viele Kommentare, u.a. Plummer 1948 S. 253. Als Möglichkeit auch bei Windisch 1924 S. 269. Eine weitere Möglichkeit die Partikel in 9,1 zu verstehen wäre, in ihr ein μέν solitarium zu sehen. Zum oben vertretenen Verständnis des Partikelpaares μέν-δέ sagt Heinrici 1890 S. 263: "Auch bei Classikern (oft bei Thuk.) finden sich die durch μέν und δέ einander entsprechenden Glieder durch Zwischensätze getrennt."

159. Vgl. Blaß-Debrunner-Rehkopf 1975 § 447 S. 377.

160. Der Anschluß von Kap. 9 an Vers 8,24 würde noch deutlicher werden, wenn man das Partizip ἐνδεικνύμενοι imperativisch verstehen könnte, so wie es auch in einigen Handschriften in die imperativisch aufzufassende Form ἐνδείξασθε gebracht ist. Imperativisch versteht das Partizip u.a. Lietzmann(-Kümmel) 1969 S. 136-137. Die Übersetzung würde dann seiner Ansicht nach so lauten: "Zeiget also den Erweis eurer Liebe und (der Berechtigung) meines Rühmens über euch ihnen gegenüber vor den Augen der (übrigen) Gemeinden." Auf der gleichen Linie steht auch Wendland 1972 S. 221 und Barrett 1973 S. 230. Windisch 1924 S. 267-268 widersetzt sich der imperativischen Deutung des Partizips mit einem treffenden Argument: "Denn das Partiz. kann einen Imperativ nur dann vertreten, wenn der paränetische Stil durch den Kontext klar gestellt ist..." Er hält ein Verderbnis des Textes für wahrscheinlicher und setzt fort: "Zur Not ließe sich freilich auch εἰς πρόσ. ἐκκλ. als verkürzter Hauptsatz fassen..." Die zuletzt genannte "Notlösung" dürfte die fruchtbarste Möglichkeit bieten, diesen Vers zu verstehen.

161. In gleicher Weise auch Bachmann 1909 S. 324-325. Vgl. auch Prümm 1967 S. 529, 533-535. Eine weit verbreitete Auffassung über die Gründe, die viele Forscher die Trennung der Kap. 8 und 9 voneinander vorschlagen läßt, äußert Plummer 1948 S. 252: "Indeed, if the division between the chapters had not been so misplaced, no one would have proposed to separate 9,1-5 from 8,16-24." Siehe dazu auch Heinrici 1890 S. 262. Radikal anderer Meinung ist Windisch 1924 S. 269: "Ganz ausgeschlossen ist die Meinung, Kap. 9 sei mit 8 in einem Zug diktiert."

162. Auf andere Weise verbindet Barrett 1973 S. 232-233 die Partikel γάρ mit dem vorangegangenen Text: "This (sc. γάρ) links with the boasts of 8,24 - I can make confident boasts about you, for..; alternatively... I have been speaking about the commissioners, for it is unnecessary to speak about the collection itself." Diese Alternativen wirken nicht so überzeugend wie die oben erwähnten, weil die letztere einen ungeschrieben gebliebenen Zwischengedanken zwischen den Kapiteln voraussetzt und die erstere eine nachdrücklichere Behandlung des "Rühmen"-Themas in 8,24 und überhaupt im 8. Kap. erwarten ließe. Das "Rühmen" kommt in 8,24 jedoch nur en passant vor und der eigentliche Schwerpunkt des Verses liegt auf seinem Schluß εἰς πρόσωπον τῶν ἐκκλησιῶν. So schon Heinrici 1890 S. 263: "daß nämlich der Ap. mit γάρ den Grund angebe, weshalb er im Vorhergehenden (8,24) nicht zum Collectiren, sondern zur liebreichen Aufnahme der Brüder ermuntert habe."

163. Dies betont u.a. Windisch 1924 S. 269: "Der Gebrauch von γάρ in 1 Kor 10,1 und Röm 11,25 zeigt, daß auch die Beziehung auf eine vorher erfolgte Andeutung nicht erforderlich ist."

164. Für eine Pause entscheidet sich z.B. Kümmel 1973 S. 253. Vgl. auch Jülicher 1931 S. 89: "Namentlich die Situation (sc. der Kapitel 8 und 9) ist völlig die gleiche, so daß man durch Abtrennung des Kapitels 9 von 8 und seine Zuteilung zu einem anderen (späteren?) Briefe sich in noch größere Verlegenheit bringt... (Schließlich ist doch noch der einfachste Weg, sich mit dem Rätsel abzufinden, die Annahme, daß P., der seine Briefe wohl selten in einem Zug schrieb, Kap. 9 eine Weile später zu 8 hinzugefügt hat, weil er sich dort etwas zu schmeichelhaft für die Korinther ausgedrückt zu haben glaubt.)"

165. Anders sieht Kennedy 1897 S. 286 die Sache: "The same affectionate and cheerful tone is maintained." - Eine besondere Sicht bietet Georgi 1965 S. 52, 56, und begründet mit ihr die Loslösung der Kap. 8 und 9 aus der Verbindung der Kap. 1 - 7. In der Erwähnung der "Kämpfe" in Makedonien (7,4) sieht er ein Merkmal dafür, daß auch die Gemeinden von Makedonien während der Abfassung der Kap. 1 - 7 Paulus aus den Händen gleiten. Da zu Beginn von Kap. 8 die Makedonier wieder mit Paulus auf gutem Fuß stehen, muß das 8.Kap. später als der Brief geschrieben sein, zu dem Kap. 7 gehört. In Georgis These wird einem kleinen Sachverhalt, den man auch ganz anders verstehen kann, übermäßig große Bedeutung zugewiesen.

166. Anders wiederum Kennedy 1897 S. 286: "This apprehension being expressed in language which is affectionate and almost playful. 'Lest we (that we say not, ye) should be ashamed in this same confident boasting'."

167. Dies hebt Windisch 1924 S. 242 hervor. Hier findet sich von neuem ein Argument gegen die Teilungstheorie von Georgi für die Kollektenkapitel. Siehe S. 129 Anm. 165 in dieser Untersuchung.

168. Vgl. damit das Mißtrauen in 1.Kor. 16,2-4, das sich auf die ordentliche Erledigung der Kollekte in Korinth richtet. Über das Verhältnis der Korinther zu Geldangelegenheiten schreibt näher Aejmelaeus 1979 S. 90-102. Nach dem 1975 veröffentlichten Artikel von Theissen wurde das Problem der Kollektensammlung nicht genügend aus diesem Blickwinkel bedacht, der schlaglichtartig u.a. in 11,10 deutlich wird: Das Rühmen des Paulus mit seinem Lohnverzicht hängt mit der Gegend von Achaia zusammen d.h. das Verhältnis der Achäer zum Geld war eine Angelegenheit sui generis.

169. In etwas anderer Weise sieht Plummer 1948 S. 229 diese Veränderung im Tonfall: "The change of subject causes a sudden cessation of his overflowing enthusiasm and generosity of language... The Apostle manifestly feels that he is treating on delicate ground, and that he must be cautious about what he says and the language in which he says it. The Epistle is full of rapid changes of feeling, perhaps caused in some cases by breaks in the time of dictating. Here it is the new subject that causes the change."

170. Ebenso Lietzmann(-Kümmel) 1969 S. 137, Strachan 1946 S. 141, Gyllenberg 1969 S. 242-243.

171. Über die Schwierigkeiten in antiker Zeit Briefe zu schreiben gibt Roller 1933 S. 4-20 ein gutes Bild. Die für einen Brief benötigte Zeit schätzt er auf S. 291 so ein: "Nach obiger Berechnung, 72 Wörter in der Stunde, d.h. 3 Silben in der Minute, kämen von den Paulinischen Briefen auf den Römerbrief 98,62 Stunden; I. Kor. 94,72; II. Kor. 62,07; Gal. 30,94; Eph. 33,6; Phil. 22,64; Kol. 21,98; I. Thess. 20,44... Philm. 4,65." Es ist klar, daß wegen der mit dem Schreiben verbundenen Schwierigkeiten und der dafür nötigen Zeit der Schreiber eine deutliche Motivation zum Schreiben gehabt haben muß.

172. Zweck des Röm. war es, eine strategisch wichtige Gemeinde auf die Seite des Paulus zu bringen, um sie als Stützpunkt für die Mission in Hispanien gebrauchen zu können. Möglicherweise spekulierte Paulus mit dem Brief auch auf Hilfe vor den Judenchristen in Jerusalem und anderen Gegnern. Näheres bei Kettunen 1979 S. 7-18, 167-175. Zweck des 1.Kor. war es, auf konkrete Anfragen aus der Gemeinde in einigen schwierigen Streitfragen zu antworten. Auch sonst befaßt sich Paulus in diesem Brief mit konkreten Mißständen. Absicht des Gal. war es, die in die Fänge der Irrlehrer geratenen Gemeindeglieder wieder für Paulus zurückzugewinnen. Der Phil. sollte die Gründe für die überraschende Rückkehr des Philippers Epaphroditus verdeutlichen, so daß ihm daraus nicht Schwierigkeiten entstehen (Phil. 2,25-30). Der Brief ist auch ein Dank und eine Quittung für die Hilfe, die die Gemeinde Paulus zukommen ließ (Phil. 4,10-18). Gleichzeitig enthält er auch einige Worte der Warnung und Mahnung. Der 1.Thess. ist ein zur Ermutigung einer der Verfolgung ausgesetzten jungen Gemeinde sehr nötiger Brief, der auch schwierige konkrete Fragen der Gemeinde nicht ausspart; sie berühren vor allem die Lehre vom Tod und den letzten Dingen. Von allen paulinischen Briefen ist die Absicht des Philemonbriefes am offenkundigsten: Der Brief möchte dem entlaufenen Sklaven einen möglichst guten Empfang bei seinem Herrn sichern. Wenn man 2.Kor. 10 - 13 für einen selbstständigen Brief hält, ist auch sein Abfassungshintergrund klar: Er ist ganz analog zu dem des Galaterbriefes.

173. Strachan 1946 S. XVIII beschreibt diese Schwierigkeit treffend: "The task of Titus would have been rendered almost impossible had he been asked to revive the organization, and to collect voluntary subscriptions, all the time bearing in his hand the philippic of chapters 10 - 13."

174. Dazu schreibt Lietzmann(-Kümmel) 1969 S. 133 recht prägnant: "Nachdem so die vollkommene Harmonie zwischen Pls und der Gemeinde betont ist, und in immer wärmer werdenden Worten die Bereitwilligkeit der Korinther zum Guten gepriesen ist, folgt, sehr klug hierdurch vorbereitet, in c. 8 und 9 die Aufforderung, reichlich zu der Kollekte beizutragen." Ebenso auch Wendland 1972 S. 218 und Barrett 1973 S. 218.

175. Kapitel 9 macht die Behauptung von Bachmann 1909 S. 418 zunichte, daß Paulus erst in den Kap. 10 - 13 den Grund offenlegen würde, warum er nicht selbst unmittelbar nach Korinth reist. Bachmann versucht mit diesem Argument seine These vom 2.Kor. als eines von Anfang an ein

heitlichen Briefes zu stützen. Die oben erwähnten Tatbestände bringen weiterhin auch die Schwächen der These von Héring 1967 S. XIV (Kap. 9 wurde vor Kap. 1 - 7 abgeschickt) zu Tage. Über die Motive zum Absenden der Kap. 1 - 8 stellt er nur fest, daß sie schwer zu verstehen sind. Zur ausführlicheren Kritik an der These Hérings siehe Michaelis 1958 Sp. 509-510. Mit den selben Schwierigkeiten hat auch Schmithals 1969 S. 103 zu kämpfen, der dieselbe Lösung vertritt. Seine Ansicht über die Schreibabsicht der mit der "Apologie" und dem "Zwischenstück" verunstalteten Kap. 1 - 8 nach dem Absenden des Kap. 9 klingt nicht sehr überzeugend: "Der Anlaß dazu mag die durch den Kollektenerfolg bei den Mazedoniern (8,1ff.) besonders dringlich gewordene Kollektenempfehlung in Kor. gewesen sein. Vielleicht meldete Pls auch sein Kommen an und wollte noch bestehende Unklarheiten, namentlich bezüglich des geänderten Reiseplans (1,12f.), beseitigen. Auch drängte es ihn sicherlich, zur Frage des ἀδικήσας Stellung zu nehmen und Verzeihung für ihn zu verlangen, den die Gemeinde aus einem verständlichen Mißverständnis des Tränenbriefes heraus so scharf bestraft hatte. Bedenkt man dazu die freudig erleichterte Stimmung des Apostels seit der Ankunft des Titus, so ist die Abfassung des Freudenbriefes genügend motiviert." Für Schmithals bleiben nur noch eine Menge zweitrangiger Gründe für das Absenden der Kap. 1 - 8, nachdem er Kap. 9 aus dem übrigen Komplex isoliert hat und schon vorher in Korinth ankommen ließ, aber der tatsächliche Grund ist ihm aus den Händen geglitten. Hinter die Schreibabsicht der Kap. 1 - 9 ist eher Barrett 1973 S. 9 gekommen. Er stellt fest, daß dafür drei Gründe ausgemacht werden können: 1) Die Kollekte mußte in Ordnung gebracht werden, weil die Makedonier zusammen mit Paulus im Anmarsch waren. 2) Das Wesen des Apostelamtes mußte noch genauer erläutert werden, denn Paulus hatte noch Zweifel am theologischen Urteilsvermögen der Korinther in dieser Angelegenheit. 3) Es mußte verhindert werden, daß der Mann, der sich an Paulus vergangen hatte, zu streng bestraft würde. Barretts Lösung trifft den Nagel auf den Kopf. Von dem in diesem Kapitel dieser Untersuchung zu behandelnden besonderen Thema her gesehen, ist dennoch wichtig, zwischen dem Grund zu unterscheiden, der ganz am Anfang Auslöser des Briefes gewesen ist und den anderen Motiven und Themen, die erst später mit in den Brief geraten sind.

176. Vgl. die Erklärung von Barrett 1969 S. 12 für ἔπεμψα in 9,3: "It is possible to take it as a simple aorist of past time, and to suppose that ch. 9 was written a little later than ch. 8, but there seems to be no good reason for this nor for the view that ch. 9 was addressed not to Corinth but to Achaea in general." Laut Barrett verweist das Verb am ehesten auf die Verse 8,18.22.

177. Z.B. Strachan 1946 S. XIX plaziert den Schlußgruß in die Kap. 1 - 9. Auch Bultmann 1976 S. 252 liebäugelt mit dieser Lösung, auch wenn er die Sache offen läßt. Von denen, die sonst verschiedenen Teilungstheorien anhängen, halten z.B. folgende das Schlußstück dennoch für einen ursprünglichen Teil der Kap. 10 - 13: Kennedy 1897 S. 286-287, Plummer 1948 S. XXVII-XXVIII, Schmithals 1969 S. 318. Plummer begründet seine Ansicht damit, daß man sich leichter einen Brief ohne Ende (Kap. 1 - 9) und einen anderen ohne Anfang (10 - 13), die dann einfach hintereinander gestellt wurden, vorstellen kann, als daß der "Tränenbrief" (10 - 13) in den anderen Brief eingebaut worden wäre. Bei der Zusammenstellung der Briefe hätten die Anfänge und Schlüsse jeweils weggelassen werden können, worauf Vielhauer 1975 S. 154-155 hingewiesen hat. Daß dem Briefstoff des 2.Kor. ein Anfang und ein Ende fehlen, dürfte somit kein Zufall sein, sondern Folge ei-

ner bewußten Aussortierung des Redaktors. Man kann aber nicht ohne weiteres sicher sein, daß die Texte genau so verkürzt wurden, wie das Plummer annimmt, auch wenn dies dem Redaktor unbestreitbar einfacher gemacht hätte, die Kapitelblöcke 1 - 9 und 10 - 13 miteinander zu verbinden.

178. Vgl. die Ansicht von Barrett 1973 S. 341 zu Vers 13,13: "Verse 13 might well have been added to round off the composition when the various pieces were put together. It is a more elaborate concluding formula than occurs in any other of the Pauline letters." Diese Auslegung ist gut möglich.

179. So jedoch Barrett 1973 S. 342.

180. Über die Natur der "Freude" schreibt näher Gyllenberg 1975 S. 57.

181. Von den verschiedenen Übersetzungsmöglichkeiten für dieses Verb können beispielsweise folgende genannt werden: "laßt euch wieder zurechtbringen" (Bauer Wb 1958 Sp. 826); "laßt euch zurichten, laßt eure Ordnung wiederherstellen" (Windisch 1924 S. 426); "laßt euch vollfertig machen" (Bachmann 1909 S. 413); "bessert euch" (Lietzmann-Kümmel 1969 S. 162, Bultmann 1976 S. 251); "pull yourselves together" (Barrett 1973 S. 342).

182. Über die Klärung der Wortbedeutung und die damit befaßte Literatur schreibt näher Aejmelaeus 1979 S. 238-239.

183. Vgl. Windisch 1924 S. 426: "Wenn παρακαλεῖσθε nicht = παρακαλεῖτε ἀλλήλους ist (vgl. 1 Thess 4,18), wird man es nach Hebr 13,22 verstehen können: ἀνέχεσθε τοῦ λόγου τῆς παρακλήσεως. Schon durch seine Einleitung 10,1... παρακαλῶ ὑμᾶς... ist C (sc. Kap. 10-13) als ein 'Mahnschreiben' charakterisiert." Vgl. auch Blaß-Debrunner-Rehkopf 1975 § 314 S. 260.

184. Wendland 1972 S. 259 übersetzt das Verb "ermahnet einander". Ähnlich auch u.a. Lietzmann(-Kümmel) 1969 S. 162, Bultmann 1976 S. 251 und Barrett 1973 S. 341. Letzterer hält auch nicht für ausgeschlossen die Übersetzung "accept my exhortation" (S. 342). Schmiedel 1892 S. 305 übersetzt "laßt euch ermahnen". Ein analoger Fall einer passivischen Ermahnung ist bei Paulus z.B. 1.Kor. 6,7.

185. Über die formale "Offiziösität" des Gal. und die Kühle gegenüber dem Empfänger siehe Schlier 1971 S. 25-26.

186. So auch Kvalbein 1980 S. 115. Vgl. auch Roller 1933 S. 66-67: Der Schluß des 2.Kor. erinnert im Gegensatz zu den Schlußformulierungen der anderen Briefe eher an die Schlußgrußformeln formaler Profanbriefe. Anders sieht die Sache Gyllenberg 1969 S. 284: "Es dürfte wahrscheinlicher sein, daß der Grund (sc. für die Kürze des Schlußstücks) die Notwendigkeit war, den Brief bald fertig zu stellen."

187. Über den allgemeinen Charakter des Abschnittes 6,1-10 schreibt näher Gyllenberg 1975 S. 140-143.

188. Zur Auslegung von 13,7-10 näheres bei Aejmelaeus 1979 S. 235-240. Vgl. auch Kennedy 1897 S. 286-287: "These four chapters are, after all, the utterances of love, though it be wounded love. We need not, therefore, think it strange if the Apostle, before he closes his letter, allows the expressions of his love to predominate in the four verses in which he bids farewell to those who were so dear to him... There is, however, at the close of these four chapters no return to the attitude of joy and thankfulness with which chapters 1-9 both began and ended."

189. Vgl. Barretts Auslegung des Schlußstückes (1973 S. 341): "Verse 11 seems to be linked with the immediately preceding paragraph. Verse 12 is so general that it could form the conclusion of any epistle; this however is no reason why it should not be the conclusion of X-XIII."

190. Über die Auslegung dieser Verse schreibt näher Aejmelaeus 1979 S. 28-51.

191. Kennedy 1897 S. 288 sagt über die Gegensätzlichkeit der Kap. 9 und 10, wenn er die Konjuktion δέ am Anfang von Kap. 10 behandelt: "But, at the beginning of 2 Corinthians X, even ἀλλά would be utterly inadequate to express the sharpness of the opposition between the contents of that chapter and the ejaculation, 'Thanks be unto God for his unspeakable gift,' with which chapter IX, so appropriately concluded." Bjerkelund 1967 S. 149 erkennt eine gewisse Analogie zu der auf den Lobpreis folgenden Ermahnung in 1.Thess. 3,9 - 4,1ff. Auch wenn er die beträchtliche Verschiedenheit der beiden Stellen zugeben muß, meint er: "Trotzdem fragt man sich, warum Paulus die den wichtigsten παρακαλῶ - Perikopen vorangehenden Abschnitte so oft mit einem Klimax abschließt." In den Kap. 9 und 10 gehen Lob und Ermahnung aber in so großem Maße gegeneinander, daß der Versuch von Bjerkelund, dies lediglich als ein Stilmittel des Paulus zu erklären, in keiner Weise zu überzeugen vermag.

192. Barrett 1973 S. 242. Vgl. auch Lietzmann(-Kümmel) 1969 S. 139.

193. Blaß-Debrunner-Rehkopf 1975 § 447 S. 376: "δέ steht häufig als bloße Übergangspartikel, ohne irgendwie bemerkbaren Gegensatz."

194. Vom Satzrhythmus der paulinischen Briefe her meint allerdings Morton 1966-67 Sp. 119 sagen zu können: "2 Co 10,1 - 13,13 looks like the start of a Pauline letter lacking maybe a dozen sentences." Siehe S. 43 Anm. 64 in unserer Untersuchung.

195. So beispielsweise Dibelius 1975 S. 104: "Wenn man... etwa noch wegen 10,1 ('ich, Paulus selber, aber ermahne euch') in diesem Abschnitt das eigenhändig geschriebene und hier etwas lang geratene Schlußwort sieht, sind diese vier Kapitel als letzter Teil unseres

Zweiten Korintherbriefes wohl zu verstehen." Gegen diese Auslegung argumentiert Roller 1933 S. 592 überzeugend: Ein Schlußwort geht nicht über sechs neue Papyrusblätter und bildet nicht fast ein Drittel des ganzen Briefes.

196. Lietzmann(-Kümmel) 1969 S. 139.

197. Der Vergleich von Röm. 16,17-20 mit 2.Kor. 10 - 13 in der oben dargestellten Weise verliert völlig an Boden, wenn man gegen Lietzmann annimmt, daß Röm. 16 ursprünglich nicht zum Römerbrief gehört hat. So etwa Käsemann 1974 S. 390-401 sowie viele andere Neutestamentler. Vgl. auch Nikolainen 1975 S. 281-294, der seine Auslegung letztendlich offen läßt. Die Ansichten gingen in letzter Zeit immer mehr auseinander: Lüdemann 1980 S. 200 bezieht Stellung für die Authentizität des jetzigen Platzes dieses Kapitels. Köster 1980 S. 573 bringt dagegen zum Problem der Zusammensetzung des Römerbriefes gewichtige Gesichtspunkte vor: "Es (sc. Röm. 16,1-23) ist ein Brieffragment, das... vielleicht mit einer Abschrift des Römerbriefes (Röm. 1-15) nach Ephesus gesandt wurde. So erklärte sich auch, warum dieser kurze 'Epheserbrief' als Teil des Römerbriefes in die spätere Sammlung der paulinischen Briefe hineingeraten konnte. Daß der uns erhaltene Römerbrief in dieser Form erst von einem Herausgeber geschaffen wurde, ergibt sich außerdem aus der am Schluß angehängten Doxologie, die sicher nicht von Paulus stammt (Röm. 16,25-27)."

III DER INHALT DES 2.KOR.

1. Die Reisepläne des Paulus im 1.Kor.

Alle Bestandteile des 2.Kor., abgesehen vom "Zwischenstück" (6,14 - 7,1) müssen mit ziemlicher Sicherheit zeitlich später als der 1.Kor. angesetzt werden. Auch wenn viele Exegeten, angefangen mit Johannes Weiß, die Authentizität der jetzigen Zusammensetzung des 1.Kor. in Zweifel gezogen haben, vermochten sie nicht, den Glauben an die ursprüngliche Einheitlichkeit des 1.Kor. zu erschüttern.[1] Viele der Themen, die dann im 2.Kor. weitergeführt werden, wurden schon im 1.Kor. aufgegriffen. So z.B. die Reisepläne des Paulus und die für die Jerusalemer Gemeinde bestimmte Kollekte. Bei dem Versuch, ein Bild von der Wirklichkeit zu bekommen, die jeweils hinter den verschiedenen Teilstücken des 2.Kor. liegt, ist daher bei vielen Fragen angeraten, vom 1.Kor. auszugehen. In diesem Kapitel sollen nun die Reisepläne des Paulus, so wie sie uns aus dem 1.Kor. bekannt sind, untersucht werden.

Paulus befand sich in Ephesus, als er den 1.Kor. schrieb (1.Kor.16,8). Schon vorher hatte er Timotheus nach Korinth gesandt. Er berichtet davon in 1.Kor. 4,17: ἔπεμψα ὑμῖν Τιμόθεον...ὃς ὑμᾶς ἀναμνήσει τὰς ὁδούς μου τὰς ἐν Χριστῷ, καθὼς πανταχοῦ ἐν πάσῃ ἐκκλησίᾳ διδάσκω. Die Reise des Timotheus hatte also den Zweck, die Gemeinden zu bestärken, der Lehre des Paulus nachzufolgen. Bei der Erwähnung des Timotheus handelt es sich hier nicht um die in Briefen übliche Aoristform. Dies geht aus 16,10-11 hervor, wonach sich Timotheus schon auf der Reise nach Korinth befand, als der Brief diktiert wurde.[2] Bei seiner Ankunft in der Gemeinde sollte er respektvoll aufgenommen und weiter nach Ephesus geschickt werden, wo ihn Paulus zusammen "mit den Brüdern" erwarten würde.

In 1.Kor. 16,10-11 wird die Aufmerksamkeit des Betrachters auf zwei Dinge gelenkt. Zunächst kann man mit Blick auf den Ausdruck ἐὰν δὲ ἔλθῃ fragen, ob die Ankunft des Timotheus in Korinth möglicherweise unsicher ist. Obgleich es stimmt, daß die ἐάν-Konjunktion ab und zu der ὅταν-Konjunktion in der Bedeutung recht nahekommt,[3] stellt sich unausweichlich die Frage, warum Paulus nicht auch hier den Ausdruck ὅταν δὲ ἔλθῃ gebrauchte, wie in 16,2-3, wo er von seiner eigenen Ankunft in Korinth spricht. Die Unsicherheit der Ankunft des Timotheus und die Erwartung des Paulus, daß sein Brief vor Timotheus am Ziel ist, fügen sich gut zusammen. Anders gesagt, Timotheus befindet sich zu dieser Zeit auf einer Rundreise durch verschiedene Gemeinden und käme wahrscheinlich über Makedonien nach Korinth.[4] Paulus scheint sich nicht völlig sicher zu sein, ob es Timotheus noch bis zu seiner letzten Etappe, die Korinth ist, schafft, oder ob er gezwungen sein würde, auf halbem Wege nach Ephesus umzukehren. Das zeitliche Limit für Timotheus mag darin bestanden haben, daß er in Ephesus ankommen sollte, bevor Paulus von dort zu Pfingsten aufbrechen würde (1.Kor. 16,8). So steht die Situationsschilderung in 1.Kor. 16,8 in einem Spannungsverhältnis zu dem sicheren Tonfall in 1.Kor. 4,13. Im 4. Kap. des 1.Kor. hatte es wegen der dortigen Drohungen keinen Sinn, auf diese Unsicherheit einzugehen, aber im letzten Kapitel, wo diese Situation rein sachlich angegangen wurde, mußte dieser Umstand zur Sprache kommen.[5]

Die zweite Frage, die sich aus den Versen über die Reisen des Timotheus ergibt, lautet: Wen meint Paulus eigentlich, wenn er in 1.Kor. 16,11 schreibt: ἐκδέχομαι γὰρ αὐτὸν (sc. Τιμόθεον) μετὰ τῶν ἀδελφῶν? Grundsätzlich kommen dafür in Frage 1) Die nächsten Mitarbeiter des Paulus in Ephesus. 2) Die Gemeinde von Ephesus als Ganzes. 3) Die aus Korinth nach Ephesus gekommenen Männer Stephanas, Fortunatus und Achaikus (1.Kor. 16,17). Aus der grammatischen Form des Satzes hat man auch geschlossen, daß Paulus mit den "Brüdern" die christlichen Reisebegleiter des Timotheus gemeint hätte.[6] Diese Alternative wirkt jedoch nicht sehr überzeugend. Man würde eher erwarten, daß Paulus dann geschrieben hätte ἐκδέχομαι αὐτὸν καὶ τοὺς ἀδελφούς; er hätte in diesem Fall wahrscheinlich die "Brüder" schon im vorangehenden Vers erwähnt und z.B. geschrieben: προπέμψατε δὲ αὐτὸν καὶ τοὺς ἀδελφοὺς ἐν εἰρήνῃ.[7]

Genau der gleiche Ausdruck μετὰ τῶν ἀδελφῶν steht auch in 1.Kor. 16,12; dort sind aller Wahrscheinlichkeit nach die Überbringer des 1.Kor., d.h. die oben erwähnten Christen aus Korinth gemeint (1.Kor. 16,17). Man kann sich nämlich leicht vorstellen, daß die in 1.Kor. 16,17 erwähnten Männer nur zu Besuch in Ephesus waren und Paulus ihnen den Brief nach Korinth mitgegeben hätte. Zu den Briefübermittlern gehörte zumindest Stephanas. Darauf deutet 1.Kor. 16,15-16 hin, in denen Paulus die Korinther auffordert, Stephanas und seinen Begleitern "untertan zu sein". Paulus geht davon aus, daß seiner Aufforderung vor seiner Ankunft Folge geleistet wird, andernfalls wäre es überflüssig, eigens eine schriftliche Ermahnung zu schicken.

Paulus hatte auch Apollos aufgefordert, zusammen mit den Überbringern des Briefes auf die Reise zu gehen (1.Kor. 16,12).[8] Da die nach Korinth reisenden Männer nicht dieselben sein können wie jene, die in Ephesus zusammen mit Paulus auf Timotheus warten, liegt die Annahme am nächsten, daß Paulus in 1.Kor. 16,11 mit den "Brüdern" seine eigenen Leute in Ephesus, seine engsten Mitarbeiter meint. Weniger überzeugend wäre es, hier unter den "Brüdern" die ganze Gemeinde von Ephesus zu verstehen.

Es besteht also die Wahrscheinlichkeit, daß keiner der nächsten Mitarbeiter des Paulus als Überbringer des 1.Kor. gelten kann. Für die Rekonstruktion der Geschichte der Beziehungen zwischen Paulus und der Gemeinde von Korinth kommt dieser Feststellung eigenes Gewicht zu. Damit scheidet z.B. Titus aus der Gruppe der möglichen Briefübermittler aus.[9]

Im 1.Kor. hebt Paulus hervor, daß er bald selbst nach Korinth kommen wird. So besonders in 4,19-21. Diese Reise war jedoch keine Sache von heute auf morgen. Das zeigt sich schon darin, daß Paulus der Gemeinde einen langen Brief schickt, in dem er sich ausführlich ihren Fragen und Problemen widmet.[10] Die Ankunft wird außerdem durch die Reisepläne des Paulus verzögert: Er beabsichtigt, die Route über Makedonien zu nehmen (1.Kor. 16,5). Weiterhin hat er beschlossen, bis Pfingsten in Ephesus zu bleiben (1.Kor. 16,8). Dort gibt es nämlich noch viel zu erledigen und viele Schwierigkeiten zu überwinden (1.Kor. 16,9). Der Zeitraum zwischen dem Absenden des 1.Kor. und dem Reiseaufbruch des Paulus umfaßt somit den Transfer des Briefes, die geplante Ankunft und Tätigkeit des Timotheus in Korinth, sowie die Reise des Timotheus von Korinth zu Paulus nach Ephesus (1.Kor. 4,17; 16,10-11). Die Übermittlung des Briefes und die Rückreise des Timotheus sollte sicher auch auf dem kürzesten und schnellsten Weg erfolgen, nämlich auf dem Seeweg zwischen den Städten. Auf diese Weise würde die Reise nicht länger als eine Woche dauern. Der 1.Kor. entstand somit nach dem Beginn der Schifffahrtssaison im Frühjahr, einige Monate vor Pfingsten, das auf den Frühsommer fiel, d.h. zu einer Zeit, in der es noch naheliegend war, von Pfingsten ohne genauere Zeitangabe zu sprechen. Aus einigen Hinweisen im 1.Kor. hat man geschlossen, daß der Brief um Ostern aufgesetzt worden sein mußte. Osterthematik enthalten in jedem Falle solche Verse wie 1.Kor. 5,6-8; 10,1-5; 15,20.[11]

Das zwischen der Betonung der baldigen Ankunft des Paulus (1.Kor. 4,19) und der auf eine fernere Zukunft weisenden Besuchsankündigung (1.Kor. 16,5-9) bestehende Spannungsverhältnis war einer der Gründe, die einige Neutestamentler dazu bewogen, den 1.Kor. in unterschiedliche, zu verschiedenen Zeiten entstandene, Einheiten aufzuteilen.[12] Aber auch dieser Widerspruch läßt sich in gleicher Weise verstehen, wie die Sicherheit, mit der in 1.Kor. 4,17 von der Ankunft des Titus gesprochen wird auf der einen Seite, und die Unsicherheit, die diese Angelegenheit in 1.Kor. 16,10 umgibt, auf der anderen Seite. Auch daß betont wird, daß die Ankunft des Paulus bald bevorsteht, paßt mit dem drohenden Unterton in Kapitel 4 zusammen. Hier würde die Rede des Paulus an Nachdrücklichkeit einbüßen, wenn zu sehr vom genauen Ankunftstermin gesprochen würde, in 1.Kor. 16 dagegen ist diese Genauigkeit angebracht.[13]

Der Besuch des Paulus in Korinth war anscheinend für den Spätsommer oder Frühherbst geplant bzw. für eine Zeit, zu der die Seefahrt noch ohne Schwierigkeiten vonstatten gehen konnte. Er überlegte sich nämlich, daß er auf gleichem Weg die von der Gemeinde ausgewählten Männer zur Überbringung der Kollekte nach Jerusalem schicken könnte (1.Kor. 16,3-4). Eine so lange Seereise mußte rechtzeitig angetreten werden, bevor die Seefahrt über den Winter zu erliegen kam. Paulus war sich noch nicht sicher, ob es sich lohnen würde, selbst auf die Reise zu gehen oder ob für sein Anliegen die den Mitgliedern der Delegation mitgegebenen Empfehlungsschreiben ausreichen würden. Den Ausschlag sollte der Umfang der von den Korinthern erzielten Kollekte geben.[14] Insgesammt ergibt sich aus 1.Kor. 16,1-7, daß Paulus für wahrscheinlich hielt, daß er sich der nach Jerusalem fahrenden Gruppe nicht anschließt. Eine Überwinterung in Korinth (1.Kor. 16,6) und die Reise nach Jerusalem (1.Kor. 16,4) schließen einander aus. Aufgrund von 1.Kor. 16,6-7 scheint die erste Alternative wesentlich wahrscheinlicher zu sein als die zweite. Man kann die Sache nämlich nicht einfach damit erklären, daß die Reise der gesamten Delegation erst nach der von Paulus ins Auge gefaßten Überwinterung angesetzt worden wäre, denn in diesem Falle wäre es nicht so wichtig gewesen, auf den baldigen Beginn der Sammlung zu drängen (1.Kor. 16,2). In den Wintermonaten stünde genügend Zeit zur Verfügung, um die benötigten Mittel für die Jerusalemer Gemeinde aufzutreiben. Aufgrund des Reiseplanes von 1.Kor. 16 ist das Hauptanliegen des Paulus nicht die Reise nach Jerusalem, sondern ein möglichst langer Aufenthalt in Korinth; d.h. er versucht zu vermeiden, dort nur "im Vorüberziehen" (1.Kor. 16,7) zu verweilen.

Was bedeutet in diesem Zusammenhang die Partikel ἄρτι in 1.Kor. 16,7? Muß man sich zwischen dem ersten, zur Gründung der Gemeinde führenden Besuch des Paulus und der geplanten Ankunft einen oder mehrere Kurzbesuche denken, während deren Paulus die Gemeinde nur "ἐν παρόδῳ" begrüßt hätte?[15] Oder ist die Partikel hier ohne besondere Bedeutung?[16] Barrett sieht darin die Betonung des "Jetzt" im Gegensatz zu den früheren Reiseplänen, denen zufolge Korinth für Paulus nur Durchgangsstation gewesen wäre.[17] Man interpretiert jedenfalls in dieses Wörtchen zu viel hinein, wenn man es für den Schluß in Anspruch nehmen will, daß Paulus schon einmal einen Blitzbesuch nach Korinth unternommen hätte. ἄρτι setzt auch nicht voraus, daß Paulus zumindest Korinth von einem Reiseplan, der auch einen Blitzbesuch eingeschlossen hätte, hätte unterrichten müssen. Paulus hatte möglicherweise schon früher Pläne für einen Besuch in Korinth mit sich herumgetragen. Dabei hätte er nur bei sich selbst auch an einen kurzen Besuch dort denken können. Eine solche Annahme würde ausreichen, um den mit der Partikel ἄρτι verbundenen Gedankengang in 1.Kor. 16,7 auszulösen.

Als der 1.Kor. entstand, waren die über Korinth hinausgehenden Zukunftspläne des Paulus noch offen. Er schien noch nicht festmachen oder wenigstens offenlegen zu wollen, wohin er sich von Korinth aus, von der Gemeinde mit Proviant versorgt, hinzuwenden gedachte. Dies zeigt 1.Kor. 16,6b: ἵνα ὑμεῖς με προπέμψητε οὗ ἐὰν πορεύωμαι. Offensichtlich geht es hier um die Pläne für ein neues Missionsgebiet, die später im Römerbrief deutlicheres Profil gewinnen sollen (Röm. 15,23-24).

2. Die Reiseschilderungen des Paulus und die Offenlegung seiner Reisepläne in 2.Kor. 1,12 - 2,11

Aus dem 1.Kor. gewinnt man den Eindruck, daß die Reisepläne des Paulus eine klare und beschlossene Sache sind. Sie haben sich jedoch nicht verwirklicht. Aus 2.Kor. 1 - 2 geht hervor, daß Paulus, als er diese Kapitel schrieb, schon in Korinth gewesen war, jedoch nicht im Rahmen des in 1.Kor. 16 vorgestellten Planes. Er war wohl auch gezwungen, seine Pläne öfters als nur einmal zu ändern. Diese Umänderungen stießen bei den Korinthern auf Kritik. Obwohl eine Versöhnung schon zustandegekommen war, hielt es Paulus daher für angebracht, den Korinthern die Hintergründe seiner Reisen und Reisepläne offenzulegen. Die verstreuten einzelnen Hinweise aus dem 2.Kor. bringen uns jetzt zu der Frage, wie es sich mit den Reiseplänen verhielt und was auf den tatsächlich durchgeführten Reisen nach der Absendung des 1.Kor. geschehen war.

Eine erste Umänderung gegenüber 1.Kor. 16 zeigt sich in 2.Kor. 1,15-16: καὶ ταύτῃ τῇ πεποιθήσει ἐβουλόμην πρότερον πρὸς ὑμᾶς ἐλθεῖν, ἵνα δευτέραν χάριν σχῆτε, καὶ δι' ὑμῶν διελθεῖν εἰς Μακεδονίαν καὶ πάλιν ἀπὸ Μακεδονίας ἐλθεῖν πρὸς ὑμᾶς καὶ ὑφ' ὑμῶν προπεμφθῆναι εἰς τὴν Ἰουδαίαν. Der Text sagt in vorliegender Form nur etwas über den Wunsch (ἐβουλόμην)[18] des Paulus aus und nichts darüber, wieviel von diesem Plan tatsächlich in die Tat umgesetzt wurde. Zum Teil war das sicher der Fall. In 2,1 geht Paulus nämlich indirekt auf einen solchen Besuch in Korinth ein, der "traurig" verlaufen war: ἔκρινα δὲ ἐμαυτῷ τοῦτο, τὸ μὴ πάλιν ἐν λύπῃ πρὸς ὑμᾶς ἐλθεῖν. In 1,23 wiederum verteidigt Paulus die Absage eines Besuches, was aller Wahrscheinlichkeit nach schon die zweite Abänderung seines Reiseplanes seit Erscheinen des 1.Kor. 16 bedeutet.

Nicht alle Neutestamentler teilen hinsichtlich der chronologischen Reihenfolge der Reisepläne des Paulus unsere oben dargestellte Auffassung. So hält u.a. Strachan den Plan 1,15-16 für den ursprünglichen Reiseplan des Paulus und nimmt an, daß der Plan 1.Kor. 16 erst später folgte.[19] Strachan scheint seine Lösung vor allem auf 1.Kor. 16,7 zu gründen, wo es heißt: οὐ θέλω γὰρ ὑμᾶς ἄρτι ἐν παρόδῳ ἰδεῖν.Er nimmt an, daß Paulus damit die in 1,15-16 erwähnte Reise absagt.[20] Schon im vorigen Kapitel dieser Untersuchung sind wir aber zu der Auffassung gelangt, daß aus diesem Text nicht notwendigerweise so weitreichende Schlüsse gezogen werden müssen. Zudem beweist gerade die Eindeutigkeit des Planes von 1,15-16 seinen späteren Ursprung, im Vergleich zu 1.Kor. 16, wo vieles offengelassen wird. Wäre der Plan 1.Kor. 16 eine

Variante zu einem Plan, der den Korinthern schon früher vorgestellt worden war, hätte dies deutlicher aus der Art, in der Paulus davon spricht, hervorgehen müssen. Auch die Verbindung der Verse 1,15-16 mit dem Gedankengang von 1,23 und 2,1 widersetzt sich der Auslegung Strachans. Wenn in 1,23 nachdrücklich die Gründe angeführt werden, die zur Aufgabe des Plans nach Korinth zu kommen geführt haben, bedeutet dies nicht, daß der Plan 1,15-16 in den Plan 1.Kor. 16 umgeändert worden wäre und sich in diesem Zusammenhang möglicherweise eine Verzögerung der Ankunft in Korinth ergeben hätte. Denn im Plan von 1.Kor. 16 ist der Zeitpunkt der Ankunft von der Lage in Ephesus abhängig (1.Kor. 16,8-9), während hingegen die Absage der Reise, wie in 1,23 erwähnt wird, aus dem Wunsch entstand, die Korinther zu schonen.[21]

Strachans These zufolge müßte man also annehmen, daß Paulus sogar dreimal seine Reisepläne geändert hätte: 1) Er änderte den ursprünglichen Plan 1,15-16 in den Plan gemäß 1.Kor. 16 um. 2) Trotz des Planes 1.Kor. 16 kam Paulus bei seinem "Zwischenbesuch" in Korinth direkt aus Ephesus. 3) Während des "Zwischenbesuchs" hatte Paulus versprochen, bald zurückzukehren, sein Versprechen aber nicht eingehalten. Durch ihre Kompliziertheit ist diese Theorie ziemlich unwahrscheinlich. Außerdem wird in ihr vorausgesetzt, daß ab Vers 1,23 ein neues Thema und die Erwiderung auf eine neue Anschuldigung im Vergleich zu derjenigen hinter 1,15-16 einsetzt, was aber kaum glaubhaft ist.[22]

Man tut gut daran, bei der Untersuchung der sich aus der Veränderung der Reisepläne ergebenden Problematik im Auge zu behalten, daß die Reiseziele Makedonien und Korinth die ganze Zeit über gleich bleiben; lediglich die Reiseroute verläuft je nach Alternative unterschiedlich. Um von Ephesus nach Makedonien zu gelangen, ist es in der Tat fast einerlei, ob man den Weg über Asien einschlägt oder zuerst übers Meer nach Korinth fährt und sich von dort erst über Land oder See nach Norden begibt. Aus der Sicht des Paulus gesehen ist mit der Abänderung des Planes 1.Kor. 16 in den Plan 1,15-16 keine sehr dramatische Veränderung der Route gegeben.[23]

a) "Die zweite Gnade" und der "Besuch in Traurigkeit"

Die Absicht, die Paulus mit seinem Besuch verbindet, geht aus den Worten ἵνα δευτέραν χάριν σχῆτε in 1,15 hervor. Verdeutlicht wird diese Absicht mit den Worten, die Paulus in Röm. 1,11 ausspricht: ἐπιποθῶ γὰρ ἰδεῖν ὑμᾶς, ἵνα τι μεταδῶ χάρισμα ὑμῖν πνευματικὸν εἰς τὸ στηριχθῆναι ὑμᾶς. Als χάρις oder χάρισμα bezeichnet Paulus die Gabe, die er als Diener Christi der Gemeinde bei seiner Ankunft zu überbringen hat.[24]

Auf welchen Besuch in Korinth spielt er mit den Worten "zweite Gnade" an? Bei dem Diktat von 1.Kor. 16 hatte er erst seinen zweiten Aufenthalt in Korinth geplant. Davor war er nur einmal, nämlich zur Gründung der Gemeinde dort gewesen. Zu diesem Schluß kommt man bei der Analyse von 13,1-2. Paulus war, als er diesen Text diktierte, gerade dabei, ein _drittes_ Mal die Gemeinde aufzusuchen; er befand sich dabei in der gleichen zornig - gedrückten Stimmung, von der auch sein _zweiter_ Besuch gekennzeichnet war. Von einem solchen Besuch, der schon stattgefunden hätte, findet sich im 1.Kor. keine Spur. Folglich kann sich der Reiseplan 1.Kor. 16 erst auf den zweiten Besuch des Paulus in Korinth beziehen. In der Zeit zwischen dem 1.Kor. und den Kap. 10 - 13 mußte sich Paulus also in der Gemeinde aufgehalten haben. War dieser Besuch mit dem identisch, den Paulus als "zweite Gnade" für die Korinther bezeichnet?

Einige Neutestamentler nehmen an, daß sich Paulus mit seiner Rede von der "zweiten Gnade" auf den _zweiten_ Teil des geplanten Doppelbesuchs bezieht und der eigenartige Ausdruck eben daher rührt, daß Paulus eine doppelte Reise plant. Von den Vertretern dieser Auffassung räumt _Windisch_ allerdings ein, daß die Stellung des ἵνα-Satzes in 1,15 den ersten Teil des Doppelbesuches als "zweite Gnade" wahrscheinlicher werden läßt.[25] Drei Umstände sprechen aber seiner Ansicht nach gegen diese Deutung:

1) Es ist unbegreiflich, daß Paulus nur den ersten Teil des Doppelbesuchs als der Gemeinde zukommende Gnade bezeichnet. Warum wird der zweite Teil nicht ebenso τρίτη χάρις genannt?

Dabei ist zu beachten, daß hier Paulus lediglich von Plänen, Vorhaben spricht, die so nicht in die Tat umgesetzt wurden. Da sich der zweite absolut gezählte Besuch gegen den Willen des Paulus als alles andere denn als Gnade erwiesen hatte und da der dritte Besuch, als die Kapitel 1 - 2 geschrieben wurden, noch gar nicht stattgefunden hatte, wäre es hier völlig überflüssig, auch seinen Gnadencharakter zu betonen.

2) Es läßt sich schwer vorstellen, daß Paulus einen eineinhalbjährigen Besuch, der zur Gründung der Gemeinde führte, mit einer nur wenige Wochen dauernden "Durchreise" auf eine Stufe stellte und letztere als "_zweite_ Gnade" bezeichnete.

Gegen dieses Argument läßt sich allerdings einwenden, daß die Länge des Besuchs nicht die entscheidende Rolle spielt, wenn es darum geht, seinen Erfolg zu bestimmen. Der Besuch des Paulus in Rom war schwerlich für längere Zeit geplant und dennoch war mit ihm die "geistliche Gnadengabe" an die Römer verbunden (Röm. 1,11).

3) Wegen des "Zwischenbesuches", den Paulus der Gemeinde abstattete, läßt sich nach _Windisch_ in jedem Fall der erste Teil des Doppelbesuchs unmöglich als "zweite Gnade" deuten.

Das gilt aber nicht für den Fall, daß der "Zwischenbesuch" mit dem ersten Teil des Doppelbesuchs identisch ist. Genau so läßt sich die Sache aber am besten verstehen![26]
Die Prüfung der Argumente Windischs führt uns also zu dem Schluß, daß kein Anlaß besteht, 1,15-16 entgegen ihrer natürlichen Wortfolge zu verstehen: Die "zweite Gnade" weist aller Wahrscheinlichkeit nach auf den absolut gesehen zweiten Besuch in Korinth hin.[27]

Bei der "zweiten Gnade" (1,15) und dem "Besuch in Traurigkeit" (2,1) handelt es sich also um den gleichen Aufenthalt des Paulus in Korinth.[28] Ein Besuch, den Paulus "voll Zuversicht" als Gnade geplant hatte, führte in Wirklichkeit zu einem traurigen Ergebnis. Wenn der "Zwischenbesuch" in 1,15 nachdrücklich als "zweite Gnade" bezeichnet wird, läßt sich das nur aus seinen vorausgegangenen Plänen erklären und gehört mit dem Ausdruck ταύτῃ τῇ πεποιθήσει zusammen. Mit beiden Ausdrücken möchte Paulus unterstreichen, daß er völlig arglos nach Korinth gekommen war und erwartet hatte, daß sein Besuch in jeder Hinsicht glatt und problemlos verlaufen würde.

Zuvor bin ich von der Voraussetzung ausgegangen, daß Paulus schon ein zweites Mal in Korinth gewesen sein mußte, nämlich als er der Gemeinde die Kap. 1 - 2 schrieb. Diese These muß allerdings noch vor allem durch eine genauere Analyse von V. 2,1 abgesichert werden. Dort spricht Paulus über seinen Beschluß, für den er die Worte τὸ μὴ πάλιν ἐν λύπῃ πρὸς ὑμᾶς ἐλθεῖν findet.[29] Man hat in der Forschung diskutiert, worauf sich πάλιν bezieht. Gehört es mit ἐν λύπῃ zusammen? Paulus möchte nicht noch einmal trübe Erfahrungen in Korinth machen, wie er sie früher hatte machen müssen.[30] Als Alternative zu dieser Auslegung wird die Annahme angeboten, daß πάλιν lediglich mit dem Verb ἐλθεῖν zusammengehört. Dann spräche Paulus nur von seinem Wiederkommen, das mit Sorgen verbunden sein könnte, ginge aber mit keinem Wort auf den Charakter des vorherigen Besuchs ein. So wurde das Problem vielfach in den älteren Kommentaren gesehen. Diese Deutung wird aus dem Bestreben verständlich, einen "Zwischenbesuch" des Paulus in Korinth auszuschließen, so daß dieser sich, als er seinen - einheitlich zu verstehenden - 2.Kor. diktierte, erst auf seinen zweiten Besuch in Korinth vorbereitete.[31] Wenn man den 2.Kor. vorurteilsfrei untersucht, erweist sich aber schon dieses Gesamtverständnis des 2.Kor., in das dann eine besondere Auslegung des Verses 2,1 eingepaßt werden müßte, als völlig unhaltbar.

Schon die bloße Wortfolge in 2,1 spricht dafür, daß πάλιν mit dem Ausdruck ἐν λύπῃ zusammenhängt. Hätte Paulus lediglich betonen wollen, daß er den geplanten "Zwischenbesuch" ganz absagt, weil er befürchtet, daß dieser "Sorgen bereiten würde", wäre der Vers ohne πάλιν einleuchtender. Wer auch immer diese Stelle hört oder liest, hört zunächst heraus, daß vorher schon einmal ein "Besuch in Traurigkeit" stattgefunden hat.[32] Dieser zurückliegende Besuch in Traurigkeit kann wiederum nicht mit dem allerersten Besuch in Korinth identisch sein. Ein Besuch, in dessen Verlauf es zur Entstehung einer großen lebendigen Gemeinde kommt, kann kein "Besuch in Traurigkeit" gewesen sein. Zudem setzt Paulus, geht man von der einleuchtendsten Erklärung für 1,15 aus, mit der Formulierung δευτέρα χάρις selbst voraus, daß der erste Besuch geglückt ist. Als zusätzliches Argument ließe sich 2,5 heranziehen; dort kommt die Person zur Sprache, durch die Paulus betrübt worden ist. Da dieses Vorkommnis im 1.Kor. nicht erwähnt wird, kann es sich erst nach der Abfassung des 1.Kor. in Korinth ereignet haben.

Auch οὐκέτι ("nicht mehr") in 1,23 spricht für die Wahrscheinlichkeit der oben vorgestellten Lösung. Hätte Paulus nach dem zur Gemeindegründung führenden Besuch keine weitere Reise nach Korinth unternommen, müßte die nähere Bestimmung in diesem Vers anders lauten, entweder "noch nicht" (οὐδέπω, οὔπω) oder "kein zweites Mal" (οὐ δεύτερον) oder "überhaupt nicht" (οὐδαμῶς) oder es müßte, wie in einigen Handschriften die einfache Verneinung οὐκ stehen. οὐκέτι zeigt an, daß Paulus vor kurzem in der Gemeinde gewesen war und zu einem bestimmten Zeitpunkt oder im Rahmen eines bestimmten Reiseprogrammes zurückerwartet worden, aber nicht gekommen war. Die Partikel οὐκέτι eignet sich nicht als Hinweis auf den Gründungsbesuch als Vergleichsobjekt für die abgesagte Rückreise. Seitdem war zu viel Zeit verstrichen, als daß der Gründungsbesuch das mit οὐκέτι vorausgesetzte Gegenstück für den ausgefallenen Besuch hätte sein können. οὐκέτι weist darauf hin, daß Paulus eine einmalige Gelegenheit zu einer Rückkehr unwiederbringlich versäumte. οὐκέτι ἦλθον läßt sich somit am ehesten als Hinweis auf zwei eng aufeinander folgende Reisen verstehen, von denen nur die erste stattfand und die zweite wider Erwarten ausfiel.[33] Als Begründung für seine Absage gibt Paulus seinen Wunsch an, die Korinther zu "schonen". Der Vers paßt sinngemäß ausgezeichnet mit dem oben analysierten Vers 2,1 zusammen. "Schonen" ist auf der einen Seite Synonym für die Wendung μὴ ἐν λύπῃ ἐλθεῖν (keine Sorgen bereiten), andererseits auch die Kehrseite der in diesem Ausdruck auch enthaltenen Nuance "bei der Ankunft Kummer erleiden müssen" (vgl. 12,20-21).

Die zweite Reise des Paulus nach Korinth war also den Kap. 1 - 2 zufolge von "Sorgen" überschattet. Paulus hatte den Korinthern Kummer bereiten und selbst Ungemach erleiden müssen (2,2); er war Opfer eines Angriffs geworden (2,5). Wegen des unangenehmen Verlaufs dieses Besuchs kehrte Paulus nicht nach Korinth zurück. - Diese aus dem Text zu folgernden Daten fügen sich gut mit dem in 1,15-16 angedeuteten Reiseplan zusammen, von dem sich somit nur der erste Teil erfüllt hätte.[34]

Exegeten, die in der Formulierung "zweite Gnade" den zweiten Teil des geplanten Doppelbesuches sehen, konstruieren aus den Einzelzügen, die mit der Verwirklichung des Reiseplanes zusammenhängen, im allgemeinen ein anderes Gesamtbild, als das hier vorgestellte. Windisch vertritt die Auffassung, daß Paulus von seinem Reiseplan 1,15-16 überhaupt nichts in die Tat umsetzte. Gegen die hier vertretene Auffassung führt er die Beobachtung an, daß der "Zwischenbesuch" laut Vers 2,1 "in Traurigkeit" verlaufen sein mußte, während hingegen der Reiseplan nach 1,15 in vollem Vertrauen auf die Korinther abgefaßt worden war. Nach Windisch hätte Paulus außerdem nicht so einfach der Leichtfertigkeit bei der Ausarbeitung seines Reiseplanes (1,17) bezichtigt werden können, wenn lediglich die eine Hälfte der Doppelreise ausgefallen wäre. Paulus hätte zu seiner Verteidigung sicher angeführt, daß er zum Teil sein ursprüngliches Versprechen doch eingehalten hat.[35]

Das erste Argument Windischs fällt dadurch zusammen, daß das "Vertrauen" des Paulus, ebenso wie der Gedanke der "Gnade" nach seinen eigenen Worten ausschließlich mit seinem "Wollen" in Beziehung stehen. Die Wendungen sagen nichts über den tatsächlichen Charakter des "Zwischenbesuches" aus, so wie er vor Ort stattfand. Sie sagen lediglich etwas über die Gemütsverfassung aus, in der Paulus die Reise antrat. Auch das zweite Argument zieht nicht. Es verliert an Schlagkraft, wenn man annimmt, daß Paulus bei der Abreise aus Korinth damit gedroht hatte, bald wiederzukommen und die Korinther ihre Aufmerksamkeit gerade auf diese Androhung einer baldigen Rückkehr gelegt hätten, die den zweiten Teil des Reiseplanes 1,15-16 ausmacht. Hätte Paulus außerdem die Gemeinde von seinen zweifachen Reiseplänen erst nach der Ankunft in Korinth informiert, fiele das Fundament des zweiten Arguments Windischs endgültig zusammen.[36]

b) Die schriftlichen und mündlichen Reiseankündigungen

Der Abschnitt 1,12 - 2,4 hebt sich von seinem Kontext durch sein Thema und seine Zielsetzung ab. Das Thema bilden die Reisepläne des Paulus, genauer gesagt, die mit ihnen verbundenen Unklarheiten und das Faktum, daß die Reisen teilweise ganz ausgeblieben sind. Hinter diesem Abschnitt steht der Versuch des Paulus, sich gegen die Kritik an seinen Plänen zu verteidigen. Er verweist am Anfang und am Schluß dieses Abschnittes auf seine Briefe (1,13; 2,4). Am Schluß wird auf den "Tränenbrief" hingewiesen, am Anfang nur sehr unbestimmt davon gesprochen, was Paulus "schreibt". Am wahrscheinlichsten ist, daß Paulus auch damit vor allem den Brief meint, den er zuletzt nach Korinth geschickt hatte, nämlich den "Tränenbrief".[37] Mit diesem Rückgriff auf den "Tränenbrief" wird gleichsam der Rahmen für den gesamten Abschnitt 1,12 - 2,4 gebildet.

Da zwischen οὐ γὰρ ἄλλα γράφομεν und 1,15-16, wo Paulus von seinen zweifachen Reiseplänen spricht, nur ein Vers steht, hat man vermutet, daß "Schreiben" hier gerade auf die schriftliche Information über den fraglichen Reiseplan hinweist; ein Bestandteil des "Tränenbriefes" wäre somit ausdrücklich die Information über diese Planung gewesen.[38]

Wenn diese Erklärung zuträfe, können die Kapitel 10 - 13 schwerlich der "Tränenbrief" gewesen sein. Diejenigen Stellen in den Kap. 10 - 13, in denen Paulus von seinem Vorhaben, nach Korinth zu kommen, spricht, passen nämlich nicht mit dem Plan der zweifachen Reise zusammen. Deshalb kann man auch nicht behaupten, daß aus den Kap. 10 - 13 einfach der Teil weggefallen wäre, in dem von diesem Plan die Rede war.

Die Frage, wann und in welcher Form die Korinther Kenntnis von dem in Vers 1,15-16 angedeuteten Reiseplan erhielten, ist also besonders wichtig für das Rätsel der Zusammensetzung des 2.Kor. Bei der Erörterung dieses Problems hat man die Annahme geäußert, daß Paulus die Korinther überhaupt nichts von seinen besonderen Plänen wissen ließ, weder in schriftlicher noch in mündlicher Form. Erst als diese den Brief, der aus Kap. 1 - 9 bestand, zu lesen bekamen, erhielten sie Kunde von diesen Plänen. Paulus berichtete von seinem Plan nur, um zu demonstrieren, wie ernsthaft er immer gewillt war, die Verbindung zu den Korinthern aufrecht zu erhalten, obwohl er dazu nicht immer imstande war.[39] Diese Theorie ist jedoch unhaltbar. Es wäre nämlich recht unklug von Paulus, wenn er in dieser Phase die Korinther mit einem neuen unverwirklichten Plan in Verwirrung versetzt hätte. Falls die Korinther nicht schon vorher Kenntnis von dem Plan der zweifachen Reise hatten, wäre es für den der "Unzuverlässigkeit" gescholtenen Paulus zweifelsohne besser, darüber Stillschweigen zu wahren. Mit anderen Worten: Die Korinther wußten schon bevor 1,15-16 geschrieben wurde, von dem fraglichen Plan. Sie hatten auch Paulus Vorwürfe gemacht, weil er ihn nicht in die Tat umgesetzt hatte.

Da im 1.Kor. in keiner Weise auf den Plan der zweifachen Reise, seine Abänderung, Aufhebung oder Ersatz durch den in 1.Kor. 16,5-6 erwähnten Plan eingegangen wird, kann Paulus erst nachdem der 1.Kor. abgeschickt worden war, seine neugewählte Reiseroute Korinth - Makedonien - Korinth mitgeteilt haben. Zu einer Zeit also, in der der 1.Kor. schon unterwegs war, die Kap. 1 - 9 jedoch noch nicht geschrieben worden waren.

Für den Zeitpunkt und die Art der Bekanntgabe verbleiben drei alternative Möglichkeiten: 1) Titus berichtete den Korinthern, als er die Gemeinde in der Kollektenangelegenheit besuchte (vgl. 2.Kor. 8,6). 2) Paulus sprach selbst während des "Zwischenbesuches" von seinem veränderten Plan. 3) Paulus hatte darüber in seinem "Tränenbrief" geschrieben.

Um herauszufinden, welche dieser Alternativen die richtige ist, untersuchen wir zunächst die Verse 1,15-20. Hätte Paulus angekündigt, im Rahmen eines bestimmten Programmes in die Gemeinde zu kommen und wäre dann dennoch nicht gekommen, wäre der Vorwurf nicht ganz unangebracht, den er sich nach 1,17 zuzog: Seine Zusage bedeutete eigentlich ein Nein. Er hätte das Gegenteil von dem getan, was er angekündigt hatte, sein Versprechen gebrochen. Paulus bestreitet diese Beschuldigung nicht direkt, wäre dazu auch gar nicht in der Lage. Wo er auf die Kritik zu sprechen kommt, umgeht er sie zunächst mit Hilfe theologischer Rhetorik. Die Verteidigung in 1,17-20 versucht eine Beweisführung im Stile "a maiore ad minus" von der Wahrhaftigkeit der Verkündigung des Paulus her aufzubauen.[40] Weil Paulus Christus verkündet, der die Wahrheit Gottes ist, muß auch seine sonstige Rede wahr sein.

In diesem Zusammenhang ist die Bemerkung angebracht, daß Paulus einen Ausdruck verwendet, der eher auf einen mündlich als auf einen schriftlich bekanntgegebenen Plan hinweist: ὁ λόγος ἡμῶν (1,18). So wie die in 1,19 erwähnte Christus-Verkündigung ausdrücklich eine persönlich in Korinth vorgetragene Rede ist, erweckt auch das in 1,18 angedeutete "Wort" in diesem Kontext deutlich den Eindruck einer persönlich und mündlich vorgetragenen Rede des Paulus in Korinth. Die Stelle macht somit deutlich, daß von den oben angeführten Alternativen die zweite besser ist als die erste und auch der dritten vorgezogen werden muß.

Die 2. Alternative wird weiter erhärtet, wenn wir daran gehen, 1,12-14 zu untersuchen. Offenkundig ist, daß die Kritik der Korinther an Paulus gleichsam in nuce in den Worten ἐν σοφίᾳ σαρκικῇ ἀνεστράφημεν ἐν τῷ κόσμῳ enthalten ist. Die Absagen bei den Reiseplänen und die Weise, wie sie bekannt gegeben wurden, boten den Anlaß für den Vorwurf, Paulus sei ein "Wanderer nach fleischlicher Weisheit". Im Folgenden nimmt Paulus diese Globalbehauptung auseinander, mitsamt den darauf aufbauenden einzelnen Beschuldigungen. Die erste von diesen begegnet uns in 1,13 und betrifft seine Briefe, vor allem den umstrittenen letzten, den "unter vielen Tränen" verfaßten Brief.[41]

Wogegen richtete sich diese Kritik am Brief des Paulus? Laut Vers 1,13 hielten ihn die Korinther für ungenau und doppeldeutig.[42] Sie merkten ironisch an, daß Paulus sicher mit seinen Worten beim Diktieren etwas anderes gemeint hat, als seine Leser verstanden haben. Aus dem Brief lasen die Korinther mit ihrem Vorverständnis ein völlig anderes Reiseprogramm heraus, als sich Paulus gedacht hatte.[43] Das besondere Verb ἐπιγινώσκειν bringt zu dieser Kritik noch seine eigene Farbe ins Spiel. Paulus dürfte mit diesem Verb auf einen ganz besonderen Vorwurf anspielen: Als den Korinthern bewußt wurde, was Paulus wirklich im "Tränenbrief" meinte, vermochten sie in ihm nicht mehr denselben Mann wiederzuerkennen, der ihnen während des "Zwischenbesuches" kurz zuvor sein Reiseprogramm dargelegt hatte.

Paulus befaßt sich in diesem Zusammenhang noch nicht näher mit der gegen ihn erhobenen Kritik. In 1,13b-14 umgeht er sie mit spielerischer Rhetorik, um sich ernsthaft erst ab Vers 1,15 mit ihr auseinanderzusetzen. Der wohlwollend spielerische Zug in 1,13-14 ist wohl auch verständlich, weil hier der kürzlich abgesandte Brief und seine Schwerverständlichkeit die Hauptrolle spielt. Daß jemand unverständlich schreibt und Mißverständnisse verursacht, ist noch keine moralisch besehen schwerwiegende Sache und verlangt auch nicht nach einer wortreichen Verteidigung. Der Ausdruck ἢ καὶ ἐπιγινώσκετε ist dabei Nebensache und kündigt nur die nun in der Tat eine Erklärung fordernde Kritik in 1,15-17 an: das während des "Zwischenbesuchs" gegebene Versprechen und den Bruch dieses Versprechens.

Hätte Paulus im "Tränenbrief" seinen Plan veröffentlicht und dennoch nicht eingehalten, hätte man ihn nicht der Unklarheit bezichtigt. Vers 1,13 spiegelte dann den Vorwurf wider, daß Paulus das eine sagt und das andere tut.[44] Darauf, daß der Plan der zweifachen Reise in Korinth deutlich bekannt gegeben worden war, deutet ziemlich eindeutig der in 1,17 verwendete Ausdruck τοῦτο οὖν βουλόμενος hin: Der "Wunsch" des Paulus war eine bekannte Tatsache.[45]

Aus Vers 1,13 können wir also schließen, daß Paulus in seinem Tränenbrief ein anderes Reiseprogramm verkündet hat, als bei seinem "Zwischenbesuch", und daß es richtig verstanden im Widerspruch zu der früher bekannt gegebenen zweifachen Reise stand. Somit trifft die Auslegung nicht zu, das Programm der zweifachen Reise sei im "Tränenbrief" vorgestellt worden.

Weiterhin wird diese Auffassung durch den Ausdruck ταύτῃ τῇ πεποιθήσει in 1,15 gestützt. Diese Formulierung sagt etwas über die Stimmung aus, in der Paulus sein Reiseprogramm zusammenstellte und die auch den Anbruch seiner Reise mitprägte. Der nächstliegende Bezugspunkt für ταύτῃ ist dann die im vorausgegangenen ὅτι-Satz enthaltene Einschätzung des Verhältnisses zwischen Paulus und der Gemeinde: καύχημα ὑμῶν ἐσμεν καθάπερ καὶ ὑμεῖς ἡμῶν ἐν τῇ ἡμέρᾳ τοῦ κυρίου Ἰησοῦ. Paulus vertraute also, als er die Reise antrat, darauf, ein in Korinth hoch angesehener Mann zu sein; er hielt seinerseits auch große Stücke auf die Korinther.[46] Als er den "Tränenbrief" schrieb, hatte er dieses "Vertrauen" in die Korinther nicht mehr.

Falls im "Tränenbrief" nicht das Reiseprogramm gemäß 1,15-16 dargelegt ist, welcher den Korinthern unklar gebliebene Plan wird dann dort bekannt gegeben? Lassen sich die Reiseankündigungen, die sich den Kap. 10 - 13 entnehmen lassen, zu dem Bild zusammenfügen, das wir aufgrund des Verses 1,13 vom "Tränenbrief" erhalten?

Wenn man die Kap. 10 - 13 im Lichte der in 1,12 - 2,4 auftretenden Unklarheiten betrachtet, die das Verhältnis zwischen Paulus und den Korinthern belasteten, scheinen sie gut dem Brief zu entsprechen, den die Korinther anders gelesen haben sollen, als Paulus gemeint hatte (1,13). Innerhalb dieser Kapitel schreibt Paulus von seiner Ankunft in Korinth einerseits so, als stünde diese unmittelbar bevor (13,1), andererseits möchte er den Korinthern, wenn er diese Kapitel diktiert, noch Zeit geben, in sich zu gehen, bevor er die Gemeinde erreicht (13,10). Die Korinther richteten ihre Aufmerksamkeit wohl in erster Linie auf die vorausgehende Drohung, während Paulus seine eigentliche Position eher in der zweiten Aussage über seine Ankunft repräsentiert sah.[47] In ihrer Deutung fühlten sich die Korinther sicherlich auch dadurch bestärkt, daß sich diese Aussagen mit den Rückkehrdrohungen vereinbaren ließen, die Paulus mündlich der Gemeinde gegenüber geäußert hatte. Paulus seinerseits hatte, als er Vers 13,10 schrieb, sich im Glauben wiegen können, daß er ja teilweise schon bekannt gegeben hatte, von seinem angedrohten Strafbesuch, wie er ihn den Korinthern mündlich angekündigt hatte, Abstand zu nehmen. Der "Tränenbrief" war somit in den Augen der Korinther eine Vorbereitung auf die angedrohte Rückkehr des Paulus, während Paulus selber ihn als eine Maßnahme verstand, die anstelle des strengen Besuchs durchgeführt worden war.

Unsere obige Analyse läßt folgenden Schluß zu: Paulus kam in ungetrübtem Vertrauen auf seine guten Beziehungen zu den Korinthern auf einen "Zwischenbesuch" nach Korinth. Seine Ankunft direkt aus Ephesus war möglicherweise für die Korinther überraschend. Das Vorhaben, das sie zuletzt (1.Kor.) von Paulus erfahren hatten, hatte neue Gestalt angenommen. Es war daher naheliegend, daß Paulus sich zunächst zur Aufgabe machte, seinen neuen Plan der Gemeinde klarzulegen.[48] Auf diesen Plan verweist 1,15-16. Es dauerte nicht lange, bis Paulus bemerkte, daß in Korinth etwas nicht stimmte. Er geriet in einen erbitterten Streit mit den Korinthern und verließ nach einiger Zeit die Stadt. Vor seiner Abreise drohte er jedoch damit zurückzukehren (13,2). Zu den Vorwürfen, er sei "leichtsinnig" (1,17) kam es, als er seinen Drohungen keine Taten folgen ließ, was ihn dann veranlaßte, sich in 1,23 mit den Worten zu verteidigen "um euch zu schonen, kehrte ich nicht nach Korinth zurück".

Oben ist schon deutlich geworden, daß der "Zwischenbesuch" zugleich die als "zweite Gnade" gedachte erste Etappe im Plan der zweifachen Reise war. Die Korinther kritisierten Paulus, weil sich der zweite, sie betreffende Teil des Reiseplanes nicht erfüllt hatte. Von unserem Thema her ist nicht ohne Bedeutung, wieviel sonst von dem Reiseplan verwirklicht wurde bzw. ob Paulus nach dem "Zwischenbesuch" nach Makedonien reiste, wie es im Plan vorgesehen war.

Hoß hält es für das Wahrscheinlichste, daß Paulus seinem Plan gemäß seine Reise von Korinth nach Makedonien fortsetzte. Wäre Paulus von Korinth direkt nach Ephesus gereist, hätte er die Gemeinde informiert, daß er unter diesen Umständen nicht an seinem Reiseplan festhalten könne. Hoß schildert den weiteren Verlauf der Ereignisse so: Paulus wartete in Makedonien, wie sich die Ereignisse in Korinth entwickeln würden. Nachdem er bemerkt hatte, daß seine Rückkehr nur Öl ins Feuer gießen würde, sah er "um die Korinther zu schonen" vom letzten Teil seines Reiseplanes ab und kehrte ohne noch einmal nach Korinth zu kommen, nach Ephesus zurück.[49]

Von einem solchen Besuch in Makedonien gibt es in den Quellen jedoch keine Spur. Da Paulus den Kap. 1 - 9 zufolge sich vor seiner dritten Ankunft in Korinth in Makedonien aufhielt, liegt die Annahme nahe, daß er erst auf dieser Reise die Angelegenheiten in Ordnung bringen konnte, die er nach 1.Kor. 16 in Makedonien zu erledigen gedachte. Ein wesentlicher Grund für den Aufenthalt in Makedonien dürfte die Kollekte gewesen sein. Nicht nur, daß in den Quellen nichts von einem Besuch in Makedonien, wie er der Deutung von Hoß entspräche, gesagt wird, es scheint für ihn auch keinerlei sachlicher Grund mehr zu bestehen. Weiterhin muß in Betracht gezogen werden, was in unserer Untersuchung an anderer Stelle darüber gesagt wird, nämlich daß sich die Ereignisse nach dem "Zwischenbesuch" offensichtlich überschlugen. Bald darauf wurde Titus mit dem "Tränenbrief" nach Korinth geschickt.[50] Paulus ging ebenfalls sehr bald von Ephesus nach Troas. Der Vorschlag von Hoß die Reise nach Makedonien zu verstehen, muß also abgewiesen werden.[51]

Auch Peltola hält es für möglich, daß Paulus nach seinem zweiten Besuch in Korinth wieder nach Makedonien zog und dort die Kap. 10 - 13 schrieb. Peltola vermutet, daß Paulus jedoch aus Makedonien nach Korinth zurückkehrte, wo er dann zum **zweitenmal** ohne Ergebnis mit den Korinthern zusammengeriet. Danach erst zog er nach Ephesus und schrieb dort den verlorengegangenen "Tränenbrief". Auf diesen Brief reagierten die Korinther positiv und versöhnten sich mit Paulus. Peltola favorisiert seine Lösung vor allem deshalb, weil seiner Ansicht nach die Kap. 10 - 13 nicht dem Bild entsprechen, daß in den Kap. 1 - 7 von dem "Tränenbrief" gegeben wird.[52]

Peltolas Auslegung verkompliziert die Geschichte der Beziehungen zwischen Paulus und der Gemeinde von Korinth in wenig überzeugender Weise. Es läßt sich psychologisch schwer vorstellen, daß die Korinther gleichsam von selbst auf bessere Gedanken gekommen wären, noch nachdem Paulus versucht hatte, sie mit zwei Besuchen und mit den Kap. 10 - 13 gefügig zu machen. Zudem gibt es in den Kap. 1 - 7 keinen Hinweis auf eine so komplizierte Vorgeschichte. Aufgrund der Deutung Peltolas müßte man die Verse 1,15-17 konsequenterweise auch so deuten, daß Paulus in ihnen tatsächlich sein vollständig verwirklichtes Reiseprogramm verteidigt. Dann müßte aber anstelle von βουλόμενος in 1,17 ποιήσας stehen. Auch Vers 1,23 spricht gegen diese Auslegung. Es läßt sich kaum vorstellen, daß Paulus, nachdem er schon zwei streitgeschwängerte Besuche in Korinth hinter sich hatte, versprochen hätte, in naher Zukunft noch zu einem dritten Streitbesuch zu kommen (der dann ausgeblieben wäre). Wenn man die Kap. 10 - 13 trotz der Schwierigkeiten für den "Tränenbrief" halten könnte, ließe sich das Modell Peltolas beträchtlich vereinfachen.

Nach allem zu schließen, war Paulus direkt von seinem "Zwischenbesuch" nach Ephesus zurückgekehrt. Es ist anzunehmen, daß die Korinther schon bei seiner Abreise wußten, daß er dorthin zurückkehrt. Sie wußten - anders gesagt - zu diesem Zeitpunkt schon, daß er nicht nach Makedonien geht. Wie läßt sich dann erklären, daß sie sich später enttäuscht darüber wunderten, daß der Doppelreiseplan des Paulus nicht durchgeführt wurde? Der mißlungene Besuch in Korinth hätte in der Tat auch in ihren Augen ein ausreichender Grund dafür sein müssen, daß Paulus seine geplante Rundreise nicht mehr für durchführbar erachtete. Da der Plan des Paulus wesentlich mit der Sammlung der Kollekte in den Gemeinden zusammen hing, hätte der Zweck der Reise schon in der Enttäuschung über die Korinther untergehen können. Wir können also begründeterweise fragen, ob die Korinther mit Fug und Recht voraussetzen konnten, daß Paulus an seinem Reiseplan festhielt, der in entscheidender Weise vom guten Gelingen der Zusammenarbeit zwischen ihm und den Korinthern abhing.

Eine Antwort auf diese Fragen erhalten wir, wenn wir aus dem Material von 1,15 - 2,4 die Angelegenheit freilegen, deren Paulus vor allem beschuldigt wurde. Die Korinther waren überhaupt nicht daran interessiert, ob Paulus sich in Makedonien aufhielt oder nicht. Das war ihnen gleich. Das einzige, was sie ihm vorwarfen, war, daß er nicht nach Korinth zurückgekehrt war (1,23).[53] Obwohl Paulus auch nicht im Stande war, an den übrigen Teilen seines Doppelreiseplanes festzuhalten, hielt er doch noch als er die Stadt verließ, an seiner Rückkehr nach Korinth fest. Was Korinth betrifft, war somit der Plan, den Paulus bei seiner Ankunft in Korinth bekannt gegeben hatte, unverändert geblieben. Es muß sich um ein klar und nachdrücklich abgegebenes Versprechen gehandelt haben, denn Paulus sieht sich genötigt, Gott zum Zeugen anzurufen, wenn er den Grund dafür nennt, warum er nicht bei seinem Versprechen geblieben ist.

In der Praxis konnte dies folgendes bedeuten: Beim Verlassen der Stadt konnte Paulus seine Rückkehrdrohung mit seinem früher geäußerten Plan der zweifachen Reise verknüpft haben, z.b. durch die Ankündigung, daß die Rückkehr im Rahmen des schon bekanntgegebenen Zeitplanes vonstatten ginge. Paulus mochte, als er seinen Plan zum ersten Mal vorstellte, z.B. gesagt haben: "Ich gehe nach Makedonien und bleibe zwei Monate auf Reisen. Danach kehre ich zu euch zurück." Nach Ausbruch des Streites, als er die Stadt verließ, konnte er beispielsweise festgestellt haben, daß es nicht dabei bleibt, sondern er im Rahmen des Zeitplanes, den er ihnen dargelegt habe, wieder zu ihnen kommen würde. Der Plan der doppelten Reise wäre somit den Korinthern allein deswegen wichtig, weil Paulus den Zeitpunkt seiner Rückkehr in dessen Rahmen gelegt hätte.

Wahrscheinlicher ist jedoch folgende Annahme: Auf die Rückkehr zu verzichten, fiel Paulus selbst ziemlich schwer. Als die Korinther ihn deshalb kritisierten, trafen sie ihn an einem wunden Punkt. Die Sprache darauf zu bringen, geschweige denn seinen Wortbruch einzugestehen, war Paulus höchst unangenehm. Ebenso wie er der Behandlung der Frage in 1,13-14 ausweicht, nimmt er auch in 1,15-22 noch nicht klar zu den Vorwürfen Stellung. Die Verse wirken eher wie ein Gehen um den heißen Brei. Erst in 1,23 - 2,4 packt Paulus den Stier bei den Hörnern. Mit anderen Worten: Niemand machte Paulus zum Vorwurf, daß er den Reiseplan 1,15-16 gewollt habe oder die Tatsache, daß er ihn in der entstandenen Situation nicht in allen Teilen verwirklichen konnte. In 1,15-16 verweist Paulus eigentlich auf einen für ihn positiven Umstand: Er <u>wollte</u> das Gute, auch wenn er nicht in der Lage war, es in die Tat umzusetzen als sich die Umstände gegen ihn kehrten. Er schreibt in 1,17 τοῦτο οὖν βουλόμενος und verbleibt damit sicher im allgemeinen Rahmen, obwohl er eigentlich sagen will: οὐκέτι ἐλθὼν εἰς Κόρινθον. Der komplizierte und aus verständlichen Gründen zusammengebrochene Plan der zweifachen Reise dient gleichsam als ein Schutzwall, hinter dem Paulus zunächst verbergen will, was nur schwer entschuldbar ist, nämlich daß er sein Versprechen, bald nach Korinth zurückzukehren, gebrochen hat.

c) Zusammenfassende Rekonstruktion

Der Verlauf der Ereignisse in der Entwicklung der Beziehung zwischen Paulus und der Korinther Gemeinde nach der Sendung des 1.Kor. läßt sich wie folgt aufzeichnen: Paulus fuhr, nachdem es ihm endlich gelungen war, sich aus Ephesus loszureißen, direkt über das Meer nach Korinth, was seinen Plänen aus dem 1.Kor. widersprach. Der überraschten Gemeinde gab er zunächst seinen neuen Reiseplan bekannt, den er zur Zeit einzuhalten gedachte. In Korinth gab es einen Zwischenfall, bei dem sich ein Mann besonders übel gegenüber Paulus benahm (2,5). Daneben gab es auch noch andere unschöne Vorfälle in der Gemeinde. Diese waren noch unbereinigt, als Paulus von der Gemeinde fortging. Paulus drohte mit seiner alsbaldigen Rückkehr zur Gemeinde, um die Streitfragen zu klären. Er besann sich jedoch, nachdem er die Gemeinde verlassen hatte, eines besseren und hielt es nicht länger für notwendig, in naher Zukunft nach Korinth zurückzukehren.

Die Rechtfertigungsversuche des Paulus in 1,23 und 2,1 lassen sich am ehesten daher erklären, daß Paulus, als er sich in Korinth aufhielt, seine Unlust zu einer baldigen Rückkehr nicht deutlich ausgedrückt hatte. Er beteuerte in Korinth vor allem das Gegenteil (vgl. 13,2). Erst später kam er auf andere Gedanken. Die Gemeinde nahm jedenfalls seine Androhung einer baldigen Rückkehr ernst.

Nachdem Paulus die Gemeinde verlassen hatte, schrieb er ihr einen Brief (2,3-4). Seine Absicht dabei war zu verhindern, daß er bei seiner Rückkehr in die Gemeinde Anlaß zur Besorgnis hätte. Es handelt sich also um eine Art Vorbereitungsbrief im Blick auf die bevorstehende Ankunft in Korinth. Hatte Paulus, als er diesen Brief schrieb, schon beschlossen, das Versprechen, bald zurückzukehren, zu brechen? Das läßt die Reihenfolge der Gedanken in 1,23 - 2,3 vermuten. 1) 1,23: Die baldige Rückkehr des Paulus in die Gemeinde fiel ins Wasser. 2) 2,1: Paulus beschloß, nicht "in Traurigkeit" nach Korinth zu kommen. 3) 2,3: Um die Lage in der Gemeinde zu verbessern und für sich selbst eine glücklichere Ankunft vorzubereiten, schickte er der Gemeinde den "Tränenbrief". Die Reihenfolge und der Inhalt dieser Verse machen deutlich, daß der in 2,3 erwähnte Brief eine <u>Folge</u> der vorher in 1,23 und 2,1 referierten Beschlüsse war. Der "Tränenbrief" war somit außer einer <u>Vorbereitung</u> auf einen neuen Besuch unter glücklicherem Vorzeichen auch ein Ersatz für die Absage der baldigen Rückkehr nach Korinth.[54]

Unter der Voraussetzung, daß die Kap. 10 - 13 der "Tränenbrief" sind, läßt sich die weitere Entwicklung in den Beziehungen zwischen Paulus und der Gemeinde wie folgt rekonstruieren: Titus kam mit dem gestrengen "Tränenbrief", den er in seiner Eigenschaft als Abgesandter des Paulus der Gemeinde vorlegte, nach Korinth. Schon vor seiner Ankunft waren in der Gemeinde Befürchtungen aufgetreten (7,15) die nun neue Nahrung erhielten (7,11). Die Ankunft des Paulus und die von ihm angedrohte Strafe Gottes schwebte drohend über den Köpfen der Gemeinde. Allmählich wird sich die Gemeinde, nachdem sie mit Titus zusammen war und ihn darüber ausgefragt hatte, klar darüber, daß sich die Sache durchaus nicht so verhielt, wie sie vermutete. Paulus hatte gar nicht vor, so bald zu kommen, wie er angedroht hatte.[55] Im Gegenteil, er ist auf dem Wege nach Troas, wo er Titus mit den Neuigkeiten aus Korinth erwartet (2,12-13).[56]

Es mochte sich um eine beachtliche Antiklimax gehandelt haben. Sicher haben die Korinther nicht nur Seufzer der Erleichterung ausgestoßen. Der "Unwillen", der in 7,11 als eine der Reaktionen der Gemeinde erwähnt wurde, könnte gerade damit zusammenhängen. Titus bekam Kritik an der Wankelmütigkeit des Paulus zu hören; Paulus wurde vorgeworfen, sein Wort nicht eingehalten zu haben (1,17). Man konnte auch über das diskutieren, was Paulus im "Tränenbrief" bzw. in den Kap. 10 - 13 tatsächlich sagt. Die Korinther haben sich möglicherweise gefragt, ob nicht auch der Brief, d.h. die Kap. 10 - 13, eher für eine baldige Reise des Paulus nach Korinth sprechen bzw. dafür, daß Paulus an seinem ursprünglich angedrohten strengen Wiederholungsbesuch festhält. Damit könnte die ironische Bemerkung der Korinther zusammenhängen, daß sie aus dem Brief etwas anderes herauslesen, als dort geschrieben steht (1,13).

Über diese Gespräche hat Titus dann in Makedonien Paulus Bericht erstattet; sie spiegeln sich aus diesem Grund inhaltlich in den aus Makedonien nach Korinth geschickten Kap. 1 - 9 wider. Paulus hielt es für angebracht, auf diese Kritik einzugehen, zumal er selbst ein schlechtes Gewissen wegen der zu leichtfertig ausgesprochenen Drohungen und Versprechungen gehabt haben dürfte. Die Verse 1,17-22 stellen in diesem Gespräch nichts anderes als einen gekonnten Versuch dar, einer in vieler Hinsicht berechtigten Kritik auszuweichen. Die direkte Antwort auf die Kritik erscheint erst in 1,23 und 2,1-3: indem er statt selbst zu kommen, ersatzweise einen Brief schickte, wollte Paulus die Korinther und auch sich selbst schonen.

Was die Einzelheiten anbelangt bleibt diese Rekonstruktion vor allem hinsichtlich des Zusammentreffens von Titus und der Gemeinde hypothetisch. Zunächst reicht jedoch, daß sich die Einzelheiten der Analyse grundsätzlich in konsequenter Weise als Ganzheit in das "wirkliche Leben" einbauen lassen. Dadurch werden die oben gewählten Interpretationslinien unterstützt.

3. Die Reise des Paulus von Ephesus nach Makedonien (2,12-13; 7,5-7)

In 2,12-13 beschreibt Paulus, wie es ihm erging, nachdem er den in 2,3 erwähnten "Tränenbrief" fertiggestellt hatte: Er war nach Troas gereist und von dort, nachdem einige Zeit verstrichen war, weiter nach Makedonien. Ausgangspunkt der Reise war vermutlich der ungenannt bleibende, weil für den Schreiber wie den Leser selbstverständliche Ort Ephesus. Hätte Paulus die Route Korinth - Makedonien - Troas - Makedonien eingeschlagen, was im Rahmen des Plans von 1,15-16 theoretisch möglich gewesen wäre, hätte er das sicherlich mit anderen Worten ausgedrückt und geschrieben ἦλθον πάλιν (oder: ὑπέστρεψα) εἰς Μακεδονίαν. Paulus spricht außerdem in 1,8 davon, daß er nach dem "Zwischenbesuch" eine "Bedrängnis über alle Maßen" in Asien erfahren hat. Dies erhärtet die im vorigen Kapitel angenommene These, daß Paulus von seinem "Zwischenbesuch" sehr wahrscheinlich direkt nach Ephesus zurückkehrte, dort den "Tränenbrief" schrieb und danach nach Troas zog.[57]

Troas war für ihn dieses Mal nicht nur eine Durchgangsstation. Es handelte sich auch nicht lediglich um einen kurzen Kontrollbesuch oder eine Reise, die mit der Kollekte für Jerusalem in Verbindung stand. Er war vielmehr nach Troas gekommen "εἰς τὸ εὐαγγέλιον τοῦ Χριστοῦ". Diese Formulierung legt nahe, daß es sich um einen eigentlichen Gemeindegründungsbesuch handelte.[58] Die Missionstätigkeit hatte einen vielversprechenden Anfang genommen (θύρας μοι ἀνεῳγμένης ἐν κυρίῳ, vgl. 1.Kor. 16,9). Diese Deutung läßt sich gut mit Informationen aus der Apostelgeschichte in Einklang bringen, die besagen, daß es Paulus eilig hatte, auf seiner sog. "zweiten Missionsreise" nach Europa zu kommen (Apg. 16,8-11). Obwohl sich Paulus auch zu dieser Zeit in der Stadt aufhielt, gibt es in der Erzählung der Apg. keinerlei Hinweis auf eine Predigttätigkeit oder gar Gemeindegründung.[59] In der Apostelgeschichte wird Troas das nächste Mal erwähnt, wenn von der Reise des Apostels von Korinth nach Jerusalem am Ende der sog. "dritten Missionsreise" berichtet wird. Er machte während seiner Reise sieben Tage in Troas Station; dort gab es schon eine funktionierende Gemeinde (Apg. 20,5-12). Diese Gemeinde wäre also irgendwann zwischen den beiden in der Apostelgeschichte erwähnten Besuchen gegründet worden. Erhärtet wird diese Theorie dadurch, daß Paulus den Begriff εὐαγγέλιον häufig als Synonym für Mission verwendet (Röm. 15,16.19; 1.Kor. 4,15; 2.Kor. 10,14; 1.Thess. 1,5; 2,2). "Das Evangelium verkünden" bedeutete in der Praxis oft die erstmalige Verkündigung der christlichen Heilsbotschaft an irgendeinem Ort.[60]

Obwohl sich Paulus darauf hätte konzentrieren müssen, die Kollektenangelegenheit zum Abschluß und alles, was in der Gemeinde von Korinth durcheinander geraten war, in Ordnung zu bringen, brachte ihn seine ursprüngliche und wesentliche Berufung gleichsam wieder auf "Nebengleise". Daß Paulus bei seiner Tätigkeit unter einem Druck dieser Art stand, bezeugen schon die Verse 1.Kor. 16,8-9: Paulus hatte sichtlich Schwierigkeiten, die fruchtbare Aufgabe des Missionspredigers aufzugeben und sich auf die Querelen der Kirchenpolitik einzulassen. Auf dieser Basis läßt sich die Situation in Ephesus nach dem "Zwischenbesuch" wie folgt rekonstruieren: Paulus erhielt, nachdem er in Korinth eine Niederlage erlitten hatte, eine vielversprechende Einladung, in Troas mit der Verkündigung des Evangeliums zu beginnen. Auch sonst waren die Jahre, die Paulus in Ephesus verbrachte, Jahre intensiver Missionstätigkeit, nicht allein in der Stadt, sondern auch in deren Umgebung, in der Paulus mit seinen Mitarbeitern wirkte.[61] Möglicherweise hatte schon einer dieser Mitarbeiter in Troas vorbereitende Arbeit geleistet und Paulus durch ihn den Anstoß bekommen, selbst in die Stadt zu gehen.

Wie brachte Paulus seine Missionstätigkeit mit dem zwischen ihm und den Korinthern schwelenden Konflikt in Einklang? Der Beschluß nach Troas zu gehen bedeutete faktisch, den Gedanken, alsbald nach Korinth zurückzukehren, aufzugeben. Dies läßt sich gut mit dem Umstand in Einklang bringen, daß Paulus einen Brief nach Korinth schickte zum Ausgleich dafür, daß er den baldigen Wiederbesuch gestrichen hatte. Der Beschluß, den Korinthern Zeit zu geben, in sich zu gehen, verschaffte ihm mehr Bewegungsraum für seine Terminplanung. Diese neugewonnene Zeit nutzte er für eine Missionstour nach Troas aus. Die Möglichkeiten, die sich ihm dort eröffneten, bestärkten ihn dann für ihren Teil möglicherweise darin, sein den Korinthern gegebenes Versprechen einer baldigen Rückkehr in die Gemeinde abzuändern. Nachdem er die Pläne für Troas festgemacht hatte, diktierte er den "Tränenbrief" und schickte Titus, um diesen nach Korinth zu bringen - nicht ohne Titus vorher angewiesen zu haben, von dort aus zu ihm nach Troas nachzukommen.[62]

Welche Pläne hatte Paulus für die weitere Reise nach Beendigung der Tätigkeit in Troas gefaßt? Man könnte die Sache so verstehen, daß Paulus schon als er Titus nach Korinth schickte und beschloß, selbst nach Troas zu gehen, bewußt auf seinen ursprünglichen in 1.Kor. 16 dargelegten Reiseplan zurückgegriffen hatte. Durch seine geographische Lage hätte sich Troas gut für diese Entscheidung angeboten. Paulus hätte ins Auge gefaßt, dann nach getaner Arbeit von dort nach Makedonien weiterzureisen.[63]

Eine weitere Auslegungsmöglichkeit besteht in der Annahme, daß Paulus zunächst beabsichtigte, nur nach Troas zu gehen, um von dort direkt mit Titus nach Korinth weiterzureisen und danach die Makedonienreise so wie in 1,15-16 geplant, durchzuführen.[64] Gegen diese Alternative lassen sich jedoch schwerwiegende Einwände vorbringen. Hätten Paulus nur äußere Umstände, nämlich Titus in Troas nicht angetroffen zu haben, gezwungen, auf seinen in 1.Kor. 16 vorgelegten Plan zurückzukommen, hätte er die Apologie in 1,15-23 anders formuliert. Ihm wäre diese Verteidigung dann viel leichter gefallen. Die Rückreise von Troas direkt nach Korinth über das Meer hätte sich - was Korinth betrifft - in den Zeitplan eingefügt, den Paulus im Rahmen seines Doppelreiseplanes eingehalten hätte. Paulus hätte sich deshalb etwa folgendermaßen rechtfertigen können: Ich habe es versucht, aber durch Gründe, für die ich nichts konnte, ist es mir nicht gelungen. Die Art wie sich Paulus tatsächlich verteidigt, spricht jedoch dafür, daß der länger gefaßte Zeitrahmen der Rückkehr nach Korinth gerade so von ihm selbst gewollt war.

Die Ungewißheit darüber, welchen Ausgang die Situation in Korinth nehmen würde, behinderte Paulus' Wirken in Troas sehr. Man könnte die Situation mit der Sorge um die Gemeinde in Thessalonich, wie sie in 1.Thess. 3,1-10 beschrieben ist, mit der Einschätzung, die Paulus in diesem Zusammenhang von der eigenen Situation gibt (μηκέτι στέγοντες) und seinen Maßnahmen zur Klärung der Lage vergleichen. Nach Apg. 17,16 und 18,5 erwartet Paulus seine nach Thessalonich gesandten Helfer schon in Athen, aber sie stoßen erst in Korinth auf ihn. Falls diese Information zutrifft, wird die Analogie zu den Ereignissen auf der Reise nach Troas noch deutlicher. Die Unkenntnis des Paulus hinsichtlich der Gemeinde in Thessalonich und der dorthin gesandten Männer dürfte die in vieler Hinsicht betrübliche Lage des Paulus bei seiner erstmaligen Ankunft in Korinth (1.Kor. 2,3) einigermaßen erklärlich machen.[65] Paulus war in seiner Handlungsfähigkeit offensichtlich vor allem dann behindert, wenn er Schwierigkeiten mit einer der von ihm gegründeten Gemeinden hatte.[66] Läßt sich vielleicht auch der "Mißerfolg" in Athen in dieser Weise erklären?

Der Wortlaut von 2,12-13 legt den Schluß nahe, daß Paulus damit rechnete, Titus sofort bei seiner Ankunft in Troas anzutreffen (ἐλθὼν... οὐκ ἔσχηκα ἄνεσιν... τῷ μὴ εὑρεῖν με Τίτον). Als dieser dann auf sich warten ließ, trat Paulus von Unruhe getrieben früher als geplant seine Weiterreise nach Makedonien an. Ihm war also die Route des Titus über Land bekannt, da er nicht befürchtete, diesen zu verpassen.[67] Für Troas bedeutete diese Abreise, daß die dort hoffnungsvoll begonnene Arbeit erst einmal auf halbem Wege stecken blieb.[68]

Zieht man die unterschiedlichen Längen der Strecken in Betracht, die Paulus und Titus zurücklegen mußten, um dasselbe Ziel, Troas, zu erreichen, wirkt die irritierte Reaktion des Paulus in Troas befremdlich. Warum zeigte sich der Apostel, der einen viel kürzeren Weg zurückzulegen hatte, so überrascht, als er bei seiner Ankunft in der Stadt bemerkte, daß Titus dort noch nicht angekommen war? Die Lösung dieses Problems ergibt sich, wenn man davon ausgeht, daß Paulus durch irgendeinen Umstand davon abgehalten war, von Ephesus abzureisen, nachdem Titus schon die Segel gesetzt hatte. Auf solche Ereignisse, die seine Abreise verzögert hatten, spielt Paulus in 1,8-11 an. Er geriet demnach in Ephesus in Todesgefahr: Die Art wie Paulus von dieser Sache spricht (οὐ γὰρ θέλομεν ὑμᾶς ἀγνοεῖν... ὑπὲρ τῆς θλίψεως) macht deutlich, daß die Korinther erst als sie diese Zeilen zu Gesicht bekamen zum ersten Mal von seiner "Bedrängnis" in Asien hörten. Anders gesagt, auch Titus hatte ihnen nichts davon berichten können.[69]

Hinsichtlich der Frage, wie die in 1,8-11 geschilderte Trübsal zeitlich einzuordnen ist, vertritt z.B. Schlatter eine andere Auffassung. Er sieht in den Worten: "Wir wollen euch nicht in Unkenntnis lassen" keinen Beweis dafür, daß die Korinther nicht schon vorher von dieser Bedrängnis des Paulus gewußt hätten. Daß Paulus überhaupt keine konkreten Einzelheiten dieses Ereignisses angibt, weist seiner Auffassung nach genau in die entgegengesetzte Richtung.[70] Auch Windisch hält es für wahrscheinlich, daß die Korinther schon von dritter Seite von der Bedrängnis des Paulus gehört hatten, als dieser davon in seinem Brief Mitteilung machte. Windisch gibt eine überzeugend klingende Erklärung für den Stil, in dem über das Ereignis berichtet wird. Da Paulus noch beim Eingangsteil seines Briefes ist, gilt sein Bestreben einem möglichst feierlichen und von allen profanen Details freien Stil. Zu den in diesem Abschnitt sonst vorkommenden feierlichen Lobpreisungen Gottes passen keine Beschreibungen konkreter Schwierigkeiten. Auch gibt es gleichzeitig seelsorgerlich - pädagogische Gründe, die ihn veranlassen, seine Erfahrungen als für alle Christen gleichermaßen gültige Wahrheiten zu verallgemeinern.[71]

Die treffende Stilanalyse von 1,8-11, die <u>Windisch</u> bietet, eignet sich auch gut als Stütze für die Auffassung, daß die Korinther von diesen Schwierigkeiten erst Kenntnis erhielten, als sie die Kap. 1 - 7 zu lesen bekamen. Das Fehlen einer detaillierten Schilderung erklärt sich gut daraus, daß sie nicht mit dem feierlichen Stil des Briefanfangs zusammengepaßt hätte. Zieht man außerdem in Betracht, mit welchen Schwierigkeiten damals jede Übertragung eines Gedankens als Text auf Papyrus verbunden war, wird ohne weiteres verständlich, daß Paulus davon ausging, daß Titus den Korinthern viele Dinge mündlich auseinanderlegen würde. Darin hätte gut auch eine nähere Schilderung dessen, welchen Gefahren Paulus in Ephesus ausgesetzt war, eingeschlossen werden können. Der zweimalige Artikel τῆς, den Paulus in 1,8 verwendet, läßt sich leicht als Hinweis auf eine solche mündlich übermittelte Information verstehen.

Zur Stützung der Auffassung, die Todesgefahr für Paulus hätte erst bestanden, als Titus schon nach Korinth abgereist war, könnte man den Blick noch auf folgende Sachverhalte richten: Die "Bedrängnis in Asien" mußte sich in jedem Fall nach dem "Besuch in Traurigkeit" ereignet haben, ansonsten wäre sie für die Korinther nichts Neues gewesen. Wenn die Todesgefahr für Paulus schon bestanden hätte, bevor Titus mit dem "Tränenbrief" nach Korinth abgereist war, warum benutzte sie Paulus nicht als Begründung oder als Vorwand, um sich gegen den Vorwurf zu verteidigen, daß er seine angedrohte baldige Rückreise nach Korinth abgesagt hatte? Bemerkenswert ist, daß Paulus, als er die Verzögerung seiner Rückkehr rechtfertigt, in 1,23 und 2,1 in keiner Weise auf seine in Ephesus erlittene "Bedrängnis über alle Maßen" eingeht.[72] Eine einleuchtende Erklärung dafür wäre, daß die "Bedrängnis" erst auftrat, als Paulus schon beschlossen hatte, welche Reiseroute und welchen Zeitplan er auf seiner Reise nach Korinth einhalten wollte und als Titus schon mitsamt dem "Tränenbrief" auf dem Weg war.[73]

Die Todesgefahr, der Paulus in Ephesus ausgesetzt war, hatte seine Reisepläne durcheinandergeworfen und seinen Aufenthalt in der Stadt länger als geplant hinausgezögert. Natürlich ging er davon aus, daß Titus, der von dieser Verzögerung ja nichts wissen konnte, die vereinbarte Route und den vereinbarten Zeitplan einhalten würde. Entsprechend war seine Reaktion in Troas, als er erkennen mußte, daß Titus trotz der inzwischen verstrichenen Zeit noch nicht dort eingetroffen war.

In 7,5-6 beschreibt Paulus, wie sich die Lage entwickelte, nachdem er von Troas nach Makedonien weitergefahren war. Auch dort gab es für ihn keine Beruhigung, da er Titus auch dort nicht antraf. Böse Ahnungen stiegen in ihm auf, dazu kamen noch einige äußere Schwierigkeiten,

"Kämpfe" (μάχαι). Letztere dürften allerdings nicht besonders schwerwiegend gewesen sein, da ja anscheinend <u>alle</u> Schwierigkeiten glücklich behoben waren, als Titus endlich mit guten Nachrichten aus Korinth eintraf.[74]

Die Schilderung der Reisen des Paulus in Kap. 1 - 7 endet in Makedonien. Dies ist ein Indiz dafür, daß der Bericht der Reise über Troas nach Makedonien und die Beschreibung der Rückkehr des Titus aus Korinth zu Paulus nach Makedonien gerade dort geschrieben wurde. Als ein weiteres Argument läßt sich noch Kap. 7 zur Stützung dieser Auffassung heranziehen. Ganz offensichtlich wurde es <u>sehr bald</u> nach dem Wiederzusammentreffen von Paulus und Titus geschrieben. Es spiegelt eindrucksvoll die frische Freude wider, die Paulus verspürte, als die Streitangelegenheiten mit Korinth bereinigt worden waren.[75] Davon, daß auch der Ort, an dem die Kap. 8 - 9 geschrieben wurden, in Makedonien gelegen haben mußte, war schon in Kapitel II 3 die Rede.

4. Die Reisen und Reisepläne des Paulus im Lichte der Kap. 10 - 13

Paulus war sichtlich aufgebracht, als er die Kap. 10- 13 diktierte. Seine Erregung hatte ihre Ursache in dem, was er unlängst in Korinth erleben mußte. Diese Stimmung schlägt sich in allem nieder, was er in diesen Kapiteln vorbringt, in den Schilderungen seiner früheren Besuche in Korinth ebenso, wie auch in seinen Ausführungen über zukünftige Ereignisse.

a) Der wievielte Besuch steht Paulus bevor?

Den Hintergrund für die Kap. 10 - 13 bildet der mißglückte "Zwischenbesuch" des Paulus bei der Gemeinde von Korinth. In 13,1 stellt Paulus zunächst fest τρίτον τοῦτο ἔρχομαι πρὸς ὑμᾶς. Auch ἰδοὺ τρίτον τοῦτο ἑτοίμως ἔχω ἐλθεῖν πρὸς ὑμᾶς in 12,14 paßt bestens zu der Deutung, daß der "Zwischenbesuch" den Kap. 10 - 13 vorausging. Auch Vers 13,2, in dem Paulus von seinem "zweiten Aufenthalt" (παρὼν τὸ δεύτερον) in Korinth spricht, läßt als nächstliegende Annahme den gleichen Schluß zu.

So eindeutig, wie die eben besprochenen Verse auch zu sein scheinen, sind jedoch keineswegs alle Forscher der Meinung, daß den Kap. 10 - 13 zwei Besuche in Korinth vorausgingen. Nicht zuletzt die ältere Forschung, die durch ihre Gesamtauffassung bedingt, gezwungen war, einen "Zwischenbesuch" um jeden Preis abzustreiten, verfuhr so auch bei der Auslegung dieser Verse. Deshalb wurde z.B. Vers 13,1 so gewertet, daß Paulus hier lediglich zum dritten Male seine Absicht kundtat, nach Korinth zu kommen oder überhaupt zum dritten Mal beabsichtigt, zu kommen.[76] Diese Auslegung tut dem Vers allerdings einige Gewalt an. Auf überzeugende Weise verstand schon Windisch, der in 13,1a im Gegenteil "das sicherste Zeugnis für den 'Zwischenbesuch'" sieht, sie umzustoßen. Seiner Auffassung nach ist es sprachlich unhaltbar, dem Vers die Bedeutung "dies dritte Mal komme ich nun wirklich zu euch" anzuinterpretieren. Die Betonung "wirklich" hätte in irgendeiner Form deutlich ausgedrückt werden müssen. Zudem bedeutet die Verbform ἔρχομαι nicht "ich habe die Absicht zu kommen", sondern "ich komme".[77]

Auch aus 13,2 haben die Verfechter der Einheit des 2.Kor. versucht, etwas herauszulesen, was dem natürlichen Duktus dieser Verse völlig widerspricht. So läßt z.B. die Auslegung von Hyldahl keinen Raum für einen "Zwischenbesuch". Hyldahl stellt sich der neueren Forschung, die hier eine gewisse Einmütigkeit erreicht hat, entgegen. Danach wiederholt Paulus hier seine Drohung, die er schon mündlich geäußert hatte, als er ein "zweites Mal zugegen war".[78] Hyldahl dagegen sieht die Sache so: ὡς παρὼν τὸ δεύτερον καὶ ἀπὼν νῦν muß übersetzt werden "wie (schon) anwesend zum zweitenmal und (jedoch tatsächlich) jetzt abwesend". Weiterhin ist er der Auffassung, daß das Verb προείρηκα nicht irgendeine in der Gemeinde mündlich vorgebrachte Drohung anzeigt, sondern auf den 1.Kor. und in ihm besonders auf die Verse 1.Kor. 4,14-21 hinweist. Als Bindeglied zwischen 2.Kor. 13,2 und 1.Kor. dient nach Hyldahl 2.Kor. 1,23. Nach der richtigen Auslegung des Verses wäre der Brief lediglich ein vorläufiger Ersatz für den bevorstehenden Besuch in Korinth. Der zweite Besuch des Paulus in Korinth stünde demnach erst noch bevor.[79]

Gegen Hyldahls Auslegung, die die Drohungen in 13,2 und 1.Kor. 4,14-21 auf diese Weise verbindet, spricht schon die Tatsache, daß in der Drohung 2.Kor. 13,2 der Ton viel ernster ist als in 1.Kor. 4,14-21. Weiterhin ist zu beachten, daß das Verb προείρηκα unmöglich mit dem Inhalt von Vers 1,23 in Verbindung gebracht werden kann. In 1,23 sagt Paulus nicht mit etwas anderen Worten dasselbe wie in 13,2, sondern genau das Gegenteil davon aus: Er verzichtete auf sein Kommen, um die Gemeinde zu schonen. 13,2 zufolge wird er, wenn er kommt, die Gemeinde keineswegs schonen. In Hyldahls Auslegung weisen außerdem die Zählung "der dritte" (13,1) und "der zweite" in unnatürlicher Weise auf denselben bevorstehenden Besuch in Korinth hin; überzeugender wäre es, wenn die Unterschiedlichkeit der im Text so eng auf einander folgenden Zahlen auch ernst genommen würde.[80]

Hyldahl zufolge müßte man die These von einem "Zwischenbesuch" auch deshalb aufgeben, weil nur ein Mensch mit schwachem Charakter so handeln würde, wie die mit dem "traurigen Zwischenbesuch" argumentierende Forschung bei Paulus annimmt. Er hätte, von einem unbefriedigend verlaufenen Besuch zurückgekehrt, sofort an die Gemeinde geschrieben, daß er sie beim nächsten Mal nicht schonen würde. Dies wird durch das Faktum unglaubhaft, daß Paulus die Gemeinde eben gerade vor strengen Maßnahmen bewahrt hatte. Hyldahl stellt fest, daß ein solches Vorgehen von geringem Format zeugt, was auf eine Persönlichkeit eines Paulus nicht paßt. War doch der Apostel, wie er sagt "ein tüchtiger und erfahrener Mann".[81] Wenn es auch methodisch unzulässig ist, die Charakterstärke des Paulus auf diese Weise als axiomatische Größe zu verwenden, wie es Hyldahl hier tut, entbehren seine Argumente hier nicht einigen Gewichtes. Sie reichen zwar nicht aus, der Theorie vom "Zwischenbesuch" den letzten Stoß zu versetzen, haben aber ihre Bedeutung, wenn gefragt werden soll, was denn nun tatsächlich auf diesem "Zwischenbesuch" passiert ist. Wir werden auf dieses Problem später noch zurückkommen.

Für die Annahme, daß Paulus schon zweimal in Korinth gewesen war, als er die Kap. 10 - 13 diktierte, und daß der zweite Besuch der "traurige Zwischenbesuch" war, sprechen auch noch 10,1.10. Diese Verse befassen sich mit der Kritik, die von den Korinthern an Paulus wegen seiner "Hilflosigkeit" während seiner persönlichen Anwesenheit geübt worden war. Auch wenn schon auf dem ersten Besuch in Korinth eine gewisse Hilflosigkeit spürbar geworden war (1.Kor.2,3), fand der Auftritt, der dann zum Anlaß der Kritik wurde, erst während des darauf folgenden Besuches, eben des "Zwischenbesuches" statt. Das Bedürfnis, das persönliche Auftreten Paulus zu kritisieren, entstand unter den Korinthern erst, nachdem der 1.Kor. schon angekommen war: In der Gemeinde waren neue Lehrer eingetroffen, "Superapostel", an denen Paulus gemessen wurde. Über seine Predigt auf dem Gründungsbesuch konnte Paulus freimütig sagen, daß die Gegenwart der Kraft Gottes und des Geistes in ihr sichtbar geworden war (1.Kor. 2,4). Die "Verachtungswürdigkeit" der Rede, auf die in 10,10 hingewiesen wird, kann demnach kaum bloß eine Neubewertung eines zuvor als stark und gewichtig empfundenen Redens des Apostels sein. Es liegt näher, sich vorzustellen, daß die Korinther erneut Gelegenheit hatten, den Apostel zu hören und ihn auf diese Weise in voller Aktion - nicht nur aus der Erinnerung - mit anderen Rednern vergleichen konnten. Diese neuerliche Redeprobe weckte unter den Korinthern Zweifel, ob wirklich Christus durch Paulus spricht (13,3). Sichtbare Zeichen des Geistes und der Kraft konnten sie eher bei den Gegnern des Paulus, den "Superaposteln" erkennen, wie aus der Verteidigung des Paulus in Kap. 10 - 13 geschlossen werden kann.[82]

Aufgrund der bisherigen Überlegungen kann man festhalten, daß es keinen überzeugenden Grund gibt, die in der Forschung schon lange einen festen Stand erreichte Auffassung aufzugeben, daß Paulus, als er Kap. 10 - 13 schrieb, einen "Besuch in Traurigkeit" in Korinth hinter sich hatte und der in diesen Kapiteln angedrohte nächste Besuch der dritte war.[83]

b)   Der "Besuch in Traurigkeit"

Was für ein Besuch war dieser "Zwischenbesuch", der den Kap. 10 - 13 vorausging? Wir sind schon zu der Schlußfolgerung gelangt, daß nach der einleuchtendsten Auslegung von 13,2 Paulus sich bei diesem Aufenthalt genötigt sah, Drohungen gegen die Gemeinde auszusprechen. Er sagte: ἐὰν ἔλθω εἰς τὸ πάλιν οὐ φείσομαι. Die Atmosphäre war also recht angespannt. Sind doch auch die Kap. 10 - 13 durch die Bank eine Verteidigung des Paulus angesichts der gegen ihn vorgebrachten Beschuldigungen. Paulus bezieht sich in seiner Verteidigung an keiner Stelle auf Dritte, die ihm die Information über die gegen ihn erhobene Kritik zugetragen hätten. Die Angelegenheit erfährt in dieser Hinsicht eine andere Behandlung als im 1.Kor., und die Unmittelbarkeit, mit der dies geschieht, beweist, daß Paulus gerade erst selbst persönlich erlebt hat, was in Kap. 10 - 13 berichtet wird. Unsere früher aufgestellte

These, daß der "Zwischenbesuch" vor der Abfassung dieser Kapitel stattgefunden hatte, wird durch deren allgemeinen Charakter bestätigt. Folglich liegt der Schluß am nächsten, daß Paulus die Kritik an seiner "Unterwürfigkeit" bei seinem persönlichen Auftreten und an der "Verachtungswürdigkeit" seines Redens (10,1.10) bei seinem "Zwischenbesuch" direkt ins Gesicht gesagt bekam. Durch die Weise, wie Paulus die gegen ihn erhobene Kritik zitiert, wird diese Auslegung noch gestützt (φησίν).[84]

Die Kritik, mit der Paulus während des "Zwischenbesuches" bedacht wurde, enthielt auch Zweifel an seinem Christusverhältnis. Darauf deutet Vers 10,7 hin. Der wahrscheinlichsten Auslegung von Vers 13,3 nach, hielten es die Korinther für angebracht, Beweise dafür zu fordern, daß "Christus in (durch) Paulus spricht", während sie gleichzeitig Christus in ihrem eigenen Leben spürbar wirksam sahen.[85] Während des "Zwischenbesuches" geriet also das für unzureichend erachtete Pneumatikertum des Paulus in die Schußlinie. Anlaß für diese Einschätzung boten die "Superapostel", die sich mit ihrer besonderen, in den Augen der Korinther pneumatischen, Begabung in der Gemeinde breit gemacht hatten. Offensichtlich vertraten und förderten diese neuen Lehrer jene ekstatische Frömmigkeit, zu der die Gemeinde schon dem Zeugnis des 1.Kor. zufolge, eine große Neigung verspürte. Paulus hatte dieser dagegen nicht viel Wert beizumessen vermocht und daher versucht, die Begeisterung der Korinther in produktivere Bahnen zu lenken.[86] Ihre Ekstatik kam aber gerade in dieser neuen Situation erneut zur Blüte. Sie wurde zum Ausgangspunkt für die scharfe Kritik an dem Mann, der früher selber ihre religiösen Anschauungen und Praktiken kritisiert hatte.

Paulus war nicht in der Lage, die Situation in den Griff zu bekommen, nachdem er in Korinth angekommen und sich über den Zustand der Gemeinde klar geworden war. Das einzige Mittel, das bei den Korinthern angeschlagen hätte, wäre gewesen, durch einen demonstrativen Akt alle Zweifel an seiner mangelhaften Geisterfülltheit zu zerstreuen. Er hätte zu Bedingungen auftreten müssen, wie sie von den Korinthern und ihren "Superaposteln" diktiert worden wären; er hätte eben genau solche pneumatischen Vorführungen wie seine Gegner bieten müssen. Das wäre allerdings seinem verinnerlichten Glaubensverständnis zuwider gelaufen, seinen "kreuzestheologischen" Anschauungen, die er später in dem Ausdruck "die Kraft wird in der Schwachheit vollständig" (12,9) kulminieren konnte.[87] Er konnte also auf seinem "Zwischenbesuch" nicht den Forderungen entsprechen, die die Korinther an ihn richteten. Er wollte und konnte nicht die von ihm erwarteten pneumatischen Beweisstücke liefern.[88] Als einzige Option verblieb ihm in dieser Lage nur noch die Bestrafung der Gemeinde, die ihn verlassen hatte und ihm ungehorsam geworden war, d.h. die Gemeinde mit einem Fluch und dem Gericht, d.h. mit dem Ausschluß aus dem Heil zu belegen. Das wäre die einzige Demonstration gewesen, zu der Paulus im Rahmen seiner von der jüdischen Eschatologie geprägten Grundanschauung fähig gewesen wäre.[89]

Es ist ganz natürlich, daß Paulus während seines "Zwischenbesuches" nicht sogleich die Durchführung einer harten Linie beschließen konnte, aber er äußerte in Korinth die Drohung, daß er in Zukunft "schonungslos" gegen die Gemeinde vorgehen würde. Zu diesem Zeitpunkt stand diese Drohung noch unter einem Vorbehalt: Die Gemeinde würde mit aller Härte erfahren, was ihr gebührt, wenn sie keine Buße tut. Auf diese Bedingung verweist auch die Konjunktion ἐάν in Vers 13,2. Es konnte also nicht darum gehen, daß Paulus während seines Aufenthaltes in Korinth oder während der Abfassung der Kap. 10 - 13 unentschlossen gewesen wäre, ob er überhaupt in die Gemeinde kommen sollte. Der Besuch war eine beschlossene Sache (12,14; 13,1). Doch der ἐάν-Satz in 13,2 läßt sich auch ganz anders verstehen. Paulus formuliert hier seine Gedanken in verdichteter Form und möchte im Grunde genommen sagen: "Falls ich zu euch komme, um euch zu bestrafen, werde ich euch nicht schonen."

Z.B. Kennedy versteht den ἐάν-Satz dahingehend, daß zwar unsicher war ob Paulus zurückkehren würde, aber keineswegs unsicher, welcher Natur dieser Besuch wäre, wenn er käme. Es könnte sich dann nur um eine strenge Visitation handeln. So verstanden liefert 13,2 laut Kennedy einen starken Beweis dafür, daß der "Tränenbrief" sich gerade aus den Kap. 10 - 13 zusammensetzt.[90] - Dennoch aus den Kap. 10 - 13 allein vermag der Leser noch nicht zu schließen, daß ihr Verfasser den Leser "zu schonen beabsichtigt" (1,23) und darum nicht in die Gemeinde kommt. In diesen Kapiteln ist die Androhung von Strafe einfach zu offenkundig, als daß ein unvoreingenommener Leser sie nicht in dieser Weise allein aufgrund des ἐάν-Satzes hätte verstehen müssen.

Die schwankende Haltung des Paulus - kommt er oder kommt er nicht - gehört naturgemäß eher in die Zeit bevor er sich daran machte, die Kap. 10 - 13 in Angriff zu nehmen; als er diese dann schrieb, wußte er schon, was er unternehmen würde. Wie sonst hätte er die Kapitel dem Titus zur Überbringung an die Gemeinde geben, und diesem zugleich Instruktionen über ihren Treffpunkt erteilen können? Reiseroute und Zeitablauf waren schon festgelegt, und man war bestrebt, sie genau gemäß der Abmachung einzuhalten, die beide getroffen hatten, bevor Titus samt den Kap. 10 - 13 nach Korinth ging.[91]

Versteht man den Mißerfolg des Paulus während des "Zwischenbesuchs" in dieser Weise, erscheinen sein Verhalten und Charakter in keinem falschen Licht. Man braucht sich dann nicht mehr vorzustellen, daß Paulus Hals über Kopf einer unerträglichen Situation entfliehen würde und gleichzeitig ohnmächtige Drohungen ausstieße. Wenn man nämlich davon ausgeht, daß die "Schwachheit", die Paulus in Korinth aufwies, Schwachheit allein im Sinne der Hitzköpfe von Korinth war, wofür sich in den Kap. 10 - 13 genügend inhaltlicher Anhalt findet, fällt kein Schatten auf seinen Charakter.

Andere Versuche, das Verhalten des Paulus während des "Zwischenbesuches" so gut es geht zu erklären, sehen etwa so aus:

König stützt sich auf die Krankheit des Paulus als Erklärung für dessen Versagen in Korinth und seine baldige Abreise aus der Gemeinde. Die Trauer, von der Paulus wegen des schlechten Zustandes dort übermannt wurde, brach in Form eines epileptischen Anfalls hervor, der Paulus zwang, die Stadt zu verlassen.[92] Theoretisch ist das nicht ausgeschlossen, aber Spekulationen dieser Art über die Auswirkungen der Krankheit des Paulus auf verschiedene Phasen seines Leens bleiben natürlich recht hypothetisch. Die Stelle, an der Paulus von seiner Krankheit spricht, 12,7-10 stützt eine solche Deutung jedenfalls nicht.[93]

Nach Suhl wiederum bedeutete die Abreise des Paulus aus Korinth eine demonstrative Geste. Sie hatte zur Folge, daß die Korinther wieder zu Sinnen kamen. Damit war der Boden für eine Sinnesänderung bereitet, die sich endgültig unter dem Einfluß des "Tränenbriefes" vollziehen sollte, der von Titus gebracht wurde.[94] Diese Auslegung mag sehr wohl zutreffen und kann mit der früheren Deutung, daß Paulus theologische Hemmungen hatte, in Korinth die geforderten pneumatischen Vorführungen zu bieten, zusammengezogen werden.

Auch Schmithals widerspricht der Auffassung, daß Paulus auf unfeine Weise einer schwierigen Situation aus dem Weg gegangen wäre und dann aus sicherer Entfernung der Gemeinde den provokativen "Tränenbrief" zukommen lassen hätte. Dieser berechtigte Versuch, den Ruf des Paulus vor übertriebenen Ausmalungen seines in Korinth widerfahrenen Mißgeschicks zu bewahren, verleitet Schmithals jedoch dazu, das Verhältnis zwischen Paulus und den Korinthern unnötig zu verkomplizieren. Schmithals ordnet den "Zwischenbesuch" und das Paulus in Korinth widerfahrene Unrecht zeitlich unterschiedlich ein. Die "Apologie" d.h. der Abschnitt 2,14 - 7,4 wäre erst nach dem "Zwischenbesuch" von Titus nach Korinth gebracht worden; Titus hätte sich dann noch länger in der Gemeinde aufgehalten und wäre auch Zeuge geworden, als ein Gemeindeglied scharf den abwesenden Paulus angriff. Dies wiederum hätte Paulus veranlaßt, der Gemeinde den "Tränenbrief" zu senden und den Reiseplan von 1,15-16 aufzugeben und die Reise statt dessen dem Plan von 1.Kor. 16 gemäß durchzuführen.[95] Diese These ist so kompliziert, das sie verständlicherweise keine weiteren Fürsprecher fand.[96]

Am wahrscheinlichsten ist die Annahme, daß Paulus, nachdem er begriffen hatte, daß seine Einflußmöglichkeiten an ihre Grenzen gestoßen waren, den geordneten Rückzug aus der Gemeinde antrat. Sicherlich besteht die Möglichkeit, daß Paulus, als er sich in Korinth aufhielt, wegen des Streites mehr als sonst niedergeschlagen war und sich dies auch in seinem Auftreten gezeigt hatte. Seine Beurteilungen, die den Hintergrund von 10,1 bilden, können nämlich teilweise auf eine "Schwäche" dieser Art hindeuten. Dadurch wird Paulus noch nicht zum Feigling oder zu einem sich sonstwie ungebührlich verhaltenden Menschen. Einzig an einer Stelle dürfte er unüberlegt gehandelt haben, nämlich als er den Korinthern mit seiner baldigen und strengen Rückkehr drohte, einer Drohung, von der er später teilweise wieder zurücktreten mußte. Diese These erhält auch durch Vers 1,23 eine Stütze, wo Paulus seinen Verzicht auf die Rückkehr verteidigt.

c) Das Spannungsverhältnis zwischen den verschiedenen Besuchsankündigungen

Die Strafandrohung, die Paulus schon in Korinth vorgebracht hatte, wird in den Kap. 10 - 13 fortgesetzt. Sie erscheint nicht nur im schon besprochenen Vers 13,2, sondern auch an anderer Stelle. Das Stück 10,1-6 enthält eine massive Drohung, wenn nötig, die apostolische Strafgewalt auszuüben. Geschehe was wolle, Paulus würde auf jeden Fall seine strafende Gewalt "gegen etliche" (10,2) einzusetzen wissen. Mit den "Etlichen" wären die neuen Lehrer in der Gemeinde gemeint.[97] Der schwerverständliche Satz ζήσομεν σὺν αὐτῷ ἐκ δυνάμεως θεοῦ εἰς ὑμᾶς in 13,4 läßt sich am ehesten als eben eine solche massive Drohung verstehen, das Urteil in der Gemeinde in die Tat umzusetzen.[98] Auch die ironische Bemerkung ἐλπίζω δὲ ὅτι γνώσεσθε ὅτι ἡμεῖς οὐκ ἐσμὲν ἀδόκιμοι in Vers 13,6 enthält eine an die Korinther gerichtete Drohung.[99] Der Leser gewinnt durch sie den Eindruck, daß die Kap. 10 - 13 in einer Situation geschrieben wurden, in der sich Paulus auf eine strenge Strafexpedition vorbereitet und bald darauf in der Gemeinde von Korinth auftauchen wird. Nicht zuletzt die Drohung in 13,2 προλέγω... ὅτι ἐὰν ἔλθω εἰς τὸ πάλιν οὐ φείσομαι ist ihrer Natur nach so kategorisch, daß für etwas anderes als eine Strafaktion beim Besuch des Paulus kein Raum mehr bleibt, wenn man die Drohung ernst nehmen will. Der Eindruck, daß eine Bestrafung die einzige Handlungsmöglichkeit gegenüber den Korinthern wäre, wird auch durch 12,20-21 erhärtet; dort macht ein pessimistischer Paulus aus seinen Befürchtungen vor dem, was ihn wohl in Korinth erwartet, keinen Hehl.[100]

In den Kap. 10 - 13 finden sich neben den Strafandrohungen jedoch auch Teile, aus denen ein anderer Geist spricht. Das oben besprochene Stück 10,1-6 enthält neben der Strafandrohung auch das Bild einer anderen Möglichkeit : Paulus ersucht die Korinther, sich so zu bemühen, daß er ihnen gegenüber nicht so hart auftreten muß. Günstigere Zukunftsaussichten zeigen sich auch in 10,15 und 12,14-15. Zweck der Kap. 10 - 13 dürfte also nicht allein die Bekanntgabe eines schon gefaßten, unumstößlichen Urteils über die Korinther gewesen sein. Trotz aller harten Drohungen hatten die Kap. 10 - 13 ihren Sinn doch vor allem darin, zu verhindern, daß Paulus den Korinthern mit Strenge gegenübertreten müßte. Zu diesem Zweck waren in diese Kapitel die Klarstellungen über die apostolische Wirksamkeit des Paulus und die Warnungen vor der ihm zur Verfügung stehenden Kraft, die von ihm vor allem zum "Erbauen" aber auch zum "Verderben" gebraucht werden könnte, eingeflochten (10,8).[101] Die Quintessenz dieser Kapitel findet sich in 13,10: διὰ τοῦτο ταῦτα ἀπὼν γράφω, ἵνα παρὼν μὴ ἀποτόμως χρήσωμαι κατὰ τὴν ἐξουσίαν ἣν ὁ κύριος ἔδωκέν μοι εἰς οἰκοδομὴν καὶ οὐκ εἰς καθαίρεσιν. Paulus sagt hier praktisch, daß der Brief, in dem mit dem baldigen Besuch und der damit fast unvermeidlich verknüpften Strafaktion gedroht wird, allein den Zweck hat, die Gemeinde zur Buße zu führen, bevor er, der Apostel kommt. Das aber bedeutet, daß es sich bei der Reise nicht um eine in allernächster Zukunft bevorstehende Angelegenheit handeln kann. Wer von einem anderen Besserung fordert und erhofft, daß sie auch eintritt, muß dem Betreffenden auch Zeit dazu geben. Natürlich weist gewissermaßen schon der Umstand, daß Paulus überhaupt vor seinem Kommen einen <u>Brief</u> schreibt, auf eine Verzögerung hin.

In den Kap. 10 - 13 existiert also eine Spannung in dem, was Paulus über Natur und Zeitpunkt seines Besuches aussagt. An einigen Stellen spricht er wie selbstverständlich davon, daß er zu harten Strafmaßnahmen greifen muß, an anderen gibt er der Hoffnung Ausdruck, daß die

Sache durch den Brief, an dem er gerade arbeitet, bereinigt wird. Bei den Stellen, die der ersten Kategorie entsprechen, schwingt der Gedanke mit, daß die Reise nach Korinth in nächster Zukunft bevorsteht, während dagegen in den Stellen, die der zweiten Kategorie entsprechen eine solche Färbung fehlt.

Schon früher sind wir zu dem Ergebnis gelangt, daß Paulus auf seinem "Zwischenbesuch" den Korinthern zu verstehen gab, daß er bald zurückkehren werde. Weiterhin sind wir davon ausgegangen, daß Paulus den Entschluß, dann doch nicht so bald nach Korinth zu kommen, faßte, bevor er den "Tränenbrief" in Angriff nahm.[102] Vor diesem Tatbestand stellt sich nun die Frage, ob die in den Kap. 10 - 13 erwähnten Reisepläne überhaupt mit der Theorie in Einklang zu bringen sind, daß eben diese Kapitel den "Tränenbrief" bilden?

U.a. Windisch vertritt die Auffassung, daß mit den Androhungen einer baldigen Rückkehr in Kap. 10 - 13 ein Grund dafür gegeben ist, von der Annahme Abstand zu nehmen, daß es sich bei diesen Kapiteln und dem "Tränenbrief" um ein und denselben Brief handelt. Er führt weiter dazu aus: "Man darf... nicht übersehen, daß 1) die Gemeinde, wenn ihr der Besuch des Ap. mit so drohenden Worten angekündigt war, wie wir sie in C (= Kap. 10 - 13) lesen, über den Aufschub nicht ärgerlich, sondern froh hätte sein müssen; 2) aber ist auch unwahrscheinlich, daß P. erst ein schonungsloses Auftreten ankündigte (13,2.10), dann aber nicht reiste und sich nachträglich damit entschuldigte, er sei, um sie zu schonen, nicht gekommen."[103]

Dem ersten Argument Windischs kann entgegnet werden, daß die Drohungen in Kap. 10 - 13 nach Vers 13,2 kaum eindrücklicher sind, als diejenigen, welche Paulus schon mündlich vor Ort geäußert hatte. Trotz der Härte dieser Drohungen waren die Korinther ungehalten über die Verzögerung der Rückkehr des Paulus. In erster Linie ging es nicht darum, ob der Besuch des Paulus angenehm verlaufen würde oder nicht, sondern es ging um die Glaubwürdigkeit der Worte des Paulus.[104]

Dem zweiten Argument kann man mit dem Hinweis auf die Spannung begegnen, die in den Kap. 10 - 13 in der Haltung des Paulus zu seinem bevorstehenden Besuch besteht. Diese Spannung paßt nämlich bestens in eine Situation, in der Paulus eben von seinem "Zwischenbesuch" zurückgekehrt ist. Ihm sind die harten Worte noch frisch in Erinnerung, mit denen er bei den Korinthern damit gedroht hat, bald wiederzukommen. Dennoch erachtet es Paulus, wenn er von der Reise zurückkehrt, für das beste, die sofortige Rückkehr sein zu lassen. Lieber will er den Korinthern Material und Zeit geben, in sich zu gehen. Statt zurückzukommen, schreibt er "unter vielen Tränen" einen Brief (2,4). Seitdem er in Korinth mündlich seine Zukunftspläne skizziert hatte, hatte sich die Lage in der Tat sehr verändert. Dies zuzugeben, sowohl sich als auch den Korinthern gegenüber, fiel Paulus offensichtlich schwer. Daher ist zumindest psychologisch verständlich, daß der Brief teilweise in einer Form verfaßt ist, die den Geist der Drohungen von Korinth getreulich beibehält. Es ist verständlich, daß Paulus den "Tränenbrief" als möglichst konsequente Fortsetzung seines Auftrittes in Korinth erscheinen lassen will. Er mußte die Korinther und auch sich selbst davon überzeugen, daß die Verzögerung der Reise nicht von früherer Gedankenlosigkeit oder einer möglichen Feigheit herrührt, sondern, daß er weiterhin hinter seinen Worten steht - und das auch, wenn er eigentlich seine Meinung geändert hat. Mit dieser Erklärung läßt sich gut vereinen, daß die Rückkehrankündigungen in den Kap. 10 - 13 im ganzen ohne genauere Angabe des Zeitpunktes auskommen. Die Drohungen in Korinth müssen jedoch eine solche Ankündigung enthalten haben (vgl. 1,23). Eine gewisse Unschärfe im Hinblick auf den Zeitplan war somit die einzige Möglichkeit beim Diktat des "Tränenbriefes", wenn diese Auslegung zutreffend ist.[105]

Die Korinther verstanden es, trotz aller Ausweichmanöver des Paulus, Titus gegenüber den Finger auf diesen wunden Punkt bei Paulus zu legen, so daß Paulus sich genötigt sah, später noch einmal auf die Änderung des Reiseplanes zurückzukommen (1,15 - 2,4). Dabei ist 1,23 nach allem Drumherumgerede ein indirektes Eingeständnis, daß Anlaß zur Kritik tatsächlich bestanden hat.

Die in den Kap. 10 - 13 enthaltenen Rückkehrdrohungen vermögen die Theorie einer Identität dieser Kapitel mit dem "Tränenbrief" nicht zu Fall zu bringen. Zusammenfassend kann man festhalten, daß die Drohung, eine strenge Strafexpedition durchzuführen, schon vor der Abfassung der Kap. 10 - 13 gegeben war, und diese Kapitel dann eigentlich dazu dienten, diese Drohung in eine dem Zweck besser entsprechende Form zu bringen. Man kann sagen, daß Paulus die Reise nach Korinth, die er in den Kap. 10 - 13 ankündigte, auch verwirklicht hat, denn der lediglich aus diesen Kapiteln ersichtliche Reiseplan steht mit der über Makedonien unternommenen Reise in keinerlei Widerspruch. Vergleicht man die tieferliegenden Intentionen des Paulus bei der Abfassung der Kap. 10 - 13 mit den Reiseplänen, die in den Kap. 1 - 7 vorgestellt werden, wird die These, die Kap. 10 - 13 seien der "Tränenbrief" eher gestärkt als geschwächt.

d) Die weitergehenden Reisepläne des Paulus und der Abfassungsort der Kap. 10 - 13

Im Hinblick auf die Reisepläne des Paulus ist der Abschnitt 10,12-18 von Interesse. Neben anderen Themen spricht Paulus dort auch über seine weitergehenden Zukunftspläne. Er plant - laut Vers 10,16 - sich den "jenseits gelegenen Gegenden" zuzuwenden, um dort das Evangelium zu verkünden, sobald die Lage in Korinth geklärt ist. Dabei geht er mit keinem Wort auf die bevorstehende Reise nach Jerusalem ein, sondern schreibt, als sei diese überhaupt nicht mehr aktuell, und dies, obwohl die Reise von Korinth nach Judea Bestandteil des Reiseplanes ist, der in 1,15-16 dargelegt ist und schließlich auch verwirklicht wurde. Die Reise nach Jerusalem gehört dagegen nicht so selbstverständlich zu den in 1.Kor. 16 anvisierten Reisevorhaben.

Stehen die weitergehenden Reisepläne der Kap. 10 - 13 aufgrund des oben Festgestellten in engerer Verbindung zu 1.Kor. 16 als zu 1,15-16? Der Reiseplan aus 1,15-16 hatte vor dem "Zwischenbesuch" Gestalt angenommen, die Kap. 10 - 13 dagegen sind nach dem "Zwischenbesuch" geschrieben worden. Legt man der Ankündigung von 10,16 großes Gewicht bei, ergibt sich das Bild, daß Paulus nach dem "Zwischenbesuch" seine Reisevorhaben auch im Hinblick auf die Jerusalemreise abändern mußte. Eigentlich ist diese Abänderung ganz verständlich, denn mit leeren Händen wäre Paulus kaum nach Jerusalem gegangen. Als die Gemeinde mit Paulus in Streit geriet, war auch der Erfolg der Kollektensammlung bedroht. Paulus hatte nun keine ausreichenden Voraussetzungen für eine ernsthafte Planung der Jerusalemreise (vgl. 1.Kor. 16,4). Als der Streit andauerte, fiel die Kollektenfrage notwendig als ein weniger bedeutendes Thema unter den Tisch, so daß es Paulus in den Kap. 10 - 13 überhaupt nicht anschneidet. Die Angelegenheit ist somit auf Eis gelegt und so unsicher geworden, daß auch die damit zusammenhängende Reise unerwähnt bleibt, wenn Paulus auf seine Zukunftspläne eingeht.

Man sollte bei der Auslegung von 10,16 jedoch auch noch eine andere Möglichkeit in Erwägung ziehen. Der Vers steht in einem Kontext, in dem Paulus über sich vor allem als Verkündiger des Evangeliums spricht. Man könnte nun diesen Gedanken weiterführend annehmen, daß diesmal der Blick des Paulus auch lediglich auf Ziele gerichtet ist, die mit der Verkündigung des Evangeliums zu tun haben. Die Kirchenpolitik, die auch die Kollektenfrage einschließt, und die mit ihr verknüpften Reisen würden bewußt außer Betracht gelassen.

Der Ausdruck εἰς τὰ ὑπερέκεινα ὑμῶν εὐαγγελίσασθαι in 10,16 ist zeitweilig zur Bestimmung des Abfassungsortes der Kap. 10 - 13 zu Hilfe genommen worden. Dem Römerbrief zufolge faßte Paulus nach der Korinthreise als nächstes Reiseziel Hispanien ins Auge (Röm. 15,28). Der gleiche Plan war wahrscheinlich schon beim Diktat von 10,16 herangereift. Hispanien und Rom, durch das Paulus zu seinem neuen Missionsfeld gelangen wollte, liegen im buchstäblichen Sinne "jenseits der Korinther" nur von Kleinasien, respektive Ephesus aus gesehen. Von Ephesus aus läßt sich wenigstens eine halbwegs direkte Verbindungslinie Korinth - Rom - Hispanien ziehen. Es wird daher auch behauptet, daß die Kap. 10 - 13 in Ephesus und nicht beispielsweise in Makedonien geschrieben wurden, da von dort aus betrachtet Hispanien nicht in gleicher Weise "jenseits von Korinth" gelegen ist.[106] Einer solchen Wendung kommt allein allerdings keine sehr große Beweiskraft zu, wenn der Abfassungsort der Kap. 10 -13 bestimmt werden soll, denn auch von Makedonien aus gesehen und vor allem, wenn man die Seereise berücksichtigt, liegen Italien und Spanien gewissermaßen "jenseits" von Korinth.[107] Einen eindeutigen Hinweis auf den Abfassungsort der Kap. 10 - 13 findet man in diesen Kapiteln somit nicht. In dem Falle, daß sie mit dem "Tränenbrief" identisch sind, müssen sie in Ephesus verfaßt worden sein. Inhaltlich spricht in ihnen zumindest nichts dagegen. Auch wenn 10,16 als solcher nichts beweist, paßt er doch gut zu der Annahme von Ephesus als Abfassungsort von Kap. 10 - 13.

5. Der Inhalt des "Tränenbriefes" im Vergleich zum Inhalt der
   Kap. 10 - 13

In den Kap. 1 - 7 beschreibt Paulus an mehreren Stellen seinen nach dem "Zwischenbesuch" an die Gemeinde gesandten "Tränenbrief" und zwar sowohl seinem Inhalt nach als auch in bezug auf seine Auswirkungen auf die Gemeinde; über den Einfluß des Briefes weiß Paulus durch die Informationen, die ihm Titus gegeben hatte, Bescheid. Um die Theorie, die Kap. 10 - 13 seien der "Tränenbrief", zu bekräftigen oder zu Fall zu bringen, ist von Nutzen, zu untersuchen, wie weit die Beschreibung des "Tränenbriefes" in den Kap. 1 - 7 mit den Kap. 10 - 13 zusammenpaßt. Wir fragen also: entsprechen die Kap. 10 - 13 inhaltlich dem, was nach den Kap. 1 - 7 Inhalt des "Tränenbriefes" gewesen sein mußte? Weiterhin wollen wir der Frage nachgehen, ob es denkbar ist, daß die Kap. 10 - 13 bei den Korinthern die gleichen Reaktionen hätte hervorrufen können, wie sie berichtetermaßen vom "Tränenbrief" hervorgerufen wurden.

a)   Inhalt und Zweck des "Tränenbriefes" laut Vers 2,3

Der Leser stößt zum ersten Mal unvermittelt und ohne Vorbereitung auf den unter "vielen Tränen" geschriebenen Brief in 2.Kor. 2,3: καὶ ἔγραψα τοῦτο αὐτό, ἵνα μὴ ἐλθὼν λύπην σχῶ ἀφ' ὧν ἔδει με χαίρειν. Vorher erklärt Paulus, warum er nicht in die Gemeinde zurückkehrte. Grund dafür ist sein Beschluß, von einem zweiten Besuch "in Traurigkeit" (ἐν λύπῃ, 2,1) in Korinth Abstand zu nehmen. Wie oben schon dargelegt wurde, hatte Paulus, wenn man von der nächstliegenden Auslegung der Verse 1,23 und 2,1.3, die von der abgesagten Reise des Paulus sprechen, ausgeht, zu keinem Zeitpunkt beabsichtigt, seine Reise ausfallen zu lassen, sondern es handelte sich nur um eine Verschiebung der Wiederkehr, bis die Umstände günstiger geworden wären.[108] Nach Vers 2,3 war mit dem Brief ja gerade die Absicht verbunden, die Umstände in eine günstigere Richtung zu verändern bzw. die Faktoren auszuschalten, die der Rückkehr den "traurigen" Charakter hätten verleihen können.

Barrett deutet den Schluß von 2,3 (πεποιθὼς ἐπὶ πάντας ὑμᾶς ὅτι ἡ ἐμὴ χαρὰ πάντων ὑμῶν ἐστιν) so, daß Paulus schon bei der Abfassung dieses Briefes auf die Korinther vertraut hatte und darauf, daß sie ihm Freude bereiten würden. Barrett skizziert die Gedanken des Paulus in dieser Situation folgendermaßen: "Es gibt dort zwar Aufsässige, aber als ganzes ist die Gemeinde dort in Ordnung".[109] Das läßt sich allerdings nicht mit dem im folgenden Vers erwähnten Schmerz des Paulus vereinen. Auch die Schilderung des Schmerzes, die Paulus nach dem Schreiben des "Tränenbriefes" auf der Reise in Troas und Makedonien verspürte (2,12-13; 7,5), ebenso wie seine offensichtliche Verblüffung über den glücklichen Ausgang der Situation (7,6-7), weisen eindeutig darauf hin, daß es mit dem Vertrauen des Paulus zu den Korinthern nicht sehr weit her war, als er den "Tränenbrief" schrieb. Am Schluß von 2,3 gibt Paulus auch nicht seine positiven Ansichten über die Korinther während seiner Arbeit am "Tränenbrief" wieder, sondern er schildert die allgemeinere Schicksalsgemeinschaft, die ihn mit ihnen verbindet. Bultmann dürfte richtig liegen, wenn er diese Worte so interpretiert: "Natürlich hätte Paulus auch schreiben können: ὅτι ἡ ἐμὴ λύπη πάντων ὑμῶν ἐστιν."[110]

Worauf bezieht sich τοῦτο αὐτό in Vers 2,3? Im Sprachgebrauch des Paulus können diese Pronomen sowohl nach vorne als auch auf Zurückliegendes weisen.[111] Ihre Verwendung in diesem Zusammenhang erweckt den Eindruck, daß Paulus schon in 2,3 oder in dessen näherer Umgebung ein Stück aus dem "Tränenbrief" zitiert. Lietzmann bietet folgende Alternativen im näheren Kontext von 2,3 an, wo möglicherweise das Zitat stecken könnte: 1) Der "Tränenbrief" hätte laut Vers 2,1 οὐ βούλομαι πάλιν ἐν λύπῃ πρὸς ὑμᾶς ἐλθεῖν oder 2) Vers 1,23 der Wendung zufolge die Worte φειδόμενος ὑμῶν οὐκέτι ἔρχομαι εἰς Κόρινθον oder 3) den Inhalt des Verses 2,2 als solchem oder als letzte Alternative 4) den Inhalt des ἵνα-Satzes in 2,3 beinhalten können.[112]

Unter den von Lietzmann vorgeschlagenen Zitaten scheint vor allem die ἵνα-Satz-Alternative schwer annehmbar. Hier legt Paulus nämlich nicht den Inhalt, sondern den Zweck seines Briefes dar.[113] Ein mögliches Zitat müßte somit eher in einem der dem Vers 2,3 vorausgehenden Sätzen vermutet werden. Damit geht auch gut zusammen, daß auch im Koine-Griechischen das Pronomen οὗτος üblicherweise dann gebraucht wurde, wenn auf etwas hingewiesen wurde, das schon vorher festgestellt worden war.[114] Bei der Analyse der Struktur von 1,23 - 2,2 kann man beobachten, daß die eigentliche Darlegung des Paulus durch 1,23 und 2,1 weitergeführt wird; die Verse 1,24 und 2,2 sind dagegen parenthetische Zwischenbemerkungen, allgemeine Prinzipien, aus denen Handlungsweise und Kenntnisse des Paulus ersichtlich werden, vertiefende Nebenbeobachtungen und Ausschmückungen, mit denen er seine eigentliche Information umgibt. Wenn er tatsächlich mit τοῦτο αὐτό auf irgend etwas anspielt, was er schon im "Tränenbrief" in Worte gefaßt hat, müßte ein solches Zitat eher bei der eigentlichen Information, nämlich in den Versen 1,23 und 2,1 zu finden sein. Beim letzteren fällt auf, daß auch dort das Pronomen τοῦτο vorkommt. Einleuchtend wäre auch deshalb die Annahme, daß die Pronomen τοῦτο αὐτό in 2,3 eben auf das Pronomen τοῦτο in 2,1 zurückweist. αὐτό würde dann besonders betonen, daß es sich gerade um einen Hinweis auf das Pronomen τοῦτο in 2,1 handelt. Dort verweist dieses wiederum auf die Infinitivkonstruktion τὸ μὴ πάλιν ἐν λύπῃ πρὸς ὑμᾶς ἐλθεῖν. Somit hätte Paulus im "Tränenbrief" beispielsweise schreiben können οὐκ ἐλεύσομαι πάλιν ἐν λύπῃ πρὸς ὑμᾶς. Damit entspräche der Inhalt dieses Briefes völlig der Zielsetzung des "Tränenbriefes", so wie er im ἵνα-Satz 2,3 definiert wird.

Bei der Suche nach einem möglichen Zitat im Umfeld von 2,3 sollte als eine beachtenswerte Alternative auch die Möglichkeit nicht völlig außer acht gelassen werden, daß sich das Zitat in 1,23 verbirgt. Dann müßte man bei der Rekonstruktion des Zitates allerdings von einer anderen Lösung ausgehen als der Alternative Nr. 2 von Lietzman. Wenn Paulus nämlich schon im "Tränenbrief", wie Lietzmann auf der Basis von 1,23 vorschlägt, einen solchen Satz geschrieben hätte, brauchte er Gott nicht mehr als Zeugen anzurufen, wenn die Sache aufs neue behandelt wird. Aus dem Abschnitt 1,23 - 2,3 geht hervor, daß Paulus erst jetzt den Korinthern den letztendlichen Grund offenlegt, weshalb er nicht gekommen ist , sondern statt dessen einen Brief geschrieben hat. Im "Tränenbrief" hatte deshalb noch nicht stehen können "um euch zu schonen, komme ich noch nicht nach Korinth". Das in 1,23 verborgene Zitat kann jedoch auch noch auf andere Weise skizziert werden. In 13,2 schreibt Paulus: ἐὰν ἔλθω εἰς τὸ πάλιν οὐ φείσομαι. Diese nachdrücklich vorgebrachte Drohung - vorausgesetzt, die Kap. 10 - 13 sind der "Tränenbrief" - hätte Paulus vor Augen stehen können, als er Vers 1,23 diktierte. Natürlich hätte er sich nicht mehr des genauen Wortlautes erinnern können, aber sicher dessen, daß "Kommen" und "Nicht schonen" in seinem früheren Brief an die Korinther zusammengehörten. Mit dem Pronomen τοῦτο αὐτό in 2,3 würde Paulus somit gerade auf die Drohung aus 13,2 verweisen, die ihm in 1,23 wieder in den Sinn kam.

Das Problem des Pronomens τοῦτο αὐτό kann sich schließlich auch dadurch auflösen, daß es sich überhaupt nicht um einen Hinweis auf irgendein Zitat handelt. Eine Lösung dieser Art bietet Bultmann, wenn er feststellt, daß das "Schreiben" in 2,3 allgemein auf den "Tränenbrief" als ganzes hinweisen könnte; τοῦτο αὐτό bedeuteten dann lediglich, daß Paulus vom fraglichen Brief als Einheit spricht.[115]

Was hätte der von Paulus unterlassene "betrübliche Besuch" konkret bedeuten können? Man kommt dieser Frage auf die Spur, wenn man den sehr nuancierten Gebrauch der Begriffe λύπη, λυπεῖν und λυπεῖσθαι in 1,23 - 2,4 näher untersucht.

Während des "Zwischenbesuches" mußte Paulus "Kümmernis" von Seiten der Korinther erfahren (2,4-5; 7,12). Auch πάλιν in Verbindung mit dem Ausdruck ἐν λύπῃ... ἐλθεῖν (2,1) weist auf die gleiche Erfahrung hin. Andererseits gibt Paulus in deutlichen Worten zu verstehen, daß die Korinther die "betrübte" Seite gewesen wären, falls er zu seinem versprochenen Besuch in die Gemeinde gekommen wäre; in diesem Fall wäre er seinerseits der Verursacher der "Kümmernis" gewesen (φειδόμενος, ἐγὼ λυπῶ ὑμᾶς, 1,23;2,2). Wenn der Schwerpunkt bei dem "Zwischenbesuch" entscheidend auf der "Betrübnis" des Paulus gelegen hatte, so wäre er doch in Zusammenhang mit dem ausgefallenen Strafbesuch auf die Betrübnis der Korinther übergegangen.

Auf der anderen Seite spricht Paulus aber nicht nur davon, daß die Korinther bei dem ausgebliebenen Besuch "in Betrübnis" geraten wären. In 2,3 schreibt er, daß er den Brief geschrieben habe, um nicht selbst von den Korinthern "Kümmernis zu erfahren" (λύπην σχῶ). Das bedeutet nicht, daß er fürchtete, wieder in gleichem Maße gedemütigt zu werden, wie beim letzten Mal; Vers 2,3b kehrt die Aussagen von 1,23 und 2,2, daß Paulus der Urheber von Kümmernis auf seinem Strafbesuch ist, nicht um. Die persönliche Betrübnis in Verbindung mit diesem Besuch hängt vielmehr mit dem "Vertrauen", von dem am Schluß von 2,3 gesprochen wird, zusammen. Paulus betont dort, gleichwie auch anderswo im näheren Kontext von 2,3 (2,2b.5) die Unteilbarkeit seiner und der Korinther Freude und Leid. Wenn eine der beiden Seiten betrübt ist, kann die andere nicht froh sein.[116] Der "Betrübnis bringende" Paulus würde selber bekümmert werden aufgrund der existentiellen Schicksalsgemeinschaft, in der er mit den Korinthern steht. Aus diesem Grund kann man sowohl den "Zwischenbesuch" als auch den von Paulus geplanten, aber dann unterlassenen Strafbesuch mit der allgemeinen Bezeichnung "Trauerbesuch" belegen.

Der Ausdruck ἐν λύπῃ, wie er in 2,1 gebraucht wird, ist also geschickt gewählt. Er vermag nämlich gleichzeitig beide Bedeutungen zu enthalten, also sowohl den von Paulus passiv erlittenen als auch den aktiv verursachten Kummer.[117] Vor allem deshalb kann dem Ausdruck ohne Schwierigkeiten das Wörtchen πάλιν hinzugefügt werden.

Läßt sich nun in den Kap. 10 - 13 Stoff auffinden, der mit dem Inhalt und Zweck des "Tränenbriefes" zusammenpassen würde, wie er aus 2,3 erschlossen werden kann? In 12,20-21 schildert Paulus seine Befürchtungen hinsichtlich der bevorstehenden Reise nach Korinth. Er befürchtet, daß die Lage dort ziemlich schlecht bestellt ist und er deshalb die Gemeinde strafen muß. Auf einen strafenden Paulus deuten in diesem Zusammenhang die Worte κἀγὼ εὑρεθῶ ὑμῖν οἷον οὐ θέλετε hin. Paulus befürchtet zudem, daß ihn Gott vor den Korinthern demütigen könnte. Die Demütigung wäre diesmal nicht von der gleichen Art wie auf dem "Zwischenbesuch", diesmal wäre es die Demütigung des Apostels, der erleben muß, daß sich die von ihm gegründete Gemeinde in einem desolaten Zustand befindet. Paulus müßte sich wegen der Korinther betrüben, wenn er gleichzeitig seine ärgsten Widersacher, wahrscheinlich durch Exkommunikation, bestrafen würde. Der Grund für das "Trauern" läge dann in dem bedauerlichen Umstand, daß eine Strafe überhaupt nötig sein würde. Der Besuch, den Paulus beim Diktat von 12,20-21 vor Augen hatte, wäre somit ein wahrer "Trauerbesuch" gewesen, bei dem beide Seiten bekümmert worden wären.[118] Paulus hegte jedoch, als er die Kap. 10 - 13 diktierte, die Hoffnung, daß so etwas nicht eintreten würde. Er schickte den Brief, um eben dem Zwang, mit Strenge vorgehen zu müssen, zu entgehen. Dies geht aus 13,10 hervor.

Inhalt und Abfassungszweck der Kap. 10 - 13 passen somit ausgezeichnet mit dem Inhalt und Zweck zusammen, den der "Tränenbrief" laut Vers 2,3 und dessen Kontext gehabt haben dürfte.[119] Die in 13,10 dokumentierte Intention der Kap. 10 - 13 ἵνα παρὼν μὴ ἀποτόμως χρήσωμαι ist im Lichte von 12,20-21 verstanden inhaltlich synonym mit der Formulierung ἵνα μὴ ἐν λύπῃ πρὸς ὑμᾶς ἔλθω (vgl. 2,1) und als solche gleichzeitig sachlich völlig mit der Intention des "Tränenbriefes" identisch, wie sie im ἵνα-Satz von 2,3 beschrieben wird. Die Annahme ist also nicht ganz ausgeschlossen, daß Paulus, als er sich später daran erinnerte, was er im "Tränenbrief" geschrieben hatte, möglicherweise meinte, dort, wie er dann in 2,1 schrieb, οὐκ ἐλεύσομαι πάλιν ἐν λύπῃ πρὸς ὑμᾶς geschrieben zu haben. Dem Inhalt nach hatte er in jedem Fall einen Wunsch in dieser Richtung geäußert.

Die für das Problem des Zitates in Frage kommenden Lösungen bereiten somit der Theorie, die Kap. 10 - 13 seien der "Tränenbrief", keine Schwierigkeiten. Im Gegenteil passen die Hinweise in 2,3 über Inhalt und Absicht des "Tränenbriefes" ausgezeichnet mit der These zusammen, daß die Kap. 10 - 13 mit dem "Tränenbrief" identisch sind.[120]

b)   Der "Tränenbrief" im Lichte von Vers 2,4

Paulus offenbart in 2,4 näheres über die Stimmung, in der er sich befand, als er den "Tränenbrief" schrieb, und über die Absicht, die er mit diesem Brief verfolgte. Demnach war der Brief in einer Stimmung verfaßt worden, die Paulus mit folgenden Worten beschreibt: ἐκ πολλῆς θλίψεως καὶ συνοχῆς καρδίας.[121] Wie paßt diese Charakterisierung zum Inhalt der Kap. 10 - 13? Wenn man die Kap. 10 - 13 allein aufgrund ihres eigenen Inhalts charakterisieren sollte, würde man sie kaum als "Tränenbrief" bezeichnen. Von Tränen ist dort nämlich an keiner Stelle die Rede. Die Kapitel spiegeln eher bittere Verärgerung wider, der mit beißendem Spott Ausdruck gegeben wird.[122] In jedem Fall entstanden die Kap. 10 - 13 in einem emotional sehr erregten Zustand. Die Stimmung des Paulus schlug während des Diktates auch öfter um. Wenn man etwa versuchen würde, von den Kap. 10 - 13 einen "Querschnitt der Stimmungen" zu zeichnen, um aussagen zu können, in welcher Gemütsverfassung jedes Teilstück jeweils entstanden sein mag, ergebe dieser "Gefühlsatlas" etwa folgendes Bild.

10,1-12:	starke Verärgerung;
10,13-18:	etwas ruhigerer Abschnitt;
11,1-7:	bittere Ironie;
11,8-11:	Selbstmitleid, ernsthafte Rede, Beteuerung, sich der Gemeinde willen aufgeopfert zu haben und möglicherweise Tränen;
11,12-15:	Zorn und Ärger;
11,16-33:	beißender Spott, der unvermittelt in Selbstmitleid und in die Beteuerung einer der Gemeinde gegenüber empfundenen Empathie übergeht (diese Beteuerung kann sehr gut unter "Tränen" geschrieben worden sein);
12,1-10:	ernsthafte Rede (Paulus mochte geweint haben, als er über seine Krankheit und Schwäche schrieb);
12,11-21:	Selbstmitleid sowie Beteuerung der Liebe und eigenen Aufrichtigkeit, möglicherweise Tränen;
13,1-6:	kräftige Drohungen und starke Verärgerung;
13,7-19(-13):	Versöhnungsbereitschaft und wohlmeinende Ironie.[123]

Auch wenn es schwerfällt, aus diesem Verzeichnis eine bestimmte Stelle herauszulösen, von der sich mit Sicherheit sagen ließe, daß Paulus bei ihrem Diktat geweint haben muß, wird ausreichend deutlich, daß im Material der Kap. 10 - 13 viele Stellen enthalten sind, die mit Tränen verbunden gewesen sein könnten,[124] auch wenn dort Verärgerung, Drohung und bittere Ironie dominieren. Als Analogiefall dafür, daß sich Weinen und erbitterte Polemik gegen Gegner beim Diktieren für Paulus keinesfalls gegenseitig ausschließen, kann man Phil. 3,18 mit seinem Kontext nehmen (vgl. dabei vor allem Phil. 3,2-4).[125] In jedem Falle wird, wenn man die Sache von den Kap. 1 - 7 her untersucht, deutlich, daß, falls Paulus auch nur etwas geweint hatte, als er die Kap. 10 - 13 diktierte, er eben diesem Aspekt unter seinen Gefühlen, als er den "Versöhnungsbrief" diktierte, besonders großes Gewicht beimaß.[126] In keinem Fall hätte es sich für Paulus gelohnt, etwa zu schreiben: "Voller Zorn und Spott schrieb ich euch..." Eine Charakterisierung dieser Art wäre jedoch mindestens ebenso zutreffend wie die Definition von 2,4, unter der Voraussetzung, daß die Kap. 10 - 13 der "Tränenbrief" sind.[127]

Paulus stellt in 2,4 weiterhin fest, daß er den Brief verfaßte, "damit die Korinther die Liebe erkennen, die er sonderlich zu ihnen hat" (τὴν ἀγάπην ἵνα γνῶτε ἣν ἔχω περισσοτέρως εἰς ὑμᾶς). Paßt eine solche Charakterisierung auf die Kap. 10 - 13? Auch wenn Paulus seinen Brief in der oben beschriebenen Weise charakterisiert, machen die Kap. 1 - 7 von ihrem Material her genügend deutlich, daß der "Tränenbrief" kein zärtlicher Liebesbrief gewesen sein kann.[128] Paulus beteuert seine liebevollen Absichten vor dem Hintergrund dessen, was der Brief tatsächlich bewirkt hatte. Der Verfasser eines gewöhnlichen Liebesbriefes braucht dem Empfänger gegenüber nicht zu betonen, was Paulus seinen Empfängern versichern mußte: seine Absicht war nicht, daß die Empfänger des Briefes bekümmert würden (οὐχ ἵνα λυπηθῆτε). Damit ist angedeutet, wie die Korinther tatsächlich auf den Brief reagierten: nachdem sie ihn gelesen hatten, waren sie betrübt geworden. Paulus sagt dies direkt in Vers 7,8 εἰ καὶ ἐλύπησα ὑμᾶς ἐν τῇ ἐπιστολῇ, οὐ μεταμέλομαι.[129] Vers 7,11 dagegen gibt näher wieder, wie die Gemeinde auf den Inhalt des Briefes reagierte: πόσην κατειργάσατο ὑμῖν σπουδήν, ἀλλὰ ἀπολογίαν, ἀλλὰ ἀγανάκτησιν, ἀλλὰ φόβον, ἀλλὰ ἐπιπόθησιν, ἀλλὰ ζῆλον, ἀλλὰ ἐκδίκησιν. Wie kann von einem Brief, der in dieser Weise auf Menschen gewirkt hat, behauptet werden, daß er geschrieben wurde, um die Liebe seines Verfassers zum Empfänger zu erweisen? Die Antwort ergibt sich aus 7,8-9. Danach hätte Paulus in seiner Beziehung zur Gemeinde die alttestamentliche Weisheit beachtet, wie sie in Sprüche 13,24 ihren Ausdruck gefunden hat: "Wer seine Rute schont, der haßt seinen Sohn; wer ihn aber lieb hat, der züchtigt ihn beizeiten." Der Liebeserweis des Paulus geschah demnach wenigsten zum Teil über einige Umwege. Er züchtigt seine geistigen Kinder in brieflicher Form, um in ihnen die "gottgefällige Reue" hervorzurufen" (7,10). Diese Liebe braucht sich also nicht direkt aus dem Inhalt des Briefes zu ergeben, sie zeigt sich vielmehr mittelbar in dem Ergebnis, das der Brief in der Gemeinde erzielt. Paulus freute sich über den Erfolg, den er erzielte. Die Aussage "ich schrieb, damit ihr meine Liebe zu euch erkennt" weist also - wenigsten zum Teil - auf die warmherzige Beziehung hin, die letztendlich zwischen Paulus und der Gemeinde zustande kam. Vom Endergebnis her gesehen konnten auch die Korinther begreifen, daß der "Tränenbrief" einzig und allein dazu bestimmt war, die väterliche Liebe des Paulus in Korinth deutlich zu machen, und daß <u>recht verstanden</u> der Brief durch und durch eben ein Zeugnis der Liebe war und nicht aus dem Wunsch des Paulus entsprang, die Gemeinde zu verletzen.[130]

Wird die Liebe als eine der Motive zur Abfassung des "Tränenbriefes" in der so demonstrierten Weise verstanden, bildet sie keinen Hinderungsgrund mehr dafür, die Kap. 10 - 13 trotz all ihrer Schärfe als "Tränenbrief" anzusehen. Untersucht man die Kap. 10 - 13 näher unter dem Aspekt des Themas Liebe, wird diese Auslegung eher weiter untermauert. Der in den Kap. 1 - 7 sichtbar werdende Widerspruch zwischen den Zügen im "Tränenbrief", die Trauer und Widerstand hervorriefen, und der mit ihm verbundenen Liebesabsicht, erfährt eigentlich durch den in den Kap. 10 - 13 gebotenen Stoff eine sehr einleuchtende Auflösung. Wie schon aus dem zuvor dargestellten "Querschnitt der Stimmungen" in den Kap. 10 - 13 hervorgeht, spielte die Beteuerung der Liebe und der Besorgnis eine zentrale Rolle auch in diesen Kapiteln. Aufgrund dieser Kapitel braucht man die Versicherung des Paulus in 2,4, den Brief in liebender Absicht versandt zu haben, nicht nur vor der durch den Brief erzielten Wirkung zu sehen. Sein Inhalt selbst bietet vielmehr selbst genügend Stoff, um die Charakterisierung, die Paulus in 2,4 gibt, als berechtigt erscheinen zu lassen.[131] Der Widerspruch hinsichtlich der Natur des "Tränenbriefes", wie er aus den Kap. 1 - 7 erschlossen werden kann, löst sich praktisch auf, <u>wenn</u> man die Kap. 10 - 13 als "Tränenbrief" ansieht. Paulus mochte später mit gutem Gewissen auch das Vorkommen des Liebesthemas im Tränenbrief hervorgehoben haben, ebenso wie er im nachhinein behaupten konnte, den

Brief "unter vielen Tränen" geschrieben zu haben.[132]

c) Die Reaktionen, die der "Tränenbrief" laut Vers 7,11 in der Gemeinde hervorrief

Zuvor hatten wir schon die negativen Auswirkungen des "Tränenbriefes" in der Korinther Gemeinde angesprochen. Er hatte den Korinthern Kummer bereitet (7,8). Neben einem positiven "Eifer" und einer positiven "Sehnsucht" hatte er bei ihnen eine "Rechtfertigung", "Entrüstung", "Furcht" und "Strafe" hervorgerufen (7,11). Aus Vers 7,7 könnte dieser Liste noch "Klage" hinzugefügt werden.

Vorausgesetzt, man hält die Kap. 10 - 13 für den "Tränenbrief", liegt die Annahme nicht fern, daß der in ihnen enthaltene bittere Spott und Ärger sowie die Drohungen mit Strafe eben jene zuvor beschriebenen Reaktionen in Korinth hervorgerufen haben. Die positiven Reaktionen, die der Brief ebenso ausgelöst hat, wären dann erst in einer weiteren Phase entstanden, nämlich aus der Wirkung der unter den Korinthern hervorgerufenen "gottgefälligen Traurigkeit"(7,10).

Bei Gefühlen und Reaktionen wie "Betrübnis", "Klage" und "Furcht" läßt sich gut annehmen, daß sie im Laufe der Zeit, als sich die Situation entwickelte, immer mehr von selbst in positive Reaktionen umschlugen. So daß am Schluß nur noch die "Sehnsucht" nach Paulus und der "Eifer", ihm gefällig zu sein und für ihn zu arbeiten, erkennbar wären (7,7). Ein Teil der negativen Reaktionen war jedoch so geartet, daß sie im nachhinein einer Erklärung und Nachsorge bedurften. Dazu gehören die "Rechtfertigung" (ἀπολογία), "Entrüstung" (ἀγανάκτησις) und die "Bestrafung" (ἐκδίκησις).

"Entrüstung" wurde in der Forschung üblicherweise als Verärgerung der Korinther über den Mann aus der Gemeinde verstanden, der in übler Weise gegen Paulus vorgegangen war.[133] Es leuchtet jedoch mehr ein, in der "Entrüstung" und "Rechtfertigung" die Reaktion der Korinther auf die übertriebene Kritik des Paulus im "Tränenbrief" zu sehen. Die Worte wären somit ein Beweis dafür, daß die Gemeinde das Bedürfnis verspürte, sich gegen die Vorwürfe des Paulus zur Wehr zu setzen, Vorwürfe, die sie als unangebracht und übertrieben empfand und über die sie deshalb auch entrüstet war.[134] Paulus drückt sich in 7,11 in der Tat so kurz aus, daß die Begriffe dieses Verzeichnisses theoretisch in der einen wie in der anderen Richtung ausgelegt werden können. Für die übliche Auslegung spricht, daß die von Paulus aufgezählten Reaktionen alle in den Auswirkungen der "gottgefälligen Traurigkeit" in Korinth enthalten sind oder anders gesagt, zu der Reue gehören, die die Korinther Vers 7,10 zufolge geübt hatten und deren Gegensatz die todbringende Verstockung ist. Deshalb kann man annehmen, daß in der Aufzählung von 7,11 nur die Dinge aufgeführt sind, in denen die Korinther ihr eigenes Verhalten in positiver Richtung verändert hatten. Die Kritik am Apostel paßt mit echter christlicher Reue nicht sehr gut zusammen.

Der Katalog in 7,11 kann allerdings nicht lediglich als Schilderung der Reue und des Bedauerns der Korinther verstanden werden. Paulus geht dort ausführlicher auf die Reaktionen der Korinther ein. Schon der Begriff "Rechtfertigung" benennt einen Sachverhalt, der bei einer reinen "Sinnesänderung" nicht in Frage käme. Zudem macht auch sonst das Kap. 7 nicht den Eindruck, daß dort auf der einen Seite der völlig im Recht befindliche Apostel stünde, der ungerechte Behandlung erdulden mußte und auf der anderen Seite die Gemeinde, die Unrecht getan hat und völlig zu Recht einigen Tadel zu hören bekommt. Die vollständige Schwarzweißkonstellation löst sich dadurch auf, daß Paulus zugeben muß, auch selbst übereilt gehandelt zu haben. Paulus ist bereit - wenn auch indirekt - seine eigenen Übertreibungen zuzugeben. Er tut das mit der Feststellung, daß er nach dem Absenden des Briefes schon eine Weile bedauert hatte, ihn abgeschickt zu haben, bis er von dessen positiver Wirkung erfahren durfte (7,8).[135]

Paulus kam somit bald nach dem Absenden des Briefes zu dem Ergebnis, daß dieser zu streng ausgefallen war. Dies konnte entweder an den zu starken Drohungen oder an übertriebenen Vorwürfen und Beschuldigungen gelegen haben. Kap. 7 deutet darauf hin, daß beides in Frage kommen kann. Die erste Annahme wird dadurch gestützt, daß die Korinther als Reaktion auf den Brief Furcht zeigten, die zweite Annahme dadurch, daß die Korinther "Trauer" empfanden, nachdem sie den Brief zur Kenntnis genommen hatten, ebenso wie auch durch ihre "Verteidigung" und "Entrüstung".[136]

Der letzte Satz in Vers 7,11 lautet: ἐν παντὶ συνεστήσατε ἑαυτοὺς ἁγνοὺς εἶναι τῷ πράγματι. Auf welche Weise erwiesen die Korinther ihre "Reinheit" und wie hängt dies mit dem im gleichen Kapitel vorkommenden Verzeichnis der Reaktionen zusammen, die der "Tränenbrief" hervorgerufen hatte? Man hat die Frage u.a. so zu beantworten versucht, daß die Gemeinde ihre Unschuld dadurch unter Beweis stellte, daß sie den Mann bestrafte, der gegen Paulus vorgegangen war.[137] Bei dieser Interpretation wird jedoch der Ausdruck ἐν παντί vernachlässigt. Dieser weist klar darauf hin, daß Paulus am Schluß von 7,11 noch einmal das vorher Gesagte zusammenfaßt. Die Auslegung leuchtet daher nicht ein, daß in dem Satz, in welchem Paulus die Dinge in einen Zusammenhang stellt, nur das letzte Glied (ἐκδίκησις) des oben vorgestellten Katalogs vorkäme. Der betreffende Satz bedeutet viel eher gerade die Anerkennung dessen, daß alle Reaktionen der Korinther, von denen Paulus spricht, zeigen, daß diese "rein" sind im Hinblick auf die Streitfragen (πρᾶγμα) zwischen dem Apostel und der Gemeinde.

Die "Reinheit" ist also einerseits Folge dessen, daß die Gemeinde Buße für ihr Unrecht geübt hat. "Furcht" und "Bestrafung" (des Schuldigen) sind ebenso Zeichen für diese Buße, wie die positive Beziehung zu Paulus, m.a.W. der "Eifer" und die "Sehnsucht", die nach allem Geschehenen wieder hervorgewachsen sind.[138] Andererseits brachten die Korinther auch die Dinge vor, bei denen der Apostel zu streng mit seiner Kritik vorgegangen war; die Wörter "Apologie" und "Entrüstung" weisen auf diesen Aspekt der "Reinigung" der Korinther hin. Der "Rechtsfall"[139] wäre somit geklärt und die unangenehmen Streitfragen konnten, was Paulus anbelangte, vergessen werden. Im gewissen Sinn bringt dieses Ergebnis also mit sich, daß Paulus zugibt, wie berechtigt Entrüstung und Rechtfertigung der Korinther sind, und gleichzeitig seine eigenen übertriebenen Beschuldigungen zurücknimmt.

Völlig anders sieht Windisch die Einstellung des Paulus zu den Korinthern in Kap. 7. Für ihn hat Paulus den Wunsch, jeden Zweifel an der Berechtigung und Sachgemäßheit seiner Maßnahmen und an seinem Brief abzuwehren. Dazu in einer gewissen Spannung stellt Windisch allerdings bei seiner Ausführung über das Wort ἀπολογία fest, daß die Gemeinde kaum mit aller Kritik des Paulus an ihr einverstanden war. Sie hatte sich doch in der gegebenen Lage "rein sachlich, ohne sich gekränkt zu fühlen" verteidigt und ihre Schuld soweit anzuerkennen vermocht, wie die Kritik des Paulus berechtigt war.[140]

Gegen diese Auffassung läßt sich allerdings einiges einwenden. Es erscheint im Lichte von Vers 7,11 und des Gesamtzeugnisses der beiden Korintherbriefe recht unwahrscheinlich, daß die Korinther in der Lage gewesen wären, "rein sachlich" auf die Beschuldigungen zu reagieren, zumal, falls diese Beschuldigungen auch noch die Tatsachen verfälschten. Wenn die Korinther zu Recht an einigen Ausführungen des Paulus Anstoß nahmen, war auch Paulus in der neuen Situation genötigt, seinerseits Eingeständnisse zu machen. Es dürfte seinem Wesen entsprochen haben, daß er diese Eingeständnisse nicht sehr direkt zu machen vermochte. Falsch wäre es jedoch von Kap. 7 zu behaupten, daß hier Paulus jeglichen Zweifel an seinen Maßnahmen zu zerstreuen sucht. Der Grund für seine Freude in diesem Kapitel ist, daß Gott eine anfänglich sehr üble Situation zu einem guten Abschluß gebracht hat. Paulus freut sich nicht darüber, selbst einen makellosen Sieg durch die eigene unbeugsame und konsequente Haltung erzielt zu haben.

Man darf aus dem Umstand, daß auch Paulus sich vertan hatte, allerdings keine voreiligen Schlüsse ziehen, so daß die Korinther nahezu bis zur Unschuld während des früheren Streites rehabilitiert würden. Etwas zu weit in diese Richtung geht z.B. Barrett. Er schließt aus der von Paulus verkündeten "Reinheit" der Korinther, daß ihr Bedauern nicht etwa ihren eigenen Untaten gilt, sondern allein dem, daß sie versäumten einzugreifen, als irgendeine dritte Person Paulus Unrecht zufügte.[141] Diese Auslegung paßt aber nicht damit zusammen, daß die Korinther in jedem Fall Reue üben mußten (7,9-10). Damit ist ein größeres Schuldigwerden vorausgesetzt, als lediglich Passivität und Nichteinmischung. Zudem weist der letzte Satz in 7,11 als solcher vor allem darauf hin, wie Paulus die Gemeinde in der neuen Situation erlebte, in der sie nach der Versöhnung, nach geleisteter Reue und nachdem sie auf diese Weise von ihrem Vergehen "rein" geworden war, stand.

Hält man den Schluß von 7,11 für ein Ruhmeszeugnis, das Paulus den Korinthern für ihr Verhalten ausstellte, das sie an den Tag legten, als der Streit noch andauerte, kann man die Äußerungen des Paulus nur als übertrieben bezeichnen.[142] Rein grammatikalisch besehen, *könnte* man den Satz so verstehen, daß Paulus darin eine Einschätzung der Situation der Korinther während aller Phasen des Streites vornimmt. Dazu besteht jedoch keine zwingende Notwendigkeit. Mit dem Kontext läßt sich leichter eine Auslegung vereinbaren, die gleichzeitig auch Paulus von den Schatten des Zweifels an seinen Charaktereigenschaften befreit; mit anderen Worten: Paulus übertreibt hier nicht, sondern gibt seine Einschätzung der Endsituation, in der sich die Korinther schließlich wiederfanden und über die er selbst durch Titus Kenntnis erhalten hatte.

Wenn man die Kap. 10 - 13 als "Tränenbrief" ansieht, kann man in ihnen viele übertriebene Beschuldigungen und ironische Zornesausbrüche finden, durch die sich die Korinther verletzt fühlen konnten. Als Beispiele lassen sich folgende Verse anführen: 11,4.19-20; 12,20-21. Sie konnten auch durch die kräftigen Drohungen des Paulus verletzt worden sein (z.B. 13,2-4). Vor allem im Lasterkatalog von 12,20-21 gibt es solche stereotypen Elemente, die in dieser Form kaum - wenigsten nicht alle - in der Gemeinde von Korinth vorgekommen sein konnten. Die Wahrscheinlichkeit ist jedoch sehr groß, daß sie an konkrete Adressaten gerichtet, unter den empfindlichen, sich unschuldig wähnenden Korinthern Entrüstung hervorriefen. Weiterhin konnten die Korinther auch durch die Übertreibungen, in die sich Paulus flüchtet, wenn er die für sie bedeutsamen "Superapostel" (11,13-15) attackiert, in Rage gebracht worden sein.

d) Die Bestrafung des "Unrechttäters" in den Kap. 1 - 7 und im "Tränenbrief"

Zu den Reaktionen, die der Brief in Korinth hervorrief, gehörte auch die "Bestrafung" 7,11. Die Verse 2,5-10 und 7,12 bringen in diese Angelegenheit noch weiteres Licht. Sie legen den Schluß nahe, daß unter den Korinthern eine Person gewesen ist, die Paulus Unrecht angetan hatte.[143] Dies ergibt sich vor allem aus der Aussage ἔγραψα ὑμῖν οὐχ ἕνεκεν τοῦ ἀδικήσαντος οὐδὲ ἕνεκεν τοῦ ἀδικηθέντος in 7,12.

Kümmel lehnt die These, daß Paulus persönliches Unrecht erlitten hatte, deshalb ab, weil Paulus kaum eine gegen ihn selbst gezielte Beleidigung in der Weise, wie in 2,5 vorausgesetzt, hätte erklären können; sie hätte kaum eine "Betrübnis" der gesamten Gemeinde mit sich geführt. Außerdem hätte Paulus sicherlich nicht allein aus solch einem Grund die Missionsarbeit in Troas, die einen guten Anfang genommen hatte, verlassen (2,12). Die Missetat des "Unrechttäters" muß daher ernsterer Natur gewesen sein: Er hatte durch sein Handeln die Beziehung zwischen Paulus und der Gemeinde fast völlig zunichte gemacht.[144] Wenn man berücksichtigt, daß das von Paulus persönlich erfahrene Unrecht nicht den ganzen Inhalt des auf dem "Zwischenbesuch" vorgekommenen "Zwischenfalles" ausmacht, sondern nur einen Teil davon, fallen die Gegenargumente Kümmels in sich zusammen. Die Korinther versuchten jedoch offensichtlich ihrerseits die Absicht des "Tränenbriefes" so weit wie möglich so zu deuten, daß er vorwiegend gerade den "Unrechttäter" betraf; dem möchte Paulus aber einen Riegel vorschieben, wenn er in 7,12 schreibt ἔγραψα ὑμῖν οὐχ ἕνεκεν τοῦ ἀδικήσαντος.

Wer war dieser "Unrechtstäter", auf den Paulus hier die Sprache bringt? Aus welchem Grund und auf welche Weise hatte er sich an Paulus vergangen? Die frühere Forschung brachte den Übeltäter sehr allgemein mit dem inzestuösen Mann zusammen, der in 1.Kor. 5,1-5 erwähnt wird.[145] Die neuere Forschung lehnt diese Auslegung jedoch aus guten Gründen fast einhellig ab.[146]

Barrett sieht im "Unrechttäter" einen von außen in die Gemeinde eingedrungenen Mann. Diese Deutung ist jedoch unhaltbar, wenn man die Strafmaßnahmen der Gemeinde in Rechnung stellt, die naturgemäß nur bei ihren eigenen Mitgliedern wirksam werden konnten. Deshalb auch ist Barrett gezwungen, zur Stützung seiner Theorie die Bedeutung des Begriffes ἐπιτιμία (2,6) zu bloßem "Tadel" abzuschwächen, während sie sonst allgemein als "Bestrafung, Strafe" verstanden wird.[147] Die abgemilderte Bedeutung, die Barrett diesem Begriff beilegt, paßt auch nicht mit der übergroßen Kümmernis zusammen, die dieser "Unrechttäter" aufgrund der Maßnahmen der Gemeinde zu spüren bekam. Auch die Besorgnis des Paulus, daß der fragliche Mann "in allzugroße Traurigkeit versinken" könnte (2,7), paßt nicht zu einem Eindringling von außen, der nicht zur Schar der eigenen geistigen Kinder des Paulus gehört. Zudem paßt diese Deutung auch nicht zum Wort ἐκδίκησις in Vers 7,11.[148] Es ist daher davon auszugehen, daß der "Unrechttäter" ein Glied der Gemeinde ist.

Paulus spricht den Mann, der das Unrecht verübt hat, in den Kap. 1 - 7 nicht direkt an.[149] Das kann ein Hinweis darauf sein, daß der Mann auf die eine oder andere Weise schon aus der Gemeinschaft mit der übrigen Gemeinde ausgestoßen worden war. Zusätzlich paßt die objektivierende Rede des Paulus über den, der "beleidigt hat", und den, "der beleidigt worden ist" (7,12), gleichsam als ginge es um eine außenstehende Person, gut zu der Art, in der Paulus auch sonst in den Kap. 1 - 7 mit beschönigenden Anspielungen auf den Zwischenfall eingeht, der allen noch frisch in Erinnerung ist. Ein gutes Beispiel für dieses Phänomen bietet Vers 2,5, der ungeachtet des Wortlautes nach seiner nächstliegenden Auslegung so zu verstehen ist, daß gerade Paulus betrübt worden war. Auch sonst kann Paulus bei Angelegenheiten, die in anderer Hinsicht peinlich sind, über sich selbst in der dritten Person sprechen (12,1-5).[150]

Das Unrecht mußte, folgt man der nächstliegenden Auslegung der Kap. 1 - 7, während des "Zwischenbesuches" selbst geschehen sein.[151] Der Abschnitt 2,5-8, der sich mit dem Fall des "Unrechttäters" befaßt, hängt nämlich eng mit der Schilderung der Umstände beim Abschicken des "Tränenbriefes" (2,4.9) zusammen. Der "Tränenbrief" seinerseits war die unvermittelte Reaktion auf die Ereignisse während des "Zwischenbesuches". Trotz der hauptsächlich rhetorisch gemeinten gegenteiligen Beteuerungen des Paulus, hatte ihm der "Unrechttäter" "Betrübnis" bereitet (2,5). Darin bestand ein Element der "Trübsal und der Angst des Herzens" unter denen der "Tränenbrief" geschrieben wurde (2,4).

Aus den Beteuerungen des Paulus in 2,5 kann weiterhin geschlossen werden, daß die Korinther über die "Betrübnis" des Paulus sehr in Sorge waren. Wir stoßen in diesem Vers auf eine neue Lage, in der sich Paulus und die Gemeinde nach geschehener Versöhnung befanden; der Vers sagt nichts darüber, wer sich tatsächlich schon während des "Zwischenbesuches" bekümmert fühlte.[152]

Man kann den Zwischenfall in etwa so rekonstruieren: Im Verlauf des "Zwischenbesuches" stand irgendein Mitglied der Gemeinde gegen Paulus auf und tat ihm "Unrecht" an. Paulus nahm sich die Sache sehr zu Herzen, aber die Gemeinde kümmerte sich damals nicht weiter darum, sondern ließ alles geschehen. Nachdem sie später einen Sinneswandel erlebt hatte (7,9), entsetzte sie sich über den Fall und wurde über ihre eigene Rolle bei diesem Zwischenfall betrübt.[153] Deshalb konnte Paulus sagen, daß der "Unrechttäter" "zum Teil" die ganze Gemeinde betrübt hatte. Die "Betrübnisse", von denen in 2,5 und 7,9 gesprochen wird, trafen somit zeitlich zusammen. Folge dieser Betrübnis war die Bestrafung des Schuldiggewordenen (7,11). Die Strafe war schon in Vollzug gesetzt worden; der Schuldige grämte sich schon unter ihr und bereute. Nachdem die Lage sich auch in sonstiger Hinsicht entspannt hatte, konnte die Gemeinde in den Augen des Paulus dem Mann vergeben und ihm ihre Liebe erweisen (2,6-9).

Der "Tränenbrief" motivierte die Korinther zu Strafmaßnahmen gegen den Übeltäter. Für unsere Untersuchung ist die Frage wesentlich, in welchem Maße Paulus den Versen 2,5-10; 7,12 zufolge den Fall des gegen ihn vorgegangenen Mannes im "Tränenbrief" behandelt hat. Paulus behauptet, daß er den Brief nicht wegen dem, "der Unrecht getan hat" oder dem, "der Unrecht erlitten hat" (7,12), schrieb. Hat man das so zu verstehen, daß Paulus in seinem Brief vielleicht auch dieses Thema ausführlich behandelte, aber es doch - von der neuen Situation her gesehen - nicht der hauptsächliche Anlaß für seinen Kampfbrief war, sondern der Zweck des Briefes vielmehr in der Motivierung des Eifers der Gemeinde zu sehen ist? Ist die Situation daher mit dem Umstand vergleichbar, daß der eigentliche Zweck des Briefes auch nicht darin lag, die Gemeinde zu betrüben, obgleich er naturgemäß zunächst genau diese Wirkung hatte (7,8)? Viele Forscher sind jedenfalls der Ansicht, daß die Kap. 10 - 13 nicht der "Tränenbrief" sein können, weil in ihnen der Fall des Mannes, der Paulus beleidigt hat, nicht behandelt wird.[154]

Viele Neutestamentler halten somit den "Unrechttäter" für das zentrale Thema im "Tränenbrief". So stellt Windisch über den Inhalt des "Tränenbriefes" fest: "Ein strenges Urteil wurde über eine Einzelperson gefällt, deren Vorgehen gegen den Ap., aber auch gegen die Gemeinde gerichtet war, und für die Behandlung des Falls wurden mehr oder minder konkrete Richtlinien und Vorschläge gegeben. Dabei ergeben beide Abschnitte (2,5-11 wie 7,5-16), daß dieser Einzelfall und die Haltung, die die Gemeinde bisher dazu eingenommen hatte, im Mittelpunkt des Briefs standen und seinen Hauptgegenstand bildeten."[155]

Viele der Forscher, die ihrerseits die Kap. 10 - 13 für den "Tränenbrief" halten, meinen vor diesem Hintergrund ihre Auslegung nur dann aufrecht halten zu können, wenn sie einschränkend voraussetzen, daß die Kap. 10 - 13 nicht den gesamten "Tränenbrief" ausmachen; gerade der Teil, der sich mit dem Unrechttäter befaßte, sei verloren gegangen.[156] Bornkamm sieht in der Verstümmelung des Briefes eine vorsätzliche Tat. Ein späterer Redaktor des 2.Kor., wahrscheinlich ein Christ aus Korinth, hatte eigens diesen unangenehmen Fall weggelassen, als er die Kap. 10 - 13 mit dem übrigen Korpus des 2.Kor. zusammenstellte.[157] Wieder völlig anders erklärt Strachan das Problem. Er meint, daß Paulus während des "Zwischenbesuches" mündlich über die Bestrafung des Schuldigen gesprochen hatte.[158]

Die Lösung des Problems, wie das Thema des "Unrechttäters" im "Tränenbrief" vorkam, erhalten wir, wenn wir die Frage präzisieren und fragen: Auf welche Weise veranlaßte der Brief die Korinther zu Strafmaßnahmen gegen den Bruder, der Unrecht getan hatte? Das Wort ἐκδίκησις in Vers 7,11, das die Aktivität der Korinther in dieser Angelegenheit beschreibt, ist Teil eines Kataloges, in dem Paulus die spontanen Reaktionen der Gemeinde beim Lesen des "Tränenbriefes" aufführt. "Eifer", "Rechtfertigung", "Entrüstung" usw. entstanden ohne ausdrücklichen Befehl oder Beauftragung in der Gemeinde. Auch die in diese Gruppe gehörende "Bestrafung" läßt sich als Reaktion dieser Art verstehen. Auch von 2,6-7 her legt sich die Auffassung nahe, daß die Bestrafung des Mannes eine spontane Maßnahme der Gemeinde war, zu der Paulus <u>keine</u> klaren Richtlinien und Anweisungen gegeben hatte.[159]

Um zu klären, worin die Bestrafung des "Unrechttäters" bestand, müssen zunächst die Verse 2,5-9 einer genaueren Untersuchung unterzogen werden. Nach 2,6 war die Gemeinde sichtlich in zwei Gruppen gespalten, als sie den Fall jenes Mannes behandelte. Man kann das daraus schließen, daß Paulus von der "Mehrheit" (οἱ πλείονες) der Gemeinde spricht, die die Bestrafung vorgenommen hatte. Auf welche Unterschiede in der Haltung der Gemeinde dem "Unrechttäter" gegenüber können wir aus einer solchen Einteilung in eine Mehrheit und sich daraus logisch ergebenden Minderheit schließen?

Man hat die Annahme geäußert, daß die sich Paulus widersetzende Minderheit weiterhin neben der sich positiv zu Paulus stellenden Mehrheit in der Gemeinde wirkte.[160] Die ansonsten in den Kap. 1 - 7 vorherrschende völlig positive Einstellung zur Gemeinde als Ganzes spricht nicht für eine Auslegung, die der aus 2,6 zu erschließenden Minderheit eine sehr aktive Rolle als "Widerstandsgruppe" zuschreibt.[161] Daher hat z.B. <u>Gyllenberg</u> eine weitere Alternative eingeführt; für ihn bedeutet die Mehrheit die gesamte Gemeinde als Gegenüber des Mannes, der sich schuldig gemacht hatte.[162] In diesem Zusammenhang ist diese Annahme jedoch recht gekünstelt. Eine weitere Denkmöglichkeit wäre, daß die "Minderheit" nicht aus Fürsprechern des "Unrechttäters" bestand, sondern aus Menschen, die sich passiv zum Vollzug seiner inoffiziellen und spontanen Bestrafung verhielten.[163]

Die beste Alternative, um den Begriff "Mehrheit" zu verstehen, ergibt sich aus der seinerzeit schon von <u>Kennedy</u> vorgetragenen Auffassung, daß man sich unter der Minderheit als Gegenüber zur Mehrheit nicht die Glieder der Gemeinde, die sich gegen Paulus wenden, vorzustellen hat, sondern seine eingeschworenen Anhänger. Diese hätten den "Unrechttäter" nämlich noch viel schärfer zu bestrafen gewünscht, als es die Mehrheit für angebracht hielt. Paulus legt deshalb Wert darauf, daß er mit den Maßnahmen der Mehrheit zufrieden ist.[164] Als zweitbeste Möglichkeit bleibt noch die Theorie, daß die Minderheit sich passiv verhielt. Alle anderen Hypothesen vermögen nicht zu überzeugen. Deshalb läßt sich mit der "Mehrheit" und "Minderheit" auch nicht die These stützen, die zur Verteidigung der Einheitlichkeit des 2.Kor. vorgebracht wurde, nämlich daß sich Paulus am Anfang seines Briefes an die ihm treu ergebene "Mehrheit" wandte und erst am Schluß sein Wort an die noch rebellische "Minderheit" richtete.

Die Bestrafung, die die Gemeinde dem Mann, der Paulus beleidigt hatte, angedeihen ließ, bedeutete in der Praxis möglicherweise, daß sie jeglichen Kontakt mit ihm völlig einstellte. Da die Bestrafung nach allem zu schließen noch hätte verschärft werden können (ἱκανὸν τῷ τοιούτῳ ἡ ἐπιτιμία), dürfte es sich nicht um eine endgültige und offizielle Exkommunikation gehandelt haben. In diesem Fall hätte Paulus auch sicher nicht mit so einfachen und inoffiziellen Mitteln, wie er das in 2,7 tut, die Gemeinde zur Beendigung der Bestrafung auffordern können. Paulus hätte sie auch kaum so freimütig aufrufen können, diesen Mann der schon wegen seines Vergehens bekümmert worden war, zu vergeben, wenn die Gemeinde mit ihrer Bestrafung lediglich die Anweisungen ausgeführt hätte, die Paulus ihr selber gegeben hätte.[165]

Paulus würde sich sicherlich auch anders zu dieser Situation stellen, wenn die Meinung in der Gemeinde noch gespalten wäre, nachdem er schon seinen autoritativen Beschluß in dieser Angelegenheit kundgetan hatte. Die Zufriedenheit über den guten Zustand der gesamten Gemeinde, die aus den Kap. 1 - 7 anklingt, wäre dann sicher etwas getrübt, wofür es aber in den Kapiteln keine Anzeichen gibt. Vers 2,7 läßt sich deshalb auch nicht so verstehen, daß Paulus im "Tränenbrief" die Bestrafung des betreffenden Mannes geradezu als Prüfstein für den Gehorsam der Gemeinde gesetzt hätte. Die "Bewährung" und der "Gehorsam" zeigen sich in diesem Kontext eher in der Vergebung und dem Erweis der Liebe - nicht in der Bestrafung. Vers 2,9 gibt nämlich die Begründung für die Aufforderung in Vers 2,8, dem Mann Liebe zu erweisen.[166] Der gemeinsame Gedanke in diesen Versen läßt sich so formulieren: "Erweist eure Liebe, denn eben deshalb habe ich euch geschrieben, daß ich euren geprüften Sinn erkenne d.h. erfahre, ob ihr in jeder Hinsicht gehorsam seid." Durch die Formulierung εἰς πάντα klingt die Sache, als bedeutete gerade dieser Erweis der Vergebung für die Gemeinde eine fast übermenschliche Anstrengung. Im Hintergrund mag ein Körnchen Ironie stecken: Nachdem die Korinther noch vor kurzer Zeit den Aufstand gegen den Apostel geprobt hatten, fielen sie jetzt ins andere Extrem: die Beleidigung des Apostels ist eine geradezu unverzeihliche Sünde; sich von einer Bestrafung zu enthalten ist eine beachtliche Demonstration des Gehorsams der Gemeinde.

Der bisherige Verlauf der Untersuchung legt somit den Schluß nahe, daß sich im "Tränenbrief" wahrscheinlich keine Forderung nach Bestrafung des "Unrechttäters" befand. Diese Auslegung gewinnt noch an Überzeugungskraft, wenn man berücksichtigt, daß der Grund für den Zwist zwischen Paulus und der Gemeinde von Korinth sehr wahrscheinlich nicht nur das von dem einen Mann an Paulus verübte Unrecht war. Dort, wo Paulus in den Kap. 1 - 7 sonst noch auf den Streit anspielt, spricht er von der ganzen Gemeinde unter Verwendung des Pronomens ὑμεῖς und anderer Plural - Formen (z.B. 1,23 - 2,4; 7,8-11). Die ganze Gemeinde hatte sich gegen den Apostel erhoben.[167] Genau diese Lage zwischen Paulus und der Gemeinde wird in den Kap. 10 - 13 widergespiegelt: Durch den Einfluß der von außen eingedrungenen "Superapostel" hatten sich die Korinther zu Kritik an Paulus mitreißen lassen und dazu, sich von seiner Autorität zu lösen. Wenn man bei dem Versuch, die Missetat des "Unrechttäters" während des "Zwischenbesuchs" genauer zu bestimmen, die Kap. 10 - 13 heranzieht, werden die Informationen aus den Kap. 1 - 7 durch viele Umstände ergänzt, die wie geschaffen sind, die Theorie zu untermauern, daß die Kap. 10 - 13 mit dem "Tränenbrief" identisch sind. Die Kap. 10 - 13 geben, aus diesem Blickwinkel besehen, keinen Anlaß, das Gegenteil anzunehmen.

In den Kap. 10 - 13 spielen die sogenannten Superapostel die Hauptrolle, wenn Paulus gegen die in der Gemeinde vorherrschenden Mißstände vorgeht. Das Vergehen des "Unrechttäters" kann man gut als einzelnen, wenn auch besonders krassen Ausdruck für den Aufstand verstehen, in den die Superapostel die Gemeinde gegen Paulus getrieben hatten. Dieser einzelne Fall ist bei dem großen Vulkanausbruch gleichsam nur eine Art Nebenkrater.[168]

Auf dieser Grundlage ist verständlich, daß sich das Interesse des Paulus im Verlauf des Streites, bzw. während er die Kap. 10 - 13 verfaßte, auf das eigentliche Problem, eben jene "Superapostel", richtete;

ein unwichtigerer Faktor, ein korinthischer Quisling, der sich der Gruppe der Eindringlinge angeschlossen hatte, konnte in diesem Zusammenhang mit weniger Aufmerksamkeit bedacht werden.[169] Nachdem sich der Kampfstaub niedergelegt hatte und die Gegner als Geschlagene das Feld in Korinth geräumt hatten, lag auf der Hand, daß sich die Kollaborateure für ihre Handlungen verantworten mußten.

Der Mann, den die Strafe ereilt hatte, mag unter den Korinthern derjenige gewesen sein, welcher am lautesten von der Gemeinde gefordert hatte, die "Superapostel" dem Apostel Paulus vorzuziehen; damit wäre er die zentrale Gestalt unter den Gemeindegliedern beim Aufstand gegen Paulus gewesen, möglicherweise der Anführer der Opposition. Sein spezifisches Unrecht (2,5; 7,12) könnte gerade darin bestanden haben, daß er sich während des "Zwischenbesuches" in sichtbarer und krasser Weise gegen Paulus erhoben hatte. Nachdem die Versöhnung zustande gebracht war, wurde es für die Gemeinde wichtig, diesen Mann abzuurteilen. Es liegt nahe, in einer solchen Situation nach einem Sündenbock zu suchen; die Last der Schuld der anderen würde sich verringern, wenn diesen einen die ganze Härte der Strafe treffen würde.[170]

Möglicherweise durchschaute Paulus das Sündenbockmodell der Korinther und wollte ihm nicht noch mehr Vorschub leisten. Damit die Gemeinde ihre Reue nicht in falsche Bahnen lenkte, unterstrich Paulus in 7,12, daß es nicht die Absicht war, den Fall des "Unrechttäters" bei dem Normalisierungsprozeß zwischen ihm und der Gemeinde besonders in den Vordergrund zu schieben. Hauptsache für ihn war lediglich, daß die Beziehung wieder in Ordnung käme.

Auch wenn es in den Kap. 10 - 13 keine Hinweise auf den "Unrechttäter" gibt, heißt das nicht, wenn man die bisherige Auslegung berücksichtigt, daß man den Schluß ziehen müßte, die Kap. 10 - 13 könnten nicht der "Tränenbrief" sein oder wären ein gekappter "Tränenbrief". Es stimmt, daß Paulus in diesen Kapiteln bei keinem einzigen einzelnen Korinther eine Bestrafung für ein an ihm persönlich begangenes Unrecht anordnet, aber aller Wahrscheinlichkeit nach hätte eine solche Anordnung - wenn unsere obige Auslegung stimmt - auch gar nicht im "Tränenbrief" stehen können.

In den Kap. 10 - 13 scheint es jedoch Hinweise anderer Art auf den "Unrechttäter" zu geben. In 10,7-11 befaßt sich Paulus nämlich mit der überheblichen Kritik, die einer der Korinther gegen ihn vorgebracht hatte. 10,7-11 scheinen einen Vorfall wiederzugeben, bei dem jemand Paulus direkt ins Gesicht angegriffen hatte. Dort nämlich, wo Paulus in den Kap. 10 - 13 über die gegen ihn gerichteten Angriffe spricht, findet man nicht den geringsten Hinweis, daß er seine Kenntnisse über sie durch einen Brief erhalten hätte. So auch nicht in 10,10. Paulus verwendet das Verb φησίν, wenn er Kritik referiert, die er zuteil bekommen hatte, und nicht eine Form des Verbs γράφειν. Aus dem Vers erhält man somit den Eindruck, daß er sich einer persönlich erlebten Angelegenheit erinnert. Die Verbform φησίν (3. Sing.) ebenso wie die Pronomen τις und ὁ τοιοῦτος in 10,7.11 deuten zudem darauf hin, daß es ein bestimmter einzelner Korinther war, der diese Kritik auf Paulus gelenkt hatte.[171] Ihn darf man nicht der Gruppe der "Superapostel" zurechnen, denn nirgendwo in den Kap. 10 - 13 - ebensowenig wie in seinen anderen Briefen - spricht Paulus jemals direkt seine Gegner an.[172] Von Gegnern spricht er nur wie von Außenstehenden. Das paßt nicht mit der Aufforderung in 10,11 τοῦτο λογιζέσθω ὁ τοιοῦτος zusammen.

Viele Ausleger deuten die Formulierungen in 10,7-11 allerdings völlig anders: Es ginge hier nicht um eine Einzelperson, sondern die Verse seien nur ein Exempel für eine lebhafte Erzählung im Diatribe-Stil.[173] Gegen diese Auffassung spricht allerdings, daß im Diabribe-Stil die gedachten Diskussionsgegner im allgemeinen mit dem Schreiber über theoretische, den Gedanken des Verfassers entsprungene Probleme debattieren. Die 10,10 zitierte Beschuldigung war jedoch in dieser Form tatsächlich vorgebracht worden. Daher fällt es schwer, sich vorzustellen, daß sie einem <u>ausgedachten</u> Gegner in den Mund gelegt worden wäre.[174] Die Präsensform des Verbs φάναι kann neben einer lebendigen Erzählweise auch bedeuten, daß mit der zitierten Kritik die festgefahrene Meinung der betreffenden Person ans Licht kommt. Auch die Art, in der Paulus hier von den Taten des "Unrechttäters" spricht und in der seine Kränkung klar durchklingt, konnte ein zusätzlicher Anreiz für die Gemeinde gewesen sein, diesen Mann zu bestrafen.

e)   Das "Zeugnis des Gehorsams" (2,9) als Thema des "Tränenbriefes"

Bisher haben wir uns noch nicht näher mit dem speziellen Abfassungszweck des "Tränenbriefes" befaßt, über den Paulus in 2,9 spricht: εἰς τοῦτο γὰρ καὶ ἔγραψα, ἵνα γνῶ τὴν δοκιμὴν ὑμῶν, εἰ εἰς πάντα ὑπήκοοί ἐστε. Gleichsam wie im Vorübergehen (καί!) nennt Paulus dort eine Absicht, die er mit dem Brief verfolgte. Er hatte ihn auch geschrieben, um zu erfahren, ob ihm die Korinther in jeder Beziehung gehorsam sind. Der vertrauliche Unterton in 2,5-11 spricht dafür, daß Paulus mit dem Gehorsam, der ihm gebührte, auch tatsächlich rechnen konnte.

Schon in den Kap. 10 - 13 hatte Paulus auch den Gehorsam der Korinther angesprochen. In 10,6 rühmt er sich, daß er bereit sei "zu strafen allen Ungehorsam, wenn euer Gehorsam völlig geworden ist" (ὅταν πληρωθῇ ὑμῶν ἡ ὑπακοή). Der Gedanke wirkt einigermaßen rätselhaft. Die grammatikalisch gesehen nächstliegende Deutung erscheint befremdlich. Warum sollte Paulus die Gemeinde bestrafen, nachdem sich der Gehorsam der gesamten Gemeinde wieder völlig eingestellt hatte? Müßte die Form ὅταν + Konj. in diesem Falle möglicherweise übersetzt werden, "bis...sich erfüllt hat"? Die Aussage wäre dann, daß Paulus die Gemeinde solange bestrafen würde, bis sie ihren Ungehorsam aufgegeben hätte. Eine andere Möglichkeit wäre, daß Paulus in seiner Erregung, als der Streit noch im Gange war, daran dachte, in jedem Fall die gegen ihn rebellische Gemeinde zu bestrafen, gleich welche Haltung sie in Zukunft einnehmen würde.

Bestrafung und Gehorsam gehörten in jedem Falle sowohl in den Kap. 10 - 13 als auch in 2,5-9 eng zusammen. Unter der Voraussetzung, daß die Kap. 10 - 13 der "Tränenbrief" sind, ließe sich gut denken, daß die Gemeinde auf die Drohung von 10,6 genau so reagiert hatte, wie aus den Kap. 2 und 7 deutlich wird: Die Drohung von 10,6 noch in den Ohren, nahm die Gemeinde die Bestrafung selbt in die Hand, um auf diese Weise Paulus zu demonstrieren, daß sie auf seine Seite übergewechselt war und um jeden Zweifel zu zerstreuen, daß noch etwas Strafwürdiges übrig bleiben würde. Die Gemeinde mochte die Absicht des Paulus in 10,6 genau so verstehen, wie es die grammatische Form des Satzes nahelegt. Sie mochten deswegen befürchten, daß Paulus in jedem Falle Bestrafungen durchführen würde, auch wenn die Gemeinde zum Gehorsam zurückgefunden hätte. Vielleicht ist die "Furcht", die nach 7,11 zu der Gruppe der durch den "Tränenbrief" ausgelösten Reaktionen gehört, vor allem auf dieser Basis zu verstehen. Die Bestrafung des "Unrechttäters" wäre dann eine Art Selbstschutzmaßnahme, indem die Gemeinde aus eigenem Antrieb auf die Seite des Bestrafers überwechselt. Nachdem die Versöhnung erzielt war, verspürte Paulus jedoch kein Verlangen mehr nach irgendwelchen Strafaktionen, was auch immer er mit seinen rätselhaften Worten in 10,6 gemeint haben mag.[175] In der neuen Situation ruft er die Gemeinde auf, durch ganz andere Taten ihren Gehorsam unter Beweis zu stellen, wie wir oben schon festgestellt haben.[176]

Beim Zweck des "Tränenbriefes" "ἵνα γνῶ τὴν δοκιμὴν ὑμῶν" könnte es sich auch um einen entfernten Hinweis auf die Rede von 13,5-7 von einer "Selbstprüfung" (ἑαυτοὺς δοκιμάζετε) und den Verdacht handeln, daß die Korinther "bei der Prüfung versagen" könnten (εἰ μήτι ἀδόκιμοί ἐστε).[177] Nach Vers 13,7 ist vor allem derjenige "bewährt", der "Gutes tut". Paulus legt also in den Kap. 10 - 13 Wert darauf, daß für das echte christliche Leben das moralische Verhalten der beste Maßstab ist und nicht pneumatisch-ekstatische Phänomene, wie von den "Superaposteln" erfolgreich behauptet wurde.[178] Das dies so hervorgehoben wird, liegt auf der gleichen Linie wie das "Zeugnis" von Vers 2,9. Das "Zeugnis", das Paulus in 2,9 von der Gemeinde erwartet, manifestiert sich im Gehorsam gegenüber dem Willen des Apostels oder konkret gesagt "im Erweis der Liebe" am Bruder, der Unrecht getan hat. Dies, wenn überhaupt etwas, ist "Gutes tun". Seine Worte in 2,9 über die Absicht des "Tränenbriefs" könnten also auch in dieser Hinsicht sehr gut so zu verstehen sein, daß er den Korinthern seine im 13. Kap. geäußerten Gedanken ins Gedächtnis zurückruft.

6. Titus und die Kollekte für Jerusalem

a)   Titus als Überbringer des "Tränenbriefes"

In 7,6-9 werden Titus und der "Tränenbrief" miteinander in enge Verbindung gebracht. Demnach informierte Titus Paulus in Makedonien über die Reaktionen, die der "Tränenbrief" in Korinth hervorgerufen hatte. Daher ist die Annahme am nächstliegenden, daß eben Titus den Brief auch nach Korinth überbracht hatte.[179] Als Alternative dazu wurde die These aufgestellt, daß der "Tränenbrief" die Gemeinde schon vor Titus erreicht hatte; Titus wäre dann im Nachhinein geschickt worden, um die Wirkung des Briefes zu überprüfen.[180] Mit dieser Lösung ließe sich sehr gut die Aussage in 7,15 von der "Furcht und dem Zittern" vereinbaren,[181] mit denen die Korinther Titus "empfangen" (ἐδέξασθε) hatten. Die aoristische Verbform scheint auf eine Erstbegegnung zwischen der Gemeinde und Titus hinzudeuten, sofort als dieser in der Stadt eintraf, in eine Situation also, in der der "Tränenbrief" der Gemeinde noch nicht hätte vorgestellt werden können, wenn Titus dessen Überbringer gewesen wäre. "Furcht" und "Schrecken" muß es also in jedem Fall vor der Ankunft des Titus in der Gemeinde gegeben haben.

Wenn man die Ankunft des Titus und die des "Tränenbriefes" in Korinth voneinander trennen müßte, würde die von jeher auch sonst sehr verwirrende und vielschichtig wirkende Geschichte des Verhältnisses zwischen Paulus und der Gemeinde von Korinth noch weiter verkompliziert.[182] Die Ehrfurcht der Gemeinde vor dem Abgesandten des Paulus läßt sich auch so verstehen, daß Reue und Besserung in der Gemeinde ihren Anfang nahmen, ohne daß Paulus den Anstoß dazu gab. Die Gemeinde hätte sich dann schon innerlich auf Besserung eingestellt, als Titus dort ankam. Sie hätte begriffen, falsch gehandelt zu haben und erwartete nun Gegenmaßnahmen des Paulus in der offen gebliebenen Streitfrage. Das erscheint um so verständlicher, als Paulus laut Vers 13,2 der Gemeinde während des "Zwischenbesuches" mit den Worten gedroht hatte ἐὰν ἔλθω εἰς τὸ πάλιν οὐ φείσομαι. Die Gemeinde nahm diese Drohung offensichtlich ernst.

Barrett gibt aufgrund von Kap. 7 eine ganz richtige Charakterisierung von der Ankunft des Titus in Korinth, wenn er feststellt, daß Titus keinen wie auch immer gearteten Aufstand niederzuschlagen hatte, sondern achtungsvoll aufgenommen wurde. Als Titus in Korinth ankam, waren die Korinther Paulus schon gehorsam.[183] Das sagt allerdings nichts darüber aus, wie die Lage nur wenig vorher ausgesehen haben mag. Somit ist noch nicht erwiesen, daß in der Forschung der Ernst des "Zwischenfalls" und die Größe des Konfliktes zwischen Paulus und der Gemeinde übertrieben worden wäre.[184] Im Gegenteil kann man aus der Beschreibung in Kap. 7 deutlich heraushören, daß der Gehorsam der Gemeinde gleichwohl eine Überraschung für Paulus und Titus war. In der Gemeinde war ohne ihr Wissen eine Entwicklung zum Besseren vor sich gegangen. Paulus stand der Gemeinde doch zu nahe. Sein Auftritt während des "Zwischenbesuchs" hatte letztlich doch einen positiven Eindruck bei den Korinthern hinterlassen, was sich aber erst später herausstellte, als Paulus schon abgereist war. Die Gemeinde dürfte eben doch in geistlicher Hinsicht kritikfähiger gewesen sein, als Paulus angenommen hatte. Der Einfluß der "Superapostel" war damit lediglich eine vorübergehende Schaumkrone im religiösen Leben der Korinther. Ohne eine solche selbständige Änderung der Einstellung hätte kein wie auch immer gearteter Brief die Situation für Paulus annehmbarer machen können.

Das bisher Festgestellte läßt sich gut mit der im Kap. 7 widergespiegelten Wirklichkeit in Einklang bringen. Aus der Schilderung des Paulus in den Kap. 1 - 2 und 7 kann man schließen, daß der "Tränenbrief" in gewissem Sinn ein letzter verzweifelter Versuch für ihn war, die schwierige Situation wieder ins Lot zu bringen; sehr viel hatte er dieser Geste selbst nicht zugetraut, aber er hielt sie in jedem Fall für besser, als persönlich bald wieder in der Gemeinde aufzutauchen. Wie wir schon früher festgestellt haben, ist die Wahrscheinlichkeit groß, daß Paulus seine Ansichten in Korinth in Ruhe bis zum Schluß vortragen konnte.[185] Nachdem er dies getan hatte und nach Ephesus zurückgekehrt war, mochte er innerlich überzeugt gewesen sein, daß alles getan war, was in seiner Macht stand, um eine Versöhnung zu erreichen, und er in seinem Brief nichts wesentlich Neues mehr vorbringen könnte. Bei einer Bewertung der Theorie, daß die Kap. 10 - 13 der "Tränenbrief" sind, sollte man berücksichtigen, daß der Inhalt dieser Kapitel sehr gut in dieses Muster paßt. Ein großer Teil des Stoffes der Kap. 10 - 13 besteht aus der Androhung einer künftigen Bestrafung. Daneben sprechen insbesondere der Abschnitt 12,19 - 13,4 von ziemlich pessimistischen Zukunftsaussichten für die Korinther Gemeinde. Vor diesem Hintergrund war die Nachricht über den guten Empfang, der Titus zuteil geworden war, eine wirkliche Überraschung für Paulus.

Die von den Korinthern in eigener Regie vollzogene Besserung paßt auch gut mit dem Umstand zusammen, daß in den Kap. 1 - 7 - außer mit sehr entfernten Anspielungen - nichts von den "Superaposteln" gesagt wird. So wird beispielsweise in der Aufzählung der durch den "Tränenbrief" bei den Korinthern ausgelösten Reaktionen nicht erwähnt, daß sie die von außen in die Gemeinde eingedrungenen Gegner des Paulus hinausgeworfen hätten. Hätte die Bußtätigkeit der Gemeinde erst nach der Ankunft des "Tränenbriefes" bei Null begonnen, würde man erwarten, daß die Auseinandersetzung mit den "Superaposteln", die in der Gemeinde den Ton angaben, die erste und entscheidende Reaktion gewesen wäre. In diesem Zusammenhang ist in jedem Fall wichtig, sich vor Augen zu halten, daß die These, die Kap. 10 - 13 seien der "Tränenbrief", die These von der selbständig begonnenen Besserung der Gemeinde voraussetzt. Die Gegner des Paulus, die in Korinth die Herren spielten, nahmen in dem Zwist, der in den Kap. 10 - 13 seinen Ausdruck findet, eine so zentrale Rolle ein, daß sich in den Kap. 1 - 7 Spuren ihrer Vertreibung hätten finden müssen, falls diese erst infolge des von Titus überbrachten "Tränenbriefes" vonstatten gegangen wäre. Die Theorie der Kap. 10 - 13 als "Tränenbrief" läßt sich gemeinsam mit der Theorie, daß die Besserung der Korinther erst nach der Ankunft des Titus begonnen hatte, nur aufrechterhalten, wenn man annimmt, - was allerdings äußerst unwahrscheinlich ist - daß sich die "Superapostel" freiwillig aus Korinth zurückgezogen hätten, zu einer Zeit, als ihre Einflußmöglichkeiten dort noch recht groß waren.

Da die nächstliegende Auslegung des 7. Kap. voraussetzt, daß die Korinther den Eindringlingen schon vor der Ankunft des Titus die Tür gewiesen hatten, fällt die These von den Kap. 10 - 13 als dem "Tränenbrief" nicht etwa wegen dem, was von der Ankunft des Titus in Korinth berichtet wird, zusammen, sondern läßt sich im Gegenteil sehr gut damit vereinbaren. Das Vorkommen von "Furcht und Zittern" auch nachdem die Gemeinde schon beschlossen hatte, ihrerseits ein gutes Verhältnis zu Paulus anzustreben, spricht seinerseits dafür, daß der Streit mit Paulus auch in Korinth als besonders gravierend empfunden wurde.

Für Titus wurde die Aufgabe dadurch sehr einfach. Sein Aufenthalt in Korinth verlief positiv. Paulus schildert dies mit der Feststellung, daß Titus in der Gemeinde "Trost" (παρεκλήθη) (7,7) erfahren habe. Daraus kann man nun nicht den Schluß ziehen, daß Titus scheu und einer Ermutigung bedürfend in der Gemeinde angekommen wäre. Der "Trost" war eher objektiver Natur, eine Befriedigung, die auf Tatsachen beruhte, um so mehr, als Titus die Gemeinde in viel schlechterem Zustand anzutreffen erwartete.[186]

Obwohl es nach dem bisher Festgestellten am wahrscheinlichsten ist, daß der Sinneswandel in Korinth schon vor der Ankunft des Titus begonnen hatte, kam auch dem von Titus mitgeführten Brief, will man der eindeutigen Aussage in 7,8-12 Glauben schenken, eine große Bedeutung für den Versöhnungsprozeß zu. Erst als die Gemeinde den Brief im Wortlaut zu hören bekam, wurde sie - wie es Paulus ausdrückt - "betrübt nach Gottes Sinn" (7,9). Anders gesagt, durch den Brief erkannte die Gemeinde offensichtlich die ganze Tragweite ihres Vergehens. Sie erkannte auch, wie verbittert Paulus sein mußte, verteidigte sich jedoch gleichzeitig gegen zu weit gehende Angriffe des Paulus (7,11). Die in 7,11 beschriebenen, in zwei Richtungen zielenden Reaktionen bekräftigen die obige Auslegung, daß der Brief nicht der einzige entscheidende Faktor beim Sinneswandel der Korinther war. Eher war der Brief ein zweischneidiges Schwert, über dessen Gebrauch Paulus nicht umsonst nach der Absendung des Briefes in Zweifel geraten war. Ohne die schon bestehende sehr günstige Atmosphäre hätte jedenfalls ein Brief wie die Kap. 10 - 13 kaum etwas sehr Positives zustande bringen können.

Erst die Verlesung des "Tränenbriefes" brachte die Korinther auch dazu, den Mann, der Paulus gekränkt hatte, zu bestrafen. Aus der Sicht des Paulus geriet der Versöhnungsprozeß, als er solche Formen annahm, schon so weit aus den Fugen, daß er sich genötigt sah, die Korinther zu besänftigen, als er davon erfuhr (2,6-8). Die positiven Reaktionen waren jedoch zentral und für das Gesamtbild im Versöhnungsstreben der Gemeinde bestimmend. Die Verse 7,7 und 7,11 bieten auch ein anschauliches Bild von der bunten Aufgeregtheit, dessen Zeuge und Nebenobjekt in Korinth Titus sein durfte und die dieser offensichtlich Paulus auch farbig auszumalen vermochte. Titus befindet sich wegen seiner Erlebnisse in der Gemeinde auch noch völlig im Freudentaumel, als er schon in Makedonien angekommen war. Seines Erachtens war die Reise rundherum gelungen (7,13). Die Gemeinde war in dieser neuen Situation Paulus und seinem Mitarbeiter völlig ergeben, was die Gefühle des Titus für die Korinther erwärmte, als er sich daran erinnerte (7,15; 8,16).

b)   Paulus rühmt sich der Korinther (7,14)

Wenn die Auflösung des Streites sowohl für Paulus als auch für Titus eine freudige Überraschung war, wie läßt sich dann die Information in 7,14 verstehen, daß Paulus die Korinther vor Titus gerühmt hatte? Der Text lautet: ὅτι εἴ τι αὐτῷ ὑπὲρ ὑμῶν κεκαύχημαι, οὐ κατῃσχύνθην. Für unsere Fragestellung ist dabei wesentlich, wann dieses Rühmen vorgekommen war.

Wenn dieses Rühmen in die Zeit nach dem "Zwischenbesuch" und vor die Abreise Titus' mit dem "Tränenbrief" nach Korinth fiele, müßten wir unsere Auffassung über die Natur des "Zwischenbesuchs" auf dieser veränderten Grundlage völlig neu überdenken, nämlich etwa in der Richtung, wie <u>Barrett</u> die rühmende Äußerung des Paulus über die Korinther kommentiert. <u>Barrett</u> meint, daß durch sie die weitverbreitete Meinung widerlegt werde, Paulus hätte Titus geschickt, um einen Aufstand niederzudrücken, nachdem er selbst bei diesem Vorhaben gescheitert wäre. <u>Barrett</u> nimmt auch an, daß der Hauptzweck der Reise des Titus war, sich um die Sammlung der Kollekte zu kümmern, nicht einen Aufstand niederzuschlagen.[187] <u>Barrett</u> stellt überzeugend fest, daß das Rühmen der Korinther und die Überantwortung eines Briefes an Titus - eines Briefes, der so heftige Kritik an der Gemeinde zum Ausdruck bringt, wie in den Versen 11,3 und 12,20-21 durchklingt - miteinander nicht in Einklang zu bringen sind. Wäre die Lage schlecht gewesen, wie allgemein angenommen wird, hätte Paulus Titus vor den Lastern der Korinther gewarnt und nicht ihre Tugenden gerühmt.[188]

Das Lob, das Paulus vor Titus über die Korinther ausspricht, kann jedoch auch in einen anderen Zusammenhang gehören, nicht allein in die Zeit, als sich Titus bereitmachte, den Brief zu überbringen. Die konditionale Form, das Pronomen τι und die Perfektform des Verbes καυχᾶσθαι in Vers 7,14 deuten darauf hin, daß Paulus hier nicht einen bestimmten Einzelfall vor Augen hat. εἴ τι dürfte außerdem bedeuten, daß es zu einem Rühmen nur in sehr bescheidener Form und unter Vorbehalt gekommen war.[189] Möglicherweise meint Paulus mit der ganzen Angelegenheit frühere Phasen seiner Zusammenarbeit mit Titus in Fragen der Gemeinde von Korinth, vielleicht jene Situation, als sich Titus auf seine erste Reise nach Korinth vorbereitete, um dort die Kollekte in Gang zu bringen (8,6). Unter solchen Umständen gehört dazu, daß der Auftraggeber den Boten ausrüstet und ihm mitteilt, wie er die Lage am Zielort einschätzt. Da damals zwischen Paulus und der Gemeinde noch alles in Ordnung war, fiel diese Einschätzung sicher positiv aus.

Man kann die Aussage aber auch genauer mit Blick auf das Verb κεκαύχημαι in 7,14 untersuchen. Die Verbform besagt eindeutig, daß Paulus kurz vor der Abreise des Titus keine große Zuversicht hinsichtlich der Korinther hatte. Durch eine solche Formulierung vermeidet es Paulus, ein falsches Zeugnis über sein Gespräch mit Titus abzugeben, das er mit ihm führte, als er ihn auf jene Reise, auf der der "Tränenbrief" überbracht werden sollte, vorbereitete. Mit der Formulierung von 7,14 weist Paulus nur auf seine längerfristige positive Beziehung zu den Korinthern hin. Nachdem er einmal Titus gegenüber eine Bemerkung darüber gemacht hatte, nahm er sie niemals eindeutig zurück. Als sich Titus nun auf seine Abreise vorbereitete, konnte diese Frage in irgendeiner Weise zum Thema geworden sein. Titus sprach Paulus möglicherweise auf dessen früheres Rühmen der Korinther hin an. Ungeachtet dessen, was Paulus darauf geantwortet haben mag, berechtigte ihn schon ein solches Gespräch dazu, in der Weise zu schreiben, wie er es in 7,14 tut. Hauptaussage in diesem Vers ist doch die Feststellung, daß das Rühmen, das schon lange berechtigt war (Perf.), zuletzt einen deutlichen Beweis seiner Wahrheit erfahren durfte (οὐ κατῃσχύνθην, Aor.).[190]

Wenn der Vers 7,14 trotz unserer bisherigen Feststellungen so interpretiert werden müßte, daß Paulus die Korinther Titus gegenüber gerade vor dessen schwerer Reise angepriesen hatte, bliebe noch die Möglichkeit, daß Paulus dabei mehr gesagt hätte, als er selbst glaubte. Vielleicht wollte er damit Titus Mut machen, seine schwere Aufgabe zu erfüllen.[191] So sieht es z.B. *Windisch*. Für ihn setzt der Ausdruck οὐ κατῃσχύνθην voraus, daß sich Paulus seiner Sache nicht völlig sicher war. Die Unruhe, die ihn nach der Abreise des Titus befiel, konnte ihre Ursache teilweise gerade darin haben, daß er die Tugendhaftigkeit der Korinther Titus gegenüber in etwas zu gutem Licht hat erscheinen lassen. Zu den übrigen Bedrängnissen des Apostels kam damit auch noch die peinliche Möglichkeit hinzu, vor dem Mitarbeiter und Freund beschämt zu werden.[192]

Nach unserer bisherigen Untersuchung können wir festhalten, daß beide Auslegungsalternativen für Vers 7,11 - sowohl die Meinung, daß Paulus auf sein früheres Rühmen verweist, als auch die weniger wahrscheinliche, daß Paulus wider sein besseres Wissen und Glauben sprach - im Gesamtkontext der Kap. 1 - 7 einen <u>ernsthaften Konflikt</u> zwischen Paulus und der Gemeinde zu der Zeit, als der "Tränenbrief" überbracht wurde, voraussetzen.

Einige Exegeten wollen aufgrund von 7,14 nicht nur die Beschaffenheit der Konflikte bei dem "Zwischenbesuch" als möglichst harmlos ansehen; sie ziehen auch den Schluß, daß Titus, als er zur Überbringung des "Tränenbriefes" nach Korinth abreiste, sich auf seine absolut erste Reise dorthin machte.[193] Das Rühmen des Paulus wäre somit seiner Natur nach die nötige Information, die einem <u>Erst</u>besucher mitgegeben würde. Mit dieser Deutung wird dem Text jedoch schlicht zu viel abverlangt.[194] Selbst wenn man Vers 7,11 so auslegt, daß Paulus dort die Korinther Titus anpreisen würde, als sich dieser auf seine schwere Reise macht, würde dies doch nicht notwendig bedingen, daß die Korinther Gemeinde Titus von früher her nicht bekannt gewesen wäre. Paulus meint in jedem Fall die Gemeinde <u>besser</u> als Titus zu kennen, der möglicherweise sehr bange Gedanken über die Erfolgschancen seiner Reise hegte. Allein aufgrund des Verses 7,14 und seines näheren Kontextes kann man somit nicht erkennen, um den wievielten Besuch des Titus in Korinth es sich dabei handelte. Andere Stellen in den Korintherbriefen sprechen dafür, daß es sich durchaus nicht um seinen ersten Besuch dort gehandelt hat.

c)   Der Beginn der Kollekte in Korinth

Paulus durfte sich in Makedonien außer der Entspannung der Lage in Korinth noch einer weiteren positiven Angelegenheit erfreuen: die mittellosen makedonischen Christen hatten aus eigenem Antrieb verlangt, sich an der Sammlung der Kollekte für Jerusalem beteiligen zu dürfen (8,1-4). Man könnte aus dem Abschnitt den Eindruck gewinnen, daß Paulus ursprünglich die Durchführung einer Sammlung in Makedonien wegen der Armut der dortigen Christen nicht geplant hatte.[195]

καὶ οὐ καθὼς ἠλπίσαμεν in 8,5 deutet jedoch eher darauf hin, daß Paulus die Beteiligung der Makedonier erhofft hatte, diese aber seinem Wunsch, ohne daß er ihn ausgesprochen hätte, zuvorgekommen waren.[196] In der Freiwilligkeit der Makedonier läge somit ein Analogiefall vor für das Verhalten des Titus, wie es in 8,16-17 beschrieben wird: der Mitarbeiter des Apostels war offensichtlich auf eine entsprechende Weise der Aufforderung des Paulus zuvorgekommen. Aus Kap. 8 geht in jedem Fall hervor, daß Paulus den Beginn der Sammlung in Makedonien bis zu dieser Reise aufgeschoben hatte und sich dann von Anfang an persönlich um sie kümmerte. δεόμενοι ἡμῶν (8,4), ἑαυτοὺς ἔδωκαν... ἡμῖν (8,5). Möglicherweise war er in dieser Beziehung durch die schlechten Erfahrungen in Korinth klug geworden. Vor dem Hintergrund der Vorfälle in Korinth war die freudige Überraschung für Paulus in Makedonien sicher um so größer.[197]

Paulus konstatiert, daß ihn die Begeisterung der Makedonier veranlaßte, sich an Titus zu wenden, damit dieser die Kollektenangelegenheit auch unter den Korinthern gut über die Bühne brächte (8,6): εἰς τὸ παρακαλέσαι ἡμᾶς Τίτον, ἵνα καθὼς προενήρξατο οὕτως καὶ ἐπιτελέσῃ εἰς ὑμᾶς καὶ τὴν χάριν ταύτην. Der Kontext läßt keinen Zweifel daran, daß χάρις auf die zuvor erwähnte Kollekte für Jerusalem hinweist. Ansonsten herrscht unter den Exegeten Meinungsverschiedenheit darüber, welche Schlüsse aus diesem Vers über den Anteil des Titus als Organisator der Kollekte in Korinth zu ziehen sind. Es kursieren dabei drei verschiedene Auslegungsmodelle: 1) In der älteren Forschung herrschte allgemein die These vor, daß Titus auf derselben Reise, bei der er den "Tränenbrief" überbrachte, auch die Kollekte betreute. 2) Eine andere Forschungsrichtung erklärt den Vers so, daß Titus, als das Kap. 8 diktiert wurde, noch nichts mit der Kollekte zu tun gehabt hätte und erst in dieser so späten Phase von Paulus damit betraut worden wäre. 3) Viele meinen, daß προενήρξατο in diesem Zusammenhang so zu verstehen ist, daß Titus schon vor der Auslieferung des "Tränenbriefes" mit der ersten Vorbereitung der Kollekte befaßt war.

1) Die erste Auslegungstradition hat ihre Wurzeln in den Arbeiten, die den "Tränenbrief" mit dem 1.Kor. gleichsetzen. Da schon in 1.Kor. 16 Anweisungen zur Durchführung der Kollekte gegeben werden, weist Vers 8,6 auf die Übermittlung des 1.Kor. (="Tränenbrief") hin. Titus, der als Kurier dient, hätte dann gleichzeitig auch die Kollektensammlung in der Gemeinde begonnen.[198]

Die jüngere Forschung setzt den "Tränenbrief" nicht mehr mit dem
1.Kor. gleich. Dennoch bringen viele Neutestamentler die Andeutungen
von 8,6 gerade mit dem Besuch des Titus in Korinth in Verbindung, bei
dem der "Tränenbrief" überbracht wurde. So vermutet z.B. Barrett, daß
der "Tränenbrief"-Besuch vor allem den Zweck der Kollektensammlung
hatte.[199]

Barrett begründet seine Auffassung mit dem Versuch, zu rekonstruieren,
wie die Kollektensammlung nach 1.Kor. 16,1-4 praktisch vonstatten
ging. Der ursprüngliche Plan sah vor, daß einzelne Korinther selber
jeweils in ihren Häusern Mittel zusammentrügen. Erst nach Ankunft des
Paulus würde dann alles gesammelt. Ein so einfaches Kollektensystem
läßt nach Barrett keinen Raum für eine Zusammenarbeit des Titus oder
eines anderen Mitarbeiters des Paulus bei der Organisation des Zusammentragens der Kollekte.[200] Der Anteil des Titus bei der Angelegenheit
hätte sich darauf beschränkt, die Kollekte schließlich abzuholen. Mit
dieser Aufgabe machte sich dann auch Titus samt dem "Tränenbrief" auf
die Reise nach Korinth. Da dort laut Barrett kein Aufstand zugange
war, hätte Titus seiner Aufgabe leicht nachkommen müssen. Er war dazu
jedoch nicht imstande. Barrett vermag für dieses Detail keine befriedigende Erklärung zu bieten. Titus hielt sich auf der Reise länger
auf, als Paulus erwartet hatte; es kann sich also nicht um Zeitmangel
gehandelt haben. Nach Barrett führte Titus die Kollektensammlung nicht
zu Ende, weil er so zufrieden mit dem Empfang war, der ihm in Korinth
bereitet wurde. Er eilte anschließend zu Paulus, um ihm von der Lage
zu berichten; dieser schickte ihn aber umgehend zurück, um die Kollektensammlung abzuschließen.[201]

Das Gesamtbild weist bei diesem Erklärungsmodell einige Schwachstellen
auf. Die Dinge rücken nur dann ins rechte Licht, wenn man annimmt, daß
mit der Übermittlung des "Tränenbriefes" nicht gleichzeitig Aufgaben
bezüglich der Kollekte verbunden waren. Wenn die Kollekte schon abgeschlossen gewesen wäre, wie Barrett annimmt, warum mußte Paulus über
sie noch so breit und beschwörend reden, wie er es in den Kap. 8 - 9
tut? Paulus bringt ja am Anfang von Kap. 8 durch die Begeisterung der
Makedonier ermutigt, diese Sache zur Sprache und wagt mit vorsichtigen
Worten den Korinthern vorzuschlagen, sich von neuem an die Arbeit für
die Kollekte zu machen.

Der springende Punkt, an dem sich die Haltbarkeit dieser Auslegungsmöglichkeit entscheidet, ist aber vor allem die Frage, wie ernst der Streit zwischen Paulus und der Korinther Gemeinde tatsächlich war. Diese Deutung setzt voraus, daß der Streit nicht sehr ernst war.[202] Wenn der sich in den Kap. 1 - 7 widerspiegelnde Streit zwischen Paulus und der Gemeinde in jüngerer Vergangenheit nur ein etwas größeres Ausmaß hatte, kann die Deutung nicht mehr zutreffen. Das Vorantreiben der Kollekte und die Schlichtung eines ernsthaften Streites passen nicht zusammen. Diese Lösung ist auch unvereinbar mit der Auffassung, daß die Kap. 10 - 13 der "Tränenbrief" sind; in ihnen geht es in jedem Fall um einen so ernsthaften Streit, daß sie und die Kollektensammlung unmöglich miteinander verbunden werden können.[203]

2) Es fällt schwer, den Streit und die Kollekte miteinander zu verbinden. Einige Exegeten nehmen deshalb an, daß Titus zum ersten Mal mit der Kollektenangelegenheit in Berührung kam, als ihn Paulus von Makedonien nach Korinth zurückschickte (8,16-17). Dementsprechend interpretiert z.B. Belser das in 8,6 für Titus gebrauchte Verb προενήρξατο so, daß es nicht auf den Beginn der Kollekte hinweist. Titus hatte "früher" lediglich eine allgemeine Tätigkeit in den Angelegenheiten der Korinther begonnen.[204] Vers 8,6 ließe sich dann etwa mit folgender Paraphrase erklären: "Da Titus seine Arbeit unter den Korinthern gut angefangen hat, so soll er auch diese Kollektengeschichte in Ordnung bringen". Die Kollekte wäre damit eine neue Gebietseroberung unter den Aufgabenfeldern des Titus, der seine Tüchtigkeit schon unter Beweis gestellt hatte.[205]

Die von der zweiten Auslegungsrichtung vorausgesetzte Exegese von 8,6 vermag nicht zu überzeugen. Da die Verben προενήρξατο und ἐπιτελέσῃ eindeutig das gleiche Subjekt haben, liegt nahe, daß sie auch das gleiche Objekt im Satz haben, nämlich τὴν χάριν ταύτην. Für das vorausgehende Verb bliebe andernfalls überhaupt kein eigenes Objekt und jeder Leser des Textes würde die grammatische Struktur zunächst so verstehen wie eben beschrieben wurde. Anders gesagt, Titus hatte bereits begonnen, was er nun zu Ende führen sollte.[206]

3) Die dritte Auslegungsmöglichkeit stützt sich - außer negativ auf die Schwächen der beiden zuvor beschriebenen Alternativen - vor allem auf die Bedeutungsbreite des Verbes προενάρχεσθαι. Es ist ein Hapaxlegomenon, so daß seine Bedeutungsnuancen in keinem anderen Text-

zusammenhang untersucht werden können, als eben in den Versen 8,6 und 8,10. Dem Präfix προ- kommt im Verb eine herausragende Stellung zu. Falls Paulus ein "Anfangen" im allgemeineren Sinn gemeint hätte, hätte ihn nichts davon abgehalten, die Verben ἐνάρχεσθαι oder ἄρχεσθαι zu verwenden, wie auch an anderer Stelle in seinen Texten. Mit anderen Worten, die Bedeutungsnuance "früher" wird hier in zentraler Weise hervorgehoben.[207] Das Verb nimmt damit die Bedeutung "früher beginnen" an.[208] Mit einer solchen Wendung scheint Paulus anders gesagt auf etwas hinzuweisen, das schon früher in Angriff genommen worden war, aber unterbrochen wurde, so daß es von Neuem begonnen werden mußte.

Bei der Exegese von 8,6 muß auch der Vers 8,10 Berücksichtigung finden und die Art und Weise, in der Paulus dort das Verb προενάρχεσθαι einsetzt. Paulus spricht von den Korinthern mit den Worten οἵτινες οὐ μόνον τὸ ποιῆσαι ἀλλὰ καὶ τὸ θέλειν προενήρξασθε ἀπὸ πέρυσι. Die Aussage klingt, nimmt man die Wortstellung so wie sie vor uns liegt, unlogisch in dem Sinn, daß das "Wollen" der Korinther eine Sache zu sein scheint, die nach dem "Tun" kommt. Der nachfolgende Vers wirft aber Licht auf diese befremdliche Wortstellung. Aus ihm geht hervor, daß die Korinther bis zur Abfassung des 8. Kap. eigentlich nur im eifrigen Wollen gut waren; die Resultate dieses "Wollens" waren bis dahin mager geblieben. Paulus möchte, wenn er sich der Situation im Vorjahr in Korinth erinnert, die von den Korinthern in <u>Worten</u> bekundete Bereitschaft hervorheben. Deshalb spricht er nicht allein vom Beginn der Tätigkeit schon im vorangegangenen Jahr. Bei umgekehrter Wortstellung - οὐ μόνον τὸ θέλειν ἀλλὰ καὶ τὸ ποιῆσαι - würde der Vers dagegen den Eindruck erwecken, daß die Ergebnisse der Sammlungstätigkeit der Korinther schon beträchtlich waren, was weder der Wahrheit entsprechen würde noch eine gute Ausgangsposition für die folgenden Aufrufe des Paulus abgegeben hätte, die guten Absichten Tatsachen werden zu lassen.[209] In jedem Fall geht aus diesem Vers ebenso wie aus 9,2 hervor, daß so oder so auch das "Tun" irgendwie schon vorher eingesetzt haben mußte.[210]

Ebenso wie in 8,6 dient προενάρχεσθαι als Gegenüber zum Verb ἐπιτελεῖν auch in den Versen 8,10-11. So erhält das erste Verb natürlicherweise die gleiche Bedeutung, wie es nach der 3. Auslegungsalternative schon in 8,6 hatte. Anders gesagt, die Gemeinde hatte schon "früher begonnen", die Kollekte zu sammeln. Die Arbeit daran wurde zwischendurch unterbrochen. Sie war jedoch nicht aufgegeben worden, sondern mußte nur wieder in Gang gebracht und die Sammlung zu Ende geführt werden. Für die eindeutige zeitliche Einordnung des "Anfangens" im vorangegangenen Jahr spricht, daß das Verb προενάρχεσθαι nicht überzeugend als Vergleich mit dem späteren Einsatz der Makedonier verstanden werden kann. Es handelt sich hier nicht mehr um einen Vergleich, sondern um eine Chronologie der Kollektensammlung allein in Korinth. Der Vergleich mit den Makedoniern ist mit dem christologischen Vorbild von 8,9 Paulus schon aus dem Blick geraten.[211] Aufgrund von 8,10 darf man eine Unterbrechung der Kollektensammmlung in Korinth voraussetzen. Diese muß natürlicherweise mit dem ernsthaften Streit zwischen Paulus und der Gemeinde in Verbindung gebracht werden.[212]

Aufgrund der bisherigen Analyse von 8,6.10-11 sieht man den Anteil des Titus bei der Abwicklung der Kollekte am besten so, daß er schon vor dem Besuch, bei dem er der Gemeinde den "Tränenbrief" übermittelte, in dieser Angelegenheit einmal dort war. Der Aufenthalt des Titus fiel mit dem Zeitpunkt zusammen, zu dem die Korinther gerade erst damit anfingen, die Sammlung unter sich in Gang zu bringen.[213] Es handelt sich dabei möglicherweise um den allerersten Besuch des Titus dort.[214] Zumindest in den Quellen gibt es keine Anzeichen auf irgendeinen noch früheren Besuch.

Wann hatte nun der allererste Besuch des Titus in Korinth stattgefunden? Das erste Mal werden die Sammlung und die Korinther bei Paulus in 1.Kor. 16,1-4 zusammengebracht. In diesem Zusammenhang erwähnt Paulus gegenüber den Korinthern die Kollekte als eine schon bekannte Sache, indem er den Ausdruck περὶ δὲ τῆς λογείας gebrauchte. Auf diese Weise nimmt er auch sonst im 1.Kor. Fragen auf, die die Korinther in ihrem Brief an Paulus gerichtet hatten.[215] Die praktischen Anweisungen, die Paulus in diesem Abschnitt zur Durchführung der Sammlung gibt, sind dermaßen elementarer Art, daß es sich sicherlich darum handelt, daß die ganze Angelegenheit zum ersten Mal auf eine konkrete Ebene gestellt wurde.[216] Offensichtlich hatte die Gemeinde Paulus ihre grundsätzliche Bereitschaft bekundet, - ihr "Wollen" (τὸ θέλειν, 2.Kor. 8,10) von dem oben die Rede war - sich zu beteiligen und um praktische Anweisungen gebeten.[217]

Was brachte die Korinther auf den Gedanken, mit der Kollekte zu beginnen? Barrett nimmmt an, daß sie den ersten Anstoß dazu direkt von den Gemeinden in Galatien erhielten.[218] Diese Theorie basiert natürlich auf der Erwähnung der galatischen Gemeinden in 1.Kor. 16,1. Desungeachtet wirkt sie jedoch im buchstäblichen Sinne weit hergeholt. Barrett kann allerdings sehr richtig liegen, wenn er den inoffiziellen Charakter der ersten Information betont, die die Korinther über die Kollekte erhalten hatten.[219]

Als der 1.Kor. abgeschickt wurde, stand die Kollektensammlung in Korinth noch ganz in den Anfängen. Der Besuch des Titus in der Gemeinde fiel also zeitlich nahe mit dem Verschicken des 1.Kor. zusammen. Titus war aber weder der Überbringer dieses Briefes noch ist wahrscheinlich, daß er vor dem Absenden des 1.Kor. in Korinth gewesen war. Im 1.Kor. wird Titus nämlich mit keinem Wort erwähnt, was jedoch unerläßlich wäre, wenn die Gemeinde durch seine Vermittlertätigkeit schon Anweisungen für die Organisation der Kollekte erhalten oder er selbst als Kurier gedient hätte. Es ist deshalb am wahrscheinlichsten, daß Paulus Titus in der Kollektensache erst bald nach dem 1.Kor. losgeschickt hatte. Möglicherweise verstand Paulus Informationen, die er aus der Gemeinde erhalten hatte, so, daß ein bloßer Brief noch nicht ausreichte und der persönliche Besuch eines kompetenten Mitarbeiters vonnöten wäre, um die Lage in Ordnung zu bringen.[220] Die zeitliche Nähe der Sendung des 1.Kor. und des Titus wird auch dadurch bestätigt, daß Paulus in 8,10 den Beginn des "Wollens" und des "Tuns" eng aneinanderfügt und beide innerhalb des gleichen Zeitraumes, nämlich innerhalb des "letzten Jahres" einordnet.

Die Kollekteneintreibung in Korinth begann also von der Zeit der Abfassung der Kap. 1 - 9 her gesehen "im letzten Jahr" (ἀπὸ πέρυσι). Wie lange wird dieser Zeitraum genau besehen angedauert haben? Eine Antwort allein aufgrund dieser Zeitangabe fällt schwer, nicht zuletzt deshalb, weil in der Antike der Jahreswechsel in verschiedenen Kulturkreisen auf verschiedene Monate fiel. Es gibt zwei ernstzunehmende Alternativen, den Zeitpunkt des Jahreswechsels im Rahmen des Kontaktes zwischen Paulus und der Gemeinde von Korinth zu bestimmen: Auf der einen Seite die profan-jüdische und gleichzeitig makedonisch-syrische Zählweise, bei der das Jahr mit der Herbstgleiche begann und auf der anderen Seite die römische Zählart, die das Jahr mit dem ersten Januar beginnen ließ.[221] Da Philippi, von wo aus Paulus die Kap. 1 - 9 wahrscheinlich schrieb, wie auch Korinth, eine römische Siedlung war, sind theoretisch beide Zeitrechnungen möglich.[222] Die meisten Forscher sehen jedoch den jüdischen Kalender im Hintergrund der Zeitangaben des

Paulus. Damit ist die Grundlage dafür gegeben, sowohl den Beginn der Kollekte als auch die Abfassung der Kap. 1 - 9 innerhalb des gleichen römischen Jahres anzusetzen, erstere in der Frühjahrshälfte, letztere im Spätherbst.[223] Wenn Paulus so frei und ohne nähere Erklärung den Ausdruck "letztes Jahr" in einer Umgebung gebraucht, in der dies auf zwei verschiedene Weisen aufgefaßt werden kann, deutet dies jedoch sehr darauf hin, daß Paulus damit sowohl die Anhänger des jüdisch-makedonischen als auch die des römischen Kalenders zufriedenstellt oder, anders gesagt, zwischen dem Beginn der Kollektensammlung und der Abfassung der Kap. 1 - 9 sehr wahrscheinlich sowohl die Herbst-Tag-und-Nachtgleiche als auch der erste Januar gelegen haben.[224]

d) Die Reisen des Titus mit seinen Begleitern nach Korinth (8,16-23; 12,16-18)

Titus nahm sich, nachdem er in Makedonien die Aufforderung erhalten hatte, zurück nach Korinth zu gehen, und die Kollektenangelegenheit endlich zu einem ordentlichen Abschluß zu bringen, dieser Aufgabe voller Elan an, und ging sogar - wie Paulus hervorhebt - freiwillig nach Korinth (8,16-17). Zusammen mit ihm schickte Paulus zwei "Brüder" (8,18-23). In der Forschung wird viel über die genaue Aufgabe der "Brüder" und ihre Stellung in der Gemeinde und ihre Beziehung zu Titus diskutiert, nicht zuletzt, weil die Klärung dieser Fragen von Bedeutung für das Problem der Zusammensetzung des 2.Kor. ist.

Allgemein herrscht große Einmütigkeit darüber, daß der in 8,18-20 vorgestellte Mann eine weitaus wichtigere Person ist als der "Bruder" in Vers 8,22.[225] Recht weit geht mit der Betonung des Rangunterschiedes zwischen beiden Männern Gyllenberg, wenn er schreibt: "Titus und der zuvor erwähnte Bruder bildeten somit die eigentliche Delegation, die nach Korinth ging. Titus repräsentiert Paulus und sein Reisebegleiter die Gemeinde in Makedonien. Als ihr Assistent (Hervorhebung von mir) folgt noch ein weiterer Vertrauensmann nach".[226] In dem zuerst erwähnten Bruder sieht man besonders den mit der finanziellen Seite beauftragten, dessen Aufgabe darin lag, schon im vorhinein alle Zweifel abzubiegen, die möglicherweise wegen Mißbrauchs der Kollektenmittel gegen Paulus gehegt wurden. In 8,20 glaubte man ein Indiz für eine solche Auslegung sehen zu können.[227]

In 8,23 charakterisiert Paulus die von ihm gesandten Personen allesamt mit den Worten εἴτε ὑπὲρ Τίτου, κοινωνὸς ἐμὸς καὶ εἰς ὑμᾶς συνεργός· εἴτε ἀδελφοὶ ἡμῶν, ἀπόστολοι ἐκκλησιῶν, δόξα Χριστοῦ. Laut diesem Vers lassen sich die Männer tatsächlich in zwei deutlich voneinander unterschiedene Kategorien einordnen. In die erste gehört Titus, der allein Paulus' eigentlichen "Stab", den Kreis seiner engsten Mitarbeiter repräsentiert. Die zweite Kategorie bzw. die beiden Brüder, deren Namen nicht genannt werden, vertreten ihrerseits die Ortsgemeinden, beide auf gleicher Ebene.[228] Obgleich nur von dem einen gesagt wird, daß er für die offizielle Delegation nach Jerusalem ausgewählt ist (8,19), gilt dies nach 8,23 auch für den zweiten. Der Terminus ἀπόστολοι ἐκκλησιῶν weist sehr wahrscheinlich gerade auf diese Ehrenaufgabe hin und ist kein spezifischer Apostelbegriff.[229] Vers 8,23 steht somit in einem gewissen Spannungsverhältnis zu den vorherigen Einführungen der Personen, aus denen man den Eindruck gewinnen könnte, daß der dritte Mann nicht den gleichen Rang einnimmt, wie der zuvor vorgestellte. Die Unterschiedlichkeit bei den detaillierten Einführungen läßt sich vielleicht so erklären, daß für den in 8,18-20 erwähnten Mann aus irgendeinem Grund mehr Werbung nötig war als für den dritten Mann. Vielleicht war er der Gemeinde unbekannt, während sein Kamerad dort schon besser bekannt war.[230]

Warum werden die Namen dieser beiden Männer nicht genannt? Man vermutete, daß sie absichtlich bei der späteren Kopierung der Paulusbriefe nicht aufgenommen wurden, vielleicht weil sie in der christlichen Überlieferung später in Verruf kamen.[231] Natürlich kann es auch einen ganz anderen Grund für das Verschwinden dieser Namen gegeben haben. Für die Fragestellung unserer Untersuchung ist z.B. der Vorschlag von Schmithals sehr interessant. Schmithals erklärt die Entfernung der Namen als Werk des Endredaktors des 2.Kor. Dieser Redaktor entfernte die Namen sowohl aus dem 8. Kap. als auch aus Vers 12,18; die Verschiedenheit der Namen in beiden Kapiteln hätte sonst nämlich offengelegt, daß in ihnen gar nicht auf die gleiche Misssion verwiesen wird, und damit wäre die künstliche Zusammenstellung entlarvt worden.[232] Das Fehlen der Namen im 8. Kap. braucht man jedoch durchaus nicht allein als das Ergebnis einer Streichung zu sehen. Barrett vermutet, daß Titus, der den Brief laut vorlas, an der passenden Stelle d.h. da, wo die Männer vorkamen, sie mündlich der versammelten Gemeinde vorstellen konnte.[233] Trotz dieser Erklärungsversuche bleibt der Grund für das Fehlen der Namen letztlich ein Rätsel.

Die drei in Kap. 8 erwähnten Männer brachten also aller Wahrscheinlichkeit nach den aus den Kap. 1 - 9 bestehenden Brief nach Korinth. Den Zweck des Briefes bildet wohl die Kollekte, zu deren Organisation die Männer ausgesandt wurden.[234] Die in den Kap. 8 - 9 für das Rühmen und die Aussendung der Männer verwandten Aoristformen versteht man somit am besten als Briefaoriste.[235]

Im Zusammenhang mit der Mission der Männer wird die Aufmerksamkeit durch den häufigen Gebrauch des Verbes παρακαλεῖν und des Substantives παράκλησις geweckt:
8,6   εἰς τὸ παρακαλέσαι ἡμᾶς Τίτον
9,5   ἀναγκαῖον οὖν ἡγησάμην παρακαλέσαι τοὺς ἀδελφούς
8,17 ὅτι τὴν μὲν παράκλησιν ἐδέξατο... ἐξῆλθεν πρὸς ὑμᾶς

Das Verb παρακαλεῖν und das Substantiv παράκλησις kommen im Sprachgebrauch des Paulus recht häufig vor, so insbesondere in den beiden Korintherbriefen und da vor allem in den Kap. 1 - 9 des 2.Kor. Paulus verwendet diese Wörter durcheinander sowohl in der Bedeutung "auffordern" als auch "trösten". Besonders deutlich treten beide Bedeutungen in 2,7-8 nebeneinander auf. Zwei Aspekte stehen in diesen Kapiteln hinter dem häufigen Gebrauch dieser Begriffe: 1) Die frische persönliche Erfahrung des Paulus eines großen "Trostes" (1,3-7; 7,4-16), 2) die Situation nach dem Streit, als Paulus der Gemeinde viel zu erklären hatte. Die Situation ist so heikel, daß Paulus sich hütet, zu bestimmt aufzutreten; er möchte nicht als "Herr auftreten" (1,24) gegenüber der Gemeinde. In dieser Lage ist es am besten, bei der Erteilung von Ratschlägen das Verb παρακαλεῖν zu gebrauchen (z.B. 2,8). Philem. V. 8 - 10, wo παρακαλεῖν als Gegensatz zu ἐπιτάσσειν verwendet wird, gibt ein gutes Bild für die Bedeutungsschattierung, die Paulus dem ersteren Verb gibt. Er gebraucht dieses Verb nicht, wenn er Befehle erteilt, sondern nur, wenn er brüderliche Ermahnungen gibt.[236] Die sanfteren Bedeutungsschattierungen eignen sich für eine ironische Verwendung des Verbs. Von seinen ironischen Fähigkeiten gibt Paulus in 10,1 eine Probe.[237]

Mit dem Gebrauch von παρακαλεῖν ist in den Texten des Paulus noch ein weiter Zug verbunden: Personen, denen sich Paulus sicher ist, braucht er nur zu "ermahnen". Eine solche "Ermahnung" kommt ebenso dann in Frage, wenn sich Paulus an solche Personen wendet, die ihm gleichrangig sind. Die drei nach Korinth zu sendenden Männer sind nach Stellung und Haltung her eben solche, die Paulus nur zu "ermahnen" braucht.

Der Unterschied in der Situation beim 1. und 2.Kor. wird auch durch den Umstand beleuchtet, daß im 1.Kor. vieles naturgemäß lediglich als "Ermahnung" geäußert wird (1.Kor. 1,10; 4,16; 16,15); Paulus sich aber in vielen anderen Fällen nicht scheut, auch stärkere Ausdrücke zu verwenden, wie die Verben παραγγέλλειν (1.Kor. 7,10; 11,17; vgl. 1.Thess. 4,11) und διατάσσειν (1.Kor. 7,17; 11,34; 16,1).[238] Paulus scheint also im 1.Kor. mehr Freiheit zu haben als im 2.Kor. um die Tonart zu wechseln, wenn er den Gemeindegliedern Befehle und Anweisungen erteilt.

Der Gebrauch von παρακαλεῖν in Verbindung mit der Sendung nach Korinth, weist noch auf einen besonderen Zug in der Beziehung zwischen Paulus und der Hauptgemeinde von Achaia hin. Deutlich erkennbar wird dieser Zug z.B. darin, daß Paulus, auch wenn er von der Reise des Apollos spricht, die Formulierung πολλὰ παρεκάλεσα αὐτὸν ἵνα ἔλθῃ (1.Kor. 16,12) verwendet. Korinth ist offensichtlich der Ort, zu dem die Delegationen nicht einfach nur "geschickt" wurden; sie mußten oft auch besonders dazu "ermahnt" werden. Wenn jemand dort freiwillig hinging, war das einer besonderen Erwähnung wert (8,17).

παρακαλεῖν spielt auch eine wichtige Rolle im Abschnitt 12,17-18 und in der einleitungswissenschaftlichen Diskussion über die Zusammensetzung des 2.Kor. Einige Forscher sehen in diesem Stück ein festes Indiz für die Unteilbarkeit des 2.Kor., andere hingegen eine starke Stütze für ihre Auffassung, daß die Kap. 10 - 13 ein späterer Brief als die Kap. 1 - 9 sind. Besonders folgende Aussage des Paulus trägt zur Belebung der Diskussion bei: μή τινα ὧν ἀπέσταλκα πρὸς ὑμᾶς, δι᾽ αὐτοῦ ἐπλεονέκτησα ὑμᾶς; παρεκάλεσα Τίτον καὶ συναπέστειλα τὸν ἀδελφόν. Man meint darin gerade einen Hinweis auf die in Kap. 8 - 9 geschilderte Aussendung des Titus und der "Brüder" zu sehen. Falls diese Annahme zuträfe, bestünde natürlich nur noch die Möglichkeit, daß eine der beiden oben beschriebenen Auslegungsalternativen die einzig richtige ist und der Theorie, daß die Kap. 10 - 13 den "Tränenbrief" ausmachten, wäre der Boden entzogen. Um zu prüfen, wieweit die einleitungswissenschaftliche Tragfähigkeit der Verse 12,17-18 reicht, müssen sie und ihr Kontext nun etwas gründlicher untersucht werden.

Viele Neutestamentler sind der Meinung, daß Paulus in 12,16-17 die von den Korinthern gegen ihn erhobenen Beschuldigungen abwehrt, er hätte die zugunsten der Jerusalemkollekte gesammelten Geldmittel unterschlagen.[239] Diese Theorie steht jedoch auf recht schwachem Boden. Schon aufgrund der nächstliegenden Auslegung der Verse 11,7-21 ist offensichtlich, daß die Frage der wirtschaftlichen Uneigennützigkeit und Unabhängigkeit während seiner Tätigkeit in Korinth ein Trumpf in der Hand des Paulus war, um den ihn die in die Gemeinde eingedrungenen "Superapostel" beneideten. Auch in 12,14-15 beruft sich Paulus nachdrücklich auf seine Uneigennützigkeit in finanziellen Angelegenheiten im Verhältnis zu den Korinthern.[240] Die Uneigennützigkeit des Paulus ist eine so große Selbstverständlichkeit, daß er in 12,16 einfach feststellen kann: ἔστω δέ, ἐγὼ οὐ κατεβάρησα ὑμᾶς. In dem Folgenden wird die Sache mit unmöglichen Fragen ad absurdum geführt, in einem Gedankenspiel, auf das Paulus verfällt, um seine und seiner Mitarbeiter völlige Unbescholtenheit in Finanzfragen mehr denn je deutlich zu machen.[241]

Es handelt sich bei den Fragen in 12,16-18 also um rhetorische Fragen. Aller Wahrscheinlichkeit nach sind sie so in dieser Form nie in Korinth gestellt worden. Es sind von Paulus phantasierte Gegenzüge auf mögliche Beschuldigungen, zu denen die Korinther in ihrer Bosheit hätten Zuflucht nehmen können, wenn sie die Uneigennützigkeit, die Paulus in 12,16a für sich in Anspruch nimmt, anders nicht hätten ableugnen können. Wie mag sich Paulus in seiner Phantasie diese Beschuldigungen vorgestellt haben? Dachte er möglicherweise selbst dabei an die Kollekte? Eine Form der Ausbeutung, deren die Korinther Paulus hätten beschuldigen können, wäre die Unterschlagung der Geldmittel der von der Gemeinde betriebenen Kollektensammlung gewesen. Spielt Paulus also auf Spekulationen in dieser Richtung mit den Worten δόλῳ ὑμᾶς ἔλαβον (12,16) an?[242] Da er nicht selbst in der Kollektensache die Gemeinde aufgesucht hatte, könnte ein Mißbrauch dabei auch nur über die von ihm gesandten Mitarbeiter geschehen sein.

Mit der Theorie, daß die Kap. 10 - 13 den "Tränenbrief" bilden, paßt die Annahme, hinter den Gedanken des Paulus in 12,16-18 stünde die Kollekte, schlecht zusammen. Titus hätte dann tatsächlich schon vor dem "Tränenbrief" einmal in der Kollektenangelegenheit die Gemeinde aufgesucht, es wären aber kaum irgendwelche konkreten Ergebnisse erzielt worden, als der Brief geschrieben wurde. Mit anderen Worten: Zu dieser Zeit hatte weder Paulus noch einer seiner Mitarbeiter auch nur einen Heller aus den Kollektenmitteln in der Hand gehabt. Daher würden sich die Aoristformen in 12,16-18 recht merkwürdig ausmachen, wenn sie in diesem Rahmen auf die Kollekte hinweisen würden. Präsens- oder Imperfektformen, mit denen Paulus ein immer noch im Gang befindliches und immer noch ergebnisloses theoretisches Betrugsunternehmen beschreiben würde, wären dann eher am Platz.

Auf der anderen Seite ist sogar wahrscheinlich, daß Paulus in 12,16-18 in keiner Weise die Kollekte im Sinn hat, sondern lediglich ganz allgemein über seine Einstellung zu finanzieller Unterstützung seitens der Gemeinde und den damit verbundenen phantasierten Verdächtigungen spricht. Zu diesem Schluß gelangen wir aufgrund von 12,17, denn dort wird nur in sehr allgemeinen Formulierungen von den Personen gesprochen, die Paulus geschickt hatte und in keiner Weise auf die Kollekte eingegangen. Paulus denkt vielleicht einfach an die Ausstattung für seine Assistenten, wie er z.B. in 1.Kor. 16,11 die Korinther auffordert, Timotheus zu unterstützen, wenn er sie verläßt um zu ihm zurückzukehren. Diese Hilfszuwendungen erwartet er von der Gemeinde natürlich ohne jeden Hintergedanken, auf unzulässige Weise daraus Nutzen ziehen zu wollen.

Paulus betreibt also in 12,16-18 ein rhetorisches Gedankenspiel, das den Zweck hat, durch absurde Unterstellungen die Leser um so wirkungsvoller vom genauen Gegenteil zu überzeugen. Würde es sich um Vorwürfe handeln, die tatsächlich vorgebracht wurden, könnte Paulus sie nicht so schnell abhandeln und alle in die Form einer Frage bringen, die quasi automatisch nur eine verneinende Antwort zur Folge haben kann.[243] Paulus hatte der Gemeinde Männer, wie Timotheus, Titus und wahrscheinlich noch andere "geschickt" (ἀπέσταλκα)[244]; über keinen von diesen hätte die Gemeinde irgend etwas Negatives zu berichten gewußt. Daß Titus in diesem Zusammenhang besonders erwähnt wird, kann seinen Grund sehr wohl darin haben, daß gerade er für die Gemeinde wichtig war, als die Kap. 10 - 13 diktiert wurden. Die Erwähnung dürfte sogar anzeigen, daß er eben die Person war, die die Kap. 10 - 13 übermittelte.[245]

Daß Paulus die Rede auf seine Mitarbeiter und vor allem auf Titus bringt, bildet ein Element in seinem Kampf um seine eigenen Einflußmöglichkeiten gegen den Einfluß der "Superapostel". Wenn Paulus nämlich den Korinthern Erinnerungen an die positiven Eindrücke, die seine Mitarbeiter hinterlassen haben, ins Gedächtnis zurückruft, wird auch seine eigene Stellung in ihren Augen gestärkt. Auf dieser Grundlage wird auch verständlich, warum am Schluß von 12,18 mit οὐ gebildete Fragen aufkommen, die eine bejahende Antwort erfordern: Die Position des Paulus wird gestärkt, wenn er mit Titus, der seinerzeit offensichtlich in der Gemeinde einen sehr vorteilhaften Eindruck hinterlassen hat, in Verbindung gebracht wird.[246]

Der Gedankengang in 12,16-18 wird allein durch Fragesätze vorangetrieben, so daß die Feststellung παρεκάλεσα Τίτον καὶ συναπέστειλα τὸν ἀδελφόν ihrer Natur nach nur eine parenthetische Anmerkung ist, ohne die der Gedankengang klarer wäre. Man kann das wohl so verstehen, daß

Paulus, wenn er sich auf die vorher von ihm ausgesandten Männer beruft, gewahr wird, daß die Lage gegenwärtig nicht viel anders aussieht als viele Male zuvor: auch jetzt werden Männer auf die Reise geschickt. Deshalb kommen die Überbringer des eben im Diktat befindlichen Briefes, Titus und der namenlose "Bruder" mit ins Bild. Damit ist jedoch die mit der Vergangenheit arbeitende Beweisführung nicht abgeschlossen; der Exkurs in die Gegenwart ruft Paulus nur einen bestimmten Namen wieder ins Gedächtnis. Es handelt sich dabei um jemand, der schon einmal in Korinth gewirkt hatte. Danach kann Paulus seine Erinnerungen der nach Korinth gesandten Boten durch den besonderen Fall des Titus konkretisieren und beschließt den Abschnitt mit dem Gnadenstoß für den nur vorgestellten Gegner.

Eine andere Möglichkeit wäre, den Vers 12,18 so auszulegen, daß er sich auf eine schon früher von Titus unternommene Reise bezieht. Die knappgehaltene Formulierung, die Paulus hier gebraucht, würde jedoch noch fremdartiger wirken, wenn der Anfang von Vers 18 sich auf vergangene Ereignisse bezöge. Man würde erwarten, daß Paulus dann schriebe: ἀπέστειλα Τίτον σὺν τῷ ἀδελφῷ. Die Verwendung des Verbes παρακαλεῖν verweist somit eher auf die Gegenwart. Nachdem jemand zu etwas aufgefordert worden war, losgeschickt wurde und die Reise schon abgeschlossen war, ist es nicht sehr naheliegend, daß die Aufmerksamkeit bei diesem abgeschlossenen vielphasigen Prozeß im nachhinein ausschließlich auf die Beauftragung gerichtet wird, die dann für alle weitere Tätigkeit im Zusammenhang mit der Reise repräsentativ wäre. Andererseits muß bei dem Verb παρακαλεῖν ein Umstand berücksichtigt werden, von dem schon die Rede war: im Zusammenhang mit Reisen nach Korinth ist das Verb nahezu zu einem terminus technicus geworden, der deshalb möglicherweise bei Bedarf ohne nähere zusätzliche Angaben verwendet werden konnte.[247] Obgleich so weitgehende Schlußfolgerungen über den Charakter dieses Verbes im Sprachgebrauch des Paulus zu gewagt erscheinen mögen, hätten konkrete Erinnerungen an die tatsächlich ergangene Aufforderung Paulus dazu veranlassen können, gerade diesen Aspekt der früheren Mission des Titus in Korinth zum Thema zu machen. Wahrscheinlicher ist jedoch, daß hinter dieser Formulierung eine vor kurzem mündlich ausgesprochene Ermahnung steht. Diese mochte in irgendeiner Beziehung zu der Angelegenheit stehen, auf die Paulus in seinem folgenden Brief zurückkommt, wenn er schreibt: εἴ τι αὐτῷ ὑπὲρ ὑμῶν κεκαύχημαι (7,14).

Die Kürze, mit der die Aussendung des Titus und des Bruders in 12,18a erwähnt wird, braucht also ihren Grund nicht darin zu haben, daß Paulus schon im selben Brief über dasselbe Thema gesprochen hätte (Kap. 8 - 9). Dieser Auffassung ist jedoch z.B. Stephenson. Für ihn bleibt παρεκάλεσα in Vers 12,18a unerklärlich, außer wenn es in den gleichen Brief wie die Kap. 8 - 9 gehören würde. In einem einheitlichen 2.Kor. wäre das Verb in seinem Kontext am Platze. Vers 12,18a wäre eine Kurzfassung dessen, wovon ausführlich in Kap. 8 die Rede ist. Paulus hatte es offensichtlich eilig, als er Kap. 12 diktierte, was z.b. aus der unbeholfenen grammatischen Struktur des Verses 17 hervorgeht. Der Apostel drücke sein Anliegen seltsam kurzangebunden ausschließlich mit Hilfe des Verbes παρεκάλεσα aus, da er davon ausginge, daß die Briefempfänger seine Absicht gerade im Lichte der Kap. 8 und 9 verstünden.[248] Jedoch sind auch diese Kapitel schon so in den Hintergrund gerückt, daß eine so knappe Rückholung ins Gedächtnis wenig Wirkung gehabt hätte. Der Faktor, mit dem Stephenson diese Schwierigkeit zu erklären sucht, also die Schnelligkeit, mit der Paulus diktierte, würde die Kürze der Erwähnung auch im Rahmen anderer Auslegungsmodelle erklären können.

Christliche Boten traten gewöhnlich paarweise auf, was schon aus der synoptischen Tradition (vgl. Mark. 6,7) deutlich wird. Die Mitteilung in 12,18a, daß Titus zusammen mit einem Begleiter nach Korinth geschickt wurde, sagt noch nichts darüber aus, von welcher Reise in diesem Zusammenhang die Rede ist. Dadurch, daß zwei Leute ausgesandt werden, wird eine Reise noch nicht zum Sonderfall, aber sehr wohl, wenn eine noch größere Delegation auf die Reise geschickt wird. Für die von Stephenson favorisierte Theorie erweist sich dieser letztgenannte Umstand als schicksalshaft. Während Paulus nämlich in den Kap. 8 - 9 betont davon spricht, daß "zwei" Brüder zusammen mit Titus losgeschickt werden, wird in Vers 12,18a lediglich ein Begleiter genannt. Die Aussendung, von der in 12,18 gesprochen wird, kann demnach nicht die gleiche sein, wie die, welche in den Kap. 8 - 9 erwähnt wird.

Zu diesem Ergebnis kommt man zumindest, wenn man im Rahmen der von Stephenson vertretenen Theorie verbleibt, wonach der 2.Kor. ein einheitlicher Brief wäre. Auf der Grundlage einer Theorie, die die Kap. 10 - 13 als späteren Brief von den Kap. 1 - 9 abtrennt, können die in den Kap. 8 - 9 und in Vers 12,18a erwähnten Missionen theoretisch noch miteinander in Zusammenhang gebracht werden. Es ließe sich nämlich denken, daß trotz der von Paulus in den Kap. 8 - 9 beschriebenen Pläne die Reise tatsächlich nur von zwei statt von drei Männern angetreten wurde. Falls Paulus beim Diktieren des Schlußabschnittes des einheitlich verstandenen 2.Kor. seine Meinung geändert und beschlossen hätte, nur zwei anstelle von drei Männern zu schicken oder der dritte Mann erkrankt wäre, hätte es natürlich irgendeine Notiz dazu am Schluß des Briefes geben müssen.

Stephenson versucht den Schwierigkeiten seiner Auslegung dadurch Herr zu werden, daß er erklärt, in 12,18a werde nur auf den ersten der in Kap. 8 erwähnten Reisegefährten hingewiesen, nämlich auf denjenigen, dessen Aufgabe darin bestand, dafür zu sorgen, daß sich die Überbringung der Kollekte in untadeliger Weise vollzog (8,18-20). Der zweite Reisebegleiter des Titus wäre nach dieser Auslegung als naher Freund des Paulus für diesen Zweck zu befangen. Daher würde über ihn nichts in 12,18a ausgesagt.[250]

Diese Erklärung vermag nicht zu überzeugen. Wir stellten schon fest, daß in Korinth aller Wahrscheinlichkeit nach keine Beschuldigungen gegen Paulus wegen einer Unterschlagung der Kollekte erhoben wurden. Alle Auslegungen von 12,18a, die sich auf das Vorhandensein solcher Beschuldigungen stützen, stehen damit auf schwachem Boden. Ferner stellten wir fest, daß bei der Arbeitsteilung der in 8,18-24 erwähnten Brüder nicht die von Stephenson vorausgesetzte Einteilung vorgenommen werden kann: Beide sind "Gesandte der Gemeinde" und keiner von ihnen somit der "Privatgesandte des Paulus". Selbst wenn sie verschiedene Aufgaben und Verantwortungsbereiche und jeweils verschieden geartete Beziehungen zu Paulus hätten, wäre doch recht befremdlich, daß Paulus in 12,18 den dritten Mann unerwähnt läßt. In einem solchen Fall hätte er unbedingt in irgendeiner Form auf die Gründe eingehen müssen, die ihn veranlaßten, hier nur von der Sendung zweier Personen zu sprechen. Falls man annimmt, daß die Eile Paulus zu dieser Kürze veranlaßt hat, wäre es naheliegender, auf der Basis der Theorie von Stephenson anzunehmen, daß gerade in diesem Fall die richtige Pluralform stehen würde. Er hätte dann schreiben müssen "ich ermahnte Titus und schickte mit ihm zusammen Brüder", falls es sich wirklich um einen Hinweis auf die Aussendung der drei Männer, von der in Kap. 8 die Rede ist, handeln würde.

Zusammenfassend können wir feststellen, daß mit Hilfe des Abschnittes 12,16-18 keine der einleitungswissenschaftlichen Theorien für den 2.Kor. eindeutig favorisiert werden kann. Auf unterschiedliche Weise ausgelegt, paßt der Abschnitt mit allen Haupttheorien über die Zusammensetzung des 2.Kor. zusammen. Die Verteidiger der Einheitlichkeit des 2.Kor. können sich vorstellen, daß Paulus darin auf den vergangenen Besuch des Titus in Korinth anspielt, bei dem dieser der Gemeinde den "Tränenbrief" übermittelte. Er tat dabei der Gemeinde keinerlei Unrecht an.[251] Exegeten, die annehmen, die Kap. 10 - 13 seien später als die Kap. 1 - 9 entstanden, haben grundsätzlich die Auswahl zwischen einer Reihe von Auslegungsmöglichkeiten, wenn sie auf die Behauptung verzichten, daß in dem Abschnitt der Besuch angesprochen wird, auf dem Titus, von zwei Gefährten begleitet, der Gemeinde den aus den Kap. 1 - 9 bestehenden Brief überbrachte.[252] Ausleger, die die Kap. 10 - 13 für den "Tränenbrief" halten, können sich der Vorstellung hingeben, daß die Feststellung von 12,18a entweder ein auf Briefaoristen beruhender Ausdruck für die Überbringer der Kap. 10 - 13 ist oder aber die allererste Reise des Titus nach Korinth meint, auf die die Fortsetzung des Verses 12,18 in jedem Falle hinweist.[253] Allein aufgrund von 12,16-18 kann also noch nicht ohne weiteres eine der Grundtheorien für das Problem der Zusammensetzung des 2.Kor. als unmöglich ausgeschlossen werden.

7. Die Beziehung zwischen Paulus und der Gemeinde von Korinth

In diesem Kapitel soll das Verhältnis zwischen Paulus und der Gemeinde, so wie es uns im 2.Kor. begegnet, untersucht werden. Wir teilen den 2.Kor. dabei um der Klarheit willen in zwei Teile auf: der Inhalt der Kap. 1 - 9 soll mit dem der Kap. 10 - 13 verglichen werden. Eben jene Kapitel repräsentieren den am deutlichsten spürbaren atmosphärischen Unterschied im 2.Kor. Bei der Untersuchung soll der Inhalt dieser Blöcke aus drei Blickwinkeln miteinander verglichen werden: 1) Wie gestaltet sich die emotionale Beziehung des Paulus zu den Korinthern? 2) Wie sieht Paulus die Lage in der Gemeinde 3) Was sagt jede der beiden Einheiten über die Einstellung der Korinther zu Paulus aus? Danach nehmen wir zu einigen Theorien Stellung, die zum Problem der Komposition des 2.Kor. gebildet wurden. Zum Schluß nehmen wir uns die Kap. 1 - 9 gesondert vor und werfen einen Blick auf die möglicherweise nur dort auszumachenden Abweichungen. Damit wird auch die Teilungstheorie, die den Abschnitt 2,14 - 7,4 aus den Kap. 1 - 9 als eigenständige Einheit herauslösen will, einer Überprüfung unterzogen.

a)   Die emotionale Haltung des Paulus zur Gemeinde in Korinth

In Vers 7,3 erwähnt Paulus über seine Beziehung zur Gemeinde einen Umstand, der nicht nur etwas mit dem gegenwärtigen Zeitpunkt zu tun hat, sondern den er "schon zuvor gesagt hat": προείρηκα γὰρ ὅτι ἐν ταῖς καρδίαις ἡμῶν ἐστε εἰς τὸ συναποθανεῖν καὶ συζῆν. Im Grunde ist das Verhältnis des Paulus zur Gemeinde demnach von einer herzlichen Liebe geprägt. Die ganze Existenz des Paulus hängt vom Erfolg oder Mißerfolg der Gemeinde ab. Der hier geäußerte Gedanke ist in seiner Bedeutung parallel dem im 1.Thess. 3,8 an die Thessalonicher gerichteten Wort ὅτι νῦν ζῶμεν ἐὰν ὑμεῖς στήκετε ἐν κυρίῳ. Jede Gemeinde scheint Paulus somit gleich lieb und teuer zu sein.

Wenn Paulus in 7,3 davon spricht, "schon zuvor" seine freundlichen Worte "gesagt zu haben", spielt er damit vermutlich auf irgendeine herzliche Äußerung in den Kap. 1 - 7 an.[254] Doch dann hätte er jedoch eher das Verb προέγραψα oder einen entsprechenden Ausdruck gebraucht, so wie er es in Röm. 15,15 und 1.Kor. 9,15 tut, wenn er auf vorher im gleichen Brief Geschriebenes hinweist und wie er es auch in 1.Kor. 5,9.11; 2.Kor. 2,3-4.9; 7,12 tut, wenn er auf einen schon früher von ihm verfassten Text verweist. Die Verwendung von προλέγειν in paulinischen Texten deutet dagegen eher auf eine mündliche Äußerung hin.[255] Es handelt sich möglicherweise sogar um eine während des "Besuchs in Traurigkeit" in Worte gefaßte Liebesbeteuerung.

Das Auftreten eines von dieser Liebe zeugenden Wortes während des "Zwischenbesuchs" würde auch gut mit der Theorie zu vereinbaren sein, daß die Kap. 10 - 13 den "Tränenbrief" ausmachen. So streng die Kap. 10 - 13 auch wirken, enthalten sie doch auch Stellen, in denen Paulus seine Liebe zusichert: διὰ τί; ὅτι οὐκ ἀγαπῶ ὑμᾶς; ὁ θεὸς οἶδεν (11,11). τίς ἀσθενεῖ, καὶ οὐκ ἀσθενῶ; τίς σκανδαλίζεται,, καὶ οὐκ ἐγὼ πυροῦμαι; (11,29). ἐγὼ δὲ ἥδιστα δαπανήσω καὶ ἐκδαπανηθήσομαι ὑπὲρ τῶν ψυχῶν ὑμῶν. εἰ περισσοτέρως ὑμᾶς ἀγαπῶ, ἧσσον ἀγαπῶμαι; (12,15). Wenn Paulus im zuletzt zitierten Vers verkündet, bereit zu sein, "sich völlig" für die Korinther "zu opfern", ist dies nur eine konsequente Folge des Gedankens, den Paulus trotz aller Widrigkeiten hegt und im vorausgehenden Vers 12,14 zum Ausdruck bringt, daß die Korinther eben seine geistigen Kinder und er ihr geistiger Vater ist. Daher wird Paulus niemals der Gemeinde zur Last fallen, sondern läßt sich lieber von der Gemeinde beschweren, bis zu seinem Zusammenbruch. Auch in anderen Teilstücken der Kap. 10 - 13 läßt sich - wenn auch mehr indirekt - die starke Liebe, die Paulus der Gemeinde entgegenbringt, herauslesen. Solche Stellen sind außer den schon genannten noch 11,2.7-10.20-21; 12,13.19-21; 13,7-10. Somit gehen die herzlichen Gefühle des Paulus gegenüber der Gemeinde aus beiden Hauptblöcken des 2.Kor. hervor. Allerdings ist die Weise, in der diese Liebe zur Sprache kommt, auf den beiden Seiten der Naht zwischen Kap. 9 und 10 unterschiedlich.

In den Kap. 10 - 13 sind die Beteuerungen des Paulus, daß ihm die Korinther lieb sind, unglückliche - um nicht zu sagen weinerliche - Beteuerungen eines Mannes, der keine Gegenliebe findet und haben einen eindeutig werbenden Unterton.[256] In den Kap. 1 - 9 überwiegt dagegen der Eindruck einer im allgemeinen gegenseitigen für beide Seiten glücklichen Beziehung vor (1,7.11; 2,3; 3,2; 7,4). Die einzige Ausnahme im Material der Kap. 1 - 9 bilden die Verse 6,11-13 sowie der mit ihnen fest verbundene Vers 7,2. Danach wäre Paulus noch, als er die Kap. 1 - 9 diktierte, der unglückliche Liebhaber, der die Gemeinde bittet, Gleiches doch mit Gleichem zu vergelten und sie um Gegenliebe anfleht. Um seinen Beschwichtigungen mehr Gewicht zu geben, beteuert er, daß er an den in 7,2 genannten Vergehen unschuldig ist.

Falls man die Kap. 1 - 9 für einen einheitlichen Brief hält - was die wahrscheinlichste Annahme ist - versteht man die Ermahnungen in 6,11-13; 7,2 am ehesten nur als eine letzte Erinnerung an vergangene Verzweiflung und zeitweiligen Zweifel daran, ob die Gegenliebe der Korinther wirklich echt und dauerhaft ist. Innerhalb des Gesamtkontextes stehen die Verse völlig im Schatten der Botschaft, die von der Begeisterung der Korinther und ihrer Sehnsucht nach Paulus zu berichten weiß und zu einem großen Teil die Kap. 2 und 7 ausfüllt.[257] Paulus kann in 7,13 sogar sagen, daß er durch die positive Reaktion, die sein "Tränenbrief" in Korinth hervorgerufen hat, nachdem sich die Beziehung zwischen ihm und der Gemeinde auf das beste entwickelt hatte, vollständig getröstet ist (παρακεκλήμεθα).[258]

In Vers 8,7 wird das Verhältnis der gegenseitigen Liebe von Paulus und der Gemeinde in folgender Formulierung präzisiert: περισσεύετε... τῇ ἐξ ἡμῶν ἐν ὑμῖν ἀγάπῃ. Obwohl Paulus in diesem Vers eigentlich darauf abzielt, die "Liebe" als erweiterte, zu konkreter Mildtätigkeit führende Nächstenliebe herauszustellen, liegt man sicher nicht ganz falsch, wenn man aus den Texten im Gesamtkontext der Kap. 1 - 9 noch mehr heraushört:[259] die Liebe des Paulus zu den Korinthern hat auch deren Liebe entfacht; wie aufrichtig sie ist, erweist sich an der reichlichen Sammlung für die Jerusalem-Kollekte.

Im Lichte der gegenseitigen Liebe zwischen Paulus und der Gemeinde kann die Beziehung der Kapiteleinheiten zueinander am besten so verstanden werden, daß die Kap. 10 - 13 eine frühere Phase in der Entwicklung der Beziehungen als die Kap. 1 - 9 beschreiben. Letztere schildern die Situation, in die die Gemeinde durch die unglücklichen Beteuerungen des Paulus in den Kap. 10 - 13 gebracht wurde. Jedoch auch in den Kap. 1 - 9 findet sich ein Widerhall aus einer traurigen Situation, die kürzlich noch Wirklichkeit war (6,11-13; 7,2).[260] Die Reihenfolge der Kapiteleinheiten läßt sich aber allein aufgrund des Liebe-Themas noch nicht völlig absichern, ganz zu schweigen von der Frage, ob sie zu einem oder mehreren Briefen gehört haben.

b)   Paulus' Einschätzung der Situation in Korinth

In den Kap. 1 - 9 beschreibt Paulus den Glauben der Korinther mit folgenden Worten: οὐχ ὅτι κυριεύομεν ὑμῶν τῆς πίστεως, ἀλλὰ συνεργοί ἐσμεν τῆς χαρᾶς ὑμῶν. τῇ γὰρ πίστει ἑστήκατε (1,24); ἀλλ' ὥσπερ ἐν παντὶ περισσεύετε, πίστει καὶ λόγῳ καὶ γνώσει (8,7). Der Terminus πίστις bedeutet hier weithin die "Christlichkeit" der Korinther, das Leben unter der ihnen von Paulus verkündeten Heilsbotschaft.[261] In dieser Hinsicht ist an ihnen, gemäß diesen Versen, nichts auszusetzen, sondern alles ist, wie Paulus sagt, in bester Ordnung (ἑστήκατε, περισσεύετε). Eine Person, die "überreichlich" Glauben besitzt, braucht diesen nicht zu vermehren. Glaubensvermehrung erwartet Paulus jedoch von den Korinthern in den Kap. 10 - 13: den Versen 10,15-16 zufolge hofft er sich in Zukunft aus Korinth zurückzuziehen und anderen Missionsgebieten zuwenden zu können. Voraussetzung dafür ist, daß der "Glaube" der Korinther "wächst". (αὐξανομένης τῆς πίστεως ὑμῶν). Im Hintergrund steht also eine Situation, in der Paulus annimmt, noch Mühe damit zu haben, den christlichen Glauben der Korinther zu festigen.[262]

Bedeutend schärfer formuliert er seine Meinung zur Qualität und Festigkeit des Glaubens der Korinther in 13,5: ἑαυτοὺς πειράζετε εἰ ἐστὲ ἐν τῇ πίστει, ἑαυτοὺς δοκιμάζετε. ἢ οὐκ ἐπιγινώσκετε ἑαυτοὺς ὅτι Ἰησοῦς Χριστὸς ἐν ὑμῖν; εἰ μήτι ἀδόκιμοί ἐστε. Vorher hatte er den Wunsch der Korinther geschildert, zu prüfen, wie es mit seiner Christusbeziehung steht (13,3). Jetzt betont er, daß der eigentliche Gegenstand dieser Prüfung den Korinthern viel näher liegt, nämlich bei ihnen selbst. Mit ihrem Glauben ist also etwas nicht in Ordnung, so daß Paulus sie zu einer Überprüfung in dieser Richtung auffordert. In seinen Worten klingt durch, daß die Korinther diese Probe nicht mit Anstand bestehen könnten.[263]

Wenn man die Textstellen, an denen vom Glauben der Korinther gesprochen wird, miteinander vergleicht, wird deutlich, daß die Situationen, die in den Kapitelblöcken 1 - 9 und 10 - 13 wiedergegeben werden, recht verschieden sind und somit nicht identisch sein können. Am nächsten liegt es, die eben besprochenen Verse so mit einander in Beziehung zu setzen, daß Vers 1,24 die Antwort des Paulus auf seine frühere Herausforderung von 13,5 ist. So würde die Probe als bestanden erkannt werden; der Meister würde seine Anerkennung mit den Worten aussprechen: τῇ πίστει ἑστήκατε. Ebenso gibt 8,7 eher ein Endergebnis wieder, zu dem es die Gemeinde bei ihrem Aufstieg gebracht hat, als eine Zwischenstation, von der sie auf das in 10,15 vorausgesetzte, verbesserungswürdige Glaubensniveau abgesunken ist.

Die Einschätzungen, die Paulus von der Lage in der Gemeinde gibt, weichen in beiden Kapiteleinheiten auch bei anderen Themen als dem "Glauben" nahezu diametral voneinander ab. In Kap. 1 - 9 lobt Paulus die Gemeinde. Er sagt: ἡ ἐλπὶς ἡμῶν βεβαία ὑπὲρ ὑμῶν (1,7). Er erwartet also keine unangenehmen Überraschungen. Die Weiterführung des Verses macht deutlich, daß Paulus davon ausgeht, daß die Korinther die den Christen bevorstehenden Leiden mit Würde ertragen werden. In 7,4 kommt dies Vertrauen des Paulus in die Korinther noch stärker zum Zug: πολλή μοι παρρησία πρὸς ὑμᾶς, πολλή μοι καύχησις ὑπὲρ ὑμῶν. πεπλήρωμαι τῇ παρακλήσει, ὑπερπερισσεύομαι τῇ χαρᾷ ἐπὶ πάσῃ τῇ θλίψει ἡμῶν. "Zuversicht" (παρρησία) ist mehr als "Hoffnung" (ἐλπίς, 1,17), "Rühmen" (καύχησις) geht noch weiter darüber hinaus. Das Verhältnis des Paulus zur Gemeinde ist demnach nicht nur in Ordnung, sondern die Gemeinde ist für ihn sogar Anlaß zu "überschwenglicher Freude" in allen Bedrängnissen, die er von außerhalb der Korinther Gemeinde erdulden muß. Wenn er auch leiden muß, es gibt einen Grund zur Freude in seinem Leben: die Korinther! Titus überbrachte Paulus Nachricht über die Reue der Korinther; und über ihren Wunsch, das Paulus von ihnen selbst zugefügte Unrecht und die Kränkungen, die sie von anderen ohne zu widersprechen oder einzugreifen dem Apostel zufügen ließen, wiedergutzumachen. All das löste bei Paulus große Freude über die Korinther aus (7,7.9.11-12.15). Man darf aus 1,23 - 2,11 und 7,8-12 schließen, daß die Beziehungen zwischen Paulus und der Gemeinde vorher fast abgebrochen waren, aber jetzt zur Zeit der Entstehung der Kap. 1 - 9 wieder in Ordnung sind. Die gegenwärtige Lage in der Gemeinde wird durch Vers 8,7 geschildert: ἀλλ' ὥσπερ ἐν παντὶ περισσεύετε, πίστει καὶ λόγῳ καὶ γνώσει καὶ πάσῃ σπουδῇ καὶ τῇ ἐξ ἡμῶν ἐν ὑμῖν ἀγάπῃ...

In der Gemeinde ist also nach dem vor kurzem erst vorherrschenden Zerwürfnis eine entscheidende Veränderung vor sich gegangen. Sie hat sich als tadellos in ihrem Glauben und ihrem christlichen Eifer erwiesen. Kein Wunder, daß sich Paulus über sie freut. Im Vergleich zu der vorher existierenden unbefriedigenden Situation kann er die jetzige Lage der Gemeinde in folgenden Worten zusammenfassen: ἐν παντὶ συνεστήσατε ἑαυτοὺς ἁγνοὺς εἶναι τῷ πράγματι (7,11). Der sein Verhältnis mit der Gemeinde belastende Streit ist damit bereinigt. Nachdem die Mißverständnisse auf Seiten des Paulus und die Übertreibungen, die mit dem Fall verbunden waren, geklärt sind und vor allem die Gemeindeglieder selbst Reue geübt haben, bescheinigt ihnen Paulus mit diesen Versen ihre wiedererlangte Unbescholtenheit. Noch etwas später formuliert Paulus die gleiche Sache mit etwas anderen Worten: χαίρω ὅτι ἐν παντὶ θαρρῶ ἐν ὑμῖν (7,16).

Das Bild, das Paulus von der Gemeinde in den Kap. 10 - 13 zeichnet, sieht dagegen völlig anders aus. In Vers 11,3 schreibt er: φοβοῦμαι δὲ μή πως, ὡς ὁ ὄφις ἐξηπάτησεν Εὕαν ἐν τῇ πανουργίᾳ αὐτοῦ, φθαρῇ τὰ νοήματα ὑμῶν ἀπὸ τῆς ἁπλότητος καὶ τῆς ἁγνότητος τῆς εἰς Χριστόν. Von Menschen, für die Paulus dieses befürchtet, würde er sicher nicht schreiben ἐν παντὶ θαρρῶ ἐν ὑμῖν (7,16). Im Gegenteil, er hält sie für sehr kritikunfähig und unzuverlässig, denn er schreibt über sie in 11,4: εἰ μὲν γὰρ ὁ ἐρχόμενος ἄλλον Ἰησοῦν κηρύσσει ὃν οὐκ ἐκηρύξαμεν, ἢ πνεῦμα ἕτερον λαμβάνετε ὃ οὐκ ἐλάβετε, ἢ εὐαγγέλιον ἕτερον ὃ οὐκ ἐδέξασθε, καλῶς ἀνέχεσθε. Falls die Korinther wirklich "gezeigt hätten, daß sie in jeder Hinsicht rein sind" (7,11), brauchte Paulus sie sicher nicht mit den ironischen Worten von 10,2 zu bitten: δέομαι δὲ τὸ μὴ παρὼν θαρρῆσαι τῇ πεποιθήσει ᾗ λογίζομαι τολμῆσαι ἐπί τινας τοὺς λογιζομένους ἡμᾶς ὡς κατὰ σάρκα περιπατοῦντας.[264] Er brauchte dann auch nicht zu versichern, daß er zu folgendem bereit sei: ἐκδικῆσαι πᾶσαν παρακοήν, ὅταν πληρωθῇ ὑμῶν ἡ ὑπακοή (10,6).[265] Daraus geht hervor, daß es mit dem "Gehorsam" der Korinther, bei der Niederchrift dieser Verse, noch nicht so weit her sein konnte. Aus Vers 12,20-21 wiederum wird deutlich, was alles in der Gemeinde einer Verbesserung bedurfte. Paulus äußert in diesen Versen seine Befürchtungen darüber, in welchem Zustand er die Gemeinde bei seiner Ankunft in Korinth antreffe. Die Verse sind nicht gerade schmeichelhaft für die Korinther.[266] Ein Rühmen wie in Kap. 7 einerseits und die Furcht wegen des Zustandes wie in 12,20-21 beschrieben andererseits, passen nicht zusammen und es ist ausgeschlossen, daß sie in der gleichen Lage verfaßt wurden. Man kann dies nicht damit wegerklären, daß Paulus von seinem Charakter her eine gewisse Inkonsequenz zukommt, wenn man ihm nicht Schizophrenie unterstellen will.

Nach beiden Kapiteleinheiten hatte Paulus vor, nach Korinth zu kommen. Der konkrete Anlaß dafür war nach Kap. 1 - 9 die für Jerusalem einzusammelnde Kollekte (9,3-5). Nach diesen Kapiteln befand sich Paulus auf dem Weg zu einer Gemeinde, über deren Sinneswandel er recht erfreut war (7,9). Den Kap. 10 - 13 zufolge befand er sich jedoch auf einer Strafexpedition. Dies wird aus vielen Stellen deutlich. Zunächst kommt er, um "kühn gegenüber etlichen aufzutreten", d.h. um gewisse Leute zu bestrafen (10,2).[267] Paulus wird während seines Besuches "bereit sein, allen Ungehorsam zu bestrafen" (10,6). Er stellt zu der bevorstehenden Reise fest: ἐὰν ἔλθω εἰς τὸ πάλιν οὐ φείσομαι (13,2).[268] Wenn der Brief, der die Gemeinde vor dieser Reise erreichen soll, seinen Zweck nicht erfüllt, wird Paulus in der Gemeinde "scharf sein müssen nach der Vollmacht, die der Herr ihm gegeben hat." (13,10). Dergleichen Drohungen hängen mit dem erbärmlichen Zustand in der Gemeinde zusammen. Sie bedarf einer gründlichen Überholung, Restauration (κατάρτισις, 13,9): τοῦτο καὶ εὐχόμεθα, τὴν ὑμῶν κατάρτισιν.

Einer Gemeinde, die "in jeder Beziehung rein ist" (7,11), braucht man nicht mit den Worten οὐ φείσομαι zu drohen, und es bedarf auch keiner Strafmaßnahmen und einer solchen Restauration, wie die, von denen in den Kap. 10 - 13 gesprochen wird. Für eine solche Gemeinde braucht auch nicht so gebetet zu werden, wie Paulus es nach eigenem Bekunden tut; er versucht dabei einen versöhnlichen Ton anzuschlagen: εὐχόμεθα δὲ πρὸς τὸν θεὸν μὴ ποιῆσαι ὑμᾶς κακὸν μηδέν (13,7). Wir können also festhalten, daß Paulus die Gemeinde in den Kap. 1 - 9 völlig anders einschätzt als in den Kap. 10 - 13; in jenen ist er auf dem Weg zu einer Gemeinde, die ihn liebt um dort eine geplante Geldsammlung abzuschließen, in diesen dagegen auf dem Weg, um eine ungehorsame Gemeinde zu bestrafen.

c) Die Theorie von einer "Mehrheit" und einer "Minderheit" als Zielgruppen des Paulus in verschiedenen Teilen des 2.Kor.

Man hat versucht, die großen Unterschiede zwischen den Kapiteleinheiten mit der Annahme zu erklären, daß Paulus in den Kap. 1 - 9 eine ihm wohlgesonnene Mehrheit der Gemeinde ansprräche, während er dagegen in den Kap. 10 - 13 seine Worte an eine immer noch widerspenstige Minderheit richtete.[269] Andere wieder meinen, daß in den Kap. 10 - 13 direkt die von außen nach Korinth eingedrungenen Gegner des Paulus, d.h. die "Superapostel" angesprochen werden.[270]

Beide Erklärungsversuche stehen aber, wie sich bei näherem Hinsehen erweist, auf ziemlich schwachem Boden. Die Weise, in der Paulus seine Hörer anspricht, hält sich durch alle Kap. des 2.Kor. durch. Überall im 2.Kor. besteht die Hörerschaft aus dem ὑμεῖς, das die gesamte Gemeinde einschließt. Das bedeutet nicht, daß es nicht auch nach der Meinung des Paulus verschiedene Gruppierungen hätte geben können. Daß solche existierten, geht z.B. aus 12,20-21; 13,2 hervor, wo die Hörer in gewisser Weise in drei verschiedene Gruppen eingeteilt werden. Die Gemeinde besteht 1) aus den gewöhnlichen Gemeindegliedern, 2) denjenigen, "die vorher gesündigt haben" und 3) denjenigen, "die vorher gesündigt haben", und von denen Paulus fürchtet, um sie Leid tragen zu müssen, d.h. daß sie dem endgültigen Verderben anheimfallen. Im Hintergrund der Kap. 10 - 13 lauern dann auch noch die "Superapostel", auf die Paulus u.a. in 10,2.12; 11,12 zu sprechen kommt. Er spricht sie jedoch niemals direkt an.

Da, wie aus den Versen 12,20-21; 13,2 deutlich wird, die Sünden der Gemeindeglieder tatsächlich nach Qualität und Schwere recht verschieden sind, zeichnet sich ein Umstand desto klarer ab, nämlich, daß Paulus wirklich die Gemeinde <u>als Ganzes</u> im Blickfeld hat, wenn er seine Drohungen in den Kap. 10 - 13 ausspricht. Es ist, als wenn Paulus bewußt gerade diesen Sachverhalt herausstellen wollte, um Mißverständnisse zu vermeiden, wenn er in 13,2 schreibt: προείρηκα καὶ προλέγω, ὡς παρὼν τὸ δεύτερον καὶ ἀπὼν νῦν, τοῖς προημαρτηκόσιν καὶ <u>τοῖς λοιποῖς πᾶσιν</u>, ὅτι ἐὰν ἔλθω εἰς τὸ πάλιν οὐ φείσομαι.[271] Da Paulus hier mit aller Kraft mit seiner Unbarmherzigkeit droht, die er demonstrieren will, wenn er nach Korinth kommt, würde man erwarten, daß er sehr darauf bedacht wäre, der unschuldigen Mehrheit - falls es sie gäbe - klarzumachen, daß sie mit dieser Drohung natürlich nicht gemeint sei.[272] In den Kap. 10 - 13 deutet einfach nichts darauf hin, daß Paulus sein Wort dort lediglich an eine ungehorsame Minderheit in der Gemeinde richten würde, ganz zu schweigen davon, daß die Angesprochenen die "Superapostel" wären. Auslegungen dieser Art sind nicht als Ergebnis einer vorurteilslosen Prüfung des Textes entstanden, sondern aus dem Wunsch, die Einheitlichkeit des 2.Kor. zu retten und gleichzeitig das Bild des Paulus als eines vernünftigen und konsequenten Mannes zu bewahren.

Das Gegenstück zu dieser Theorie in der Frage nach der Zielgruppe in den Kap. 10 - 13 ist die Auffassung, daß Paulus in den Kap. 1 - 9 ausschließlich zur gehorsamen Mehrheit der Gemeinde spräche. In der Gemeinde, in der so viel Wert auf die Individualität und die Parteien gelegt wird, ist man über die Einzelheiten bei der Versöhnung mit Paulus sicher nicht ganz einer Meinung gewesen. Schon Vers 2,6 macht deutlich, daß die einen über die in der Situation geforderten konkreten Entscheidungen anders dachten als die anderen.[273] In einer Angelegenheit jedoch war die Einmütigkeit in der in den Kap. 1 - 9 widergespiegelten Situation vollständig gewesen: alle wollten sie, daß eine Versöhnung mit Paulus zustande käme. Schon das Zeugnis von Vers 7,13 ist darüber völlig eindeutig: ἐπὶ δὲ τῇ παρακλήσει ἡμῶν περισσοτέρως μᾶλλον ἐχάρημεν ἐπὶ τῇ χαρᾷ Τίτου, ὅτι ἀναπέπαυται τὸ πνεῦμα αὐτοῦ ἀπὸ πάντων ὑμῶν. Paulus sagt nicht - wie er leicht hätte tun können - "sein Geist wurde durch euch erquickt", sondern er betont, daß die Versöhnung die Gemeinde als Ganze betrifft, wenn er sagt "an euch allen". Der gleiche Tonfall klingt noch deutlicher in 7,15 durch, wo Paulus die Situation in der Gemeinde während des Besuchs des Titus dort beschreibt: καὶ τὰ σπλάγχνα αὐτοῦ περισσοτέρως εἰς ὑμᾶς ἐστιν ἀναμιμνῃσκομένου τὴν πάντων ὑμῶν ὑπακοήν, ὡς μετὰ φόβου καὶ τρόμου ἐδέξασθε αὐτόν.[274] Auch für das Material der Kap. 1 - 9 läßt sich also keineswegs bezeugen, daß Paulus dort nur zu einem Teil der Gemeinde spräche.

Wir können also festhalten, daß Paulus die Gemeinde von Korinth in beiden Teilen des 2.Kor. durchweg als einheitliche Größe anspricht und behandelt. Die Urteile, die er über sie einerseits in den Kap. 1 - 9 und andererseits in den Kap. 10 - 13 unter Verwendung der 2.Pers. Pl. und des Pronomens ὑμεῖς abgibt, sind Urteile über die ganze Gemeinde. Wenn Paulus in verschiedenen Teilen der Kapiteleinheiten unterschiedliche Gedanken äußert, kann dieses Problem somit nicht mit einer Hypothese, die von unterschiedlichen Zielgruppen ausgeht, gelöst werden.[275]

d) Die Haltung der Gemeinde in Korinth gegenüber Paulus

Als wir die Haltung des Paulus zu den Korinthern in den verschiedenen Teilen des 2.Kor. untersuchten, kamen zwangsläufig auch einige Züge des Verhaltens der Korinther gegenüber Paulus zur Sprache. Dieser Frage soll nun systematischer nachgegangen werden.

Laut 7,7-12 stehen die Korinther völlig auf der Seite des Paulus, sehnen sich nach ihm, bereuen, was geschehen ist und haben einen vollständigen, Paulus genehmen Sinneswandel durchgemacht. Vers 7,7 weiß über die von Titus aus Korinth überbrachten Nachrichten folgendes zu sagen: ἀναγγέλλων ἡμῖν τὴν ὑμῶν ἐπιπόθησιν, τὸν ὑμῶν ὀδυρμόν, τὸν ὑμῶν ζῆλον ὑπὲρ ἐμοῦ, ὥστε με μᾶλλον χαρῆναι. In 7,11 vervollständigt Paulus das Bild, das er über die Lage in Korinth erhalten hat, mit folgenden Worten: ἰδοὺ γὰρ αὐτὸ τοῦτο τὸ κατὰ θεὸν λυπηθῆναι πόσην κατειργάσατο ὑμῖν σπουδήν, ἀλλὰ ἀπολογίαν, ἀλλὰ ἀγανάκτησιν, ἀλλὰ φόβον, ἀλλὰ ἐπιπόθησιν, ἀλλὰ ζῆλον, ἀλλὰ ἐκδίκησιν. Er hebt besonders hervor, welchen Eifer (ζῆλος, σπουδή) die Korinther für ihn an den Tag legten. Ihr Eifer für Paulus veranlaßte sie auch zu konkreten Maßnahmen, um den Mann zu bestrafen, der sich an ihm vergangen hatte (2,5-8; 7,12). Aus dem, was Paulus darüber sagt, kann man den Schluß ziehen, daß die Korinther in ihren Bestrafungsmaßnahmen sogar über das Ziel hinausschossen, so daß sich Paulus veranlaßt sah, sie aufzufordern, sich zu beruhigen und dem Mann zu vergeben. Einen Gehorsam, der auf diese Weise sichtbar würde, wollte Paulus mit dem "Tränenbrief" nicht erreichen; für ihn war die Echtheit des Engagements der Korinther auch ohne solche Maßnahmen schon glaubhaft. Wichtig war ihm nur, daß die Korinther ihren Eifer für ihn, nicht gegen jemanden unter Beweis stellten. Dafür, daß es für den "Gehorsam" der Korinther keiner weiteren Beweise bedurfte, spricht auch 7,15, wo Paulus die Stimmung des Titus nach der Reise nach Korinth schildert: καὶ τὰ σπλάγχνα αὐτοῦ περισσοτέρως εἰς ὑμᾶς ἐστιν ἀναμιμνησκομένου τὴν πάντων ὑμῶν ὑπακοήν, ὡς μετὰ φόβου καὶ τρόμου ἐδέξασθε αὐτόν. Auch in diesem Vers wird herausgestellt, daß die Korinther zur Zeit der Abfassung der Kap. 1 - 9 ihre früheren Handlungen bedauern, und selbst zugeben, daß sie die strengen Rügen, die ihnen Paulus möglicherweise zu erteilen gedenkt, verdienen würden.

Die zum Zeitpunkt der Abfassung der Kap. 1 - 9 zwischen Paulus und der Gemeinde herrschende ungetrübte Stimmung zeigt sich auch darin, daß die Verbindung in der gegenseitigen Fürbitte wieder aufgenommen wurde, was aus 1,11 συνυπουργούντων καὶ ὑμῶν ὑπὲρ ἡμῶν τῇ δεήσει deutlich wird. In der neuen Situation kann Paulus völlig sicher darauf vertrauen, daß er für die Korinther Anlaß zum Rühmen bietet (5,12).

Ziemlich anders sieht das Bild aus, das wir aus den Kap. 10 - 13 erhalten. Dort erweist die Gemeinde dem Paulus keine Liebe: εἰ περισσοτέρως ὑμᾶς ἀγαπῶ, ἧσσον ἀγαπῶμαι; (12,15). In den Kap. 10 - 13 muß sich Paulus selber rühmen und anpreisen, weil die Gemeinde ihre Verpflichtung, den Apostel zu empfehlen, vernachlässigt hat: γέγονα ἄφρων· ὑμεῖς με ἠναγκάσατε. ἐγὼ γὰρ ὤφειλον ὑφ' ὑμῶν συνίστασθαι (12,11).[276] Nach dem eben besprochenen Vers 5,12 hatte es Paulus nicht nötig, sich selber anzupreisen, da er wußte, für die Gemeinde ein Anlaß zum Rühmen zu sein.

Die Kap. 10 - 13 entstanden in einer Situation, als sich die Gemeinde in unverschämter Weise gegen den Apostel erhob. Sie hatte neue Apostel, die bei ihr aufgetaucht waren und die sich sehr ablehnend Paulus gegenüber verhielten, aufgenommmen. An Paulus wurde kritisiert, daß sein Verhalten keine pneumatische Autorität besaß, was sich an seiner Inkonsequenz zeigte. Es wurde behauptet, daß er unterschiedlich auftritt, je nachdem, ob er die Gemeinde brieflich anspricht oder selbst persönlich anwesend ist.

Diese Kritik manifestiert sich in folgenden Sätzen: ἐγὼ Παῦλος ... ὃς κατὰ πρόσωπον μὲν ταπεινὸς ἐν ὑμῖν, ἀπὼν δὲ θαρρῶ εἰς ὑμᾶς (10,1). ὅτι αἱ ἐπιστολαὶ μέν, φησίν, βαρεῖαι καὶ ἰσχυραί, ἡ δὲ παρουσία τοῦ σώματος ἀσθενὴς καὶ ὁ λόγος ἐξουθενημένος (10,10). Zu dieser Kritik gesellt sich in 10,9 noch der Vorwurf, daß Paulus die Gemeindeglieder in seinen Briefen "schreckt". Hinter diesen Beschuldigungen mag der Gedanke stehen, daß Paulus in Wahrheit nicht zum autoritativen Führer der Gemeinde taugt, trotz der starken Autorität, die in seinen Briefen zum Ausdruck kommt.[277]

Zur Zeit der Abfassung der Kap. 10 - 13 herrscht eine Situation vor, in der die Gemeindeglieder Paulus mit den neuen Lehrern vergleichen. Für sie geht dieser Vergleich so aus, daß die "Superapostel" als bessere Zeugen Christi erscheinen als Paulus. Nur so läßt sich erklären, daß sich Paulus in diesen Kapiteln veranlaßt sieht, sich seiner eigenen Verdienste und Fähigkeiten zu rühmen sowie nun seinerseits den Vergleich mit den "Superaposteln" aufzunehmen. Der größte Teil des Inhalts der Kap. 10 - 13 läßt sich gerade als Vergleichsmaterial dieser Art verstehen. Dies spricht dafür, daß, als die Kap. 10 - 13 geschrieben wurden, die Anwesenheit der Gegner des Paulus die Atmosphäre in der Gemeinde beherrschte. Gegen Schatten aus der Vergangenheit brauchte Paulus nicht so lange und heftig zu kämpfen, wie er es in den Kap. 10 - 13 gegen die "Superapostel" tut. Zu solchen "Kampfabschnitten" gehören beispielsweise folgende Verse: 10,12-18; 11,12-15.21-23; 12,11-12.[278]

Die dem Zauber der "Superapostel" verfallenen Korinther waren sogar so weit gegangen, daß sie das Pneumatikertum des Paulus überhaupt in Frage stellten. Aufgrund ihrer eigenen sehr stark empfundenen Geistbegabung verlangten sie nach einem Beweis dafür, daß Christus überhaupt durch Paulus spricht. Davon handelt Vers 13,3: ἐπεὶ δοκιμὴν ζητεῖτε τοῦ ἐν ἐμοὶ λαλοῦντος Χριστοῦ, ὃς εἰς ὑμᾶς οὐκ ἀσθενεῖ ἀλλὰ δυνατεῖ ἐν ὑμῖν.[279] Fernen Nachhall dieser Probe könnte man in folgenden Wendungen der Kap. 1 - 9 erkennen: ἀλλ' ὡς ἐκ θεοῦ κατέναντι θεοῦ ἐν Χριστῷ λαλοῦμεν (2,17); ὑπὲρ Χριστοῦ οὖν πρεσβεύομεν ὡς τοῦ θεοῦ παρακαλοῦντος δι' ἡμῶν (5,20). In 13,3 dreht es sich um die aktuelle Lage. Darauf weisen die Präsensformen des Verses, ebenso wie die Fortsetzung in 13,5, in der Paulus den Korinthern befiehlt, sich mehr mit der Echtheit ihres eigenen Glaubens als mit der seines Glaubens zu befassen. Auch 13,6 spricht dafür, daß der Wunsch der Korinther, ihren Apostel auf die Probe zu stellen, gerade in die Zeit der Entstehung der Kap. 10 - 13 fällt: ἐλπίζω δὲ ὅτι γνώσεσθε ὅτι ἡμεῖς οὐκ ἐσμεν ἀδόκιμοι.[280]

Daß die Klage über die Pneumatikertum des Paulus in den Kap. 10 - 13 neben anderer Kritik an ihm zur Sprache kommt, sagt etwas darüber aus, wie sehr die Stellung des Paulus unter den Korinthern ins Wanken geraten war. Von diesen Leuten läßt sich unmöglich sagen, daß sie gleichzeitig zu ihm eine so positive Haltung einnehmen würden, wie in den Kap. 1 - 9 bezeugt wird. Können dieselben Leute zur gleichen Zeit einerseits von Paulus Zeichen für seine Geisterfülltheit fordern und sich andererseits dem Überbringer einer Nachricht von Paulus mit "Furcht und Zittern" gegenüber verhalten? Können sie einerseits die Unterwürfigkeit und schwache Rede des Apostels bei seiner persönlichen Anwesenheit verachten und gleichzeitig voller Eifer für diesen Apostel eintreten, sich nach ihm sehnen und ihm gehorsam sein? Man kann dies nur verneinen. Die in den Kap. 1 - 9 geschilderte Situation kann nicht mit derjenigen in den Kap. 10 - 13 identisch sein.

e) Die "Superapostel" in den Kap. 1 - 9

In den Kap. 1 - 9 führt Paulus keine Auseinandersetzung gegen den Einfluß der "Superapostel". Diese Tatsache läßt sich nicht damit erklären, daß Paulus das Thema bewußt für den Schluß des Briefes aufgespart hätte, denn dafür ist der jeweilige Zustand der Gemeinde in den beiden Kapiteleinheiten offensichtlich auch in dieser Hinsicht zu verschieden: In den Kap. 10 - 13 wüten die Gegner offensichtlich ohne irgendwelche Behinderung in der Gemeinde, während wiederum nach den Kap. 1 - 9 Paulus eine von der Gemeinde anerkannte Autorität ist und die Gegner völlig von der Bildfläche verschwunden sind. Auch wenn die Adressaten des Paulus im gesamten 2. Korintherbrief die gleichen Gemeindeglieder sind, stehen die für die "Superapostel" begeisterten Korinther in den Kap. 10 - 13 unter einem ganz anderen Geist, als die sich laut Kap. 1 - 9 einmütig hinter Paulus stellenden Gemeindeglieder. Da es sich um die gleichen Personen handelt, müssen die beiden Kapitelblöcke auf zeitlich verschiedene Phasen im Leben dieser Personen hinweisen. Im Lichte der Aussagen über die "Superapostel" erhält man den Eindruck, daß die Kap. 10 - 13 vor den Kap. 1 - 9 geschrieben sein müssen. In den Kap. 1 - 9 sind die "Superapostel" nur noch gleichsam ein böser Traum aus der jüngeren Vergangenheit, von der nur noch einige unbestimmte Reminiszenzen übrig sind.[281]

Reminiszenzen an die "Superapostel" könnte man innerhalb der Kap. 1 - 9 z.B. in folgender Aussage sehen: ἵνα μὴ πλεονεκτηθῶμεν ὑπὸ τοῦ σατανᾶ. οὐ γὰρ αὐτοῦ τὰ νοήματα ἀγνοοῦμεν (2,11). Hier könnte an 11,13-15 gedacht sein, wo Paulus seine Gegner beschuldigt, "Diener des Satans" zu sein. Die zweite Stelle, an der Paulus wahrscheinlich gerade besonders auf seine Gegner hinweist, ist in Vers 2,17: οὐ γάρ ἐσμεν ὡς οἱ πολλοὶ καπηλεύοντες τὸν λόγον τοῦ θεοῦ, ἀλλ' ὡς ἐξ εἰλικρινείας, ἀλλ' ὡς ἐκ θεοῦ κατέναντι θεοῦ ἐν Χριστῷ λαλοῦμεν. Dieser Vergleich, bei dem die Gegner beschuldigt werden, das Evangelium um des materiellen Gewinns wegen zu verkündigen und nicht aus hehren Motiven, fügt sich gut in das Bild ein, das Paulus von seinen Gegnern schon in den Kap. 10 - 13, genauer in 11,7-12.20 gezeichnet hat.[282] In 2,17 verteidigt sich Paulus also nicht etwa, wie oft behauptet wird,[283] gegen irgendwelche Verdächtigungen oder Beschuldigungen. Die allgemeine Atmosphäre des Kontextes (2,14ff) spricht im Gegenteil für einen ziemlich selbstsicheren Apostel, der an der Anerkennung durch seine

Zuhörer keinen Zweifel zu haben braucht. Der Anfang von 3,1 (ἀρχόμεθα πάλιν ἑαυτοὺς συνιστάνειν;) bestätigt diese Auslegung. Deutlich wird, daß Paulus vorher (nämlich in 2,17) selbst den Eindruck bekommen hatte, einem falschen Selbstrühmen nahe gekommen zu sein: der Apostel erhöhte sich, indem er sich als Vergleichsobjekte Personen wählte, deren Erbärmlichkeit seine eigene Makellosigkeit in noch strahlenderem Licht erscheinen ließ.

Die Gegner sind auch im Blickfeld, wenn Paulus in 4,2 schreibt: ἀλλὰ ἀπειπάμεθα τὰ κρυπτὰ τῆς αἰσχύνης, μὴ περιπατοῦντες ἐν πανουργίᾳ μηδὲ δολοῦντες τὸν λόγον τοῦ θεοῦ, ἀλλὰ τῇ φανερώσει τῆς ἀληθείας συνιστάνοντες ἑαυτοὺς πρὸς πᾶσαν συνείδησιν ἀνθρώπων ἐνώπιον τοῦ θεοῦ. Viele Forscher sehen auch diesen Vers vor allem als eine Verteidigung gegen die an Paulus vorgebrachte Kritik an.[284] Aber der Kontext auch dieses Verses ist ein fröhlich gestimmter Lobpreis für das von Gott erhaltene Amt. Auch in diesem Zusammenhang gibt die Verfälschung des Wortes Gottes nur gleichsam den dunklen Hintergrund ab, vor dem der Wert des Amtes, das zu erfüllen Paulus aufgetragen ist, in um so stärkerem Glanze erstrahlt. Die Gegner erscheinen auch hier nur noch als ferne Reminiszenz an die Vergangenheit. Falls Paulus zu einer gegen ihn vorgebrachten Kritik hätte Stellung nehmen wollen, wäre seine Stimmung andersgeartet und die Abwehr der Beschuldigungen eindeutiger erkennbar.[285]

Die Anspielungen auf die "Superapostel" in den Kap. 1 - 9 kann man nicht mit der im Abschnitt 2,14 - 7,4 mehr oder weniger versteckt enthaltenen Polemik gegen die in Korinth auftretenden schismatischen Auffassungen erklären.[286] In Krisensituationen pflegt Paulus nämlich nicht mit seiner Kritik hinter dem Berg zu halten. Er schießt auch nicht aus dem Hinterhalt. Wenn er dann und wann eine Sache verdeckt vorträgt, tut er es nicht aus Polemik sondern aus seelsorgerlichen Gründen. Auch im fraglichen Abschnitt sind seine ausweichenden Anspielungen eher eine Nachbehandlung des vergangenen Streites als ein heimlicher Widerstand gegen die neuen in Korinth auftretenden Lehrer. Wenn Paulus es mit seinen Gegnern aufnimmt, äußert er sein Anliegen direkt und eher zu schroff als zu feinfühlig und gleichsam nur zwischen den Zeilen erkennbar. Die Kap. 10 - 13, der Galaterbrief und der Philemonbrief sind dafür die besten Beispiele.[287]

Eine Erinnerung an die Gegner kann auch Vers 4,5 sein: οὐ ἑαυτοὺς κηρύσσομεν ἀλλὰ ʼΙησοῦν Χριστὸν κύριον, ἑαυτοὺς δὲ δούλους ὑμῶν διὰ ʼΙησοῦν. Viele sehen auch in diesem Vers nur eine Selbstverteidigung des Paulus.[288] Der Vers bringt den Beginn von 3,1 ins Gedächtnis zurück, wo Paulus fragt: ἀρχόμεθα πάλιν ἑαυτοὺς συνιστάνειν; Durch diese Verse entsteht nicht ohne Grund der Eindruck, daß Paulus wegen seiner früheren Selbstrühmung ein schlechtes Gewissen hatte. Falls die Kap. 10 - 13 der "Tränenbrief" sind, dann hat sich Paulus tatsächlich in naher Vergangenheit kräftig vor den Korinthern an die Brust geschlagen, und es ist nur zu verständlich, daß ihm das nun beim Schreiben der Kap. 1 - 9 Kopfschmerzen bereitet.[289] Paulus kam aber auch nur deshalb in den Kap. 10 - 13 auf die Idee, sich selbst anzupreisen, weil die "Superapostel" mit ihren Prahlereien die Herzen der Korinther für sich erobert hatten. Ein zentraler Verhaltenszug der Gegner war nämlich, daß sie sich in den Mittelpunkt zu stellen pflegten, "sich selbst predigten".[290] Die Spitze von 4,5 richtet sich somit vor allem gegen die Schatten der unmittelbaren Vergangenheit, gegen die "Superapostel", obwohl natürlich auch ein Stück eigene Verteidigung des Paulus für sein früheres Verhalten mit enthalten ist.[291]

Die Anspielungen auf die Gegner, von denen hier die Rede ist, sind ziemlich indirekt. Über ihre frühere Wirksamkeit und Vorgehensweise wird nur gleichsam zwischen den Zeilen gesprochen. Aller Wahrscheinlichkeit nach waren die "Superapostel" auch schon verschwunden als die Kap. 1 - 9 entstanden. Daher war es auch nicht mehr nötig, sie und ihre Taten genauer in Augenschein zu nehmen. Paulus konnte auch verstehen, daß dieses Thema für die Korinther noch zu heikel war. Auch für ihn mochten damit einige peinliche Züge verbunden sein. Er war in seiner Kritik gegen sie möglicherweise allzu schroff (vgl. z.B. 11,13-15) gewesen, was ihm klar wurde, als er die Angelegenheit mit kühlerem Kopf in seiner gegenwärtigen Situation analysierte. Jedenfalls gibt Paulus, wenn auch nur indirekt, zu, während des Streites mit seiner Schelte der Korinther übertrieben zu haben (7,11). Auf der anderen Seite konnte ein zu direkter Angriff gegen Lehrer, die den Korinthern noch vor kurzer Zeit viel bedeuteten, manches in der neuen herzlichen Atmosphäre, die zur Zeit zwischen Paulus und der Gemeinde bestand, verderben. Ein verständiger Hörer weiß nach Vers 2,11.17; 4,2 genug, und demjenigen, der noch nicht das in diesen Versen verdeckt ausgesprochene Urteil über die "Superapostel" auszuhalten vermag, ist es freigestellt, in diesem Fall unverständig zu bleiben. Paulus möchte offenkundig, daß keiner in dieser Situation sein Gesicht verlieren muß.

Über die Gründe, warum über die "Superapostel" in den Kap. 1 - 9 kein Wort verloren wird, hat vor allem Bornkamm einige Überlegungen angestellt. Eine mehr überzeugende Charakterisierung der Gegner, wie sie Bornkamm zu bieten versteht, verhilft ihm auch zu einer einleuchtenderen Lösung für das Problem. Entgegen den früher in der Forschung vorherrschenden Theorien hält Bornkamm die "Superapostel" nicht für Judaisten oder Gnostiker, sondern für aus der hellenistischen Frömmigkeit erwachsene Pneumatiker.[292] Bornkamms Antwort angesichts des Problems läßt sich etwa so zusammenfassen: Die Gegner waren Wanderprediger, die Korinth schon verlassen hatten, als die Kap. 2 und 7 geschrieben wurden. Der "Tränenbrief" und die Ankunft des Titus in der Gemeinde hatten ihnen den Boden zu heiß gemacht. Da sie also schon verschwunden waren, brauchte über sie kein Wort mehr verloren zu werden.[293] - Die Abreise der Gegner aus Korinth war wahrscheinlich schon geschehen, bevor der "Tränenbrief" und Titus in Korinth ankamen, aber ansonsten weist die These Bornkamms sicher in die richtige Richtung.[294]

In diesem Zusammenhang ist wichtig anzumerken, daß diese Beobachtungen nur im Rahmen von Bornkamms eigener Theorie über die Zusammensetzung des 2.Kor. zu verstehen sind. Bornkamm nimmt ja an, daß der Abschnitt 2,14 - 7,4 die Gemeinde schon vor dem "Versöhnungsbrief" (1,1 - 2,13 + 7,5-16) erreicht hatte. Wenn man dagegen annimmt, daß der sog. "Versöhnungsbrief" aus den Kap. 1 - 9 in ihrer Gesamtheit besteht, ist das Schweigen des Paulus über seine Gegner während der Kontaktaufnahme nach dem "Tränenbrief" nicht so vollkommen und bedarf auch nicht größerer Erklärungen. Damit ist wiederum ein Detail gegeben, das gegen die von Bornkamm vertretene Teilungstheorie und für die ursprüngliche Theorie von Hausrath spricht.

Nach unserer Analyse können die Kap. 10 - 13 gut der "Tränenbrief" sein, auch wenn man die Aussagen über die "Superapostel" berücksichtigt. Die Kap. 1 - 9 setzen in genügendem Maße den früheren Einfluß der "Superapostel" voraus. In den Kap. 10 - 13 könnte deshalb gut der Zustand der Gemeinde vor der Entstehung der Kap. 1 - 9 beschrieben sein.

f) Die zeitliche Einordnung des Zerwürfnisses zwischen Paulus und der Gemeinde unter Berücksichtigung des im 2.Kor. gebotenen Materials

Wenn man sich die Entwicklung vor Augen hält, die in der Beziehung zwischen Paulus und der Gemeinde von Korinth stattfand, liegt die Annahme am nächsten, daß das Zerwürfnis, von dem die Kap. 10 - 13 Zeugnis ablegen, zeitlich vor der herzlichen Eintracht, wie sie in den Kap. 1 - 9 zu finden ist, anzusetzen ist. Das ist viel wahrscheinlicher als die Annahme, der in Kap. 10 - 13 vorausgesetzte Streit wäre erst nach der in den Kap. 1 - 9 zugrundeliegenden Versöhnung ausgebrochen. Man müßte dann nämlich auch annehmen, daß es in der Beziehung zwischen Paulus und der Gemeinde zwei böse Zerwürfnisse gegeben hätte, auf die dann auch zwei vollständige Aussöhnungen gefolgt wären. Von zwei Versöhnungen müßte man auch deshalb ausgehen, weil der in Korinth verfaßte Römerbrief voraussetzt, daß zwischen Paulus und der Gemeinde von Korinth Friede herrscht. Diesen Schluß läßt u.a. Röm. 15,25-27 zu. Auch Apg. 20,2-3 setzt voraus, daß beim letzten Besuch des Paulus in der Gemeinde alles in Ordnung war. Mit der unwahrscheinlichen Theorie eines doppelten Streites und einer doppelten Versöhnung müssen jedoch diejenigen Exegeten operieren, die die Kap. 10 - 13 für den Brief halten, der später als die Kap. 1 - 9 geschrieben wurde.[295] Den gleichen Schluß müssen auch diejenigen Befürworter einer Einheitlichkeit des 2.Kor. ziehen, die die Abweichungen der Kap. 10 - 13 damit erklären wollen, daß Paulus über die Gemeinde neue Informationen erhalten hatte, gerade als er bei seinem Diktat am Schluß von Kap. 9 angekommen war.[296] Diese Theorie ist allerdings trotz ihrer Schwäche immerhin noch besser als die These, die die Differenzen in den beiden Teilen des Briefes allein mit inneren Stimmungsschwankungen des Paulus erklären will.

Dafür, daß er für die Unterschiede der Kapiteleinheiten im 2.Kor. allein Stimmungsschwankungen bei Paulus verantworlich macht, hat Lietzmann Berühmtheit - um nicht zu sagen - traurige Berühmtheit erlangt. Er schreibt: "Mir genügt z.B. die Annahme einer schlaflos durchwachten Nacht zwischen c. 9 und c. 10 zur Erklärung."[297] Dagegen brachte u.a. Windisch einen scharfen Einwand vor. Eine Psyche, die - aus welchen störenden Einflüssen auch immer - heute die Kap. 1 - 9 und morgen die Kap. 10 - 13 schreibt, ist krankhaft. Man müßte zusätzlich zu einer schlaflosen Nacht noch geistige Verwirrung und vollständigen Gedächtnisschwund annehmen - auch bei Timotheus. Der Inhalt der Kap. 10 - 13 spricht jedoch eindeutig gegen eine solche Annahme. Die Kapitel zeigen, daß Paulus die Situation in Korinth in Vergangenheit, Gegenwart und Zukunft vollkommen beherrscht.[298] Nachdem er zuvor von seiner Reue wegen seines zu strengen Briefes gesprochen hatte (7,8), dürfte er sich sicher nicht - falls wir ihn wenigstens in groben Zügen für geistig gesund halten wollen - nur ein paar Spalten später geradewegs in die gleiche Schwierigkeit wieder hineindiktieren.[299]

Ob in der einen oder anderen Richtung gebraucht, eine Argumentation mit der Gemütsverfassung des Paulus bleibt notwendigerweise von Natur her immer subjektiv. Gegen die Auslegung von Lietzmann sprechen jedoch auch noch ganz objektive Faktoren. Auch wenn in der Nacht noch so schlecht geschlafen worden wäre, hätte das dennoch nicht die bis dahin in der Gemeinde herrschende in jeder Hinsicht einträchtige und positive Grundstimmung völlig verändern und auch nicht dort plötzlich Paulus widersprechende Irrlehrer auftreten lassen können. Die sich in den Kapiteleinheiten widerspiegelnden Situationen sind so unterschiedlich, daß ihre Veränderung nicht allein als ein sich im Innenleben des Paulus abspielendes Ereignis verstanden werden kann. Deshalb ist auch unhaltbar, wie Kümmel die Einheit des 2.Kor. zu retten versucht. Seiner Ansicht nach läßt Paulus ab 10,1 wieder einmal seiner Besorgnis über die Zukunft der Gemeinde von Korinth freien Lauf; die "Superapostel" würden nämlich immer noch das Leben der Gemeinde gefährden.[300]

Hätte Paulus nach dem Diktat der Kap. 1 - 9 neue Informationen aus Korinth erhalten, gäbe es sicher irgendeinen Hinweis darauf in den Kap. 10 - 13;[301] irgendeine Wendung in der Bedeutung "wieder(um)", mit der Paulus eine erneute Lageänderung in die alte negative Richtung anzeigen würde, wäre sicher deutlich im Text wahrzunehmen. In den Kap. 10 - 13 wird jedoch nichts über einen plötzlichen und überraschenden Wandel der Lage gesagt. In einer solchen Lage hätte ein Verfasser schließlich auch alle diejenigen Stellen aus dem Brief Kap. 1 - 9 gestrichen, die den Korinthern am meisten Ehre antun oder hätte wenigstens mit eindeutigen Worten den Empfängern jeden Gedanken ausgetrieben, den Briefanfang etwa ernst zu nehmen.[302] Ein weiterer Schwachpunkt sowohl der Theorien, die die Einheitlichkeit des Briefes als auch derjenigen, die eine spätere Absendung der Kap. 10 - 13 propagieren, besteht in der Tatsache, daß Paulus in keiner Weise in den Kap. 10 - 13 die im Streit schon einmal erreichte totale Versöhnung erwähnt.[303] Die schwere Frustration, die aus den Kap. 10 - 13 entgegenschlagen müßte, falls tatsächlich vorher ein Streit zwischen Paulus und der Gemeinde sowie ein anschließend geschlossener Friede vorausgegangen wäre, müßte - so sollte man meinen - sogar besonders deutlich zu spüren sein. Die Kap. 10 - 13 haben jedoch deutlich den Beigeschmack eines einmaligen Kampfes.[304] Es handelt sich nicht um eine Neuauflage; an keiner Stelle sagt Paulus: "Schon zum zweiten Male probt ihr den Aufstand gegen mich".

Diese Argumente lassen sich nicht mit der Behauptung zu Fall bringen, der in den Kap. 1 - 9 als beendet angesehene Streit wäre nur eine kleine Episode gewesen. Bei Paulus hat dieser Streit Trübsal, Angst und Tränen (2,1.4) bewirkt, ebenso auch Ruhelosigkeit, die die Konzentration auf andere Aufgaben verhinderte (2,13). Für die Korinther brachte der Streit Klage und Trauer (7,7-8); und um aus dem Streit herauszufinden, mußte die Gemeinde Reue üben (7,9) und Strafmaßnahmen ergreifen (2,6; 7,12). Die Folgen des Streites riefen auch Furcht in der Gemeinde hervor (7,11). Paulus mußte wegen des Streites seine Reisepläne umändern, um eine Zuspitzung des Konfliktes abzuwenden (1,23). Auch der Konflikt zwischen Paulus und der Gemeinde in den Kap. 10 - 13 ist sehr ernst. Man kann es sich psychologisch schwer vorstellen, daß die Beziehung zwischen Paulus und der Gemeinde zwei Zwischenfälle dieser Art ausgehalten hätte. Aus diesen Gründen ist in jeder Hinsicht einleuchtender anzunehmen, daß die Kap. 10 - 13 eben über jenes Zerwürfnis berichten, über dessen glücklichen Ausgang sich Paulus in den Kap. 1 - 9 über die Maßen freut.[305]

g) Das Verhältnis zwischen Paulus und der Gemeinde in den Kap. 1 - 7

Wenn man die Beziehung zwischen Paulus und der Gemeinde aus dem Blickwinkel des in den Kap. 1 - 7 gebotenen Materials untersucht, findet man nichts, was gegen eine ursprüngliche Einheit dieser Kapitel sprechen würde. Es ist offensichtlich, daß die Abweichung des Abschnittes 2,14 - 7,4 gegenüber dem anderen Stoff in den Kap. 1 - 7 übertrieben hervorgehoben wird, wenn dieses Stück 2,14 - 7,4 aus inhaltlichen Gründen zu einem eigenen Brief aus der Umgebung 1,1 - 2,13 und 7,5-16 herausgelöst werden soll.

Die am schwierigsten zu begründende und darum wohl auch nur selten geäußerte These besagt, daß 2,14 - 7,4 mit den Kap. 10 - 13 zusammen den ursprünglichen "Tränenbrief" bilden. Daß diese These dennoch Ansehen genießt, dürfte vor allem damit zu erklären sein, daß ihre Vertreter anerkannte Autoritäten sind. Hinter allem steht nämlich die Autorität eines J. Weiß und seines Schülers R. Bultmann. Die berechtigte Kritik an dieser Auffassung wurde vor allem daran festgemacht, daß sich im Stück 2,14 - 7,4 nichts von der Heftigkeit findet, wie sie in den Kap. 10 - 13 vorherrscht.[306]

Erstaunlich ist, wie leichthin z.B. Ph. Vielhauer, der die Weiß-Bultmannsche These vertritt, die damit verbundenen Schwierigkeiten beiseite schiebt. Ungeachtet des beträchtlichen Stimmungsunterschiedes in den beiden als Teile des "Tränenbriefes" verstandenen Stücken stellt er fest, daß Paulus z.B. innerhalb der Perikope 1.Kor. 4,14-21 zunächst über die innige Liebe zu den Korinthern spricht, dann aber gleich dazu übergeht, ihnen damit zu drohen, daß er "mit der Rute kommt." Vielhauer merkt an, daß deshalb dennoch niemand die Aufteilung des Inhalts der Perikope auf zwei Dokumente vorgeschlagen hat. Da das Stück 2,14 - 7,4 und Kap. 10 - 13 vom gleichen Thema handeln - einmal mit mehr sachlichem, einmal mit persönlichem Zungenschlag - und da beide die gleiche Situation beschreiben, ist nach ihm am ehesten anzunehmen, daß sie auch beide zusammen den "Tränenbrief" bilden.[307]

Die Argumente mit denen Vielhauer seine These untermauert, ähneln also denen, die für die Ansicht vorgetragen werden, daß der 2.Kor. ein von Anfang an einheitlicher Brief sei. Darum verwundert nicht, daß Vielhauer am Schluß seiner Ausführungen die Hypothesenhaftigkeit seiner Theorie eingestehen muß und auch die Berechtigung der Theorie, der 2.Kor. sei von Anbeginn einheitlich, zugibt.[308] Man kann diesen Vorschlag geradezu für ein Paradebeispiel dafür halten, wie die Forschung ihre eigenen Fehler auszubügeln versteht: eine schon von Anfang an zu gewagte Hypothese erweist sich mit der Zeit als unhaltbar und die ihr zuneigenden Exegeten verspüren das Verlangen, wieder zur Ausgangsposition zurückzukehren. Falls man nur die Wahl zwischen dieser Theorie und der Theorie vom 2.Kor. als einem einheitlichen Brief zur Auswahl hätte, wäre letztere Alternative letztlich einleuchtender. In der von Weiß und Bultmann gebotenen Lösung bleibt nämlich am Schluß doch noch die Schwierigkeit weiter bestehen, von der der Zweifel an der Einheitlichkeit des 2.Kor. seinen Ausgang nahm, nämlich die Tatsache, daß die Kap. 10 - 13 einen Fremdkörper im gesamten Stoff des 2.Kor. bilden.[309] Diese Schwierigkeit bleibt, aber zusätzlich muß auch noch erklärt werden, wie der 2.Kor. letztlich aus so vielen verschiedenen Teilstücken seine endgültige Form erhalten konnte! Diese Deutung schafft einfach mehr Unklarheiten als sie beseitigt.

Wenn man der Frage nachgeht, ob der Abschnitt 2,14 - 7,4 irgendwie anders als mit den oben beschriebenen Begründungen aus dem Zusammenhang der Kap. 1 - 7 herausgelöst werden kann, wird als erstes deutlich, daß sich die Schilderung der freundlichen Beziehungen zwischen Paulus und der Gemeinde auf die Kap. 1 - 2 und 7, d.h. auf den sog. "Versöhnungsbrief" (um die Terminologie der die Kap. 1 - 7 aufteilenden Exegeten zu verwenden) und nicht auf den Abschnitt 2,14 - 7,1, d.h. auf die sog. "Apologie", konzentriert. Aber letztlich ist der Unterschied in der Darstellung der herzlichen Beziehungen zwischen Paulus und der Gemeinde in verschiedenen Teilen der Kap. 1 - 7 lediglich quantitativer nicht qualitativer Natur: Die Abschnitte 1,1 - 2,13 + 7,5 - 9,15, die konkrete Fragen der Vergangenheit und Zukunft enthalten, befassen sich auch mehr mit den Beziehungen zwischen dem Apostel und der Gemeinde als der Abschnitt 2,14 - 7,4, der einen eher zeitlosen und theoretischen Charakter hat. Zu dem letzteren Abschnitt gehören zwar auch die Verse 6,11-13; 7,2, die von der Gefühlskälte zu sprechen scheinen, mit der die Korinther Paulus begegneten. Dennoch atmet der zum selben Abschnitt gehörende Vers 7,4 einen ganz anderen Geist und zeugt von dem Trost und der großen Freude, die die Korinther Paulus mit ihrem ausgezeichneten Zustand machten und damit völlig dem positiven Bild entsprachen, daß im "Versöhnungsbrief" von der Beziehung zwischen Paulus und der Gemeinde gezeichnet wird. Schon allein aufgrund des in der "Apologie" gebotenen Stoffs kann man die Abschnitte 6,11-13; 7,2 als bloße Erinnerungen an die Ereignisse der Vergangenheit interpretieren.

Zu eben dieser "Apologie" gehört ferner auch der schon früher besprochene Vers 5,12, dem zufolge Paulus den Eindruck hatte, für die Korinther Anlaß zum Rühmen zu sein. Wir haben früher auch schon die Hinweise behandelt, die sich innerhalb dieser "Apologie" (2,17; 4,2.5; 5,12) auf die Gegner des Paulus und sein früheres "Selbstrühmen" beziehen. Auch sie stützen die Auffassung, daß die "Apologie" <u>nach</u> dem ernsthaften Zusammenstoß (und der anschließenden Versöhnung) entstand. Auch 3,1-3, die mit der Thematik der oben genannten Verse eng verbunden sind, stützen diese Auffassung. Paulus weist hier nicht nur auf sein früheres Selbstrühmen hin, sondern berichtet auch, daß das Verhältnis zwischen ihm und der Gemeinde in Ordnung ist. Er tut dies, indem er ein eindrucksvolles Bild von der Gemeinde als einem lebenden Empfehlungsschreiben für sein Apostelamt bietet. Wie herzlich das Verhältnis zwischen Paulus und der Gemeinde in dieser Hinsicht war, wird durch die Worte ἡ ἐπιστολὴ ἡμῶν ὑμεῖς ἐστε, ἐγγεγραμμένη ἐν ταῖς καρδίαις ἡμῶν besonders zum Ausdruck gebracht.

Man sollte zudem nicht übersehen, daß auch der "Versöhnungsbrief" nicht frei von kritischen Untertönen ist. Auch in 1,12 - 2,10 handelt es sich um eine <u>Verteidigung</u> des Paulus gegen die Kritik der Korinther, die auch nach der erzielten Versöhnung noch aktuell ist. Wenn Paulus z.B. in 1,14 sagt καθὼς καὶ ἐπέγνωτε ἡμᾶς <u>ἀπὸ μέρους</u> gibt er damit zu verstehen, daß sich in der Einstellung der Korinther zu ihm noch einiges verbessern kann. Er kommt hier den Vorstellungen in 6,11-13 und 7,2 recht nahe.

Aus der Untersuchung des Verhältnisses zwischen Paulus und der Gemeinde ergibt sich somit als einleuchtendste Lösung, daß die Kap. 1 - 7 eine einheitliche ohne zeitliche Unterbrechung geschriebene Einheit bilden, die sich hinsichtlich ihrer zugrundeliegenden Situation und in ihrer Atmosphäre scharf von den Kap. 10 - 13 abhebt. Für die Frage nach der inneren Einheit der Kap. 10 - 13 ergibt sich kein Anlaß für eine Neueinschätzung. Von der Entwicklung der Beziehung her betrachtet erscheint es am wahrscheinlichsten, daß die Kap. 1 - 7 (+ 8 - 9) nach den Kap. 10 - 13 geschrieben wurden.

Anmerkungen.

1. Darüber näher Conzelmann 1969 S. 13-15, Barrett 1971 S. 12-17.

2. Anderer Ansicht ist jedoch Strachan 1946 S. XXXIX, dem zufolge Timotheus erst nach dem Absenden des 1.Kor. nach Korinth gesandt worden wäre.

3. Siehe Bauer Wb 1958 Sp. 419. Dies heben u.a. Peltola 1966 S. 163 und Conzelmann 1969 S. 356 hervor.

4. Die Rede in Apg. 19,22 über die Aussendung von Timotheus nach Makedonien dürfte nicht auf die gleiche Reise hinweisen. Dazu näher S. 300.

5. Auf ähnliche Weise Barrett 1971 S. 390.

6. So Lietzmann(-Kümmel) 1969 S. 89.

7. Man beachte, wie Paulus auch in 2.Kor. 12,18 Unklarheiten vermeidet, indem er schreibt παρεκάλεσα Τίτον καὶ συναπέστειλα τὸν ἀδελφόν. Er schreibt also z.B. nicht παρακαλέσας ἀπέστειλα Τίτον μετὰ τοῦ ἀδελφοῦ, obwohl in diesem Fall die Möglichkeit zur Mehrdeutigkeit nicht so groß wäre wie in 1.Kor. 16,11.

8. Die Wendung μετὰ τῶν ἀδελφῶν in 1.Kor. 16,12 kann nur mit ἔλθῃ zusammenhängen, nicht mit παρεκάλεσα.

9. Dazu Näheres auf S. 212.

10. Die Schlußbemerkung 1.Kor. 11,34 verändert dieses Gesamtbild des 1.Kor. nicht.

11. Suhl 1975 S. 215 führt diese Stellen auf. Ihr Gewicht hängt nicht davon ab, ob man zu dieser Zeit schon christliche Ostern feierte. Siehe dazu näher Lüdemann 1980 S. 122-123.

12. Z.B. Schenk 1969 S. 235-236 meint, daß deshalb die Reiseankündigungen von 1.Kor. 16 in einen früheren Brief gehören als die Androhungen des baldigen Kommens in 1.Kor. 4.

13. So auch Barrett 1971 S. 390.

14. Nickle 1966 S. 16 spricht sich gegen ein solches Verständnis der Haltung des Paulus zur Kollekte aus: "This interpretation must be rejected, as it unjustifiably imputes to Paul pettiness and a shallow appreciation of the significance of the collection, a profound lack of

confidence in the Corinthians, and a willingness to manipulate his churches in a rather crude fashion. Instead ἄξιον should be translated 'advisable', 'if it is meet', or 'propitious'... It is then to be referred to the situation at the destination ('Jerusalem', V. 3) and Paul's awareness of the growing hostility toward him there." Diese Auffassung von <u>Nickle</u> tut der nächstliegenden Bedeutung von ἄξιος Unrecht und basiert auf einer teilweise zu sehr idealisierenden Auffassung vom Charakter des Paulus. Über die Unbestimmtheit des Paulus hinsichtlich der Jerusalemreise vgl. noch <u>Weiß</u> 1910 S. 382 (zu 1.Kor. 16,4): "κἀμέ, eigentlich wollte also P. nicht mitreisen, nur wenn eine glänzende Sammlung zusammengekommen ist, will er es tun."

15. So z.B. <u>Weiß</u> 1910 S. 383.

16. So z.B. <u>Robertson-Plummer</u> 1914 S. 388-389.

17. <u>Barrett</u> 1971 S. 389. Zur Auslegung von 1.Kor. 16,7 siehe noch S. 142-143 in dieser Untersuchung.

18. <u>Windisch</u> 1924 S. 77 stellt treffend zu ἔκρινα in 2,1 fest: "ἔκρινα ist auch hier im Gegensatz zu ἐβουλόμην 1,15 der wohl erwogene und zur Durchführung gebrachte Entschluß." Laut <u>Barrett</u> 1973 S. 74-75 ist die Bedeutung von ἐβουλόμην intensiver und meint einen festen Entschluß: Das Wort würde nicht lediglich einen Wunsch ausdrücken, sondern wäre nahezu ein Synonym für das Verb βουλεύεσθαι in 1,17. Ebenso auch <u>Hahn</u> 1973 S. 231 Anm. 5.

19. So auch <u>Hyldahl</u> 1973 S. 298. Vgl. auch <u>Barrett</u> 1971 S. 389 (siehe S. 140 in unserer Untersuchung). Später (1973 S. 75) lehnt <u>Barrett</u> eindeutig eine solche Lösung ab.

20. <u>Strachan</u> 1946 S. 66.

21. Dazu näher <u>Kennedy</u> 1900 S. 38-39.

22. Exegeten, die dem von <u>Strachan</u> eingeschlagenen Weg folgen, versuchen häufig πρότερον in 1,15 mit dem Verb ἐβουλόμην zu verbinden, gegen dessen natürliche Verbindung zum nachfolgenden Infinitiv ἐλθεῖν. Zu einer solchen Auslegung siehe z.B. <u>Belser</u> 1910 S. 49-51.

23. Vgl. <u>Weiß</u> 1917 S. 262 Anm. 2: "Aber die Frage, auf welche Weise er nach Korinth kommen soll, ist ein ganz untergeordneter Punkt, auf den weder für Paulus noch für die Korinther irgendetwas ankommt... So war der Plan in diesem Punkte geändert, und, als er 2.Kor. 1,15f. schrieb, hat er an diese ganz unwesentliche Änderung nicht mehr gedacht, sondern redet von dem Plane im Lichte seiner teilweise schon erfolgten Ausführung." Ebenso <u>Hoß</u> 1903 S. 269.

24. Ebenso <u>Lietzmann</u>(-Kümmel) 1969 S. 102, <u>Windisch</u> 1924 S. 63, <u>Wendland</u> 1972 S. 170-171. Näheres dazu z.B. bei <u>Kettunen</u> 1979 S. 146.

25. Windisch 1924 S. 63 muß zu dem problematischen ἵνα-Satz feststellen: "Gewiß hätten die Worte bei dieser Deutung korrekt hinter καὶ πάλιν... ἐλθ. πρ. ὑμ. ihren Platz gehabt." Der Satz ist seiner Auffassung nach möglicherweise später von seinem ursprünglichen Platz verschoben worden oder es handelt sich einfach um den "Eifer des Diktats": "P. wollte gleich zum Ausdruck bringen, daß dieser Vorbesuch es ihm ermöglichen sollte, noch einmal nach Kor. zurückzukehren und so in kurzem Zwischenraum der Gemeinde eine zweite χάρις zu bieten."
Schon König 1897 S. 507 verstand den Ausdruck δευτέρα χάρις als zweiten Teil des geplanten Doppelbesuches. So später auch u.a. Bultmann 1976 S. 42 und Héring 1967 S. 9. Wenn δ. χ. auf den absolut gerechnet zweiten Besuch des Paulus in Korinth hinweisen würde, hätte Paulus nach Bultmann einfach geschrieben καὶ ταύτῃ τῇ πεποιθήσει πρότερον πρὸς ὑμᾶς ἦλθον.
Plummer 1948 S. 32 fällt zu Vers 1,15 eine textkritische Entscheidung, mit der er von anderen Forschern abweicht. In einigen Handschriften findet sich als vierter Buchstabe des Wortes χάριν anstelle des ι ein α, so daß Paulus also nicht von "Gnade" sondern von "Freude" sprechen würde. Plummer hält die Lesart "Freude" für zutreffend. Die Lesart "Gnade" wird allerdings außer durch den Vergleich der Handschriften noch durch die Parallele Röm. 1,11 stark gestützt. Ansonsten vertritt auch Plummer die Auffassung, daß Paulus mit der "zweiten Freude" den letzten Teil seines Doppelbesuches meint.
Einen eigenen Weg bei der Interpretation des Ausdruckes "zweite Gnade" schlägt Schmithals 1969 S. 98 ein. Paulus meint seiner Ansicht nach, daß der "Zwischenbesuch" die "erste Gnade" gewesen wäre. Der erste Teil des danach geplanten Doppelbesuches wäre dann die in der Reihenfolge "zweite Gnade" gewesen. Diese These erklärt sich als Teil der Gesamtauslegung von Schmithals, in der der Ernst des "Zwischenbesuchs" in unnatürlicher Weise verharmlost wird.
Eine ernster zu nehmende Auslegungsalternative bietet Hoß 1902 S. 269, der über den ersten Teil des geplanten Doppelbesuches zu schreiben weiß: "Eine zweite Freudenerweisung nennt er diesen Besuch neben dem ihnen (sc. den Korinthern) programmgemäß zugedachten längeren Verweilen." Verglichen mit dem Plan von 1.Kor. 16 gedachte Paulus den Korinthern eine zusätzliche Gelegenheit zu geben, seine Gastgeber zu sein; der absolut gezählt zweite Besuch wäre somit als ein Extrabesuch eine "zweite Gnade", nicht gegenüber dem schon in der Vergangenheit liegenden ersten, sondern dem geplanten dritten Besuch, der so verlaufen sollte, wie in 1.Kor. 16 versprochen war, zu sehen. Dann würde man allerdings erwarten, daß Paulus dies eher durch die Formulierung ἵνα δύο χάριτας σχῆτε ausdrücken würde.

26. Die Argumente Windischs finden sich in seinem Kommentar auf Seite 62.

27. Vergleiche wie schon Belser 1910 S. 50 gegen die Auslegungsweise von Windisch argumentiert: "Diese Erklärung ist gemacht und gekünstelt... wenn der Apostel diesen Gedanken ausdrücken wollte, so würde er dem Satz ἵνα δευτέραν χάριν σχῆτε seine Stellung hinter ἐλθεῖν πρὸς ὑμᾶς in V. 16 angewiesen haben. Das ist und bleibt die Klippe, an welcher der ganze Interpretationsversuch scheitert."

28. So richtig u.a. Lietzmann(-Kümmel) 1969 S. 102-103 und Lüdemann 1980 S. 128-129.

29. ἔρχεσθαι ἐν = "bringen". Gulin 1932 S. 264. Ebenso u.a. Bultmann 1976 S. 49, der weiterhin feststellt: "Paulus wollte also keine Trauer bringen (V. 2); aber darin liegt natürlich auch: er wollte keine Trauer erfahren (V. 3)." So auch Windisch 1924 S. 78-79.

30. So sehen es viele neuere Kommentatoren, u.a.Windisch 1924 S. 78, der überzeugend die Unmöglichkeit der zweiten Auslegungsalternative begründet.

31. Zu einer solchen Deutung vgl. z.B. Belser 1910 S. 68-69. Zuletzt versuchte Hyldahl in einem Aufsatz aus dem Jahre 1973 die Deutung zu neuem Leben zu erwecken, daß Paulus beim Diktat des als einheitlich zu verstehenden 2.Kor. nicht mehr als einmal in Korinth gewesen war. Der "Zwischenbesuch" wäre nur ein in der Forschung erfundenes Gespinnst. Mit dem "Tränenbrief" wäre eigentlich der 1.Kor. gemeint. Aus der an sich richtigen Beobachtung, daß der "Tränenbrief" (2,3) als Ersatz für die in 1,23 und 2,1 erwähnte ausgefallene Reise geschrieben wurde, zieht Hyldahl etwas zu schnell den Schluß, daß der gesamte "Zwischenbesuch" ausgeblieben wäre. Die Gründe, die er für diese Annahme anführt, sind aber viel zu unbedeutend. Den Umstand daß keiner der beiden Teile des in 1,15-16 erwähnten Doppelbesuchs absolviert wurde, wird nur wie folgt begründet (S. 298): "Wenn 2 Kor 1,15-16a einen schon abgestatteten 'Zwischenbesuch' darstellt, hätten die Korinther ja gar keinen Grund, sich über die Reisepläne des Paulus zu beschweren; sie hätten dann mehr bekommen, als in 1 Kor 16,5-9 in Aussicht gestellt worden war, und den dort versprochenen Besuch stünde Paulus, obwohl vielleicht etwas verspätet, jetzt im Begriff abzustatten." Auf so oberflächliche Weise entledigt man sich des "Zwischenbesuches" allerdings nicht, wie wir später noch sehen werden.
Zur Stützung seiner Auffassung muß Hyldahl auf solche Thesen zurückgreifen, die behaupten, daß der Plan 1,15-16 den ursprünglichsten Reiseplan des Paulus widergibt, und wegen dessen Aufgabe zugunsten des Plans 1.Kor. 16 die Korinther in Rage geraten waren; nach Hyldahl wäre der sich gegen Paulus vergangene Mann (2,5-8; 7,12) der gleiche wie der Blutschänder aus 1.Kor. 5 (S. 298, 305-306). Trotz aller seiner interessanten Einzelzüge vermag Hyldahls Artikel nicht das zu beweisen, was er zu beweisen sucht, nämlich "daß die einfachste Lösung auch dieser verwickelten und oftmals diskutierten Probleme die beste ist" (S. 289). Der Artikel macht eher deutlich, daß es keinen Weg mehr zu schon längst veralteten Lösungen zurück gibt.

32. Windisch 1924 S. 78 stellt fest, daß πάλιν nur dann weit vom Hauptverb im Satz steht, wenn jedes Mißverständnis ausgeschlossen ist.

33. Ebenso Weiß 1917 S. 262 Anm. 2 und Barrett 1973 S. 85-86. Windisch 1924 S. 75 gibt die Bedeutung von οὐκέτι in diesem Zusammenhang ganz richtig wieder: "Man kann dem οὐκέτι entnehmen, daß der versprochene Besuch auf einen eben abgestatteten Besuch hatte folgen sollen, also wahrscheinlich den Zw.besuch." Die Fortsetzung ist allerdings weniger gut: "Doch kann οὐκέτι ἦλθον auch umschrieben werden '...habe ich meinen Plan, zu euch zu kommen, nach allem, was ich sonst zu tun hatte, nicht mehr ausführen können'." Mit dieser gekünstelten Auslegung versucht Windisch seine ebenso gekünstelte Gesamtsicht abzustützen. Er hält es nämlich für durchaus möglich, daß der "Zwischenbesuch" des Paulus in Korinth erst nach dem Absenden jenes Briefes stattfand, zu dem die Kap. 1 - 2 ursprünglich gehört haben (S. 416).

34. In gleicher Weise z.B. Lietzmann(-Kümmel) 1969 S. 102-103 und Wendland 1972 S. 171.

35. Windisch 1924 S. 61. In gleicher Weise auch Prümm 1967 S. 400.

36. Auch Schlatter 1962 S. 477, 484-485 bewegt sich auf den gleichen Bahnen wie Windisch. Seiner Ansicht nach gab Paulus den Korinthern das Versprechen zu seinem zweifachen Besuch während eines kurzen Zwischenbesuches: "Da dieser (sc. der Besuch) nur kurz war, scheint er bei seiner Abreise gesagt zu haben, er kehre, sowie er die Dinge in Ephesus geordnet habe, noch bevor er zu den Makedonen gehe, nach Korinth zurück. Von seinem Besuch sagt er aber, zu diesem habe ihn Kummer bewogen..., während er von seinem Versprechen sagt, er habe es in der Zuversicht gegeben, daß sich die Korinther zu ihm halten und sich seiner rühmen." An sich ist die Deutung Schlatters konsequent und vermag eine einleuchtende Erklärung dafür zu geben, daß Paulus seinen Plan von 1.Kor. 16 umänderte: Die Unklarheiten in Korinth, die während des "Zwischenbesuches" nicht beseitigt werden konnten, zwangen Paulus zu dieser Umdisponierung. Der Charakter des "Zwischenbesuches", den dieser nach dem Bild, das wir aus den paulinischen Texten unmittelbar als nächstes erschließen können, wohl gehabt hat, wird durch diese These auf den Kopf gestellt. Gegen die Auffassung von Schlatter ist nämlich weit wahrscheinlicher, daß der "Zwischenbesuch" selbst die Kummer verursachende Erfahrung war, während dagegen die Ankunft in Korinth voller Vertrauen vonstatten ging. Allein aufgrund von Vers 1,15 könnte man letzteren Umstand auch anders sehen, aber Schlatter ist in jedem Fall gezwungen, den "Zwischenbesuch" sträflich zu verharmlosen, was keinesfalls dem Eindruck entspricht, den Vers 2,1 und 13,2 vermitteln. Der "Zwischenbesuch" mußte in dem Maße eine bedrückende Erfahrung gewesen sein, daß Paulus kaum dabei in großem Vertrauen auf die Korinther den Reiseplan nach 1,15-16 verkündet hat. In der gleichen Richtung wie Windisch gehen noch u.a. Bultmann 1976 S. 42-43, Schmithals 1960 S. 93 und Köster 1980 S. 560-565, 570-571.

37. Andererseits ist zu beachten, daß die Verbform γράφομεν (präs.) allgemein auf Paulus als Briefeschreiber verweist, nicht nur speziell auf irgendeinen besonderen Brief. Vgl. Héring 1967 S. 8: "'We write' must refer to all the letters."

38. So z.B. Hahn 1973 S. 232 Anm. 12, Pherigo 1949 S. 345. Schmithals 1969 S. 93 meint, daß Paulus den Plan von 1,15-16 sicher schriftlich bekannt gegeben hatte, aber vor dem "Tränenbrief".

39. So Kennedy 1900 S. 36. Vgl. auch die Charakterisierung der Verse 1,15-16 von Windisch 1924 S. 62: "Die Darlegung macht nicht den Eindruck, daß P. hier Bekanntes wiederhole."

40. Darüber näher van Unnik 1953 S. 229-230.

41. Die Problematik des Abschnittes 1,12-22 wird schon von König 1897 S. 525-528 scharfsinnig angegangen. Er lehnt zunächst die Theorie eines schriftlich verkündeten Plans der zweifachen Reise ab. Zum Ausgangspunkt der Klärung der gegen Paulus vorgebrachten Kritik nimmt

auch König den aus Vers 1,12 zu erschließenden Vorwurf, daß "Paulus nach fleischlicher Weisheit wandelt". Zu dieser Kritik hätten die Opponenten des Paulus zwei Beweise präsentiert, von denen der erste in Vers 13 der zweite in Vers 17 erscheint. Nur der erste bezieht sich auf die Briefe des Paulus, während der zweite sich auf die sonst von Paulus verkündeten Reisepläne bezieht. Die Verse 15-16 wären somit mit Vers 17 - nicht mit Vers 13 - zusammenzusehen.

42. Héring 1967 S. 8 überinterpretiert diesen Vorwurf: "It seems that he was reproached for saying the opposite of what he thought."

43. Schmithals 1969 S. 93 deutet die ironische Kritik im Hintergrund von Vers 1,13 auf andere Weise: Im Brief des Paulus war nichts unklar. Die Korinther gelangten zu ihrem bösen Schluß erst als sie gesehen hatten, daß Paulus anders handelte, als er in seinem Brief versprochen hatte. Er hatte - so konnten sie schließen - schon in seinem Brief also etwas anderes gemeint, als die von ihm gebrauchten Worte normalerweise bedeuten würden. Die These geht von einer etwas zu spitzfindig gedachten Haltung der Korinther zu Paulus aus. Der Umstand, daß die Briefe des Paulus von Natur aus schwerverständlich waren, wurde in der Christenheit bald zu einem Topos, wie z.B. aus 2.Petr. 3,15-16 hervorgeht. Vgl. auch die vom allerersten Korintherbrief verursachten Unklarheiten, die Paulus selbst in 1.Kor. 5,9-11 klarstellen muß. Mit etwas anderen Schwerpunkten stellte schon König 1897 S. 528 eine ähnliche Deutung der in Vers 1,13 deutlich werdenden Kritik vor wie Schmithals.

44. Schon Kennedy 1900 S. 50-51 stellte treffend fest: "If St. Paul were charged with non-fulfilment of a specific promise, it would be no answer to say 'We write none other things unto you than what you read,' when the gist of the objection is supposed to be, that he did not keep the promise which he wrote and they read." Damit verwirft auch Kennedy die Auffassung von einem schriftlich den Korinthern verkündeten Plan einer zweifachen Reise, in dessen Zusammenhang Paulus dann beschuldigt worden wäre.

45. Dies betont schon Windisch 1924 S. 62: "Für die Annahme, daß der Plan als Ganzes in Kor. bekannt war, spricht vor allem V. 17 τοῦτο οὖν βουλόμενος κτλ., woraus man lesen kann, daß wirklich dieser Plan und seine Nichtausführung die Grundlage der an P. geübten Kritik bildet."

46. Dies betonen u.a. Lietzmann(-Kümmel) 1969 S. 102, Bultmann 1976 S. 41 und Barrett 1973 S. 74. Vgl. auch Windisch 1924 S. 61: "Das Vertrauen, das den Ap. bei der Fassung seiner Pläne leitete, bezieht sich auf die verständnisvolle Würdigung seiner Person und seines Werkes."

47. Einer solchen Auslegung wies schon Hausrath 1870 S. 14-15 den Weg.

48. πρότερον, das in Vers 1,15 zum Reiseplan gehört, bedeutet entweder "früher" oder "zunächst". Man kann es so auf zwei Weisen verstehen, die beide gut zum gedanklichen Kontext bei Paulus passen: "frü-

her" als im Reiseplan 1.Kor. 16 zu verstehen gegeben worden war bzw. "früher" als die Reise nach Makedonien. Dann würde das Wort als zum Infinitiv ἐλθεῖν gehörig betrachtet werden. In der Theorie kann man sich das Wort auch in Verbindung mit ἐβουλόμην vorstellen. Windisch 1924 S. 62 reflektiert die Bedeutungsnuancen die der Vers durch πρότερον erhält auch auf dieser Grundlage und gelangt schließlich zum wohlbegründeten Schluß, daß Rhythmus und Zusammensetzung der Wendung für das Verständnis sprechen "früher (zuerst) zu euch und dann erst nach Maz." Zum gleichen Ergebnis kommt auch z.B. Hoß 1903 S. 269, Plummer 1948 S. 31 und Bultmann 1976 S. 41. Zur Bedeutung von πρότερον siehe näher bei Bauer Wb 1958 Sp. 1431 und Blaß-Debrunner-Rehkopf 1975 § 62 S. 48-49.
Im Abschnitt 1,12 - 2,4 deutet nichts darauf hin, daß die Korinther am Ersatz des Reiseplans aus 1.Kor. 16 durch den der Verse 1,15-16 Anstoß genommen hätten. Gyllenberg 1969 S. 191 vertritt jedoch eine solche Auffassung. Er meint, daß der neue Plan, in dessem Rahmen Paulus offensichtlich den Winter in Makedonien zu verbringen gedachte, ausgereicht hätte, um die Korinther zu erzürnen und dies der ganze Grund für den bedauerlichen Zwischenfall von Korinth wäre. Allerdings bringt auch Gyllenberg noch zusätzliche Gründe, wie das Streben der Gemeinde nach Unabhängigkeit und die dort aufgetretenen neuen Lehrer, vor.

49. Hoß 1903 S. 270.

50. Über die Schnelligkeit der Ereignisfolge siehe S. 305, 318 Anm. 46.

51. Auch Barrett 1973 S. 7-8 ist der Meinung, daß Paulus von Korinth nach Makedonien ging.

52. Peltola 1966 S. 165-166, 169-172.

53. Bei seiner Erklärung der Worte φειδ. ὑμ. οὐκέτι ἦλθον in Vers 1,23 kommt Windisch 1924 S. 75 zum richtigen Ergebnis: "(Durch diese Aussage) bestätigt sich abermals, daß den Unwillen der Kor. nicht die Änderung von Reiseabsichten, also der Übergang von einem Reiseplan zu einem anderen, sondern die Unterlassung eines versprochenen Besuchs erregt hatte." Ebenso Barrett 1973 S. 75.
König 1897 S. 523-526 kombiniert den Plan der zweifachen Reise und die bloße Rückkehrdrohung anders, als ich hier vorschlage. Er stellt zunächst fest: "Eine genaue Betrachtung von 2 Kor 1,13 vgl. mit 1,15f. läßt es fast als wahrscheinlich erscheinen, daß Paulus ursprünglich nichts weiter als seine sofortige Wiederkunft in Kraft persönlich in Korinth annoncirt hatte, ohne aber den Reiseplan 1,15f. in seinen Einzelheiten und mit ausdrücklichen Worten schriftlich oder mündlich gegeben zu haben." Die in 13,2 angedeutete mündliche Drohung allein hätte die Korinther schon verstehen lassen, daß Paulus nach dem überzähligen "Zwischenbesuch" seinen in 1.Kor. 16 bekannt gegebenen Reiseplan verwerfen und statt dessen den Plan nach 1,15-16 in die Tat umsetzen würde. Die These überzeugt aus folgenden Gründen nicht: 1) Das bloße Versprechen einer Rückkehr setzt noch keinen zweimaligen Besuch in Korinth voraus. Leichter wäre es zu schließen, daß Paulus die Reiseroute von 1.Kor. 16 nur in die entgegengesetzte Richtung umgestellt hätte (Ephesus - Korinth - Makedonien - Jerusalem). 2) Wie oben schon fest-

gestellt wurde, deutet der Ausdruck "zweite Gnade" darauf hin, daß der "Zwischenbesuch" der erste Teil des Planes der zweifachen Reise war. 3) Die Aussage vom "Vertrauen" des Paulus in Vers 1,15 eignet sich nicht um die Stimmung zu schildern, in der Paulus einen Strafbesuch nach dem "Zwischenbesuch" angetreten hätte. Auf der gleichen Linie wie König liegt auch Kennedy 1900 S. 35-42.

54. Eine gute Analyse der betreffenden Verse gibt Plummer 1948 S. 49: "Like ἔκρινα in v. 1, ἔγραψα refers to what took place in the past; and it is possible that both aorists refer to the same period in the past. In that case the meaning would be that, when he decided not to come to Corinth, he sent a letter instead of coming."
Über die Beziehung zwischen dem Brief und der Absage des Korinthbesuches schreibt Windisch 1924 S. 74-75 bei der Auslegung von Vers 1,23: "Die Anrufung Gottes beweist, daß das Urteil φειδόμενος ὑμῶν οὐκέτι ἦλθον nicht etwa jetzt erst als Ausrede von ihm erfunden ist, sondern wirklich beim Aufgeben der Reise ihn leitete. Die Motivierung muß für die Kor. neu sein; offenbar hatte P. gemeint, ohne nähere Erklärung den Brief als Ersatz eines Besuches wählen zu können." Die Bemerkung trifft sicher ins Schwarze. Verglichen mit den Absichten des Paulus zeigt Vers 1,13 jedoch, daß die Korinther nicht aus dem ihnen gesandten Brief die Schlüsse zu ziehen vermochten, die Paulus intendiert hatte. Dieser Umstand kann gut mit unserer zuvor geäußerten Deutung in Einklang gebracht werden, daß der "Tränenbrief" gerade in der Frage unklar war, ob Paulus krampfhaft an seiner Drohung, bald zurückzukehren festhält oder nicht.
Bachmann 1909 S. 414 sieht dagegen in dem Umstand, daß der "Tränenbrief" den Besuch des Paulus in Korinth ersetzen sollte, einen Beweis gegen die Identifizierung des "Tränenbriefes" mit den Kap. 10 - 13. Er schreibt: "Der ZwBr trat an Stelle eines persönlichen Kommens, das Pls damals geplant, dann aber aufgegeben hatte und in bezug worauf es im Momente des Schreibens zweifelhaft war, ob es überhaupt noch jemals stattfinden würde (2,3). 10,1 - 13,10 dagegen ist dazu bestimmt, ein alsbald und sicher bevorstehendes Kommen vorzubereiten." Ebenso Allo 1956 S. 256. Das Argument ist nicht stichhaltig, wenn das stimmt, was oben über die Vieldeutigkeit der Ankunftsankündigungen in Kap. 10 - 13 gesagt wurde.

55. Vgl. Hahn 1973 S. 232: "Offensichtlich blieb für die Gemeinde, trotz der inzwischen erreichten Versöhnung, ein Anstoß vor allem deshalb bestehen, weil Paulus nicht gekommen ist, sondern statt dessen seinen Mitarbeiter Titus geschickt hat. Einigen Gemeindegliedern wäre wohl das eigene Eingreifen des Apostels ganz lieb gewesen."

56. Vor dem Hintergrund des Zeitrahmens, in dem Paulus von Makedonien zurück nach Korinth hätte reisen können (ein paar Monate), wäre Titus in Korinth angekommen, bevor die Gnadenfrist für die Rückkehr des Paulus gemäß dem Plan der zweifachen Reise abgelaufen wäre. Die überraschende Ankunft des Titus in Korinth verriet den Korinthern daher noch nicht, daß Paulus gar nicht beabsichtige, selbst zu kommen.

57. So sehen es viele Exegeten, u.a. Barrett 1973 S. 94 und Roloff 1982 S. 295.

58. Dies hält u.a. Haenchen 1977 S. 559 für möglich. Vgl. auch Windisch 1924 S. 94, der über die Reise des Paulus nach Troas sagt: "Der Zweck der Reise war ein selbständiger: Evangelisation."

59. Windisch 1924 S. 93 schließt, daß schon die Apg. 16,8ff berichteten Ereignisse die Gemeindegründung bedeutet hätten. Vgl. jedoch die abweichende Deutung von Haenchen 1977 S. 469: "Dann empfahl es sich für Paulus, die Arbeit auf dem in Aussicht genommenen Missionsfeld (sc. Makedonien) nicht durch eine Missionierung auf dem Anmarschweg zu verzögern."

60. Dies betont Peltola 1966 S. 80-81. Er schreibt in seiner deutschsprachigen Zusammenfassung (S. 207): "Das Hauptwort εὐαγγέλιον wird von Paulus oft als nomen actionis im Sinne von τὸ εὐαγγελίζεσθαι gebraucht... Dieses Verbum scheint... von Paulus ausschließlich von der Wortverkündigung an die Nichtchristen gebraucht zu sein." Vertiefend schreibt darüber Kettunen 1979 S. 124-125.

61. Ein gutes Bild der Zeit, die Paulus in Ephesus verbrachte, und der damit verbundenen vielfältigen Ereignisse und Handlungen gibt z.B. Bornkamm 1970 S. 94-103. Harnack 1924 S. 82 liegt sicher richtig, wenn er Ephesus, "in dessen näherer und weiterer Umgebung Gemeinden hervorwuchsen", wie folgt charakterisiert: "Ephesus ist durch sein (sc. Paulus') Wirken die dritte Hauptstadt der Christenheit, die eigentlich griechische Hauptstadt geworden..."

62. Die Meinung, eben Troas wäre als Treffpunkt zwischen Paulus und Titus abgemacht gewesen, vertreten die meisten Exegeten, u.a. Schlatter 1962 S. 492-493 und Windisch 1924 S. 95. Über den Artikel vor dem Wort Τρῳάδα (2,12) schreibt Windisch (S. 94): "Mit dem Artikel (wie Apg 20,6) kann Tr. als der mit Titus verabredete Treffpunkt bezeichnet sein." Allein aus dem Artikelgebrauch kann hier jedoch nicht viel geschlossen werden. Dies machen Blaß-Debrunner-Rehkopf 1975 § 261 S. 212 und Bauer Wb 1958 Sp. 1640 deutlich. Allerdings ist die Sache auch sonst aufgrund von Vers 2,13 völlig klar.

63. Dies scheinen viele Neutestamentler ohne weiteres anzunehmen. Vgl. z.B. Dibelius-Kümmel 1970 S. 75: "Er (sc. Paulus) verläßt... Ephesus... mit dem Plan, nach Mazedonien und Griechenland zu gehen." Es ist klar, daß die Reise schließlich so über die Bühne ging, wie Apg. 20,1-2 zu verstehen geben. Damit ist aber noch nichts darüber gesagt, was die ursprüngliche Absicht des Paulus bei Antritt der Reise war. In Apg. 20,1 könnte die Formulierung vor allem deshalb ἐξῆλθεν πορεύεσθαι εἰς Μακεδονίαν lauten, weil dies den tatsächlichen Ereignissen entspricht.

64. Diese Lösung schlägt König 1897 S. 530 vor. Auch Knox 1944 S. 144 meint, daß Paulus Titus über den Seeweg aus Korinth nach Troas erwartet hätte und führt weiter aus: "Paul must have left Troas... when he realised that Titus had missed the last boat and would come through Macedonia." Da der Korinthbesuch sich nach 7,5-16 für Titus keineswegs als schwierig oder zeitraubend erwies, hätte man ziemliche Schwierigkeiten zu erklären, wo sich Titus aufhielt, wenn er verhältnismäßig schnell übers Meer von Korinth nach Troas hätte kommen können. Durch

die Landroute würde, wenn man sich die damaligen Reisebedingungen vor Augen hält, verständlicher, warum die Reise mehr Zeit als ursprünglich geplant in Anspruch nahm. Andererseits ist gerade wegen der großen Zeitunterschiede wenig wahrscheinlich, daß Titus, der einen festen Termin mit Paulus in Troas hatte, sich in aller Gemütsruhe auf den Weg machen würde, nachdem er das letzte Schiff verpaßt hätte. Es ist auch kaum glaubhaft, daß Paulus eine solche Handlungsweise von Titus erwartet hätte. Dazu kommt noch, daß wenn die Seereisemöglichkeiten zum Erliegen kamen, auch die Reisen über Land unterbrochen wurden. Über die Reisebedingungen siehe S. 289-290 in dieser Untersuchung.

65. So u.a. Suhl 1975 S. 113 Anm. 10. Gyllenberg 1969 S. 40-41 lehnt es berechtigterweise ab, die in 1.Kor. 2,3 beschriebene Situation als Folge des mißglückten Aeropagauftritts zu verstehen (als Beispiel für die abgewiesene These siehe Weiß 1910 S. 47). Allerdings sieht auch Gyllenberg die Sache anders als oben dargestellt wurde: "Seine (sc. Paulus') Scheu rührte kaum von der Furcht her, vor einem neuen, fremden und kritischen Publikum aufzutreten, sondern vielleicht eher von seinem Entschluß, einzig und allein schwache Waffe von Gottes Kraft zu sein."

66. Vgl. Peltola 1966 S. 172-173. Die Lage des Paulus in Troas beschreibt Peltola so: "Deutlicher als in irgendeinem anderen uns bekannten Fall führte die Sorge um eine schon bestehende Gemeinde Paulus in einen so ernsthaften Konflikt mit seiner Aufgabe als Apostel, das Evangelium zu verbreiten, daß diese ins Hintertreffen geriet."

67. Barrett 1973 S. 95 wundert sich. "How could he (sc. Paul) be sure that he would not miss Titus on the way?" Begründet wird die Verwunderung damit, daß man auf sehr verschiedene Weise und über verschiedene Routen von Troas nach Makedonien reisen konnte. Vgl. auch Barrett 1969 S. 8.

68. Windisch 1924 S. 95 bemerkt treffend zu Vers 2,13: "Wenn P. das Abschiednehmen besonders hervorhebt, so ist das ein Zeichen, wie schwer es ihm wurde, von so aussichtsreicher Stätte zu scheiden; mit αὐτοῖς sind seine Begleiter und die größtenteils neubekehrten Christen von Troas gemeint." Wenn auch das Ausbleiben des Titus der direkte Anlaß für die Unruhe des Paulus war, heißt das nicht, daß nicht im Hintergrund vor allem die Sorge um die Gemeinde in Korinth gestanden hätte.

69. So interpretieren auch z.B. Barrett 1973 S. 63-64, Hyldahl 1973 S. 299 und Lüdemann 1980 S. 129 Anm. 168.

70. Schlatter 1962 S. 466.

71. Windisch 1924 S. 44-45.

72. Anders wird Vers 1,8 von Hyldahl 1973 S. 295 gesehen: "Wenn Paulus diese Bedrängnis in Asia erwähnt, tut er es wohl auch, um dadurch zu erklären, warum er nicht gekommen ist und erst jetzt den Brief

schreibt." Die These ist an die besondere Gesamtauffassung von Hyldahl hinsichtlich des 2.Kor. geknüpft, die auch bei anderen Details hinkt.

73. Über die Datierung der "Bedrängnis in Asia" schrieb schon König 1897 S. 545 Anm. 1: "Vor dem korinthischen Conflict und 4 CB (= "Viercapitelbrief", Kap. 10-13) kann man die θλῖψις kaum ansetzen, weil sie dann entweder der Verhinderungsgrund der 1 Kor. 16 geplanten Reise und als solcher schon durch Titus genau bekannt gegeben, oder von Paulus selber auf der ZR (= "Zwischenreise") persönlich in Korinth mitgeteilt, oder schließlich, wenn unmittelbar der ZR folgend, im 4 CB bei der Aufzählung der Berufsleiden (11,23ff.) des Paulus gewiß ganz besonders markirt worden wäre. Daher vermuten wir, daß Paulus die θλῖψις erst nach Absendung des Titus mit dem 4 CB erduldete, daß dieselbe ihn auch verhinderte, zur rechten Zeit in Troas, am verabredeten Ort des Zusammentreffens mit dem rückkehrenden Titus zu sein, und daß er deshalb außer sich, daß Titus trotzdem noch nicht da (war), ihm nach Macedonien entgegeneilte (2,12f.). Wenn er nun 2 Kor. 1,8-11 nur die Schwere dieser Todesgefahr betont, so mag das daran liegen, daß er dem Titus den Bericht über die Einzelheiten überlassen wollte." Nach Vielhauer 1975 S. 144 zeigt der Ausdruck "die Leiden Christi" (1,5), daß mit der in 1,8 erwähnten "Bedrängnis" keine Krankheit gemeint sein kann, wie einige verstanden haben (siehe dazu z.B. die kleine Zusammenstellung bei Windisch 1924 S. 45). Es handelt sich eher um Verfolgung, möglicherweise Gefangenschaft und einen Prozeß. Vielhauer schreibt weiter: "Vielleicht war der Demetrios-Krawall in der Geschichte des Apostels nicht so harmlos wie in der Apg."

74. Während die meisten Exegeten als Grund für die "Furcht" des Paulus die von den Korinthern verursachten Sorgen annehmen, meint Barrett 1969 S. 13 Anm. 33, 1973 S. 94, 207, daß Paulus zu diesem Zeitpunkt noch auf die Korinther vertraut hätte. Er fürchtete allein um Titus. Nach Barrett erwartete Paulus nämlich, daß Titus beträchtliche Kollektensummen mit sich herumtragen würde. Besonders geldbeladenen Reisenden drohten auf antiken Wegen viele Gefahren.

75. Windisch 1924 S. 227 meint dazu treffend: "Das ganze Stück muß in einem Jubelrausch und sehr bald nach dem ersten Gedankenaustausch mit Titus geschrieben sein."

76. Zuletzt versuchte Hyldahl 1973 diese These neu aufzuwärmen. Er schreibt darüber u.a. (S. 303): "Es findet sich folglich nichts, das das alte Verständnis von 13,1a auszuschließen imstande wäre: 'Dies dritte Mal komme ich zu euch (im Unterschied zu den vorigen Malen, als ich bereit war, aber nicht kam)'."

77. Windisch 1924 S. 412-413.

78. Die von Hyldahl abgelehnte Theorie vertreten z.B. Windisch 1924 S. 414, Barrett 1973 S. 334 und Gyllenberg 1969 S. 281.

79. Hyldahl 1973 S. 304-305. Die etwas komplizierte Art, in der Hyldahl das Verb προείρηκα durch Vers 1,23 mit dem 1.Kor. in Beziehung setzt, zeigt sich in folgendem Zitat: "Aber worauf nimmt προείρηκα Be-

zug? Wie wir gesehen haben: Nicht auf eine mündliche Erklärung oder Kundgebung. Es kann, da es keinen Zwischenbrief' gab, m.E. auf nichts anderes Bezug nehmen als eben auf die Kundgebung, welcher der Tränenbrief (= 1 Kor) als solcher Ausdruck verlieh (siehe besonders 1 Kor 4,14-21) und an welche Paulus mit Worten, die denen in 2 Kor 13,2 gleichen, in 1,23 erinnerte. Wenn dies aber der Fall ist, gehört 2 Kor 13,2 auch keinem anderen Brief an als dem, der die Aussage 1,23 enthält - in anderen Worten: Kap. 10 - 13 und Kap. 1 - 7 gehören zu einem und demselben Brief."

80. Hyldahl 1973 S. 304-305 versucht die übliche Deutung von 13,2 als falsch zu entlarven, indem er auf ein Eingeständnis Windischs 1924 S. 414 verweist: "ὡς ist hier also nicht 'als ob', sondern dient zur Einführung einer Erläuterung ('nämlich') und betont dann die Übereinstimmung der früher persönlich abgelegten mit dem jetzt brieflich gegebenen Zeugnisse vgl. 10,11. Wir vermissen freilich (Hervorhebung von mir) ein οὕτως vor καί; offenbar hat καί die Bedeutung von οὕτως καί." Grammatisch ist das Zugeständnis von Windisch jedoch überflüssig. Schon das Partikelpaar ὡς - καί drückt das gleiche aus wie anderswo das Partikelpaar ὡς - οὕτως. Blaß-Debrunner-Rehkopf 1975 § 453 S. 383. Refshauge 1976 S. 242-243 bezieht sich auf diesen grammatischen Umstand bei ihrer Kritik an der These Hyldahls. Auch von daher läßt sich nicht das nächstliegende Verständnis von 13,2 in Frage stellen. Eine gute Kritik an der von Hyldahl vertretenen Lösung bietet Bultmann 1976 S. 243: "Es kann schon sprachlich nicht heißen; 'als wäre ich zum zweiten Mal anwesend, obwohl jetzt abwesend', was mindestens ein καίπερ erfordern würde; dabei wäre aber auch das τὸ δεύτερον sinnlos."

81. Hyldahl 1973 S. 302.

82. Darüber Aejmelaeus 1979 S. 241-243.

83. Schon Bachmann 1909 S. 105 konstatierte - ungeachtet dessen, daß er die Einheit des 2.Kor. annahm: "Daß der in II (= 2.Kor.) bevorstehende Aufenthalt des Pl in K der dritte in der Reihe aller seiner dortigen Besuche ist, ergibt sich aus 2,2 u. 1,15 und wird überdies in 12,14 u. 13,1 mit nackten Zahlworten direkt bestätigt. Nur künstelnde Exegese konnte das bestreiten." Die Verteidiger der Einheit des 2.Kor. sind also keineswegs gezwungen, den "Zwischenbesuch" zu verneinen - einige scheinen aber gerade hiervon überzeugt zu sein.
Einleuchtend sind auch die Argumente Strachans 1947 S. 64 gegen die den "Zwischenbesuch" bestreitenden Auslegungen. Bei der Auslegung von 12,14 sagt er u.a.: "But he (sc. Paulus) is surely too experienced an apologist to bring forward such a weak defence as that he had three times made up his mind to come, had changed it twice, and now threatened actually to arrive." Strachan untersucht auch καὶ ἀπὼν νῦν in 13,2 und stellt fest: "The last clause (sc. καὶ ἀπὼν νῦν), however, in its setting, is a really grotesque statement, besides being otiose. Who would say that he is not present, and then add that he is absent?" Strachan bringt noch ein wichtiges Zusatzargument: "Paul is not quite so artless a controversialist as to emphasize, under the present circumstances, that he speaks thus strongly in absentia. Has he forgotten the charge made against him in 10,9?"
Schon Kennedy 1900 S. 1-77 widmete mehrere sachbezogene Seiten der Abweisung der jetzt von Hyldahl erneut präsentierten Irrwege.

84. Dazu näher S. 197.
Prümm 1967 S. 403 präsentiert ein weit harmonischeres Bild vom "Zwischenbesuch" und datiert den "Zwischenfall" erst in die Zeit nachdem Paulus die Gemeinde verlassen hatte. Thema des "Zwischenbesuches" bildeten die Paulus zu Ohren gekommenen Nachrichten über sittliche Mißstände in der Gemeinde. Über seinen Verlauf sagt Prümm: "Paulus hielt es für gut, den nur kurz bemessenen Besuch nicht mit der Aufgabe zu belasten, diese Schäden pastoral durchgreifend zu behandeln. Nach seiner Abreise ereignete sich jener gegen seine Autorität gerichtete Beleidigungsvorfall, von dem er 2,5-11 und dann wieder 7,12 spricht."
Auf gleicher Linie liegt auch Schmithals 1969 S. 97-99.

85. Nähere Begründungen bei Aejmelaeus 1979 S. 221-224.

86. Näheres bei Aejmelaeus 1981 S. 103-142.

87. Näheres bei Aejmelaeus 1979 S. 179-184.

88. Die in der Forschung fest verwurzelte Auffassung, daß der "Zwischenbesuch" aus der Sicht des Paulus ein großer Mißerfolg gewesen sein muß und Paulus sich dabei irgendwie erbärmlich verhalten haben mußte, wird von Strachan 1946 S. 69 auf folgende Weise vorgebracht: "What really happened is quite obscure, but there can be no doubt that Paul left quickly, and somewhat ignominiously (Hervorhebung von mir), in circumstances which caused him 'sore distress and misery of heart'."

89. Vgl. Vers 13,4 und Aejmelaeus 1979 S. 227-231.

90. Über die Stimmungen des Paulus während des Schreibens an den Kap. 10 - 13 meint Kennedy 1897 S. 299-300: "The Apostle was at the time when he wrote contemplating, and at the same time shrinking from, the payment of a visit which must be of a severe character." Dazu, daß die Konjunktion ἐάν manchmal Synonym zur Konjunktion ὅταν sein kann, vgl. S. 137.

91. Besser als Kennedy gelingt es König 1897 S. 529 die Stimmung in Ephesus nach dem "Zwischenbesuch" zu beschreiben: "Die bei der Abreise von Korinth für die nächste Zukunft angedrohte Wiederkehr des Paulus in Kraft (13,2) unterblieb, und es bedarf ja keiner psychologischen Kunststücke, ihr Unterbleiben von des Paulus Seite aus begreiflich zu finden. Überlegende, die Sachlage mehr abwägende Gedanken gewinnen Raum, als er an die Verwirklichung der Rückkunft selber gehen soll, und damit ergab sich von selbst die Frage, ob persönliches sofortiges Kommen angezeigt sei, oder ob es nicht besser, statt alles nunmehr auf einen Wurf zu setzen, lieber erst durch einen geharnischten Brief und einen geeigneten Boten dem persönlichen Wiederkommen vorzuarbeiten."

92. König 1897 S. 521-522.

93. Über die Krankheit des Paulus und den Zweck der Berufung darauf in 12,7 siehe Aejmelaeus 1979 S. 163-167.

94. Suhl 1975 S. 246-247.

95. Schmithals 1969 S. 94-103.

96. Am nächsten dürfte ihm Prümm kommen, der jedoch in vieler Hinsicht gänzlich gegenteiliger Auffassung ist als Schmithals. Siehe S. 257 Anm. 84. Die These von Schmithals wurde zu Recht u.a. von Bornkamm 1961 S. 23 Anm. 89 und Suhl 1975 S. 231-240 kritisiert.

97. Nähere Begründung bei Aejmelaeus 1979 S. 38.

98. Nähere Begründung bei Aejmelaeus 1979 S. 228-230.

99. Nähere Begründung bei Aejmelaeus 1979 S. 234 (vor allem Anm. 2).

100. Über die Auslegung dieser Verse siehe Aejmelaeus 1979 S. 212-219.

101. Über die Natur der apostolischen "Beauftragung" (ἐξουσία) siehe näher Aejmelaeus 1979 S. 57-62.

102. Siehe diese Untersuchung S. 156-157.

103. Windisch 1924 S. 75.

104. Gut wußte schon Kennedy 1900 S. 41 auf Argumente dieser Art zu entgegnen: "I think, however, that a very little consideration ought to show us that it is far from being the case that the non-fulfilment of a threat might not need explanation, and that on the contrary, the suggestion that St. Paul had endeavoured to intimidate the Corinthians by announcing a visit which he had no real intention of paying, might furnish material for an accusation more envenomed and more mischievous in its effects on the minds of the Christians at Corinth than would be furnished by the delay of a pastoral visit because he was detained by his work elsewhere."

105. Schon König 1897 S. 529-530 vertrat diese Auslegungsrichtung. Er schrieb u.a: "Selbstverständlich mußte dieser Brief (= Kap. 10 - 13) sich auch mit der mündlichen Wiederkunftsdrohung des Paulus befassen und in 10,2; 12,14.20f; 13,1f.10 haben wir das Wiederholen derselben und Rückgreifen auf dieselbe." König geht auch auf die Ungenauigkeit des Paulus hinsichtlich seines Zeitplanes in den Kap. 10 - 13 ein.

106. Dies vertreten u.a. Kennedy 1897 S. 300 und Plummer 1948 S. XXXIII.

107. So richtig auch Barrett 1973 S. 268, wenngleich mit etwas unterschiedlicher Akzentsetzung: "The regions beyond you were con-

ceived not in terms of geometry but of missionary strategy - 'the next places on the list'." Vgl. auch Windisch 1970 S. 313: "Die Formel 'über Kor. hinaus' muß im Osten geprägt sein. Doch konnte sie P. auch in Maz. noch zitieren: sein Zug nach Italien-Spanien blieb ein Zug vom Osten in den Westen." Prof. Ilmari Soisalon-Soininen wies mich hinsichtlich der Diskussion um die Formulierung in 10,16 darauf hin, daß Paulus kaum ein sehr konkretes Bild der geographischen Gegebenheiten hatte.

108. Windisch 1924 S. 81 bemerkt, daß rein grammatisch 2,3 auf zweierlei Art verstanden werden kann: "entweder: der Brief sollte ein Kommen ohne λύπη vorbereiten, oder: er sollte ihm ein Kommen ἐν λύπῃ ersparen." Beides ist möglich in einer Situation, in der Paulus eine Reise hat ausfallen lassen und den Beschluß zu einer neuen Reise über Makedonien gefaßt hat. Obwohl Windisch selbst nicht zu sagen weiß, welche Deutung die bessere ist, muß der ersten Interpretationsalternative doch aufgrund des Wortlautes des Verses der Vorrang eingeräumt werden.

109. Barrett 1973 S. 88.

110. Bultmann 1976 S. 50. Ebenso schon Windisch 1924 S. 82.

111. Darüber näher z.B. Lietzmann(-Kümmel) 1969 S. 105.

112. Lietzmann(-Kümmel) 1969 S. 105.

113. Bultmann 1976 S. 49 Anm. 29: "Der ἵνα-Satz kann doch nicht ein ἔγραψα τοῦτο explizieren!" Der ἵνα-Satz kann in diesem Zusammenhang dem epexegetischen Infinitiv nicht entsprechen (siehe Blaß-Debrunner-Rehkopf 1975 § 290 S. 238), denn Paulus hätte in seinem "Tränenbrief" nicht diktieren können: "Ich werde bei meiner Ankunft keinen Kummer erfahren..."

114. Darüber näher Blaß-Debrunner-Rehkopf 1975 § 290 S. 238. Vgl. damit αὐτὸ τοῦτο 7,11; die Worte weisen deutlich auf den Inhalt des vorhergehenden Satzes.

115. Bultmann 1976 S. 50. Dieser Lösung neigt auch Windisch 1924 S. 80-81 zu, obwohl auch er sie dadurch geschwächt sieht, daß vor dieser Erwähnung (2,3) noch nichts über den Brief gesagt ist. Vgl. die nach Ansicht Barretts 1973 S. 87 beste Deutung: "They (sc. the words τοῦτο αὐτό) may summarize the content of the letter: 'wrote to just this effect...'. The surrounding verses would on this view be taken not as quoting the words of the letter but as repeating its main drift."

116. Dies hebt u.a. Bultmann 1976 S. 50-52 hervor. Er schreibt u.a: "Paulus ist für die Gemeinde der Apostel, ihr Sein hängt an ihm. Deshalb trifft, was Paulus trifft, die Gemeinde..."

117. Sowohl die passiven als auch die aktiven Bedeutungsnuancen von λύπη in diesen Versen werden von König 1897 S. 509 schön herausgearbeitet.

118. Zur Auslegung dieser Verse näheres bei Aejmelaeus 1979 S. 212-218.

119. So schon Kennedy 1897 S. 234, 298. Er schreibt u.a: "In the same spirit the warning of 2 Corinthians 13,10, 'I write these things lest being present I should use sharpness,' when it is referred to in 2 Corinthians 2,3 is thus gracefully softened, 'I wrote this same lest when I came I should have sorrow.'"

120. Auch Windisch 1924 S. 81, der eine andere literarkritische Grundentscheidung vertritt, muß aufgrund der Analyse von 2,3 feststellen: "Wenn auch uns. V. kein Zitat von 13,10 sein kann, so ist doch ein weitgehender Parallelismus hier anzuerkennen. Entweder ist C (= Kap. 10 - 13) der Brief, von dem P. 2,1-4 handelt, oder die Situation des Zwbrfs. hatte mit der von C die größte Ähnlichkeit."

121. Schlatter 1962 S. 486 verknüpft die Bedeutung von θλῖψις mit der in Ephesus erfahrenen schweren Bedrängnis (1,8). Diese widerfuhr Paulus jedoch aller Wahrscheinlichkeit nach erst nach der Abfassung des "Tränenbriefes". Vgl. diese Untersuchung S. 162-163. Auch in sonstiger Hinsicht zeugt diese These nicht von einleuchtender Exegese.

122. Eben dieser Umstand veranlaßt z.B. Betz 1972 S. 13 die Theorie zu verwerfen, daß die Kap. 10 - 13 der "Tränenbrief" seien. Er schreibt u.a: "Von entscheidender Bedeutung ist die formgeschichtliche Frage: Kann das in Kap. 10-13 vorliegende Fragment zu dem sog. 'Tränenbrief' gehört haben, was auch immer dessen Inhalt gewesen sein mag? Wir meinen die Frage verneinen zu müssen. Zunächst ist einfach darauf aufmerksam zu machen, daß in 2 Kor 10-13 von 'Tränen', 'Trauer' und 'Betrübnis' keine Rede ist. Im Gegenteil, der Ton des Fragments schließt diese geradezu aus. Paulus setzt schonungslos die Mittel der Ironie und des Sarkasmus ein, um seine Gegner als Gehilfen des Satans zu entlarven."

123. Windisch 1924 S. 82 meint seinerseits, daß folgende Stücke aus den Kap. 10 - 13 unter Tränen geschrieben worden sein können: 11,2f.11.13-15; 12,13-15; 13,6-9. Als Gesamteindruck konstatiert Windisch jedoch über die Kap. 10 - 13: "IIC ist als Ganzes kein Tränenbrief, und wenn der ganze Zwbrf. unter viel Tränen geschrieben war - was doch das Wahrscheinlichste ist -, dann muß er vor allem reicher an herzlichen, persönlichen Mahnworten gewesen sein und ist die Gleichsetzung mit IIC ausgeschlossen."

124. Treffend beschrieb dies schon Kennedy 1897 S. 295-296. Er schreibt u.a: "When... we turn to 2 Corinthians 10-13, not only do we find many passages which we can well believe to have been blotted with tears (as, for instance, 12,11.15.20.21); but the style and manner of the whole writing present the very characteristics which we should expect to find in a letter written out of much anguish of heart." Dies

bringt Kennedy zu dem Schluß: "It is apparent in every paragraph of 2 Corinthians 10-13 that the feelings which have shattered its rhythm are the same as those described in 2 Corinthians 2,4."

125. Auf diese Analogie richtet Windisch 1924 S. 82 sein Augenmerk.

126. Vgl. Héring 1967 S. XII: "He (sc. Paul) may perhaps have whished to stress in 2,4 that the notorious letter had not been dictated merely with indignation."

127. Die Deutung, die Windisch 1924 S. 84 in anderem Zusammenhang vom Charakter der Kap. 1 - 7 gibt, trifft auch auf die Charakterisierung zu, die Paulus selbst in diesem Zusammenhang vom "Tränenbrief" gibt: "Die eigentümliche Diktion hat ihren Grund wohl in dem Stand, den die Angelegenheit nunmehr erreicht hatte."

128. Anders Barrett 1970 S. 155: "He wrote with tears, yet only to manifest his love... The letter was tearful, not angry; it caused pain because the Corinthians were sorry both that Paul should have been ill used and that they had not defended him more vigorously." Nachdem er den Brief so charakterisiert hat, gerät Barrett (S. 156) jedoch in Widerspruch mit seiner eigenen Auslegung, wenn er - völlig richtig - die Stimmungen des Paulus nach dem Abfassen des Briefes beschreibt. Paulus muß sich also auch nach Barett fragen, ob er zu stark formuliert hat.

129. Vgl. Windisch 1924 S. 229: "V. 7,8 knüpft also an die Äußerungen 2,3f. an, wenn auch die Absicht, die Kor. zu betrüben, die 2,4 mehr oder weniger rhetorisch geleugnet wird, hier, wo die gute Wirkung festgestellt werden kann, freimütig zugestanden wird."

130. Vgl., was Gyllenberg 1969 S. 196 bei der Auslegung von 2,4 schreibt: "Wenn sie (sc. die Korinther) rechten Sinnes seine strengen Tadel lesen, begreifen sie, daß auch sie mit Liebe diktiert sind."

131. Vgl., was Windisch 1924 S. 89 aufgrund der Informationen in den Kap. 1 - 7 über den "Tränenbrief" hinsichtlich dessen Charakter schließt: "Der Zwbrf. war also ein gut ap. Schreiben, indem P. durchaus in Kraft der ihm verliehenen ap. Vollmacht der Gemeinde gegenüber auftrat, und wenn auch mildere und freundlichere Töne nicht ganz gefehlt haben können (V. 4), so muß doch die ap. Autorität sich einen nicht mißzuverstehenden Ausdruck verschafft haben. So erklärt sich auch am besten die 7,7ff. beschriebene Wirkung. Auch dieser Anklang an eine Stelle in C (= Kap. 10 - 13) führt zu der Alternative, daß der Zwbrf. mit C entweder identisch oder im Tone verwandt war." Windischs Feststellung wirkt in diesem Zusammenhang um so gewichtiger, als nach seiner literarkritischen Grundentscheidung die Kap. 10 - 13 nicht der "Tränenbrief" sind.

132. Bachmann 1909 S. 414-415 kommt in dieser Frage zu einem ganz gegenteiligen Ergebnis: "10,1 - 13,10 hat nichts mit demjenigen ZwBr zu tun, der von uns postuliert werden mußte." Zu diesem Ergebnis gelangt

er, indem er die Kap. 10 - 13 unnatürlich harmlos auslegt und andererseits sachlich richtig aus den Hinweisen in den Kap. 1 - 9 schließt, daß der Inhalt des "Tränenbriefes" sehr verhängnisvoll gewesen sein muß. Kaum zustimmen kann man jedenfalls etwa folgender Charakterisierung, die Bachmann von den Kap. 10 - 13 gibt: "10,1 - 13,10 drückt nun zwar scharfen Gegensatz des P. gegen bestimmte Erscheinungen aus..., ist aber zugleich von der Gewißheit eines zu erreichenden, ja eines schon bestehenden Einvernehmens zwischen dem Ap und der Gemeinde durchzogen und liest sich wie ein Kampf gegen eine ganz bestimmte, aber auch schon halb überwundene Sondergefahr, die diesem Einvernehmen letzte Hemmnisse in den Weg schiebt."

133. So verstehen es u.a. Lietzmann(-Kümmel) 1969 S. 132, Gyllenberg 1969 S. 232, Wendland 1972 S. 216, Barrett 1973 S. 211. Etwas weiter faßt es Bultmann 1976 S. 61; er erklärt "Entrüstung" folgendermaßen: "ἀγανάκτησις: Unwillen, Entrüstung, sei es über den ἀδικήσας, sei es über ihr eigenes früheres Verhalten." Ebenso auch Windisch 1924 S. 235 bei der Erklärung des Terms "Entrüstung": "Hier ist es wohl Entrüstung der Gemeinde über den Einzelfall der ihr durch den Brief des P. in ein neues Licht gerückt worden war; doch kann sich ihre Unzufriedenheit auch gegen sie selbst gerichtet haben: dafür spricht das folgende φόβον und die Unterstellung der ganzen Aktion unter den Begriff der μετάνοια und der gottgemäßen Trauer, dagegen das vorangehende ἀπολογίαν. Ausgeschlossen ist jedenfalls Unwille gegen den λυπήσας ἀπόστολος."

134. Schmithals 1969 S. 100-101 meint, daß Paulus im "Tränenbrief" die Lage falsch einschätzte und die Gemeinde zu heftig scholt und diese daher anfing, sich zu verteidigen. Er sagt u.a.: "Man hat sich in Kor. also gegen die Vorwürfe des Apostels verteidigt, und Pls stellt fest, daß das mit Recht geschah: Auch der ὀδυρμός (7,7) und die λύπη (7,8f.) der Kor. mögen ebenso durch ungerechte Vorwürfe des Apostels wie durch die Einsicht in eigene Versäumnisse hervorgerufen sein." Ebenso Pherigo 1949 S. 345: "The harsh letter had shaken the Corinthians into repentance (7,9), and Titus came to Paul convinced that they were not guilty of many of the charges laid against them (7,11). While this did relieve Paul's anxiety, it also put him in a humiliating position, for he had written in his severest manner... Now he guardedly asks for forgiveness (6,11.13; 7,2)."

135. Wendland 1972 S. 215 sieht die Reue des Paulus wie folgt: "Wenn Paulus in V. 8b sagt, daß er den Brief früher doch einmal bereut habe, so wird dies auf seine Lage im inneren und äußeren Elend in Mazedonien zu beziehen sein, als er ungewiß darüber war wie sein Brief in Korinth wirken würde." Ebenso sieht die Sache Windisch 1924 S. 229. Er schreibt: "Zu den φόβοι, die ihn in Maz. quälten, gehörte auch die unruhige Sorge darüber, daß die Sache durch seine Schuld nicht gut laufen würde, daß der Brief eine verkehrte Maßnahme gewesen sei und verhängnisvolle Wirkung haben werde." Die Schilderungen dürften dem tatsächlichen Ablauf recht nahekommen.

136. Die "Trauer" der Korinther, so wie sie Paulus in 7,7-11 darstellt, kommt freilich auch dem biblischen Begriff "Gottesfurcht" nahe. Es handelt sich jedoch um einen Abschnitt, in dem Paulus, bei dem Versuch auch sonst alles so gut es geht zu erklären, wahrscheinlich auch das von den Korinthern erlittene menschliche Betrübtwerden in ei-

nen weitergefaßten theologischen Bezugsrahmen einbindet. Bezeichnend ist, daß Paulus, wenn er in 2,1-7 sowohl von der eigenen Trauer als auch der der Gemeinde spricht, ihr überhaupt keine theologisch-pädagogische Bedeutung zuerkennt; hier ist sie eben keine nützliche, sondern nur bedauerliche Sache.

137. So Bultmann 1976 S. 61.

138. Gyllenberg 1969 S. 232 deutet ζῆλος als Eifer gegen die Person, die die Beleidigung in die Welt gesetzt hat. Natürlicher wäre es jedoch, es sowohl seiner Bedeutung als auch seiner Beziehung nach als Synonym des im gleichen Vers vorkommenden Wortes σπουδή zu verstehen. In diese Richtung wird die Auslegung nachdrücklich durch die Wendung τὸν ὑμῶν ζῆλον ὑπὲρ ἐμοῦ in 7,7 gelenkt. Ebenso auch Bultmann 1976 S. 58.

139. πρᾶγμα ist ebenso wie einige andere in diesem Kontext gebrauchten Termini Prozeßterminologie. Darüber näher Bultmann 1976 S. 61. Inmitten eines stark subjektiv gefärbten Briefes wirken somit auch nach Objektivität und sachlichem Vorgehen strebende Gegenkräfte. Mehr braucht aus der Verwendung von Gerichtsterminologie nicht geschlossen zu werden.

140. Windisch 1924 S. 234-235.

141. Barrett 1973 S. 212. Um seine These zu untermauern, bietet Barrett 1970 S. 154-155 von ἁγνός eine Analyse, die weder für gelungen noch für überzeugend angesehen werden kann. Barrett baut seine Auslegung auf einer Bedeutung dieses Wortes auf, nämlich der Bedeutung "Jungfräulichkeit". Er schreibt daher: "The Corinthians had proved... that they had had as little to do with the matter in hand as a pure virgin has had to do with a man. They proved their complete innocence. This does not mean that they had been involved but had now repented and drawn out, any more than a woman who has cohabited with a man but left him is a pure virgin." Vers 11,2, auf den sich Barrett zur Stütze seiner These beruft, zeugt eher davon, daß "Unschuld" oder "Jungfräulichkeit" für Paulus im theologischen Kontext ein Zustand ist, in den man von neuem durch Buße gelangen kann. Vers 11,2 läßt sich nämlich am besten so verstehen, daß Paulus, als er ihn diktierte, immer noch die Gemeinde als "reine Jungfrau" vor Christus zu bringen wünschte, obwohl sie schon böse auf die Lehre der "Superapostel" hereingefallen war. Seine Auslegung bringt Barrett zu dem Schluß, daß der "Unrechttäter" (7,12) eine außerhalb der Gemeinde stehende Person gewesen sein muß, da die Gemeinde als ganze eben "jungfräulich unschuldig" gewesen ist. Auf gleicher Linie auch Windisch 1924 S. 236. Diese These scheint für die Exegeten, die die Kap. 10 - 13 für später als die Kap. 1 - 7 halten zum notwendigen Szenario zu gehören.

142. Z.B. Windisch 1924 S. 236 sieht den Schluß von 7,11 als übertriebenes Urteil des Paulus über die Korinther: "In der Freude über das Erreichte und in dem Wunsche, die ganze Gemeinde auf der rechten Bahn wie auf seiner Seite zu erhalten, erteilte der Ap. der Gemeinde ein höheres Lob als ihr eigentlich zukam."

143. Zur Bedeutung von ἀδικεῖν siehe Bultmann 1976 S. 62. Er hält die Bedeutung "jemanden schädigen" in diesem Zusammenhang für die zutreffendste. Er schreibt: "Es heißt nicht ausdrücklich 'beleidigen'; aber das zugefügte Unrecht kann doch eine Beleidigung sein."

144. (Lietzmann-)Kümmel 1969 S. 198. Der gleiche Akzent auch bei Wendland 1972 S. 174: "So kann es sich nicht bloß um eine persönliche Kränkung oder Beleidigung des Apostels handeln, sondern der 'Unrechttäter' (7,12) muß in unheilvoller Weise die Gemeinschaft zwischen Paulus und der Gemeinde gestört und belastet haben." Die meisten Forscher sehen jedoch in der "Missetat" eine persönliche Beleidigung des Paulus. So u.a. Lietzmann(-Kümmel) 1969 S. 105, 133.

145. So noch ganz selbstverständlich z.B. Hausrath 1870 S. 7-9.

146. Den Umstand, daß der "Unrechttäter" nicht mit dem in 1.Kor. 5 erwähnten Blutschänder identisch sein kann, wird gut beispielsweise von Lietzmann(-Kümmel) 1969 S. 105, Windisch 1924 S. 92, 237, Bultmann 1976 S. 51-52, Jülicher 1931 S. 90-91 begründet. Jülicher sagt u.a.: "Jenen Beleidiger... mit dem Blutschänder... zu identifizieren, ist angesichts der Milde, mit der P. ihn behandelt, gerade so ungeheuerlich wie in dem in II Kor besprochenen harten Brief I Kor oder gar den I 5,9 erwähnten Vorbrief zu erblicken." Unmöglich ist nach Jülicher, sich von Paulus vorzustellen, "daß er in unwahrer Diplomatie und nach der Norm eines grenzenlosen Opportunismus, weil sein Urteil über den Blutschänder I Kor 5 der Gemeinde nicht gefallen hat, II Kor 2 und 7 die Miene annimmt, als habe es ihm da gar nicht an dem Frevler gelegen, er habe bloß den Gehorsam der Gemeinde erproben wollen und ihren Eifer für ihn!" In diesem Zitat kritisiert Jülicher zugleich die These, die oft mit der Identifikation des Blutschänders und des "Unrechttäters" zusammen geäußert wird, nämlich, daß der "Tränenbrief" nur ein anderer Name für den 1.Kor. wäre. Trotz allem entscheidet sich Hyldahl 1973 S. 305-306 gerade für diese Auslegung, und steht damit - und das ist keine Überraschung - in der modernen Exegese allein da.

147. Barrett 1973 S. 86-92. Bauer Wb 1958 Sp. 600.

148. Barrett 1970 S. 154, 1973 S. 212 bietet für ἐκδίκησις eine viel zu aussageschwache Deutung, wenn er schreibt: "ἐκδίκησις comes near to meaning that they brought a countercharge." Der Begriff würde dann lediglich die Beziehung zwischen Paulus und der Gemeinde umfassen. Dieses Verständnis überzeugt nicht. Später (1973) hat Barrett auch seine These etwas korrigiert.

149. Darauf legt besonders Windisch 1924 S. 84 Wert und fährt fort bei der Auslegung der Verse 2,5 und 7,11f: "Weder erfahren wir, wer eigentlich das Opfer war, noch was überhaupt geschehen ist." Auf den Seiten 237-239 bringt er dann ausführlich seine Auffassung vor, daß der "Unrecht erlittene" nicht Paulus gewesen sein kann, sondern jemand anderes gewesen sein muß. Windischs Begründung vermag jedoch nicht zu überzeugen. Die Liste der Personen, die er als alternative Möglichkeiten vorschlägt, wirkt gar zu gekünstelt. Ähnlich wie Windisch denken auch Schlatter 1962 S. 487, 588 und Wendland 1972 S. 216.

150. Zur Auslegung von 12,1-5 näheres bei Aejmelaeus 1979 S. 143-155.

151. Den Anteil des "Unrechttäters" bei der Auseinandersetzung zwischen Paulus und Korinth sollte man nicht überschätzen. Aufgrund des im 2.Kor. gebotenen Materials läßt sich nicht sagen, daß gerade der Auftritt dieser Person Paulus zur Rückkehr nach Ephesus veranlaßt hätte. So jedoch z.B. Gyllenberg 1969 S. 197.

152. Gut beobachtet hier Lietzmann(-Kümmel) 1969 S. 105: "Der ἀδικήσας muß den Pls persönlich gekränkt haben, denn das οὐκ ἐμέ - ἀλλὰ πάντας ὑμᾶς hat nur Sinn, wenn für die oberflächliche Auffassung eben nur Pls, nicht aber die Gemeinde gekränkt war." Vgl. noch Windischs 1924 S. 85, 90 Analyse von 2,5.10. Windisch versucht die Verse möglichst weit so auszulegen, daß ihre Deutung mit seiner Auslegung von 7,12 (siehe S. 264 Anm. 149 in dieser Untersuchung) zusammenpaßt. Er hat dabei sichtlich Schwierigkeiten.

153. Ebenso z.B. Bultmann 1976 S. 51.

154. Zu diesen Auslegungen siehe diese Untersuchung S. 18.

155. Windisch 1924 S. 92. Vgl. auch die Interpretation, die Barrett 1969 S. 13 vom Inhalt des "Tränenbriefes" gibt: "It was essentially personal and dealt mainly, or even exclusively, with one member of the church."

156. Siehe S. 14-15 in dieser Untersuchung. Lake 1911 S. 162 hebt dies besonders hervor: "It is impossible to maintain the older form of this theory which suggested that these four chapters are the whole of the 'severe letter'. The sufficient proof of this is that it is plain, from 2 Cor 2,5-10, that the 'severe letter' had been largely directed against some definite person at Corinth, and there is no trace of this in 2 Cor 10 - 13." Ferner halten u.a. Georgi 1964 S. 20 und Vielhauer 1975 S. 151 die Kap. 10 - 13 nur für einen Teil des "Tränenbriefes".

157. Bornkamm 1961 S. 19. Vgl. auch Wendland 1972 S. 8.

158. Strachan 1946 S. 69. Vgl. auch Plummer 1948 S. XXXIV.

159. So Schmithals 1969 S. 101-102. Er schreibt u.a: "Der Indefinitus εἰ δέ τις λελύπηκεν, οὐκ ἐμὲ λελύπηκεν (II 2,5) scheint mir dann unmöglich, wenn Pls im Tränenbrief das betrübende Ereignis ausführlich behandelt und gar eine Bestrafung verlangt hatte, dagegen sinnvoll, wenn man den Zwischengedanken einschieben kann: '... wie ich ja nun anzunehmen habe.' Auch hätte die Aufforderung, dem Bösewicht zu vergeben, anders ausfallen müssen, wenn Pls die Bestrafung selbst angeordnet hätte." Ebenso auch schon König 1897 S. 512-515.

160. So z.B. Bultmann 1976 S. 52.

161. Dies betont zu Recht Schlatter 1962 S. 490.

162. Gyllenberg 1969 S. 197. Vgl. auch Bauer Wb 1958 Sp. 1367. Man könnte die Sache so verstehen, daß im Hintergrund das hebräische Wort רבים steht, mit dem in bestimmten Fällen die ganze Gemeinschaft gemeint sein kann. Darüber mehr bei Braun 1966 S. 152-153, 198. Braun lehnt die Anwendung dieser Deutung bei Vers 2,6 ab.

163. Eine besondere These begegnet uns bei Windisch 1924 S. 86. Er sieht in οἱ πλείονες einen technischen Begriff, der mit dem Beschlußfassungsprozeß der Gemeinde zusammenhängt: Mit ihm würde auf eine Gemeindeversammlung verwiesen, in der über diese Sache abgestimmt worden wäre. Die These wirkt anachronistisch und beseitigt auch nicht das Mehrheit - Minderheit - Problem, sondern bringt es nur auf eine andere Ebene.

164. Kennedy 1900 S. 102-109. Lake 1911 S. 170-172 führt zur Stütze dieser Deutung an: "This conclusion is supported by the fact that St. Paul says nothing at all about the justice of the sentence, but only defends its adequacy (ἱκανὸν τῷ τοιούτῳ,...). No one, then, denied that it was just, but there were those who doubted that it was adequate. Finally, the τοὐνάντιον (contrariwise) is only intelligible if we suppose that those of whom St. Paul is speaking did not propose to adopt a forgiving attitude."

165. Ebenso auch Schmithals 1969 S. 102. Obwohl Paulus gar keine klaren Anweisungen in dieser Sache gegeben hat, könnte es bei der Bestrafung des "Unrechttäters" in der Gemeinde ein gewisses Vorspiel gegeben haben, etwa so wie es die Auslegung der Verse 2,5-11 von Windisch 1924 S. 84 voraussetzt: "Weiter ist aber vorauszusetzen, daß der Bescheid eine Antwort auf Fragen der Gemeinde ist, die dem Titus, vielleicht schriftlich mitgegeben waren, und daß die Wendungen, die P. gebraucht, z.T. den Erklärungen und Fragen der Gemeinde entnommen waren." Auf eine solche Erklärung scheint nach Windisch z.B. der Ausdruck ἡ ἐπιτιμία αὕτη (2,6) hinzuweisen (S. 86). Ähnlich sieht es auch Schlatter 1962 S. 490.

166. Vgl. Schmithals 1969 S. 102: "Namentlich ist undenkbar, daß er (sc. Paulus) im Hinweis auf die in dem Brief geforderte δοκιμή (V 9) verlangt, daß sich diese in der ἀγάπη (V 8) und χάρις (V 7) bewähren soll, wenn eben diese δοκιμή im Tränenbrief selbst gerade umgekehrt die Bestrafung bedeutete."

167. Windisch 1924 S. 236 schätzt den Anteil der Gemeinde am "Zwischenfall" gering ein und begründet dies mit dem letzten Satz von Vers 7,11: "Natürlich, von eigentlicher Mitschuld, von positivem Anteil, von Inspiration des ἀδικήσας seitens der Gemeinde kann keine Rede sein; es fiele sonst ein bedenkliches Licht auf den Charakter des P." Der Fehler der Gemeinde lag nach Windisch nur in ihrer passiven Haltung zum Ereignis, vor dem positiven "Eifer", den der "Tränenbrief" des Paulus ausgelöst hatte. Oben ist schon deutlich geworden, daß eine solche, den Anteil der Gemeinde verharmlosende Deutung nicht möglich ist. Siehe oben S. 187-189.

168. Dies betont besonders Bornkamm 1961 S. 10, 19-20; er schreibt u.a: "Die Annahme ist also durchaus berechtigt, daß das Treiben der Gegner den geschichtlichen Hintergrund und die Veranlassung für den Zwischenbesuch bildete und der im einzelnen nicht mehr aufzuhellende Zwischenfall nur eine besonders erschreckende Explosion im Zusammenhang des gegen Paulus geführten Kampfes war... Zweifellos fand in dem Paulus angetanen Unrecht seitens eines Gemeindegliedes... die gegnerische Agitation gegen Paulus nur einen besonders bitteren Ausbruch." Auf der gleichen Linie sind auch Georgi 1964 S. 20 und Vielhauer 1975 S. 152. Auch Schmithals 1969 S. 101 verknüpft den "Zwischenfall" mit den Auseinandersetzungen zwischen Paulus und seinen Gegnern.

169. Vgl., was Wendland 1972 S. 8 über das Fehlen des "Unrechttäter"-Themas in den Kap. 10 - 13 feststellt: "Der Unrechttäter ist offenbar unter den Einfluß der Widersacher des Paulus geraten. Es hat also für den Apostel gar keinen Sinn, seinen 'Gegenangriff' auf diesen Sünder zu konzentrieren - nein, er mußte die Gegner selbst, die Verstörer der Gemeinde, zu Fall bringen, die ihm sein Apostelamt absprachen."

170. Aus diesem Blickwinkel betrachtete schon König 1897 S. 512-513 die Bestrafung des Unrechttäters. Der gleichen Ansicht ist auch Peltola 1966 S. 172.

171. So König 1897 S. 514.

172. Auch Barrett 1970 S. 157, 1973 S. 257, 260 versteht die Verse so, daß Paulus auf eine einzelne Person hinweist, es handle sich dabei um den Führer der von außen in die Gemeinde eingedrungenen Gegner. Vgl. auch Jülicher 1931 S. 97-98. Bei der Behandlung des "Unrechttäters" in 7,12 und 2,5ff. stellt er fest: "Ganz unhaltbar ist Hausraths Auffassung, er sei mit dem Blutschänder von I 5 zu identifizieren; das sahen die meisten seiner Anhänger ein und fanden ihn in dem 'Jemand' von 10,7-11, - sie stützten sich auch auf das ὁ τοιοῦτος in 10,11, das von demselben Manne 2,6f. gebraucht werde - der, der Christuspartei angehörig, grobe persönliche Angriffe gegen P. gerichtet hatte." Nach Jülicher stimmt diese Deutung jedoch nicht, denn der "Unrechttäter" in den Kap. 1 - 9 gehört zur Gemeinde, während der "Jemand" in 10,7 zu den von außen gekommenen Gegnern gehört ("der τις in 10,7 wechselt mit πολλοί 12,21; 11,18").

173. Über diese Auffassungen schreibt näher Aejmelaeus 1979 S. 52 Anm. 1 und S. 54 Anm. 1.

174. Vgl., was Bultmann 1910 S. 68 über den von Paulus gepflegten Diatribe-Stil sagt: "Fast immer aber vertritt der fingierte Gegner nicht etwa eine gegnerische Anschauung, sondern zieht falsche Konsequenzen aus der Anschauung des Paulus." Stellen, an denen der fingierte Gegner jedoch echte gegenteilige Meinungen gegen Paulus vertritt, sind nach Bultmann (Anm. 1) Röm. 11,19; 1.Kor. 10,19?; 15,35; 2.Kor. 10,10. Beim Vergleich dieser Stellen miteinander hebt sich jedoch 2.Kor. 10,10 deutlich von den anderen durch seinen eindeutigeren Zitatcharakter ab. Die anderen Stellen lassen sich noch als von Paulus selbst formulierte Gedanken verstehen, von denen er annimmt, daß sie den Gemeindeglie-

dern einmal in den Sinn kommen könnten. Vgl. weiterhin, was Bultmann (S. 10-12) über die tatsächlichen Gegenbehauptungen schreibt, die in einem vom Diatribe-Stil geprägten Text zwischendurch auftreten. So u.a. (S. 10 Anm. 2): "Bei Epiktet ist übrigens nicht immer klar zu sehen, wo solche Zwischenreden... tatsächlich von den Hörern ausgehen und wo sie dem Hörer nur in den Mund gelegt sind." Nach oben gesagtem dürfte man wohl den Schluß ziehen, daß überall dort, wo Paulus eine sich auf seine Person oder Lehre beziehende Gegenbehauptung als solche zitiert, auch deren Vorbringer eine wirkliche Person ist.

175. Zur Auslegung von Vers 10,6 mehr bei Aejmelaeus 1979 S. 47-50.

176. Schon Kennedy 1897 S. 235-236, 1900 S. 84-85 setzt die Verse 10,6 und 2,9 parallel und hält letzteren für eine spätere Berufung auf die im früheren Vers ausgesprochene Drohung.

177. Vgl., was Windisch 1924 S. 90 über 2,9 sagt, den Paulus taktisch nach den Erfordernissen der neuen Lage formuliert hat: "Der 13,5 ausgesprochene Zweifel εἰ μήτι ἀδόκιμοί ἐστε gibt die Situation und die Anschauung und Befürchtung des P. von damals richtiger wieder."

178. Zu diesen Fragen mehr bei Aejmelaeus 1979 S. 238-239.

179. So sehen die Sache u.a. König 1897 S. 533 Anm. 1, Lake 1911 S. 165, Barrett 1973 S. 94 und Lüdemann 1980 S. 131.

180. U.a. Weiß 1917 S. 261-262, Jülicher 1931 S. 90 und Wendland 1972 S. 7 vertreten diese Auffassung. Nach Schmithals 1969 S. 98-99 wäre Titus schon vor dem "Tränenbrief" in Korinth gewesen. Er hätte sich in der Gemeinde aufgehalten, nachdem er den vorherigen Brief, d.h. die "Apologie" (2,14 - 7,4), dorthin gebracht hatte.

181. Windisch 1924 S. 241 konstatiert, daß der Ausdruck μετὰ φόβου καὶ τρόμου ziemlich stark ist: "T. ward empfangen wie ein κύριος von seinen Sklaven, die sich schuldig fühlen und ihr Urteil erwarten... Es kennzeichnet die Haltung des Menschen gegenüber dem numinosum. Titus muß einen starken Eindruck von der Unterwürfigkeit der Gemeinde gehabt und ihn in den lebhaftesten Farben dem P. geschildert haben."

182. Vgl., wie Windisch 1924 S. 241 zunächst vorschlägt, daß der "Tränenbrief" vor Titus die Gemeinde erreicht hätte, später sich aber in einer Anmerkung korrigiert und feststellt: "Doch ist diese Annahme vielleicht eine unnötige Vermehrung der Zwischenereignisse. Schon die Tatsache der Sendung eines Vertreters kann die Gemeinde zur Besinnung gerufen haben."

183. Barrett 1973 S. 215.

184. Nach Barretts 1973 S. 20 Meinung darf der traurige Charakter des "Zwischenbesuches" nicht übertrieben werden. Paulus hatte auch nach

dem "Zwischenbesuch" sein Vertrauen in die Gemeinde bewahrt und Titus in der Kollektenangelegenheit dorthin geschickt.

185. Siehe dazu näher S. 168-169 in dieser Untersuchung.

186. Richtig Wendland 1972 S. 214-215: "Der Trost, den Titus in Korinth empfangen hat, besteht in der Erfahrung des großen Wandels in der Haltung der Gemeinde gegenüber Paulus." Etwas anders akzentuiert Windisch 1924 S. 228: "Die Wendung deutet also feinsinnig an, daß 'Bruder' Titus brüderlich die Sorgen und Wünsche teilte, daß er vielleicht mit derselben συνοχὴ καρδίας nach Kor. gegangen war, in der P. den 'Tränenbrief' geschrieben hatte (2,4)."

187. Barrett 1973 S. 215.

188. Barrett 1969 S. 9-10.

189. Dies bringt Windisch 1924 S. 240 vor.

190. Richtig Suhl 1975 S. 240 Anm. 64: "Paulus bezieht sich 2 Kor 7,13f. nur darauf, daß er sein Zutrauen zu den Korinthern vor Titus geäußert hat, ohne es zeitlich zu differenzieren."

191. Vgl. Wendland 1972 S. 217: "Wir lassen es dahingestellt, ob Paulus dem Titus vor dessen Abreise nach Korinth mehr Gutes von der Gemeinde gesagt hatte, als der Sachlage nach gesagt werden konnte, um ihm Mut zu machen, oder ob es sich dabei um frühere Äußerungen des Apostels ohne diesen bestimmten Anlaß und Zweck gehandelt hat." Vgl. auch Schlatter 1962 S. 589: "Er (sc. Paulus) übertrug eben damals, als er seinen strengen Brief Titus übergab, seine Zuversicht auch auf seinen Stellvertreter. Die Lage war freilich damals so, daß der Ausgang seiner Sendung ungewiß war. Der Ruhm der Korinther war damals nicht in dem begründet, was geschehen war, sondern im Urteil des Glaubens."

192. Windisch 1924 S. 240. Mit diesem Verständnis steht im Widerspruch, daß Windisch andererseits im Rühmen des Paulus ein Zeichen für die Normalität der Lage in Korinth sieht: Die Gemeinde konnte sich nicht im offenen Aufstand gegen Paulus befinden. Daraus wiederum wird geschlossen, daß die Kap. 10 - 13 nicht der "Tränenbrief" sein können. Es handelt sich wieder um ein Beispiel dafür, daß der Kommentar von Windisch vielfach eine echte complexio oppositorum ist. Der Meinung, daß Paulus die Korinther kurz vor Abreise des Titus angepriesen hat, sind auch u.a. Kennedy 1900 S. 50 und Bultmann 1976 S. 63.

193. So sehen es z.B. Belser 1910 S. 231, 246, Lietzmann(-Kümmel) 1969 S. 107, 133, Pherigo 1949 S. 345 und Lüdemann 1980 S. 130-131.

194. Windisch 1924 S. 240 charakterisiert diese These treffend als "überscharfe Interpretation".

195. So sieht es z.B. Weiß 1917 S. 269-270. Schlatter 1962 S. 593 und Barrett 1973 S. 219 meinen, daß die ansonsten reichen Christen in diesem Gebiet durch die Verfolgungen verarmt waren.

196. So zu Recht Windisch 1924 S. 245-246. Die Kollekte war, wie Berger in einem 1977 erschienenen Aufsatz auf überzeugende Weise dargestellt hat, so geartet, daß sie eine möglichst breite Mitwirkung der Heidengemeinden zum Ziel hatte. Wenn möglich sollten alle von Paulus gegründeten Gemeinden an dieser Demonstration der Einheit der judenchristlichen und heidenchristlichen Christenheit teilnehmen.

197. Lüdemann 1980 S. 121 hat von den Versen 8,1-6 eine andere Auffassung: "Wenn Paulus den Korinthern das Vorbild der Mazedonier rühmt, so dürfte der Beginn der Sammlung in Makedonien nicht später fallen als der in Korinth." Das Präsenspartizip δεόμενοι in 8,4 spricht neben dem übrigen Text jedoch dafür, daß der Beginn der Kollekte auf einen späteren Zeitpunkt fiel. Nach Lüdemann richtete Paulus seine Kollektenwünsche an die Gemeinden von Makedonien schon im Zusammenhang der Reise des Timotheus, wie sie von den Versen 1.Kor. 4,17; 16,10 vorausgesetzt ist.

198. Vgl. die Darstellung Kennedys 1900 S. 120 über den Konsens, der unter den Kommentatoren seiner Zeit herrschte.

199. Barrett 1973 S. 94, 221. Weiter vertreten diese Auslegungsrichtung z.B. Lietzmann(-Kümmel) 1969 S. 133, Gyllenberg 1969 S. 238, Schlatter 1962 S. 591 und Wendland 1972 S. 219.

200. Vgl. damit die Vorstellung Kennedys, wie sich die Kollekteneintreibung in der Praxis vollzog (S. 127 Anm. 135 in dieser Untersuchung.)

201. Barrett 1969 S. 7-8, 14.

202. Auf dieser Basis wurde schon von jeher gegen diese Deutung zu Felde gezogen. So schreibt z.B. Kennedy 1900 S. 124-129 in seiner Kritik: "Is it probable that the Apostle, who was so jealous of his own independence, that he would not accept assistance even from loyal Churches which reverenced him as their founder and apostle, would when he was sending an ambassador to bring rebels to repentance, commission him at the same time to obtain money contributions towards an object, which, though not connected with St. Paul's material wants, was nevertheless known to be one of his favourite projects, and likely to increase his influence on the mother Church of Christendom?" Als einen Analogiefall für die Unmöglichkeit einer Bearbeitung der Kollekte während eines Streites nimmt Kennedy auch den Galaterbrief. Auch er setzt einen ansehnlichen Streit zwischen dem Apostel und der Gemeinde voraus, und auch in ihm gibt es kein Wort über eine Kollekte, obwohl Paulus auch in den Gemeinden von Galatien in einer bestimmten Phase eine Kollekte organisierte.

203. Man könnte sich als eine theoretische Möglichkeit, den Streit und die Kollekte miteinander zu verbinden, folgenden Ablauf vorstellen:

Paulus hatte Titus, als er ihn mit dem "Tränenbrief" auf die Reise schickte angewiesen, die Kollektensache zu betreuen, nachdem der Streit möglicherweise bereinigt worden wäre. Eine so angenommene kühle Überlegung scheint aber nicht gut mit dem Temperament des Paulus zusammenzupassen - jedenfalls nicht mit einer Krisensituation des Zuschnitts, wie sie in den Kap. 10 - 13 beschrieben ist. Als Beispiel dafür, wie wichtig die Frage nach dem Zeitpunkt des ersten Kollektenbesuches des Titus für die Frage nach der Zusammensetzung des 2.Kor. ist, könnte man den Schluß nennen, den Barrett 1969 S. 10 aus dieser seiner oben beschriebenen These zieht: "This is a further indication that Titus had not been sent to quell rebellion: a collecting bag is not the most tactful of instruments for such a purpose." Barrett ist zweifelsohne auf der richtigen Fährte. Bei der Kombination muß man jedoch vom anderen Ende ausgehen, d.h. von der Tatsächlichkeit des Aufstandes der Gemeinde in Korinth.

204. Belser 1910 S. 246.

205. Kennedy 1900 S. 122-123 und Lake 1911 S. 167-168 vertreten die gleiche Grundauffassung. Sie sehen eine enge Zusammengehörigkeit zwischen 8,6 und 8,7, so daß beide Verse grammatisch nur einen Satz bilden. Die englische Übersetzung von 8,6-7 müßte nach Kennedy so lauten: "I summoned Titus, that as he had made a beginning, so he might accomplish in you this grace also; yea that, as ye abound in everything, in faith, and utterance, and in all diligence, and in your love towards us, so ye may abound in this grace also." Auf dieser Grundlage schreibt Kennedy über diese Verse: " The ἵνα of the seventh verse is to be connected with the same antecedent as the ἵνα of the sixth, and... they both refer to the purpose of Titus' second visit... The seventh verse appears to have been added by St. Paul in order to avoid any appearance of depreciating the work which Titus had already accomplished among the Corinthian Christians, by the description of it in the sixth verse as a beginning. The seventh verse shows how much was included in that προενήρξατο; substituting for it the enumeration of the graces which had already been accomplished in them." Die Auslegung überzeugt nicht. Die Zusammenziehung von 8,6 und 8,7 zu einem Vers bleibt eine künstliche Entscheidung. Eine bessere Lösung bieten u.a. die Standardtextausgaben, in denen zwischen die Verse im allgemeinen ein Punkt gesetzt ist. Zudem ist keineswegs naheliegend, die Gnadengaben der Gemeinde in 8,7 erst als Resultat des jüngsten Besuches des Titus zu verstehen. Schon die Präsensform des Verbs περισσεύετε weist auf anderes als die Leistungen des Titus hin. Leichter lassen sich die Gnadengaben als schon von altersher in der Gemeinde bestehende Reichtümer verstehen (vgl. 1.Kor. 1,4-7), auf die sich Paulus frei berufen konnte und die er einsetzen konnte, um die Gemeinde auch zur Sammlung der Kollekte zu inspirieren. So besehen, bietet 8,7 keine relevante Information darüber, wann genau Titus die mit der Kollektensammlung verbundene Tätigkeit in Korinth aufnahm.

206. Vgl. die Anmerkung Windischs 1924 S. 248 gegen die oben dargestellte zweite Auslegungsart: "Aber wahrscheinlicher ist doch, daß 'anfangen' und 'anschließen' sich auf dasselbe Werk (dieselbe Gnade) beziehen." Gegen eine solche Kritik stellt Lake 1911 S. 167 fest: "This is, however, not necessary, and the truth is that the sentence is ambiguous because 'this grace also' may be regarded as explaining the addition which Titus had to make to that which he had begun (προενήρξατο) - different in kind from his previous work, which needed

this addition to complete it (ἐπιτελέσαι); or it may be regarded merely as indicating the point at which his work - fully begun already - needed carrying out a little further in the same direction in order to be perfected." Die Aussage zeigt, daß auch nach Auffassung Lakes diese These eine bloße Möglichkeit ist, an der er jedoch festhalten will.

207. Anderer Ansicht sind u.a. Lietzmann-Kümmel 1969 S. 133,206-207. Sie sehen in diesem Verb nur ein verstärktes "anfangen". In einigen Handschriften fehlt zwar bezeichnenderweise die Vorsilbe προ - sowohl beim Verb in 8,6 als auch in 8,10, aber diese Handschriften vertreten nicht die zuverlässigste Textform.

208. Vgl. Bauer Wb 1958 Sp. 1398: "vorher beginnen, so daß der Anfang als in der Vergangenheit liegend der Gegenwart gegenübertritt". Die Bedeutung, die die Vorsilbe dem Verb gibt, beschreibt Schmiedel 1892 S. 260 wie folgt: "früher als bei seiner letzten Anwesenheit". Belser 1910 S. 246 kritisiert diese Deutung als "ganz willkürlich", "nur gemacht... zur Stütze der Hypothese, daß Titus mehrere Male (vor II) in Korinth sich aufgehalten habe." Einen ähnlichen Vorwurf könnte man auch gegen das in der vorherigen Anmerkung dargestellte Verständnis des Verbes erheben; auch darin könnte man eine bestimmte Tendenz sehen. Windisch 1924 S. 248 dagegen kritisiert die Auslegung Schmiedels wie folgt: "Das προ - braucht keineswegs den Sinn 'früher als bei seiner letzten Anwesenheit' zu haben; man kann es entweder auf den Moment des Gesprächs beziehen, das P. mit Tit. in Maz. hatte, oder auf den zeitlichen Vorrang der Kor. vor den Maz." Die erste der von Windisch gebotenen Alternativen erklärt das Präfix προ- nicht, die zweite ist theoretisch möglich, aber, wenn man sie auch mit dem Inhalt von 8,10 vergleicht, unwahrscheinlicher als die Auslegung von Schmiedel.

209. Vgl. Lietzmann(-Kümmel) 1969 S. 135: "Einfacher ist wohl die Annahme, daß Pls sich ungeschickt ausgedrückt oder versprochen hat: wollte er nicht doch sagen 'nicht sowohl das Tun, als vielmehr das Wollen'? Der Nachdruck liegt jedenfalls auf dem θέλειν, wie die Fortsetzung V. 11 f. zeigt." Bultmann 1976 S. 256 kritisiert diese Auffassung: "Kein Versehen, sondern weil das θέλειν das Wesentliche ist." Gegen eine zu starke Betonung des "Wollens" richtet sich jedoch Windisch 1924 S. 254: "Der Grund ist darin zu suchen, daß die Erklärung der Bereitwilligkeit schon weit zurück liegt, seinerseits wohl mit einem gewissen Enthusiasus, vielleicht auch einigermaßen spontan, abgegeben ward und große Hoffnungen weckte, während andrerseits die Ausführung dem nicht entsprach, vielmehr eben in 'Anfängen' stecken blieb."

210. Aufgrund von 8,10 (τὸ ποιῆσαι) und 9,2 (παρεσκεύασται) ist es falsch mit Gyllenberg 1969 S. 240 zu sagen, daß im vorigen Jahr noch "keine praktischen Maßnahmen ergriffen worden sind". Ebenso auch Barrett 1973 S. 225. Im Widerspruch zu seiner These, aber ansonsten zutreffend, stellt Gyllenberg (S. 243) wenig später in Verbindung mit der Auslegung von 9,2 fest: "Achaja, dessen Missionszentrum Korinth ist, hatte die Sammlung mit voller Kraft schon im vergangenen Jahr aufgenommen". Auch wenn Gyllenberg die Sache dort - wirklichkeitstreu - nur als Wort des Paulus an die Makedonier darstellt, schweigt er über die folgerichtige Weiterführung dieser Auslegung, die seine eigene Anschauung erst widerspruchsfrei machen würde, nämlich daß dann

Paulus die Makedonier angelogen hätte. Auch wenn Paulus nach 9,2 offensichtlich den Makedoniern die Leistungen der Korinther in der Kollektensache übertrieben geschildert hatte, ist es jedoch undenkbar, daß er so mit ihnen gesprochen hätte, wenn in Korinth nicht im Vorjahr in der Kollektenangelegenheit wenigstens etwas Konkretes geschehen wäre. Schlatter 1962 S. 605 meint, daß Paulus in Makedonien in gutem Glauben handelte, als er von der Bereitschaft der Korinther sprach: Die Nachricht vom erbärmlichen Zustand der Kollekte erreichte ihn erst als Titus wieder bei ihm in Makedonien zurück war. Als die Wahrheit aufging geriet Paulus in den Augen der Makedonier in eine peinliche Lage. Schlatters Auslegung setzt eine gehörige Portion Gutgläubigkeit bei Paulus in der Beziehung zu den Korinthern voraus. Hätte er Leute als Beispiele präsentiert, mit denen er gerade in ungeklärten Verhältnissen und erbittertem Streit stand, über dessen Ausgang er sich nicht sicher war?

211. Vgl. Windisch 1924 S. 254-255: "Die Ergänzung 'vor den Maz...' hätte aber doch angedeutet sein müssen, da die Maz. inzwischen vor anderen Personen zurückgetreten sind, und προενήρξασθε vielmehr an das προενήρξατο (sc. Τίτος) V. 6 erinnert, womit es möglicherweise auch zusammenfällt; eine Vergleichung mit dem Maz. könnte höchstens implicite gegeben sein.... Jedenfalls wird deutlich zwischen einem früheren Stadium und dem jetzt durch T. in die Wege zu leitenden Abschlußstadium unterschieden." Barrett 1969 S. 10-11, 1973 S. 221, 224-225 meint, daß προενάρχεσθαι in 8,6 auf einen anderen Zeitpunkt verweist als in 8,10, was nicht sehr glaubhaft ist, aber einen Teil seiner Gesamtauffassung bildet.

212. Ebenso z.B. Lietzmann(-Kümmel) 1969 S. 133 und Wendland 1972 S. 219.

213. Zu dieser Auffassung gelangen u.a. Windisch 1970 S. 249, Bornkamm 1961 S. 32, Peltola 1966 S. 171 und Nickle 1966 S. 18 Anm 26. Nickle stellt fest: "Verse 6, in the light of verse 10, certainly must refer to the beginning of the collection in Corinth... This beginning was made in all probability shortly after the Corinthians had received I Cor., which was perhaps brought to them by Titus." Die im letzten Satz geäußerte Einschätzung trifft wohl nicht zu. Zutreffenderes sagt Georgi 1965 S. 42 über diese Sache aus: "Nach der Abfassung des 1. Korintherbriefes änderte Paulus seine Pläne. Statt den Korinthern die Organisation der Sammlung wie ausgemacht bis zu seinem eigenen Eintreffen zu überlassen, schickte Paulus den Titus und einen uns Unbekannten nach Korinth, um die Sammlung in Gang zu bringen."

214. Barrett 1969 S. 7 beruft sich in seiner Begründung dieser Auslegung darauf, daß es im 1.Kor. keinen Hinweis auf Titus gibt. Er setzt fort: "It is very probable that if he (sc. Titus) had already visited Corinth Paul would have spoken of him - either to send his greetings to the church or to remark on his absence." Strachan 1946 S. XXXIX hält merkwürdigerweise Titus für den Überbringer des in 1.Kor. 5,9 erwähnten, jedoch verlorengegangenen allerersten Korintherbriefes.

215. Weiß 1910 S. 380-381, Lietzmann(-Kümmel) 1969 S. 89, Nickle 1966 S. 15. Mit einigen Vorbehalten ist auch Conzelmann 1969 S. 353 der gleichen Ansicht.

216. Vgl. Lüdemann 1980 S. 111. Er schreibt über 1.Kor. 16,1: "Paulus vergleicht hier nicht das 'Daß' der Kollekte, sondern das 'Wie'. Die Anordnung zur Kollekte liegt weiter zurück." Paulus hatte jedoch kaum schon eine Anweisung in der Angelegenheit geben können, denn dann hätten dieser aller Wahrscheinlichkeit nach auch die näheren Erläuterungen folgen müssen. Möglicherweise erbat Paulus von der Gemeinde eine grundsätzliche Stellungnahme zu der Frage, falls sie nicht - was wahrscheinlicher ist - Paulus darin voraus war, da sie schon aus anderen Quellen von der Kollekte erfahren hatte.

217. Vgl., was Windisch 1924 S. 255 bei der Erklärung des Verbes θέλειν in 8,10 schreibt: "Zwar ist die Bereiterklärung der Kor. entweder mit jener Anfrage (sc. 1.Kor. 16,1) identisch oder mit der ersten Reaktion der Gem. auf I 16; der Anfang des ποιεῖν fällt in jedem Fall in die ersten Wochen nach dem Empfang von I." Es ist unbegreiflich, wie Schmithals 1969 S. 105 aufgrund von 1.Kor. 16,1f zu dem Ergebnis kommen kann, daß die Gemeinde schon längere Zeit vor Absenden von 1.Kor. 16 mit der Kollektensache zu tun gehabt haben könnte. Richtig u.a. Suhl 1975 S. 216: "Daß es sich um den allerersten Anfang der Kollekte in Korinth handelt, legt sich auch vom Inhalt her nahe."
In 1.Kor. 16,1 schreibt Paulus, daß er die gleichen Richtlinien auch den Gemeinden in Galatien gegeben hatte. Dies geschah aller Wahrscheinlichekit nach, als Paulus auf seinem Weg von Antiochien nach Ephesus durch die Provinz Galatien kam (Apg. 18,23). Über den Erfolg dieser Sammlung unter den Galatern läßt sich aufgrund der paulinischen Texte nichts Sicheres sagen. In jedem Fall ist die Annahme Schlatters 1962 S. 601, daß Paulus auf seiner letzten Reise zur Überbringung der Kollekte auch die in Galatien gesammelte Geldsumme dabei gehabt hätte, und die Boten aus Galatien mit zur Reisegruppe gehört hätten, zumindest sehr problematisch. Nach 1.Kor. 16,3-4 plante Paulus in der Anfangsphase der Kollektensammlung noch keine gemeinsame Delegation. Auch haben die Streitigkeiten zwischen Paulus und den Gemeinden in Galatien die Situation erschwert.

218. Barrett 1969 S. 7, 1971 S. 385.

219. 1.Kor. 16,1 wirft die Frage auf, warum nicht die Kollektenorganisation in Ephesus den Korinthern als Vorbild dienen konnte. Schlatter 1962 S. 449 gibt auf diese Frage folgende Antwort: "Es scheint, daß Paulus seine Gemeinden am Hilfswerk für Palästina erst dann teilnehmen ließ, wenn sie sich während einer längeren Zeit befestigt hatten. Erst bei seinem zweiten Besuch in Galatien beteiligte er die Galater an diesem Werk und ebenso verfuhr er in Philippi und Thessalonich. Dem entspricht, daß er erst von Ephesus aus den Korinthern die entsprechende Anweisung gab." Hatte die Sache auch damit zu tun, daß die Gemeinde in Ephesus nicht von Paulus selbst gegründet war? Jedenfalls nahmen nach Apg. 20,4; 21,29 schließlich auch die Epheser an der Kollektensammlung teil. Aufgrund dieser Hinweise in der Apg., die aller Wahrscheinlichkeit nach auf einer verläßlichen Tradition beruhen, ist es überflüssig über die Möglichkeit zu spekulieren, daß Paulus schon in einer frühen Phase seinen Einfluß auf Ephesus verloren hätte. Zu einer solchen Interpretation siehe näher Lüdemann 1980 S. 118, 132. Wenn Paulus in Ephesus Bedrängnis widerfahren ist und er die Stadt meiden mußte, nachdem er sie einmal verlassen hatte, kann dies sehr gut aus der Feindseligkeit der Behörden und anderer Nichtchristen herrühren. Der zur Verwunderung führende Umstand, daß Paulus die Kollektensammlung erst auf der sog. "dritten Missionsreise" in Gang brachte,

kann einfach daher rühren, daß die Abmachung über die Eintreibung der Kollekte erst nach der sog. "zweiten Missionsreise" während des in Apg. 18,22 vorausgesetzten Besuchs in Jerusalem getroffen wurde. Siehe dazu näher diese Untersuchung S. 294-295. Dies wäre die einleuchtendste Erklärung für den späten Beginn der Kollektensammlung. Sonst muß man sich damit begnügen, den späten Beginn mit einer trockenen Bemerkung abzutun, wie das Köster 1980 S. 570 tut: "Man wird annehmen müssen, daß Paulus dieses Vorhaben zunächst zurückstellte." Die von Georgi vorgeschlagene Lösung, derzufolge die Begeisterung des Paulus für die Kollekte nach dem Zwischenfall in Antiochien (Gal. 2,11-14) ermattete um später wieder aufzuflammen, nämlich als er bemerkte, daß seine Gemeinden neue Verbindung zur Jerusalemer Urgemeinde brauchten zum Schutz vor einer von heidnischer Seite drohenden Mysterienfrömmigkeit, vermag trotz ihrer Eleganz nicht zu überzeugen. Über die Kritik an dieser These siehe Lüdemann 1980 S. 114-119.

220. Windisch 1924 S. 249.

221. Verschiedene Zählmöglichkeiten stellen u.a. Windisch 1924 S. 255 und Lietzmann(-Kümmel) 1969 S. 135 vor.

222. Windisch 1924 S. 255-256 neigt bei diesem Problem mehr dem römischen Kalender zu.

223. So z.B. Lake 1911 S. 141: "Now, for St. Paul, as a Greek Jew, the year must have begun in October, and therefore, if he be writing 2 Corinthians after that date, last year would mean in the previous spring." Eine gleichartige Lösung vertreten auch z.B. Lietzmann (-Kümmel) 1969 S. 135, Schlatter 1962 S. 592, Gyllenberg 1969 S. 240, Schmithals 1969 S. 105, Wendland 1972 S. 220 und Barrett 1973 S. 225.

224. Windisch 1924 S. 255-256 favorisiert einen langen Zeitraum: "Da die Zahl und Dauer der Zwischenereignisse die Unterbringung der Briefe in einem Jahr widerraten, so ergibt sich als die wahrscheinlichste Rechnung die römische. Zwischen der Bereiterklärung der Kor. (vor oder nach Passa) und der Abfassung von II 8 liegen dann etwa 18 Monate."

225. Vgl. z.B. die Auffassung Windischs 1924 S. 262: "Die beiden Begleiter sind offenbar von verschiedener Würde, der erste ungleich bedeutender als der zweite."

226. Gyllenberg 1969 S. 242. Ebenso auch Lietzmann(-Kümmel) 1969 S. 137. Wendland 1972 S. 222 nimmt an, daß der Term δόξα Χριστοῦ darauf hinweist, daß die Männer zu einer größeren Apostelgruppe gehörende "Botschafter Christi" sind, und nicht nur angesehene Christen. Mit dieser Bewertung steht in Widerspruch, daß Wendland weiter oben (S. 221) vom dritten Mann feststellte: "Der zweite Bruder wird nur als ein erprobter Gehilfe des Apostels vorgestellt." Offensichtlich ist, daß Wendland zu viel in den Begriff "Ehre Christi" hineinliest.

227. Eine solche Auffassung vertreten z.B. Windisch 1924 S. 265 und Lietzmann(-Kümmel) 1969 S. 137.

228. So z.B. Barrett 1973 S. 230.

229. Die in 9,4 erwähnten Makedonier, die zusammen mit Paulus in Korinth ankommen, dürften auch zu der nach Jerusalem reisenden Delegation gehören. So z.B. Windisch 1924 S. 272. Windisch ist allerdings der Auffassung, daß nur der erste der in Kap. 8 erwähnten Reisebegleiter des Titus der Delegation angehörte.

230. Aus irgendeinem Grund hält es Windisch 1924 S. 266 für wahrscheinlich, daß der erwähnte dritte Mann vorher nicht in Korinth gewesen war.

231. Z.B. Lietzmann(-Kümmel) 1969 S. 136-137: "Also mögen die beiden ein schlechtes Andenken in der Gemeinde hinterlassen haben, so daß man sie einer Erwähnung im Plsbrief nicht mehr für würdig hielt." Lietzmann nennt auch Analogiefälle: "Die Namen des Blutschänders I 5, des Beleidigers II 2,5ff; 7,12 und anderer Gegner werden aus Takt und Klugheit zugleich nicht genannt." Die vorgestellten Analogiefälle unterscheiden sich aber von den hier zur Debatte stehenden darin, daß sie aller Wahrscheinlichkeit nach nie einen Namen dabei hatten.

232. Schmithals 1969 S. 103 Anm. 1.

233. Barrett 1973 S. 228. Vgl. auch Weiß 1917 S. 270: "Außerdem waren ihm beigegeben zwei Brüder, die nur deswegen nicht mit Namen genannt werden, weil sie ja das Empfehlungsschreiben selber überbringen."

234. Siehe diese Untersuchung S. 94-96.

235. So z.B. Gyllenberg 1969 S. 241, Barrett 1969 S. 11, 1973 S. 228 und Schlatter 1962 S. 599-600. Schlatter gibt eine gute Begründung, wenn er von einem Aorist in Kap. 8 schreibt: "Das verlegt die Reise des Titus und seiner beiden Begleiter nicht in eine frühere Zeit. Das zwänge zu der Vorstellung, Titus sei ohne einen Brief des Paulus, der den Korinthern einen Auftrag mitteilte, zu ihnen gekommen und Paulus habe sie erst nachträglich noch über den Zweck seiner Sendung unterrichtet und ihn und seine Begleiter bei ihr beglaubigt. Das wäre ein völlig unverständliches Verfahren." Als zusätzliches Argument kommt noch die besondere Präsensform διδόντι pro Aorist δόντι in 8,16 hinzu, die allerdings keine textkritisch völlig sichere Lesart ist. Darüber näher Windisch 1924 S. 261. Wendland 1972 S. 219, 221 hält die Aoristformen aber dennoch für wirkliche Aoriste.

236. Bjerkelund 1967 S. 188.

237. Bjerkelund 1967 S. 154-155 sieht im Verb παρακαλεῖν in Vers 10,1 einen Faktor, der für die Einheit des 2.Kor. spricht; er sagt u.a.: "Unserer Meinung nach paßt aber der p. (arakalō)-Satz in Kapitel 10 besonders gut als Übergangssatz von dem milden zu dem schärferen Briefteil... Aber der Gedanke an die kritische Haltung der Gemeinde, macht es ihm unmöglich mit παρακαλῶ fortzufahren, er greift daher zu

δέομαι..." Besser läßt sich der "sanfte" Einsatz des Paulus in diesem Zusammenhang mit seiner rhetorischen Taktik erklären, auf die Milde Christi zu verweisen, um sein eigenes Verhalten, das die Korinther als schwach erlebten, zu verteidigen. Darüber näher Aejmelaeus 1979 S. 30-37. Siehe auch S. 102-103 in dieser Untersuchung.

238. Vgl. Blaß-Debrunner-Rehkopf 1975 § 328 S. 270: "Im NT bezeichnen κελεύειν, προστάσσειν, παραγγέλλειν stets den gültigen Befehl, dessen Ausführung sich von selbst versteht."

239. So u.a. Hausrath 1870 S. 3-4, 10-12, Windisch 1924 S. 402-403, Schlatter 1962 S. 672, Wendland 1972 S. 253, Barrett 1973 S. 324, Suhl 1975 S. 239, Bultmann 1976 S. 237. Gyllenberg 1969 S. 278 begründet diese Ansicht u.a. damit, daß er in 7,2 Hinweise des Paulus auf Gerüchte sieht, die seine Bestrebungen betreffen, aus den Gemeinden Nutzen zu ziehen. Vers 7,2 kann man jedoch auch mit Windisch (S. 221) als rhetorischen Ausbruch ohne genauere Verknüpfung zu tatsächlich vorgebrachten Vorwürfen sehen. "Die Kinder machen dem Vater Vorwürfe, die nicht direkt ausgesprochen zu sein brauchen, aber von P. wohl herausgefühlt worden sind." Weiterhin ist bei Vers 7,2 zu beachten, was Windisch herausstellt: "οὐδένα zeigt, daß die Beschwerden von einzelnen Gemeindegliedern ausgingen, mit denen die Gemeinde sich solidarisch fühlte." In 12,16-17 ist dagegen die ganze Gemeinde (ὑμᾶς) Objekt einer möglichen Missetat. Die Beteuerungen des Paulus in 7,2, er sei unschuldig, könnten auch in die Situation nach Überbringung des "Tränenbriefes" gehören, in der auch die Korinther nach V. 7,11 Paulus übertriebenen Tadel vorgeworfen haben. Vor diesem Hintergrund hätte Paulus jenes dumpfe Schuldgefühl haben können, das sich in den rhetorischen Ausbrüchen 7,2 Bahn verschafft. Auf dieser Basis falle möglicherweise neues Licht auf die anonymen Benennungen "Unrechttäter" und "Unrecht Erlittener" in 7,12. Paulus wollte dann unter neuen Verhältnissen den Blick nicht mehr einzig und allein auf sich, als das Opfer des Unrechtes lenken.

240. Darüber mehr bei Aejmelaeus 1979 S. 90-104.

241. In die richtige Richtung ging in seiner Deutung schon Lietzmann (-Kümmel) 1969 S. 158-159: "Pls verfolgt die Verdächtigungen der Gegner bis in die letzten Schlupfwinkel: es ist also sehr fraglich, ob der hier bekämpfte Vorwurf der listigen Unredlichkeit sich voll ans Tageslicht gewagt hat." Über Vers 17 sagt Lietzmann: "Aber habe ich euch vielleicht indirekt durch meine Gehilfen ausgebeutet? Das ist, wenn man schon die 'direkte' Integrität des Pls zugeben muß (16a), logisch noch eine Möglichkeit; aber vermutlich hat das in Wirklichkeit niemand behauptet, so daß Pls diese Alternative einfach dadurch ad absurdum führen kann, daß er sie stellt - so argumentiert er auch V. 18." Aber auch Lietzmann vermutet, daß im Hintergrund letztlich die Verächtigungen des Paulus in der Kollektenangelegenheit stehen.

242. Auch hier hängt der Kontext des Verbes λαμβάνειν mit finanzieller Ausnutzung zusammen wie in 11,20 und bedeutet "gefangennehmen".

243. Windisch 1924 S. 403-404, der meint, daß Paulus tatsächlich des Mißbrauchs beschuldigt wurde, wundert sich über dessen Vorgehensweise:

"Dann ist es verwunderlich, daß er einen so abscheulichen und so verhängnisvollen Verdacht in Form einer Frage abtut." Die Verwunderung führt auch <u>Windisch</u> an den Anfang des Pfades, der dann schließlich zur richtigen Deutung führen würde: "Entweder war sie (sc. die Anschuldigung) nur andeutungsweise und nicht offen und bestimmt erhoben worden, oder P. vertraute dem gesunden Sinn und Urteilsvermögen seiner Gemeinde."

244. <u>Barrett</u> 1973 S. 325: "The perfect tense... implies 'those whom I have from time to time sent'." Ein aoristischer Gebrauch des Perfekts (siehe <u>Blaß-Debrunner-Rehkopf</u> 1975 § 343 S. 281) ist hier nämlich kaum zu vermuten.

245. <u>Lake</u> 1911 S. 166 erklärt Vers 12,18 folgendermaßen: "St. Paul is rather seeking to commend Titus as his representative, who will be the bearer of the 'severe letter'."

246. Vgl. <u>Lietzmann</u>(-Kümmel) 1969 S. 159: "Die Tadellosigkeit des Titus ist also in Korinth unangefochten geblieben, so daß Pls einfach auf ihn verweisen kann, um dann zu argumentieren: bin ich schlechter als Titus?" <u>Kennedy</u> 1900 S. 119 dagegen meint: "Titus's name is singled out by him from all those whom he had sent to continue his pastoral work, not because he had been ever accused by the Corinthians, but because he was the last man whom they would have thought of accusing." Der gleichen Auffassung sind u.a. <u>Wendland</u> 1972 S. 253, <u>Georgi</u> 1965 S. 42 und <u>Peltola</u> 1966 S. 171. <u>Nickle</u> 1966 S. 18 Anm 26 meint, daß die "Superapostel" auch Titus beschuldigt hätten. <u>Windisch</u> 1924 S. 404 versteht Vers 12,18 so, daß Paulus hier die Unschuld des Titus unter Hinweis auf seine eigene Unschuld aufzuweisen sucht. Kein Wunder, daß <u>Windisch</u> hier die Argumentation des Paulus im Kreis gehen sieht.
Mit dem oben dargestellten Verständnis von 12,16-18 verlieren zwei von <u>Windisch</u> gegen die Gleichsetzung der Kap. 10 - 13 mit dem "Tränenbrief" vorgebrachte Argumente alle Tragfähigkeit. Bei der Erklärung zu Vers 8,20 sagt <u>Windisch</u> zunächst gegen die oben beschriebene Theorie (S. 265): "P. würde sich schärfer ausgedrückt haben, wenn der Verdacht schon einmal in Kor. aufgetaucht war." Falls Paulus - wie wir annehmen - nicht des Mißbrauchs beschuldigt wurde, paßt ein Arrangement wie in 8,20 reibungslos in die Situation nach Absenden der als "Tränenbrief" verstandenen Kap. 10 - 13. Den Vers könnte man vielleicht als matten Hinweis des Paulus auf die eben vorher in 12,16-18 vorgebrachten Gedanken verstehen. Das zweite Argument <u>Windischs</u> bezieht sich auf Titus, der auch, wie <u>Windisch</u> meint, der Unredlichkeit in Korinth bezichtigt wurde. Die Verse 12,16-18 können nicht zu einem Brief gehören, der der Mission des Titus zu der Kollektenreise nach Korinth, wie in den Kap. 8 - 9 berichtet, vorausgeht. <u>Windisch</u> gibt folgende Begründung (S. 405): "Es will uns sehr gewagt, unfein und unklug vorkommen, daß P. den T. zum zweiten Mal in der Kollektensache nach Kor. geschickt haben sollte, wenn gegen seine Lauterkeit in dieser Sache ein Verdacht rege geworden sein sollte, der noch nicht zum Schweigen gebracht war. Allerdings zeigt P. 8,20f. deutlich, daß er mit solchen Verdächtigungen rechnet." Eine unzulängliche Auslegung von 12,16-18 hat hier bei der literarkritischen Frage des 2.Kor. auf die falsche Fährte geführt.

247. Eine interessante Deutungsmöglichkeit für das Verb παρακαλεῖν hier bietet <u>Kennedy</u> 1900 S. 117: "We must remember that St. Paul had

persons who 'waited on him continually,' and were employed as messengers to the Churches. Under such conditions phrases such as the above (sc. παρεκάλεσα...) would become almost technical, being in constant use; so that the occurence of one of them twice (sc. 8,6; 12,18) is a very insufficient mark of identification."

248. Stephenson 1964 S. 643.

249. Dies hebt schon König 1897 S. 493 Anm. 1 besonders hervor.

250. Stephenson 1964 S. 645. Auch daß Paulus nur in 8,18 und 12,18 ein mit dem Präfix συν- versehenes Verb gebraucht, wenn er von Aussendung spricht, ist nach Stephenson Zeichen für die enge Zusammengehörigkeit von 12,16-18 mit den Kapiteln 8 - 9 (S. 643).
Bezeichnend für die Schwierigkeiten, die bei dem Versuch entstehen, die Missionen von Kap. 8 und Vers 12,18a zu identifizieren, ist der Umstand, daß einige Exegeten, ganz im Gegensatz zu Stephenson, meinen, daß Paulus in 12,18a eben den ersten der in Kap. 8 erwähnten Reisebegleiter des Titus unerwähnt läßt. Paulus würde über ihn deshalb nichts in 12,18a sagen, weil er der Vertreter der Makedonier war und Paulus für ihn keine Verantwortung trug. Paulus würde in Vers 12,18a nur die unmittelbar mit ihm selbst in Beziehung stehenden Delegaten nennen. Eine solche Auslegung referiert König 1897 S. 493 Anm. 1. Er begegnet ihr mit überzeugender Kritik und hält die Annahme für weit hergeholt, Paulus würde die Verantwortung für einige der Kollektenüberbringer ablehnen: Es handelte sich um eine von Paulus initiierte und betriebene Sache, für die und deren Ausführende er volle Verantwortung trug. König schreibt: "Wie er beide ausdrücklich den Korinthern empfiehlt, so müßte er auch beide ausdrücklich in Schutz nehmen, falls sie in Korinth schlecht behandelt würden." Wie aus der Wortwahl deutlich wird, kritisiert König hier eine Theorie, die die Kap. 10 - 13 für einen späteren Brief als die Kap. 1 - 9 hält.

251. So sehen es z.B. Gyllenberg 1969 S. 279, ebenso Lietzmann (-Kümmel) 1969 S. 159. Nach Lietzmann wäre der namenlose Bruder in 12,18 vermutlich derselbe wie der in 8,22 erwähnte; er wäre schon zum zweitenmal auf der Reise nach Korinth, diesmal in einer aus drei Männern bestehenden Reisegruppe.

252. So jedoch u.a. Pherigo 1949 S. 349 und Barrett 1973 S. 325 (vgl. auch 1969 S. 12). Die Begründungen sind jedoch unzureichend, wie man beispielsweise aufgrund des oben festgestellten von der Begründung Barretts sagen kann, der seine Ansicht folgendermaßen vertritt: "The only difference is that in chapter VIII two brothers are sent with Titus. The reason for this is probably that only one of the two was Paul's nominee; the other was 'appointed by the churches' (VIII 19), and his integrity would not be impugned - and if it were would not affect the point at issue here." Auf gleiche Art versteht die Sache auch Windisch 1924 S. 404-405. Seiner Auffassung nach klingt 12,18a wie eine spätere Zitierung von 8,6.22. Er sagt weiter, daß Titus wahrscheinlich zu Paulus zurückkehren mußte, nachdem die in Kap. 8 - 9 berichtete Reise schiefgelaufen war. Danach hätte Paulus die Kap. 10 - 13 geschrieben. - Die Nennung von nur zwei Brüdern anstelle von dreien in 12,18 hält jedoch z.B. Lietzmann(-Kümmel) 1969 S. 159 zu recht für einen ausreichenden Grund dafür, daß die Theorie, die Kap.

10 - 13 seien der letzte Brief des Paulus an die Korinther, sich nicht auf die Verse 12,17-18 stützen kann.

253. So z.B. Bultmann 1976 S. 237-238. Der in 12,18 ungenannt bleibende Bruder braucht also nicht unbedingt vorher in Korinth gewesen sein. Schon darin würde sich die Verwunderung Windischs 1924 S. 404 auflösen: "Man könnte sich noch darüber wundern, daß der Begleiter in den Fragen nicht eingeschlossen wird (man hätte erwarten können μήτι οὗτοι ἐπλεονέκτησαν ὑμᾶς)."

254. Windisch 1924 S. 222 weist auf die Verse 1,6b oder 4,12 als solche Möglichkeiten hin. Eine weitere wäre 3,2. Wendland 1972 S. 212 und Bultmann 1976 S. 177-179 meinen, daß das Verb προείρηκα auf die Verse 6,11f zurückweist. Tannehill 1967 S. 94 meint, daß 7,3 so eindeutig auf 1,4-7 zurückweist, daß er dies als ein gewichtiges Argument gegen die Heraustrennung von 2,14 - 7,4 aus seinem Kontext ansieht.

255. Vgl. Röm. 9,29; 2.Kor. 13,2; Gal. 1,9; 5,21; 1.Thess. 3,4; 4,6. Die Präsensform von προλέγειν verwendet Paulus zwar auch dann, wenn er auf das verweist, was er gerade diktiert. Bei solchen Stellen (2.Kor. 13,2; Gal. 5,21) finden wir das Verb jedoch auch in einer Vergangenheitsform, die auf früher mündlich Bekanntgegebenes verweist.

256. Vgl. Kennedy 1897 S. 286: "These four chapters (sc. 10 - 13) are, after all, the utterances of love, though it be wounded love."

257. Bachmann 1909 S. 416-417 stellt bei seiner Verteidigung der Einheit des 2.Kor. die Spannungen innerhalb der Kap. 1 - 9 besonders heraus. Sie lassen sich seiner Auffassung nach mit der Spannung vergleichen, die den gesamten 2.Kor. durchzieht. Er schreibt: "Beide Briefteile (sc. Kap. 1 - 9 und 10 - 13) bekunden also eine Lage, in welcher erfreuliche und hemmende Motive sich einander mischen... Die beiden Briefhälften verhalten sich ihrem ganzen Gehalte nach zueinander nicht anders als die Versicherung einer überschwänglichen Freude über die K in 7,4 vgl. 7,13ff. zu der unmittelbar vorangehenden Bitte in 7,2f. vgl. 6,12f. Auf allerengstem Raume sind hier die gleichen Unterschiede des Tones und des Urteils über die Lage zusammengedrängt, wie sie bei der Vergleichung der beiden großen Briefteile hervortreten, so daß bei Wegnahme des letzten Teiles die in 6,12 u. 7,2 enthaltenen Gedankenmomente geradezu fragmentarisch und rätselhaft bleiben."
Auch Hyldahl 1973 S. 294-295 stellt die von der zwischen Paulus und der Gemeinde herrschenden Disharmonie zeugenden Stellen in den Kap. 1 - 9 besonders heraus. Er schreibt u.a: "Paulus muß sich auch in ersten Teil des 2 Kor gegen eine Reihe von Beschuldigungen verteidigen: Er versichert, daß er in Heiligkeit und Lauterkeit gewandelt sei, daß seine Beschlüsse nicht Ausdruck der Unbeständigkeit oder des Wankelmuts seien und daß er Gottes Wort als Lauterkeit, nicht ökonomischen Vorteils halber, verkündigt habe; er unterstreicht, daß er keinem Unrecht getan oder geschadet habe, niemand sei ausgebeutet worden (2 Kor 1,12.17ff; 2,17; 7,2)... Auch hier scheint es, als ob die 'Verkündigung', welche Titus dem Paulus von der Reue und Bekehrung der Gemeinde bringen konnte (2 Kor 7,7), Momente enthalten habe, die in eine ganz andere Richtung wiesen. Gleichzeitig mit der Erklärung seines vertrauens zu den korinthischen Christen (1,7 und 7,4) muß er sie anflehen und bitten: Gebt uns Raum in euren Herzen (7,2, vgl. 6,13),

und: Lasset euch versöhnen mit Gott (5,20)." Auch wenn die Nachricht des Titus Sachverhalte enthielt, die Paulus zu Erklärungen nötigten, sind die von Hyldahl präsentierten Verse noch keineswegs genügende Gründe für das Festhalten an der Einheitlichkeitshypothese. Auf der gleichen Linie wie Hyldahl liegt auch Bates 1965-66 S. 68-69. Vgl. auch die in dieser Untersuchung auf S. 17-18 referierten Auffassungen. Auf das Problem kommen wir später in diesem Hauptkapitel noch zurück.

258. Kennedy 1897 S. 285 sieht in παράκλησις ein Merkmal für den Unterschied zwischen den Kapitelblöcken 1 - 9 und 10 - 13: Das Wort kommt in den ersteren Kapiteln 11 mal vor, aber kein einziges Mal in den Kap. 10 - 13.

259. Vgl. Windisch 1924 S. 250: "Die zwei letzten Glieder, der Eifer und die Liebe, sind offenbar unter dem Eindruck der in Kor. eben erlebten Entspannung und der vorangehenden Erörterung derselben genannt." Vgl. auch Barrett 1973 S. 222, der den Ausdruck ἀγάπης γνήσιον δοκιμάζων so erklärt: "of your love (your love for me, expressed in doing what I ask, but also your Christian love more generally...)." Ebenso auch z.B. Schlatter 1962 S. 596.

260. Einen weiteren Aspekt, der mit 6,11-13 zusammenhängt, nimmt sich Pherigo 1949 S. 345 vor. "Now he (sc. Paul) guardedly asks forgiveness." Wir sind in dieser Untersuchung schon früher zu dem Ergebnis gelangt, daß Paulus im nachhinein seine zu schroffen Ausdrücke und Beschuldigungen im "Tränenbrief" bedauert. Auch aus dieser Sicht sind die Verse 6,11-13 + 7,2 unter den ansonsten positiv gestimmten Kap. 1 - 9 am rechten Platz.

261. Siehe Aejmelaeus 1979 S. 233 Anm. 3 sowie die in der Anmerkung erwähnte Literatur.

262. Dazu näher Aejmelaeus 1979 S. 76.

263. Näheres bei Aejmelaeus 1979 S. 233, 234. Zu 1,24 im Vergleich zum Inhalt der Kap. 10 - 13 vgl. auch Windisch 1924 S. 77: "Mit C (= Kap. 10 - 13) will sich die Anerkennung nicht vertragen." Barrett 1973 S. 85 befindet sich auf Irrwegen, wenn er das Rühmen der Korinther in 1,24 abschwächt: "Paul does not say here, 'You are doctrinally sound', but, if you stand as Christians at all, it is by faith." In diesem Kontext betrachten Paulus jedoch nicht das Wesen des Glaubens sondern das der Korinther.

264. Kennedy 1900 S. XXII richtet seine Aufmerksamkeit auf den unterschiedlichen Gebrauch von θαρρεῖν in den Kap. 1 - 9 und den Kap. 10 - 13. Seiner Auffassung nach läßt sich der Gebrauch in 1 - 9 gut als Korrektur des Gebrauchs in 10 - 13 verstehen. In seinen anderen Briefen verwendet Paulus dieses Wort nicht. Gleiches gilt auch für den unterschiedlichen Gebrauch von πεποίθησις und ὑπακοή (S. XXII-XXIII). Kennedy spitzt seine Theorie auf folgende Behauptung zu: "The θαρρῶ εἰς ὑμᾶς of 10,1-2 (confidence against you) is replaced in 7,16 by θαρρῶ ἐν ὑμῖν (I have confidence in you)." Auch diese Einzeldeu-

tung kann sehr wohl zutreffen. Über die nähere Deutung von 10,2 siehe Aejmelaeus 1979 S. 37-38.

265. Zum näheren Verständnis dieses Gedankens siehe Aejmelaeus 1979 S. 47-50. Siehe auch S. 190-191 in dieser Untersuchung.

266. Näheres zur Auslegung der Verse bei Aejmelaeus 1979 S. 212-218.

267. Hier muß unterstrichen werden, daß es psychologisch unmöglich ist, daß die Kollektenforderungen in den Kap. 8 - 9 Bestandteil desselben Briefes sein könnten, der auch scharfe Angriffe gegen die Korinther enthält. Vgl. Georgi 1964 S. 17: "Die Bitte um die Kollekte muß durch die folgenden Angriffe um jede Erfolgsaussicht gebracht werden." Die Bedeutung des Kollektenthemas in diesem Zusammenhang stellt Strachan 1946 S. XVIII gut heraus: "The task of Titus would have been rendered almost impossible had he been asked to revive the organization, and to collect voluntary subscriptions, all the time bearing in his hand the philippic of chapter X-XIII."

268. Kennedy 1897 S. 234-235, 1900 S. 82-83 verbindet Vers 13,2 mit Vers 1,23. Letzteren faßt er als ein späteres Wiederaufgreifen der Drohung aus 13,2 auf.

269. Zu dieser Auslegung vgl. S. 17, 193-194 in dieser Untersuchung.

270. So z.B. Dibelius 1975 S. 104: "Aber sieht man näher zu, so richtet sich die Rüge gar nicht gegen die Gemeinde, sondern gegen jene Fremden, die sein (sc. des Paulus) Ansehen untergraben haben." Ebenso Lietzmann(-Kümmel) 1969 S. 139: "In II Cor hat Pls c. 1 - 9 nur zur Gemeinde gesprochen: jetzt rechnet er mit den Gegnern ab, an denen sich sein Zorn entzündet, und dabei kommt freilich auch der Gemeinde gegenüber wieder allerlei zur Sprache, was er in 1 - 9 zurückgedrängt hatte."

271. Daß alle Korinther in 13,2 im Blickfeld sind, betont vor allem Kennedy 1897 S. 291-292. Bultmann 1976 S. 244 stellt fest: "Die προημαρτηκότες sind die 12,21 Genannten. Ihnen insbesondere, aber zugleich der ganzen Gemeinde gilt die Drohung." Windisch 1924 S. 415 versucht in diesem Zusammenhang auch auf die Frage zu antworten, warum "alle" gemeinsam unter der Drohung stehen. Die Schuld "aller" kommt in seiner Deutung nur schwach zum Ausdruck: "Die Erklärung gilt auch den 'übrigen allen', die nicht besonderer Sünden beschuldigt waren, weil sie wissen müssen, was P. mit den Sündern vorhat, und weil sie indirekt, etwa durch die Nachsicht, die sie übten, an dem sündigen Treiben mitschuldig sind."

272. Vgl. Kennedy 1897 S. 291: "It is inconceivable that the Apostle should never once from beginning to end of these four chapters (sc. 10 - 13) have written a single sentence to assure the majority that his reproaches were not intended for them, but only for the rebellious section." Vgl. weiterhin Kennedy 1900 S. 138: "The repentence of the majority of the Corinthian Christians is never once mentioned,

or so much as hinted at in the four Chapters, though St. Paul would have known so well how to ground on it an effective appeal to the rebels not to dissociate themselves from their fellow Churchmen who had returned to their allegiance." Vgl. auch Strachan 1946 S. XVII-XVIII: "He takes no steps to warn his readers that the 'you' in the last four chapters has not the same address as the 'you' in chapters I-IX... It is quite likely that not every member of the Corinthian Church submitted ex animo, or with a good grace, to Paul's censures; but, of any remaining minority sufficiently active and important to warrant the attacks of chapters X-XIII, there is not, in the rest of the letter, a single trace." Ebenso auch Bornkamm 1961 S. 18.

273. Zur Deutung der in 2,6 erwähnten "Mehrheit" siehe S. 193-194 in dieser Untersuchung.

274. Trotz dieses Verses und des anderen Materiales in den Kap. 1 - 9 "wissen" Wikenhauser-Schmid 1973 S. 437 über die Rückkehr des Titus zu Paulus folgendes auszusagen: "Titus muß dem Apostel neben dem Erfreulichen, was er ihm berichten konnte, auch Unerfreuliches mitgeteilt haben. Er hatte ihm nur die Versicherung geben können, daß die Mehrheit der Gemeinde wieder fest zu ihrem Apostel hält." Das sture Festhalten an der Theorie der Einheit des 2.Kor. um jeden Preis führt zu dieser Auslegung.

275. Diese Wahrheit bringt Kennedy 1897 S. 287, 289-292 gut heraus. Der häufige Gebrauch von πᾶς in den Kap. 1 - 9 auch außerhalb der oben erwähnten Verse (2,3.9; 7,11.16; 8,7) dürfte auch seinerseits ein Zeichen für die Einmütigkeit der Gemeinde in ihrem Wunsch nach einem versöhnten Verhältnis mit Paulus gewesen sein. Eben diesen Gebrauch von πᾶς unterstreicht Kennedy. In seiner Darlegung sagt er u.a: "While the description of the repentance of the Corinthian Church given in 1-9 seems to leave no room for an openly rebellious minority, the language of 10-13 leaves no room for a repentant majority. The rebels are from the first to last addressed, not as a section of the Church, but as the Church of Corinth itself." Ebenso auch König 1897 S. 492.

276. Das Verb καυχᾶσθαι und die Substantive καύχησις und καύχημα kommen im 2.Kor. recht häufig vor. Schon Kennedy 1897 S. 297-298 richtete sein Augenmerk darauf, wie verschieden sich Paulus zum "Rühmen" einerseits in den Kap. 1 - 9 und andererseits in den Kap. 10 - 13 verhält (vgl. S. 281 Anm. 264 in dieser Untersuchung). Die Rede vom Rühmen und das Rühmen selbst in den Kap. 1 - 9 sind nach Auffassung Kennedys eine deutliche Korrektur des Rühmens in den Kap. 10 - 13. Kenney schreibt: "The first time that he employs the word καύχησις in 2 Corinthians I - IX is in chapter 1,12, and he there uses it with the definite article, and proceeds to explain what it had really meant: 'The boasting is this.' Then in the fourteenth verse, with a delicate touch, which is peculiarly characteristic of St. Paul, he gives καύχημα a new application: 'Ye are our boast'; and having given this turn to the word, it is in this way that he employs it and its cognate words henceforth in these chapters. Thus in 7,4 he writes: 'Great is my boasting (καύχησις) on your behalf'; in 7,14 he speaks of having boasted of them to Titus, and in the ninth chapter of having boasted of them to the Macedonians. There is only one exception, i.e. in 5,12,

and in that passage he is their boast, as they are his in all the other passages. But he never once reverts to the painful meaning of self-assertion rendered necessary by their depriciation of him, in which sense he so constantly employed the word in X - XIII. I do not think it is possible that this can be merely accidental." Kennedy 1900 S. 46 weist auf ein mit dem oben gesagten zusammenhängendes interessantes Detail hin, wenn er Vers 1,12 und 11,10, in denen der gleiche Ausdruck ἡ καύχησις αὕτη vorkommt, miteinander vergleicht.

277. Neben aller Kritik mußten sich die Korinther Vers 10,10 zufolge auch die Anerkennung abgerungen haben: "Seine Briefe sind mächtig und stark." Auf dieses Zugeständnis baut ein Argument für die Einheit des 2.Kor. auf: Jülicher 1931 S. 97 bringt es so vor: "Allein diese Angriffe, der schlimmste darunter, es bestehe ein arger Widerspruch zwischen den starken und wuchtigen Briefen des P. und seinem kümmerlichen Auftreten wie seiner nichtigen Rede 10,10, setzen doch ebenso gewiß wie einen zweiten mißglückten Besuch des P. in Korinth mindestens einen Brief von ihm voraus, auf den die Prädikate ein wenig besser paßten als auf 1 Kor und den verlorenen 1. Brief." Das Argument wiegt nicht sehr schwer. Auch der 1.Kor. konnte gut in den Augen der Korinther ein "wuchtiger" Brief gewesen sein, ebenso wie der verlorene allererste Brief. Verglichen mit den anderen Briefen des Paulus trat Paulus aller Wahrscheinlichkeit nach auch im allerersten Brief nach Korinth als selbstsichere Autorität auf (vgl. 1.Kor. 5,9-11).
Auch zur Untermauerung der Theorie, daß der Abschnitt 2,14 - 7,4 eine vor den Kap. 10 - 13 geschriebene "Apologie" wäre, nützt Vers 10,10 nicht viel. Vgl. jedoch Bornkamms 1961 S. 23 Versuch einer solchen Argumentation: "Dafür spricht... die Tatsache, daß die Gegner nach 10,10 mit dem Argument Eindruck gemacht haben, daß die Briefe des Apostels zwar gewichtig und kraftvoll, aber sein persönliches Auftreten schwach und seine Rede verächtlich seien. Gewiß kann sich das auf unsern I. Korintherbrief und den dort erwähnten (5,9) noch früheren oder sonst einen unbekannten Brief beziehen. Doch liegt es näher, einen unmittelbar vorausgegangenen, in dem sie selbst angegriffen waren, mindestens mit unter die besagten Briefe zu rechnen. Tatsächlich läßt sich auch kaum ein selber von den Gegnern mit so widerwillig gezolltem Respekt charakterisierter Brief vorstellen, wie der, dem das Fragment 2,14 - 7,4 zuzurechnen ist."

278. Zur näheren Auslegung dieser Abschnitte siehe Aejmelaeus 1979 S. 67-77, 95-101, 113-117, 198-207.

279. Zur Auslegung dieses Verses mehr bei Aejmelaeus 1979 S. 221-224.

280. Zur Auslegung der Verse 13,5-6 näheres bei Aejmelaeus 1979 S. 233-234.

281. Nur starres Festhalten an der Einheit des 2.Kor. kann zur Behauptung verleiten, daß auch im Lichte der Kap. 1 - 9 gerade eine "fremde, Agitation betreibende Predigergruppe" in Korinth am Wirken ist. So jedoch u.a. Bachmann 1909 S. 417.

282. Näheres zur Auslegung der Abschnitte bei Aejmelaeus 1979 S. 90-102, 107-109.

283. Z.B. Lietzmann(-Kümmel) 1969 S. 109 meint, daß Paulus sich in 2,17 verteidigt. Richtig sieht er dabei, daß οἱ πολλοί in diesem Zusammenhang auf die sog. "Superapostel" verweist. Ebenso auch Wendland 1972 S. 177 und Barrett 1973 S. 103-104. Auch Windisch 1924 S. 101 ist der Meinung, daß Paulus sich in diesem Vers verteidigt. Ansonsten hat er mit folgender Feststellung recht: "Er (sc. Paulus) setzt also hier sein Verhalten, den Verzicht auf gemeindliche Unterstützung..., als das Kennzeichen echten Apostelums voraus." Kaum richtig liegt er allerdings, wenn er die erwähnten "vielen" so weitgefaßt versteht, daß als wahre Männer Gottes letztlich nur noch Paulus und seine nächsten Mitarbeiter übrig bleiben.

284. So z.B. Bultmann 1976 S. 103. Wendland 1972 S. 186 sieht in dem Vers sowohl einen Angriff als auch vor allem Verteidigung; ebenso auch Barrett 1973 S. 128-129.

285. Bei der Auslegung des Anfangs von 4,3 schwankt Windisch 1924 S. 132-133 zwischen zwei Alternativen: Es geht entweder um eine Verteidigung des Paulus oder um einen Angriff. Er setzt fort: "Erst μηδὲ δολοῦντες τ. λόγον τ. θ. scheint unverkennbare Spitze gegen die Gegner, da damit offenbar die Beschuldigung 2,17a wieder aufgenommen wird." Die Möglichkeit, daß es sich auch hier um eine gegen Paulus gerichtete Beschuldigung handeln könnte, weist Windisch von der Hand: "Doch wäre P. dann vielleicht in der Abwehr deutlicher gewesen." Das gleiche Argument würde auch auf 2,17 und 4,5 passen, was Windisch nicht beachtet.

286. Gegen Schmithals 1969 S. 81-92.

287. Vgl. Kennedy 1900 S. 129-134, der seinerseits völlig überzeugend die zeitweise geäußerte These abweist, daß in der Disposition des 2.Kor. eine diplomatische Vorgehensweise des Paulus erkennbar würde oder daß Paulus bewußt, um die Meinungsbildung in der Gemeinde zu beeinflussen, zunächst die angenehmen Dinge und später erst die betrüblichen vorbringt.

288. So z.B. Windisch 1924 S. 137-138. Zunächst erklärt er gut, was "sich selbst verkünden" heißt, nämlich "sich selbst zum mehr oder weniger verhüllten Gegenstand seiner Lehre machen, eigenen Vorteil, Geldgewinn und Ansehen dabei suchen." Er setzt dann fort: "P. wird hier einen Verdacht abweisen wollen, der wirklich gegen ihn laut geworden ist (vgl. V. 2b) und der irgendwie durch sein hochgespanntes ap. und pneumatisches Selbstbewußtsein herausgefordert war... Daß er auch seinen Gegnern einen Seitenhieb erteilen will, wird nicht deutlich; ein ὥς τινες oder ähnliches fehlt. Ganz unwahrscheinlich ist, daß er nur Polemik treibe." Auch Bultmann 1976 S. 109 meint, daß Paulus in 4,5 eine Anschuldigung gegen sich behandelt. Für nicht sehr gelungen muß man allerdings die nähere Bestimmung dieser Beschuldigung halten, die Bultmann gibt: "'Nicht sich selbst' - das wird nicht gegen einen Vorwurf gehen, als mache Paulus sich zum Gegenstand seiner Predigt, sondern es geht gegen den Vorwurf egoistischer Motive."

289. Vgl. die Auffassung von Hausrath 1870 S. 22-23 über die "Selbstempfehlung" in 3,1; 5,15; 6,4. Siehe diese Untersuchung S. 12-13.

290. Dazu näher Aejmelaeus 1979 S. 241-243.

291. Zur Auslegung von 4,5 sagt Bachmann 1909 S. 190 richtig: "Herrscht also eine besondere Absicht, so ist sie wieder polemisch, nicht apologetischer Art." - Auf die "Selbstempfehlung" des Paulus in 3,1; 5,12 sowie auf den damit zusammenhängenden Gebrauch von πάλιν als deutlichem Verbindungsglied zur früheren "Selbstempfehlung" in den Kap. 10 - 13 ging schon Kennedy 1897 S. 297 ein. Die Aussagen in Kap. 1 - 9 über die "Selbstempfehlung" können nicht zusammen mit der aktuellen "Selbstempfehlung" in den Kap. 10 - 13 Bestandteil ein und desselben Briefes sein. Kennedy 1900 S. 132-133 meinte dazu überzeugend: "Nor could a diplomatist like St. Paul (who in the nine Chapters takes such pains to explain any statement or act which might appear to be inconsistent) have left standing the twice repeated assurance that he was not going to commend himself again, if he had found it necessary to commend himself (as he does in 10-13) at far greater length and in far stronger terms than he had done in Ist Corinthians." Treffend dazu auch Strachan 1946 S. XX: "If the last four chapters were written on the same occasion as the rest of the Epistle, Paul has completely violated his assurance of 3,1-3." Vgl. noch König 1897 S. 492.
Die Entwicklung des Themas "Selbstempfehlung" geht schlecht mit der Theorie von Bornkamm über die Zusammensetzung des 2.Kor. zusammen. Daher überzeugt auch wenig, wie er die Bedeutung des Begriffes in 3,1 und 5,12 erklären will (1961 S. 23 Anm. 88). Ebenso ist auch die Auslegung von Georgi 1964 S. 24, der dieselbe literarkritische Linie verfolgt, ohne Stütze: "Die Tatsache, daß Paulus in 2,14 - 7,4 die Selbstempfehlung grundsätzlich ablehnt, aber durch das Verhalten seiner Gegner und seiner Gemeinde dann doch dazu - wenngleich in Form der Narrenrede - gezwungen wird, spricht für eine Entwicklung von 2,14 - 7,4 zu 10-13." Dabei wird πάλιν im Zusammenhang mit der "Selbstempfehlung" außer Acht gelassen (3,1). Zudem läßt sich alles spätere Rühmen - gleich ob es sich um einen späteren Teil des gleichen Briefes oder um einen späteren Brief handeln würde - nur schwer mit den grundsätzlichen Aussagen in Kap. 1 - 9 zusammenbringen.

292. Zu näheren Darstellung dieser Theorie siehe Aejmelaeus 1979 S. 19-27.

293. Bornkamm 1961 S. 19.

294. Einen Aspekt zu dem Schweigen bringt auch Vielhauer 1975 S. 152 vor. Er schreibt: "Andererseits ist es unbillig, von Paulus einen besonderen Triumphgesang über die besiegten Gegner zu erwarten; es ging ihm um die Gemeinde, und sein überströmender Dank über ihre Wiedergewinnung 7,8-12 wäre durch ausdrückliche Bezugnahme auf die Ausschaltung der Konkurrenz nicht gerade bereichert worden."

295. Pherigo und Batey (siehe in dieser Untersuchung S. 30-31) versuchen unnötige Doppelungen abzuwehren und gleichzeitig an der Annahme festhalten, daß die Kap. 10 - 13 ein späterer Brief als die Kap. 1 - 9 sind. So können diese Auslegungen gerade als Paradebeispiel dafür angesehen werden, zu welchen unglaubwürdigen Zusatzannahmen diese Theorie in jedem Fall zwingt.

296. Siehe S. 18 dieser Untersuchung. Die Unmöglichkeit dieser These unterstreichen u.a. Kennedy 1897 S. 292-293 und Plummer S. XXXV.

297. Lietzmann(-Kümmel) 1969 S. 139.

298. Windisch 1924 S. 16. Strachan 1946 S. XVII fragt zu Recht, wenn er eben diese falsche Auslegung zurückweist: "Did he (sc. Paul) allow nervous exhaustion... or illness to determine the final form of any letter?"

299. Aus verständlichen Gründen wurde die schwankende Gemütsverfassung des Paulus von den Verfechtern der Einheit nicht als zusätzliches Argument verwendet. Am nächsten kommt einer solchen Deutung Jülicher 1931 S. 99: "Zwar daß bei der Voraussetzung eines so schnellen und radikalen Umschlags dem P. eine krankhafte Seele zugeschrieben werde, ist kein Gegengrund gegen Lietzmann, da die Aufgeregtheit, die Nervosität des P., öfters ans Krankhafte streift." Schmithals 1969 S. 82 vermochte jedoch im Anschluß an Windisch dieser Argumentation überzeugend den Boden zu entziehen: "Wenn man psychologisch erklären will, daß Pls II 10 - 13 zugleich mit II 1 - 9 geschrieben hat, dann muß freilich die psychische Anomalität des Pls einen erheblichen Grad erreicht haben, - trotz einer 'schlaflos durchwachten Nacht'. Aber das Gegenteil ist der Fall. Rm 1 - 15 ist ein literarisches Meisterwerk. Die Thessalonicher-Briefe zeigen einen ebenso klaren Gedankengang wie eine straffe Gliederung. Das gleiche gilt für den Gl... Die Psyche des Pls ist also so, daß gerade eine psychologische Erklärung der Korr. feststellen muß, daß sie in der vorliegenden äußeren Form von Pls nicht geschrieben sein können." Wikenhauser-Schmid 1973 S. 447, die ansonsten die Einheit des 2.Kor. verteidigen, lehnen Gemütsschwankungen des Paulus als Erklärung ab und stellen u.a. fest: "Keine ernstzunehmende Lösung ist endlich die Behauptung, das Rätsel des 2.Kor sei aus der krankhaften, wechselnden Stimmungen unterworfenen Psyche des durch rastlose Arbeit, Sorgen und Ärger überlasteten Apostels zu erklären."

300. Kümmel 1973 S. 255. Zu den Reaktionen auf die These Lietzmanns vgl. noch Bornkamm 1961 S. 18: "Vollends unmöglich scheint mir die Erklärung, Paulus habe sein Briefdiktat unterbrochen und in veränderter Gemütsverfassung nach schlaflos verbrachter Nacht fortgesetzt oder habe nach dem Diktat mit eigener Hand eine letzte, etwas lang geratene Warnung vor den Gegnern angefügt." Georgi 1964 S. 18 reagiert mit dem Ausruf: "Eine seltsame Psyche! Das wäre doch eher ein Fall für die Psychopathologie."

301. Windisch 1924 S. 16 merkt an, daß Paulus sonst durchaus die Quellen seiner Informationen angibt (1.Kor. 1,11; 16,17; 2.Kor. 7,5ff), aber in den Kap. 10 - 13 gibt es keinen Hinweis auf den Übermittler der Information.

302. So schon Hausrath 1870 S. 5: "War bei Abgang des Briefes die Situation den Capiteln 10-13 entsprechend, dann konnte Paulus 1-9 nicht mehr abschicken. War sie den neun ersten Capiteln entsprechend,... dann ist die Heftigkeit der vier letzten unbegreiflich." Gleicher Auffassung sind u.a. Kennedy 1900 S. 132-134 und Schmithals 1969 S. 90.

303. Treffend meinte schon <u>Kennedy</u> 1897 S. 292-293 dazu: "Is it possible that, if news so momentous had arrived, St. Paul should never have mentioned it, never alluded to it in any way? That he should have sent to the rebellious church the praise of them which he had already written, adding on the blame without explanation, joining the blame to the praise by the conjunction δέ, and (strangest of all) falling back on a declaration which he had made before the mission of Titus (13,2), as if nothing had happened in the meantime?... The fact that 13,2 thus goes back to the time of the visit is a strong proof that, when it was written, there could not have intervened any change in the situation of such critical importance as that which had been brought about... by Titus' mission and by the letter of the Apostle." Vgl. auch die Verwunderung bei <u>Wikenhauser-Schmid</u> 1973 S. 446.

304. Den Kampf des Paulus im Lichte der Kap. 10 - 13 schildert <u>Bornkamm</u> 1961 S. 17 wie folgt: "Denn hier ist der Kampf noch in vollem Gange, von einer sich ankündigenden oder gar erfolgten Befriedigung durch seinen Zwischenbrief und das Wirken des Titus ist mit keiner Silbe die Rede, im Gegenteil: der Apostel steht hier seinen Gegnern und der ihnen nahezu erlegenen Gemeinde gegenüber fast auf verlorenem Posten und muß den Kampf mit Mitteln führen, die ihm selbst zuwider sind." Ebenso auch <u>Vielhauer</u> 1975 S. 151-152, der über den Unterschied zwischen den Kap. 10 - 13 und den Kap. 1 - 9 zu sagen weiß: "Es kann nicht gleichzeitig Krieg und Frieden herrschen."

305. Vergleiche auf den Seiten 23-24 dieser Untersuchung die Zusammenfassung der Kritik <u>Bornkamm</u>s an der These, daß die Kap. 10 - 13 später als die Kap. 1 - 7 wären. Man kann dieser Kritik nur zustimmen. <u>Georgi</u> 1964 S. 19 Anm. 2 gibt ihr noch zusätzliches Gewicht, wenn er anmerkt: "Die Gemeinde, die Paulus in 10,10 anredet, hätte dann völlig vergessen, daß sie sich einmal auf Grund eines einzigen Briefes des Paulus unterworfen hatte."

306. <u>Schmithals</u> 1969 S. 91 kritisiert die Theorie so: "Man würde, läge nur dieser Brief (sc. 2,14 - 6,13 + 7,2-4) vor, nie auf den Gedanken kommen, daß zwischen Pls und den Kor. <u>theologische</u> Differenzen bestanden haben." Vgl. auch <u>Fuller</u> 1966 S. 47.

307. <u>Vielhauer</u> 1975 S. 153.

308. <u>Vielhauer</u> 1975 S. 155: "Ich betone noch einmal den Hypothesen-Charakter der literarkritischen und redaktionsgeschichtlichen Operationen. Es kann sich alles auch ganz anders verhalten haben, zB so, wie es sich nach Kümmels Hypothesen verhalten hat." Zur Kritik an der These von <u>Weiß-Bultmann</u> vgl. noch <u>Barrett</u> 1973 S. 23.

309. Dazu schreibt <u>Schmithals</u> 1969 S. 92-93 treffend: "Will man beide Briefteile <u>einem</u> Brief zuweisen, muß man das deshalb letzten Endes mit denselben unzureichenden und oft phantasievollen Argumenten begründen, die die Verfechter der Zugehörigkeit der Kpp 10 - 13 zum ganzen II Kor vorbringen, ohne damit doch die besondere Eigenart des hier behandelten Abschnittes erklärt zu haben." Vgl. auch <u>Bjerkelund</u> 1967 S. 148: "Der Vorschlag Bultmanns... bereitet ebenso große stilistische Schwierigkeiten wie der überlieferte 2 Kor."

IV DIE CHRONOLOGIE DER KORINTHREISEN DES PAULUS

a)   Einleitung

Eine Möglichkeit, die in dieser Untersuchung erzielten Einzelergebnisse zu überprüfen, wäre, zu fragen, ob sich aus ihnen ein einheitliches und vernünftiges Ganzes bilden läßt. Es soll daher hier der Versuch unternommen werden, die oben skizzierten Reisen des Paulus und seiner Mitarbeiter nach Korinth und den Briefwechsel mit der Gemeinde bruchlos in die Chronologie des Paulus einzuordnen. Als Quelle für diese Chronologie dienen die echten Paulusbriefe und die Apostelgeschichte. Die Informationen aus der Apostelgeschichte sind allerdings mit Vorsicht zu behandeln. Man kann sie aber in groben Zügen als verläßlich ansehen, wenn es darum geht, diese Zeit und die damit verbundenen Einzelheiten auszuleuchten, auch wenn bestimmte sehr ereignisreiche Phasen im Leben des Paulus nur sehr knapp abgehandelt werden können.

Bevor man sich an eine Rekonstruktion der paulinischen Chronologie heranwagt, empfiehlt es sich, zunächst einmal die äußeren Bedingungen zu untersuchen, denen sich jeder Reisende in der Antike zu unterwerfen hatte. So beeinflußte z.B. der Wechsel der Jahreszeiten in großem Maße die Reisebedingungen. Besonders Seereisen waren von der Saison abhängig. Das Mittelmeer war für einen Teil des Jahres "geschlossen" (mare clausum). Diese Phase konzentrierte sich auf die Mitte des Winters. Die antiken Quellen machen teilweise unterschiedliche Angaben über den Zeitraum, in dem wegen der Winterstürme nicht mehr zur See gefahren werden konnte. Die Juden setzten den Beginn dieser Phase mit dem Laubhüttenfest an, das in etwa um die Herbst-Tag-und-Nachtgleiche gefeiert wurde.[1] In griechisch-römischen Quellen wird der Beginn dieser Zeit im allgemeinen jedoch später angesetzt. Nach Plinius war das Meer in der Zeit vom 11.11. bis 7.2. unbefahrbar.[2] Nach einer Notiz des Vegetius lag diese Zeit zwischen dem 11.11. und dem 10. 3.[3] Schon diese unterschiedlichen Zeitbestimmungen machen deutlich, daß es sich um eine mehr oder weniger unbestimmte Zeitspanne handelte, die auf die Mitte des Winters fiel, dessen Unbill einige ab und zu dennoch trotzen mußten, sei es freiwillig oder durch die Umstände gezwungen. Plinius schreibt darüber: "Nec tamen saevitia tempestatum cludit mare: piratae primum coegere mortis periculo in mortem ruere et hiberna experiri maria, nunc idem hoc avaritia cogit."[4] Als das Schiff, mit dem Paulus fuhr, laut Apg. 27,9-12 winterlichen Stürmen trotzte, ging es nicht darum, Seeräubern auszuweichen, es geschah auch nicht aus reiner Gewinnsucht, sondern es galt, einen geeigneteren Überwinterungshafen zu finden. Auch diese Ausnahme bestätigt die Regel, daß man sich zu bestimmten Jahreszeiten nicht aufs Meer traute. Dies sollte man bei dem Versuch, die Reisen des Paulus und ihre Dauer zu rekonstruieren, beachten. Zur Zeit des "mare clausum" wurden im allgemeinen auch keine Landreisen unternommen, vor allem nicht in Gebirgsgegenden und auf Hochebenen, wegen des Schnees, der Schmelzwasser und der eisigen Winde.[5]

Für die Chronologie der Paulusreisen ist außerdem die Frage wichtig, wie viel Zeit jeweils für bestimmte zentrale Reiserouten aufgewendet werden mußte. Die Apg. enthält an vielen Stellen Material, das uns von der Dauer der damaligen Seereisen ein anschauliches Bild vermittelt. Wir konzentrieren uns daher im Folgenden auf die Bedingungen in dem für unser Thema relevanten Raum um das Ägäische Meer.

Unter günstigen Bedingungen (εὐθυδρομήσαμεν) schaffte es Paulus mit seinen Begleitern gemäß Apg. 16,11 in zwei Tagen von Troas in die Hafenstadt der Stadt Philippi, Neapolis, zu segeln.[6] In der umgekehrten Richtung dauerte die Reise laut Apg. 20,6 fünf Tage.[7] Die Reise von Assos nach Milet dauerte nach Apg. 20,14-15 vier Tage. Unter ungünstigen Bedingungen konnten sich die Seereisen beachtlich hinauszögern, wovon auch Apg. 27,7 ein Bild vermittelt.[8]

Man kann daher davon ausgehen, daß die in der Forschung gewöhnlich vertretene Einschätzung, daß die für unser Thema wichtige Route Ephesus - Korinth unter Normalbedingungen von einem Schiff in fünf Tagen zurückgelegt werden konnte, richtig ist.[9] Die Beispiele aus der Apostelgeschichte bieten uns einen groben Maßstab, mit dem wir die zeitliche Dauer auch anderer im Ostteil des Mittelmeers unternommener Seereisen messen können. Bei dem Versuch, die Ereignisse im Leben des Paulus in ein zeitliches Koordinatensystem einzuordnen, sollte man nach dem bisher Festgestellten keine längeren Reisen und auch keine Nachrichtenübermittlung über größere Distanzen hinweg in der Wintersaison annehmen. Für die Landreisen des Paulus kann man eine Durchschnittsgeschwindigkeit von 25 - 30 km pro Tag ansetzen, unter der

Voraussetzung, daß er zu Fuß reiste und nicht beispielsweise mit dem Wagen.[10]

b)   Die Reise durch Antiochien nach Ephesus

Um die einleitungswissenschaftlich relevanten Ereignisse des 2.Kor. fest in der Geschichte und damit in Jahreszahlen unserer üblichen Zeitrechnung zu verankern, empfiehlt es sich, mit dem ersten Besuch des Paulus in Korinth zu beginnen. In Zusammenhang mit diesem Besuch bietet die Apostelgeschichte eine für die paulinische Chronologie überaus wichtige Information, nämlich die Angabe, daß Gallio damals Landpfleger in Achaia war (Apg. 18,12). Durch einen glücklichen Zufall können wir die Statthalterperiode des Gallio ziemlich genau bestimmen. Aller Wahrscheinlichkeit nach umfaßte seine Amtszeit als Prokonsul von Achaia einen Zeitraum, der im Frühjahr (Mai, Juni) 51 n.Chr. begann und nach einem Jahr bzw. im Frühling 52 n.Chr. endete.[11] Da wahrscheinlich ist, daß die Juden versuchten, die Paulus betreffenden Streitfragen sofort dem neuen Landesherrn zur Entscheidung vorzulegen, darf man annehmen, daß der in Apg. 18,12-17 berichtete Streitfall im Mai/Juni 51 vorgelegen hatte.[12] Bald im Anschluß daran verließ der Apostel Korinth und segelte über Ephesus nach Cäsarea in Palästina. Nachdem er möglicherweise in Jerusalem Zwischenstation gemacht hatte, fuhr er "hinab nach Antiochien", wo er "etliche Zeit verweilte". Von dort reiste er in die Gegend von Galatien und Phrygien, um die Christen in diesen Gebieten zu "stärken" (Apg. 18,18-23). Schließlich endete die Reise des Apostels in Ephesus.

In der Forschungsgeschichte ist Apg. 18,18-23 auf sehr unterschiedliche Weise eingeschätzt worden. So mißt z.B. Köster dieser Stelle nur wenig Wert bei. Er weist auf die Möglichkeit hin, daß sich Paulus von Korinth aus direkt nach Ephesus begab, ohne die in diesem Abschnitt erwähnte Rundreise anzutreten.[13] In zwei neueren Monographien, die sich mit der Chronologie befassen, dem Buch Gerd Lüdemanns "Paulus der Heidenapostel I" (1980) und Robert Jewetts "A Chronology of Paul's Life" (1979), wird dieser Stelle jedoch eine zentrale Bedeutung zugeschrieben. Da beide Monographien in ihrer Rekonstruktion des zeitlichen Ablaufes im Leben des Paulus auch sonst recht interessant sind, soll hier etwas näher auf sie eingegangen werden.

Lüdemanns Ausgangspunkt ist ein tiefes Mißtrauen gegenüber der Apostelgeschichte, was ihre Verwendbarkeit für die Rekonstruktion der Chronologie des Paulus anbelangt. Wenn man sich bei der Rekonstruktion der paulinischen Theologie nicht auf sie verlassen kann, muß man ihr auch bei der Erforschung der äußeren Ereignisse im Leben des Paulus kritisch gegenübertreten. Obwohl das vom Verfasser der Apostelgeschichte geschaffene Ganze recht unzuverlässig ist, repräsentieren die hier enthaltenen Traditionsstükke doch oft sehr zuverlässiges Traditionswissen (S. 46, 49-50). Das wird u.a. auf die Weise deutlich, daß die Erzählungen von "Lukas" nicht unbedingt in der chronologisch richtigen Reihenfolge zusammengestellt sind, sondern in eine dogmatisch zweckmäßige Ordnung gebracht wurden. Die Schilderung des Wirkens des Paulus im Rahmen der drei großen Missionsreisen gehört zu dieser freien Redaktion. Daneben ist dem Stil des "Lukas" auch noch die Besonderheit eigen, daß Ereignisse, die an einem bestimmten zentralen Ort, aber während verschiedener Besuche des Paulus stattfanden, in nur einen Besuch eingebaut werden. Die anderen Besuche werden zwar auch erwähnt, aber nichts über ihren Inhalt gesagt. Aufgabe der kritischen Forschung ist es, zu versuchen, im nachhinein die berichteten Ereignisse richtig auf die verschiedenen Besuche aufzuteilen (S. 25, 34-35, 40, 50).

Versucht man, die paulinische Chronologie lediglich mit Hilfe der Paulusbriefe zu erfassen, sieht man sich laut Lüdemann zu einigen Präzisierungen und Berichtigungen der Informationen aus der Apostelgeschichte veranlaßt: Zunächst konnte jemand, der mit dem Selbstbewußtsein eines Paulus ausgestattet war, nicht rund 20 Jahre mit dem Beginn einer selbstständigen Missionsarbeit warten, so wie es die traditionelle auf der Apg. basierende Chronologie voraussetzt. Nach seiner eigenen Sicht wurde er sogleich nach seiner Bekehrung "Heidenapostel" (Gal. 1,15-16) (S. 23). Um auch die anderen im Galaterbrief präsentierten biographischen Angaben richtig einschätzen zu können, muß man verstehen, daß sie in die Tradition der "apologetischen Rede" gehören. Kennzeichen dieser war, daß der Redner nur die Dinge vortrug, die seinen apologetischen Zwecken dienlich waren. Andere Aspekte konnte er übergehen. Auch die Reihenfolge der berichteten Ereignisse konnte verändert und eine bei der Streitfrage besonders wichtige Sache an den Schluß der Erzählung gestellt werden. So konnte der Zwischenfall von Antiochien (Gal. 2,11-14) schon vor dem Apostelkonzil (Gal. 2,1-10) stattfinden; die biographische Darstellung des Galaterbriefes schließt deshalb auch die Möglichkeit nicht aus, daß Paulus selbstständige Missionsarbeit in Europa, für die der Streit in Antiochien den Anstoß gegeben hätte, vor dem Apostelkonzil betrieben hätte (S. 75, 77-78, 81).

Auf dem Apostelkonzil wurde beschlossen, daß die heidenchristlichen Gemeinden künftig regelmäßig die Gemeinde in Jerusalem unterstützen sollten (Gal. 2,10). Im 1.Kor. , der lange nach der Gründung der Gemeinde geschrieben wurde, geht Paulus auf die Durchführung dieser für Jerusalem bestimmten Geldspende ein. Daraus, daß mit der Sammlung der Kollekte nicht schon im Zusammenhang mit der Gemeindegründung begonnen wurde, muß geschlossen werden, daß der zur Gemeindegründung führende Besuch schon vor dem Apostelkonzil stattgefunden hatte. Wenn Paulus in Gal. 2,10 beteuert, sich nach dem Apostelkonzil um die Durchführung der vereinbarten Kollekte zu bemühen, kann man dies nur verstehen, wenn man das Apostelkonzil nach der ersten Missionsphase in Europa ansetzt. Lüdemann bringt dazu als weiteres stützendes Argument noch Phil. 4,15 ins Spiel, wo Paulus feststellt, daß seine Missionstätigkeit in Europa auf die "Frühzeit" seiner Evangelisationstätigkeit fällt (S. 107, 138-139, 146-149). Diese Theorie wird ferner dadurch gestützt, daß von den in der Apg. erzählten Reisen des Paulus nach Jerusalem drei auf dieselbe Reise hinweisen d.h. ein und dieselbe Reise dreimal erzählt wird, zuerst in 11,27ff dann in 15,1ff und ein drittes Mal in 18,22. Von diesen Angaben ist die letzte am chronologisch richtigen Platz (S. 165).

In die Perikope Apg. 18,1-17 hat "Lukas" Material aus zwei getrennt unternommenen Besuchen in Korinth integriert. Das zeitliche Zusammentreffen des Aufenthalts des Gallio und des Paulus in Korinth (51/52 n.Chr.) fiel nicht auf den Gründungsbesuch, sondern erst auf den dritten und gleichzeitig letzten Besuch dort (S. 176-180, 195-198). Das Edikt des Claudius, mit dem er die Juden aus Rom vertrieb, gehört trotz der von Orosius erhaltenen Nachricht nicht in das Jahr 49 n.Chr., sondern in das Jahr 41 n.Chr., das damit einen Fixpunkt für die Einordnung des ersten Besuchs des Paulus in Korinth innerhalb der paulinischen Chronologie darstellt. Paulus traf ja in Korinth Priscilla und Aquila, die gerade aus Rom vertrieben worden waren (Apg. 18,2) (S. 183-195).

Lüdemann begründet die Datierung des Beginns der selbständigen Missionstätigkeit des Paulus auf einen erkennbar früheren Termin als in der traditionellen Chronologie ferner mit einem Vergleich der eschatologischen Lehre im 1.Thess. und 1.Kor. Im ersteren ist der Tod eines Christen vor der Parusie die Ausnahme, im letzteren ist dagegen das Erleben des Anbruchs der Parusie nicht mehr nahezu selbstverständlich, sondern der Tod vor dieser Zeit eine ernstzunehmende Möglichkeit für den Christen geworden. Daher muß zwischen beiden Briefen ein zeitlicher Abstand angenommen werden. Der 1.Thess. verweist auf einen Zeitraum ungefähr 10 - 13 Jahre nach dem Tod Jesu. Der 1.Kor. dagegen auf eine 8 - 11 Jahre spätere Situation (S. 213-271).

Nach der Auslegung von Lüdemann läßt sich der Zeitablauf aus der Sicht der paulinischen Biographie in etwa so rekonstruieren: Seit dem Jahre 36 gab es eine "eigenständige paulinische Mission in Europa" und damit war der erste Besuch in Korinth im Jahre 41 verbunden. Danach kommt das Wirken in Galatien und der Zwischenfall in Antiochien, auf den 47 das Apostelkonzil in Jerusalem folgte. Daraufhin kehrt Paulus nach Galatien zurück, um von dort nach Ephesus aufzubrechen, wo er sich in den Jahren 48 - 50 aufhält. Anschließend folgen die Überwinterungen 50/51 in Makedonien und 51/52 in Korinth, und von dort aus die Reise nach Jerusalem im Frühjahr 52. Bei einer anderen Datierung des Todes Jesu bietet sich als zweite mögliche Alternative eine Chronologie an, in der einfach zu den jetzt genannten Jahreszahlen jeweils 3 Jahre hinzugezählt werden (S. 272-273).

Jewett konstruiert seine Chronologie vor allem auf den Aussagen des Paulus in Gal. 1,18; 2,1. Dort gibt Paulus zu verstehen, daß zwischen seiner Bekehrung und dem Apostelkonzil insgesamt 17 Jahre vergangen sind. Zusätzlich ist der Lebenslauf des Paulus vor allem auf folgende chronologische Stützpfeiler aufzurichten: Paulus kam zu seinem ersten Besuch in Korinth im Winter 49/50 an (Gallio!). Seine Flucht aus Damaskus konnte nur in den Jahren 37 - 39 geschehen sein und der Kreuzestod Jesu muß auf das Jahr 33 angesetzt werden. Diese Fakten erlauben nicht, das Apostelkonzil wie üblich auf das Jahr 47/48 zu datieren. Seit der Bekehrung des Paulus hätten nicht 17 Jahre bis zum Konzil vergehen können. Außerdem hätte Paulus niemals auf der in der Apg. beschriebenen Route und vor dem Hintergrund sowohl der in der Apg. als auch den paulinischen Briefen beschriebenen Ereignisse für den Winter 49/50 nach Korinth reisen können, wenn das Apostelkonzil auf das Jahr 47 oder 48 angesetzt werden müßte (S. 29, 32-33, 52-54, 57-62).

Jewett stimmt mit Lüdemann darin überein, daß das selbständige apostolische Wirken des Paulus schon vor dem Apostelkonzil seinen Anfang genommen hatte. Abweichender Auffassung ist er, indem er das Konzil erst auf das Jahr 51 ansetzt. In diesem Rahmen kann man die traditionelle Datierung des Ediktes des Claudius auf das Jahr 49 n.Chr. beibehalten. Auch Jewett ist der Meinung, daß in Apg. 18,18-22 innerhalb der Gesamtkomposition der Apg. am ehesten der Besuch in Jerusalem geschildert ist, in dessen Verlauf das Apostelkonzil zusammentrat. Der Zeitplan des Paulus verschiebt sich durch diese Datierung des Apostelkonzils und des darauf folgenden Zwischenfalls in Antiochien so, daß Paulus erst im Spätherbst 52 nach Ephesus zurückkehren konnte. In Ephesus war Paulus laut Jewett über drei Jahre tätig, so daß er erst im Jahre 56 dazu kam, die Stadt zu verlassen. Ein so langer Aufenthalt in Ephesus scheint für Jewett deswegen so wichtig zu sein, da er auf Grund der in Apg. 20,6-7 aufgeführten Wochentage und anderer Zeitangaben die Reise des Paulus von Korinth nach Jerusalem auf das Jahr 57 n.Chr. ansetzen will (S. 49-50, 84, 98).

Bei dem zuletzt genannten Punkt setzt Jewett ein zu strenges Maß an wenn man die Ungenauigkeit des Textes (Apg. 20,6-7) und die Eigenart der fraglichen Tradition ernst nimmt. Das Jahr 57 bietet somit keinen neuen, absoluten Fixpunkt auf den man eine Chronologie des Paulus neben anderen Fixpunkten aufbauen könnte. Ansonsten enthalten die Theorien Jewetts und Lüdemanns sowohl Wertvolles als auch Überlegungen, die man nicht akzeptieren kann. Lüdemann ist bestrebt, konsequent daran festzuhalten, dem paulinischen Briefstoff den Vorrang einzuräumen, wenn es darum geht, für die Chronologie des Lebenslaufes des Paulus relevante Informationen zu sammeln und zu analysieren. Ihm gelingt es an vielen Stellen aufzuzeigen, auf wie schwachen Füßen viele Zeitangaben in der Apg. stehen, gleichzeitig aber auch, daß der von Lukas bearbeitete Stoff oft wertvolle Informationen bietet. Lüdemanns Stärke scheint jedoch eher im Destruktiven als in Konstruktiven zu liegen, wenn auch auf dem ersteren Gebiet eine oft zu kritische Einstellung deutlich wird. Sichtbar wird dies z.B. bei der Behandlung des Ediktes des Claudius, dessen möglichst frühzeitige Datierung einer der Grundpfeiler für die Theorie Lüdemanns ist, mit denen sie steht und fällt. An dieser Stelle überzeugt mich seine Argumentation nicht. Gegen seinen zentralen Grundsatz scheint er auch bisweilen das, was Paulus selbst schreibt, nicht genügend ernst zu nehmen. Die Auslegung der Kap. 1 und 2 des Galaterbriefes macht aus diesem Blickwinkel keinen überzeugenden Eindruck. Eine Berufung auf die apologetische Rhetorik reicht nicht aus, den Leser davon zu überzeugen, daß Paulus die Ereignisse nicht in der ursprünglichen Reihenfolge wiedergäbe.[14]

Jewett stimmt bei seiner Auseinandersetzung mit der Theorie Lüdemanns der Auffassung zu, daß das Apostelkonzil erst auf dem in Apg. 18,18-22 berichteten Jerusalembesuch anzusetzen ist. Zu diesem Ergebnis kommt er auch auf eigenen Wegen, vor allem deshalb, weil er das Wort des Apostels über die 17 Jahre zwischen seiner Bekehrung und dem zweiten Jerusalembesuch ernst nimmt. In diesem Einzelergebnis dürfte der wichtigste gemeinsame Beitrag dieser beiden Exegeten für die Diskussion über die Chronologie des Lebens des Paulus liegen.[15] Hinter dieser Theorie steht die Auffassung, daß der Verfasser der Apg. eine Gesamtkonzeption hat, die durch die dogmatische Bevorzugung der Apostel in Jerusalem beherrscht wird. Er mußte das Apostelkonzil früher ansetzen, da nach seiner Auffassung Paulus seiner Missionsarbeit unter den Heiden mit voller Kraft erst nachgehen konnte, nachdem er in Jerusalem grünes Licht dazu erhalten hatte. Falls man diese Theorie übernimmt, ist man genötigt, aufgrund der Ereignisse in Jerusalem und Antiochien zusätzliche Zeit für die Reise anzusetzen, die laut Apg. 18,18-23 Paulus von Korinth nach Ephesus führte. Zu den für die sog. "dritte Missionsreise" geltenden Jahreszahlen, mit denen ich im Folgenden operiere, müßte dann vielleicht jeweils ein Jahr addiert werden. Da die Fakten für die Aufstellung eines absoluten Zeitplanes auch sonst einen gewissen Spielraum lassen, hat diese Theorie keine entscheidende Auswirkung auf die Beschäftigung mit dem Teil der paulinischen Chronologie, die uns in dieser Untersuchung vor allem interessiert. Bei der Rekonstruktion einer absoluten Zeitrechnung müssen auch sonst Schwankungen von einem oder zwei Jahren in der einen oder anderen Richtung in Kauf genommen werden.

Auch wenn der Aufenthalt in Antiochien neben der Durchreise durch Galatien und Phrygien sehr knapp abgehandelt wird, darf man annehmen, daß Paulus zumindest in Galatien einige Zeit verbrachte. Er gründete in diesem Gebiet wahrscheinlich schon auf seiner sog. "zweiten Missionsreise" Gemeinden (Apg. 16,6; Gal. 4,13). Mit "Galatien" ist in diesem Zusammenhang das Gebiet von Zentralanatolien gemeint, nicht die ganze 24 v.Chr. gegründete römische Provinz.[16] Paulus verfolgte mit seinem zweiten Besuch bei den Galatern nach Apg. 18,23 die Absicht, diese zu "stärken" d.h. sie noch fester im christlichen Glauben zu verwurzeln. Aufgrund von 1.Kor. 16,1 können wir ferner den Schluß ziehen, daß Paulus in den Gemeinden von Galatien u.a. die Sammlung der Kollekte für Jerusalem organisierte. Das Gebiet ist weiträumig und es gab dort wahrscheinlich viele Gemeinden, so daß die Durchführung dieser Aufgabe sicher auch einige Zeit in Anspruch nahm. Deshalb ist anzunehmen, daß Paulus, falls er im Sommer 51 nach Palästina kam, nicht vor dem Frühjahr 52 Ephesus erreichen konnte. In der Apg. ist der Bericht über die Reise des Paulus von Antiochien nach Ephesus durch die Schilderung des Wirkens von Priscilla und Aquila in Ephesus unterbrochen. Das stützt weiterhin die These, daß sich Paulus in den "Hochlandgemeinden" etwas länger aufhielt, auch wenn der Verfasser der Apg. keine Informationen darüber hatte, was Paulus auf dieser Reise neben der "Stärkung der Jünger" sonst noch tat.[17]

c) Erste Kontakte mit den Korinthern von Ephesus aus

Es ist verständlich, daß Paulus möglichst bald nach seiner Ankunft in Ephesus versuchte, mit seinen früher gegründeten Gemeinden in Kontakt zu kommen. In 1.Kor. 5,9 wird auf den verloren gegangenen allerersten

Brief des Paulus nach Korinth hingewiesen. Für die Frage, wann diese Kontaktaufnahme stattfand, sollte zunächst beachtet werden, daß Paulus nach der Apg. in Ephesus ziemlich lange Zeit verbrachte. Wenn man Apg. 19,8-10 folgt, wirkte Paulus insgesamt zwei Jahre und drei Monate in Ephesus. Dieser Zeit muß jedoch wahrscheinlich noch angefügt werden, was in Apg. 19,22 mit der unbestimmten Angabe "eine Weile" gemeint ist.[18] Paulus wirkte in Ephesus also ungefähr zweieinhalb Jahre. Damit steht die Zeitangabe in Apg. 20,31 "drei Jahre" nicht in Widerspruch; es handelt sich dabei nur um eine natürliche Aufrundung nach oben.[19]

Nach der Apg. hatte Paulus reichlich Zeit, seine Beziehungen zur Gemeinde von Korinth in der Weise zu pflegen, wie aus den beiden Korintherbriefen geschlossen werden kann.[20] Neben der natürlichen Verantwortung und dem Interesse, die Paulus der von ihm gegründeten Gemeinde entgegenbrachte, gibt es noch andere, später ausführlicher zu behandelnde, Gründe für die Annahme, daß Paulus den in 1.Kor. 5,9 erwähnten Brief nach Korinth schon im Laufe des Jahres 52 schrieb. Die Gemeinde beantwortete diesen Brief ihrerseits mit einem Brief; auf die darin angesprochenen Themen und darin gestellten Fragen nimmt Paulus im 1.Kor. immer wieder Bezug (z.B. 1.Kor. 7,1). Möglicherweise gelangte der Brief der Korinther erst im Frühjahr 53 in die Hände des Paulus. Jedenfalls ist sein Antwortbrief im Frühjahr, wahrscheinlich zu Ostern 53 entstanden.[21] Die Korinther, Stephanas, Fortunatus und Achaikus, die Paulus einen Besuch abstatteten, überbrachten wahrscheinlich den Brief nach Korinth (1.Kor. 16,17). Die gleichen Männer hatten vorher möglicherweise auch den Brief der Korinther mitgebracht.[22] Paulus erhielt aber nicht nur durch sie Nachrichten aus Korinth. Möglicherweise hatten ihn schon vor deren Ankunft die "Leute der Chloe" informiert (1.Kor. 1,11).[23] Schon bevor er sich an den 1.Kor. machte, hatte Paulus seinen Mitarbeiter Timotheus auf eine Reise geschickt, auf der Korinth die letzte Station vor der Rückkehr war (1.Kor. 4,17; 16,10-11). Paulus ging davon aus, daß Timotheus noch vor Pfingsten zu ihm nach Ephesus zurückkehren würde, denn um Pfingsten herum gedachte er selbst, sich auf die Reise zu begeben (1.Kor. 16,8). Seine Absicht war es, über Makedonien nach Korinth zu gelangen, um dort zu überwintern (1.Kor. 16,5-6). Aus dem 2.Kor. wird deutlich, daß aus diesem Vorhaben nichts wurde. Irgendetwas war dazwischen gekommen.

Die Korinther hatten sich in ihrem Brief bei Paulus über die Kollekte für Jerusalem erkundigt. Die Spendenangelegenheit war zu dieser Zeit auch in anderen von Paulus gegründeten Gemeinden aktuell (1.Kor. 16,1). Da nach dem 1.Kor. die Sammlung der Kollekte schon im Frühjahr 53 in Korinth aktuell war, und da nach 2.Kor. 8,6 Titus damit beschäftigt war, die Sammlung in Korinth in Gang zu bringen, fand der Besuch des Titus in Korinth in dieser Angelegenheit im Frühjahr oder Sommer 53 statt.[24] Das bedeutet gleichzeitig, daß die Sammlung nicht so vonstatten ging, wie Paulus sich das in 1.Kor. 16,1-4 vorgestellt hatte. Welche Komplikationen tatsächlich aufgetreten sind, darüber lassen sich zum größten Teil nur Mutmaßungen anstellen.

Eine Möglichkeit wäre, anzunehmen, daß Timotheus, schon als er von seiner Reise zurückkehrte, in der Lage war, über die Reaktion der Korinther auf den 1.Kor. zu berichten. Er erzählte Paulus, daß sich die Korinther damit schwertun, mit eigenen Kräften die Geldsammmlung in Gang zu bringen. Einige Exegeten nehmen an, daß Timotheus noch viel ernstere Nachrichten Paulus überbracht haben dürfte. Sie meinen, daß er schon zu spüren bekommen hätte, daß sich die Gemeinde von Paulus lossagt. Diese Information hätte dann Paulus veranlaßt, seine Pläne zu ändern und rasch Maßnahmen zu ergreifen.[25] Er sandte in dieser Situation Titus in die Gemeinde; als dieser dann mit dem Versuch scheiterte, die Lage in Ordnung zu bringen, hätte Paulus sich selber zu seinem "Zwischenbesuch in Traurigkeit" auf den Weg gemacht.[26] Wieder andere sind der Auffassung, daß Titus noch nicht in diesem Zusammenhang mitwirkte, sondern Paulus selbst seinen mißglückten "Zwischenbesuch" unternahm, sofort nachdem Timotheus die schlechten Nachrichten überbracht hatte.[27] Da nach der nächstliegenden Auslegung von 2.Kor. 12,18 der erste mit der Kollektenfrage verbundene Besuch des Titus in der Gemeinde in jeder Hinsicht den Korinthern genehm war, kann man den Bruch zwischen Paulus und der Gemeinde noch nicht so früh ansetzen.[28] Man könnte deshalb annehmen, daß Timotheus Paulus nur die erwähnten geringeren Probleme schilderte. Dieser könnte dann Titus nach Korinth geschickt haben, damit sich nicht das bewahrheiten würde, was er in 1.Kor. 16,2 befürchtete. Ein weiterer Grund dafür, Titus loszuschicken, könnte darin bestanden haben, daß Paulus sich bewußt wurde, für längere Zeit an Ephesus gebunden zu sein, als er ursprünglich angenommen hatte. In 1.Kor. 16,9 beschreibt er diese Situation folgendermaßen: θύρα μοι ἀνέῳγεν μεγάλη καὶ ἐνεργής, καὶ ἀντικείμενοι πολλοί. Eine so beschriebene Situation konnte möglicherweise auch bis Pfingsten nicht bereinigt worden sein.

d) Die im Galater-, Philipper-, und Philemonbrief vorausgesetzte Situation als Grund für den verlängerten Aufenthalt in Ephesus

Die sich in den Gemeinden von Galatien gegen Paulus herausbildende Opposition, wie sie der Gal. voraussetzt, gehörte möglicherweise zu den Faktoren, die Paulus länger in Asien festhielten. Suhl beispielsweise ist der Auffassung, daß Paulus von den Schwierigkeiten in Galatien gerade in der Zeit zwischen der Absendung des 1.Kor. und den darauffolgenden Pfingsttagen Kenntnis erhielt. Er bringt dafür u.a. folgende Argumente vor: 1) Timotheus wird nicht als Mitabsender des Gal. erwähnt. Dies kann ein Zeichen dafür sein, daß er sich auf der Reise nach Korinth befand, als der Brief geschrieben wurde. 2) Nach Gal. 4,20 kam Paulus nicht nach Galatien, obwohl es von Ephesus, wo der Brief aller Wahrscheinlichkeit nach entstand,[29] keine unverhältnismäßig lange Strecke nach Galatien ist. Grund für die Verhinderung des Paulus konnte gewesen sein, daß seine Hände schon durch die Reise nach Makedonien und Korinth gebunden waren. 3) Die Berufung des Paulus auf die Gemeinden in Galatien in 1.Kor. 16,1 spricht dafür, daß er damals noch nicht wußte, wie ernst der Zustand dieser Gemeinden war.[30]

Ohne dazu Stellung nehmen zu wollen, ob es einen zwingenden Grund gibt, die schlechten Nachrichten aus Galatien gerade in der Zeit vor Pfingsten anzusetzen, halte ich es ansonsten allerdings sehr wohl für möglich, daß gerade die Schwierigkeiten in Galatien erst nach der Sendung des 1.Kor. begannen, nachdem Paulus von der Tätigkeit der in die Gemeinde eingedrungenen judenchristlichen Agitatoren gegen ihn zu hören bekommen hatte.[31] Sicher war die in Galatien herrschende üble Lage der Grund dafür, daß Paulus abgesehen von einer entfernten Anspielung in Gal. 2,10 in diesem Brief sonst nichts über eine für Jerusalem zu sammelnde Geldspende mitteilt, obwohl diese schon früher eingeleitet worden war. Es wäre auch müßig gewesen, die Rede auf die Kollekte zu bringen, bevor die Streitigkeiten, die das Verhältnis zwischen Paulus und der Gemeinde so stark belasteten, beigelegt worden wären. Hier liegt eine Analogie dazu vor, daß Paulus auch in 2.Kor. 10 - 13 nichts von der schon in Gang gebrachten Kollekte erwähnt. Wir wissen nichts Genaueres darüber, wie der Kampf in Galatien ausging. Jedenfalls werden die Galater im Zusammenhang mit der Übermittlung der Kollekte nicht erwähnt.[32]

Auch die im Phil. wiedergegebene Situation konnte den Anlaß für den verlängerten Aufenthalt des Paulus in Ephesus geboten haben. Viele Anzeichen in diesem Brief weisen darauf hin, daß er eher in Ephesus als in Rom oder Cäsarea geschrieben wurde.[33] Es muß sich wohl um eine geschäftige Großstadt gehandelt haben (1,12-17). Paulus "weiß", daß er überleben wird und wieder zu den Philippern zurückkehren wird (1,25-26; 2,24). Dies ist ein Umstand, der nicht so einfach mit der Gefangenschaft in Rom in Einklang zu bringen ist, aber ausgezeichnet in die Jahre paßt, die Paulus in Ephesus verbrachte. Ferner setzen die Aussendung des Epaphroditus aus Philippi mit Hilfsgütern zur Unterstützung des Paulus und die Schnelligkeit, mit der die Information von der Krankheit des Epaphroditus und die Reaktionen der Philipper darauf umliefen (2,25-26; 4,18), eine verhältnismäßig kurze Entfernung zwischen Philippi und dem Ort, an dem Paulus gefangen gehalten wurde, voraus. Dazu eignete sich Ephesus weit besser als Rom. Der Angriff des Paulus gegen die Juden in Phil. 3,2 paßt wiederum gut in das gleiche Umfeld, wie die Auseinandersetzungen, von denen im Gal. berichtet wird.

Auch die Weise, wie im Phil. von den Zuwendungen der Gemeinde von Philippi für Paulus gesprochen wird, zeugt eher für Ephesus als Ort der Gefangenschaft des Paulus, als für Rom. Wenn Paulus am Schluß des Briefes für die Unterstützung dankt, die er gerade genießt, ruft er in 4,15 seinen Lesern damit zugleich eine vergangene Situation, in der sie ihn unterstützt hatten, ins Gedächtnis zurück. Diese lag am "Anfang des Evangeliums" (ἐν ἀρχῇ τοῦ εὐαγγελίου), womit Paulus auf sein erstes Wirken in Europa anspielen dürfte.[34] Die Zuwendungen erreichten Paulus, als er sich aus "Makedonien" aufmachte. Die Formulierung ist hier unpräzise. Paulus meint wohl eher die Stadt Philippi, denn im Anschluß daran spricht er von Thessalonich wie von einem Ort, der außerhalb Makedoniens liegt (Phil. 4,16). Die Unterstützung wurde zunächst in mehreren Schüben nach Thessalonich (Phil 4,16), später aber auf derselben Missionsreise auch in Gegenden außerhalb Makedoniens bzw. nach Korinth geschickt, wie aus 2.Kor. 11,9 hervorgeht.[35] Wenn zwischen dieser ersten Hilfsaktion und der Hilfe, die ihm gerade in der Gefangenschaft erreicht, noch die in 2.Kor. 8 - 9 beschriebene engagierte Teilnahme der Makedonier an der für die Jerusalemer Armen bestimmten Kollekte liegen würde, könnte man erwarten, daß Paulus sie erwähnt hätte, als er von den guten Werken der Philipper bei der Unterstützung anderer sprach.

Auch ἐν φυλακαῖς περισσοτέρως in 2.Kor. 11,23 weist auf eine Gefangenschaft während der Zeit in Ephesus. Allein die in Apg. 16,23-40 berichtete Gefangenschaft reichte nicht aus, um Paulus zu einer solchen Aussage das Recht zu geben, und andere Berichte über den Aufenthalt des Paulus im Gefängnis vor dem Zeitpunkt der Sendung des "Tränenbriefes" gibt es nicht. Es besteht also klar die Notwendigkeit, Zeiten in der Chronologie des Paulus ausfindig zu machen, wo er sich in

Gefangenschaft befand, und zwar vor dem "Zwischenbesuch". Der Hintergrund des Phil. bietet sich an, diese Lücke zu füllen, wenn man in der Tat die in diesem Brief vorausgesetzte Gefangenschaft in die Zeit des Aufenthaltes des Paulus in Ephesus datiert, genauer noch, in den Zeitraum, als der "Tränenbrief" noch nicht nach Korinth abgeschickt worden war.

Es gibt noch andere Stellen bei Paulus, die für die Wahrscheinlichkeit der hier vorgestellten Lösung sprechen. Paulus sagt im Phil., daß er beabsichtigt, Timotheus sofort nach Philippi zu schicken, wenn eine Entscheidung in seiner Angelegenheit gefällt ist (2,19-23). Timotheus befand sich mit Paulus in Makedonien, als 2.Kor. 1 - 9 geschrieben wurde (1,1). Auf dieser Basis läßt sich gut denken, daß Paulus Timotheus tatsächlich wie versprochen schon im voraus nach Philippi geschickt hatte. Somit hätte Timotheus auf Paulus gewartet, als dieser endlich nach ereignisreichen "Zwischenbesuchen" und anderen Ereignissen nach Makedonien kam (2.Kor. 7,5). Da die Gefangenschaft in Ephesus Paulus daran hinderte, seinen Reiseplan so, wie in 1.Kor. 16 geplant, in die Tat umzusetzen, mochte er während dieser Gefangenschaft einen neuen Plan ausgearbeitet haben und zwar den aus 2.Kor. 1,15-16. Dieser Plan sah vor, daß er über Korinth nach Makedonien reisen würde. Als er sich dann aufgemacht hätte, den Plan in die Tat umzusetzen, hätte sich Timotheus auf einem anderen Weg direkt nach Makedonien begeben. Als Paulus dann überraschenderweise nach Ephesus zurückkehren mußte, war Timotheus natürlich nicht mehr dort. Darin könnte noch ein weiterer Grund dafür liegen, daß Titus und nicht Timotheus der Überbringer des "Tränenbriefes" wurde.

Eine andere Alternative, den Reiseplan aus dem Phil. zu verstehen, ist die Annahme, daß der Phil. schon vor der Abfassung des 1.Kor. geschrieben wurde und die Anspielungen auf die bevorstehende Reise des Paulus nach Philippi darin deckungsgleich mit dem in 1.Kor. 16,5-8 vorgestellten Reiseplan wären. Die Schwierigkeit dabei liegt jedoch darin, daß es im 1.Kor. keine ausreichenden Hinweise auf eine gerade durchlebte Gefangenschaft gibt. 1.Kor. 15,32 kann nicht auf eine länger währende Gefangenschaft hinweisen, wie sie im Phil. vorausgesetzt ist. Man könnte natürlich versuchen, das damit zu erklären, daß diese Gefangenschaft schon zur Genüge im verlorengegangenen allerersten Brief an die Korinther zur Sprache gekommen wäre. Dies ist allerdings wenig wahrscheinlich, denn nach dem Phil. hatte Paulus vor, "schnell" nach Makedonien zu kommen (Phil. 2,24), während wiederum erst im 1.Kor. der Plan des Paulus, sich aus Ephesus loszureißen und auf die Reise zu gehen, sichtbar wird. Auch dann handelt es sich nicht um eine plötzliche, sondern wenigstens einige Monate bis "Pfingsten" hinziehende Abreise. Nachdem er den allerersten Brief geschrieben hatte, verbrachte Paulus also noch eine geraume Zeit in Ephesus.[36]

Wir haben oben schon darauf hingewiesen, daß der Phil. auch nicht bruchlos in die Zeit nach dem "Zwischenbesuch" eingeordnet werden kann. Als weitere Gründe lassen sich anführen: Paulus deutet mit keinem Wort auf eine Gefangenschaft hin, wenn er in 2.Kor. 1,23; 2,1 die Gründe für die Absage seiner Rückreise anführt. Es handelte sich dabei vielmehr um einen aus freiem Willen und freier Überlegung geborenen Entschluß. Eine Gefangenschaft, die ihn in dieser Situation getroffen hätte, hätte Paulus eine willkommene Möglichkeit geboten, überzeugend zu erklären, warum er die Pläne gegen seinen Willen geändert hatte.

Es hätte sich aber auch so abspielen können: Paulus hatte den "Tränenbrief" schon abgeschickt, als er in die im Phil. erwähnte Gefangenschaft geriet. Weil er im "Tränenbrief" schon offen bekannt hatte, völlig aus eigenem Antrieb von seiner Rückkehr nach Korinth Abstand genommen zu haben, hatte er keinen Vorteil mehr von dieser neuen "force majeure" und konnte sein Fernbleiben auch nicht mehr damit entschuldigen. Um diese nur theoretische Möglichkeit glaubhaft werden zu lassen, sind allerdings einige Zusatzannahmen nötig, die nicht sehr wahrscheinlich sind. Die Gefangenschaft, die sich im Hintergrund des Phil. abzeichnet, war verhältnismäßig lang, da innerhalb dieser Zeit mehrere Kontaktaufnahmen zwischen Philippi und Ephesus möglich waren. Dieser etwas zu lang geratene Zwangsaufenthalt des Paulus in Ephesus paßt nicht damit zusammen, daß Titus aller Wahrscheinlichkeit nach der Überbringer des "Tränenbriefes" war. Eine mehrere Monate dauernde unerwartete Gefangenschaft, von der Titus, der sich mit dem "Tränenbrief" auf die Reise begab, nichts gewußt hätte, hätte natürlich den Plan des Paulus, ihn in Troas zu treffen, vollends zunichte gemacht. Die Tatsache, daß Paulus seinerseits am vereinbarten Treffen festhielt, als er Ephesus verließ, zeigt, daß sich seine eigene Abreise, die nach der Abreise des Titus nach Korinth geschah, nicht allzusehr hinauszögert haben konnte. Da weiterhin am wahrscheinlichsten ist, daß innerhalb der Geschichte des Verhältnisses zwischen Paulus und der Gemeinde in Korinth alle Ereignisse vom "Zwischenbesuch" bis zur dritten Ankunft des Paulus in Korinth in ein und derselben Reiseperiode, nämlich dem Zeitraum zwischen März und Oktober 54 stattfanden, ist der Zeitaufwand, den allein schon diese Ereignisse erfordern, selbst schon viel zu groß, als daß in dieser Zeit noch eine Gefangenschaft, wie sie der Phil. voraussetzt, vorstellbar wäre.

Als ein Argument gegen diese Kritik könnte man 2.Kor. 1,8-10 in Anspruch nehmen, wo Paulus von einer "großen Bedrängnis" in Asien spricht. Wie wir schon früher festgestellt haben, gibt Paulus hier seine Todesgefahr den Korinthern als einen neuen Sachverhalt bekannt. Anders gesagt, die "Bedrängnis" hatte ihn erst nach der Abfassung des "Tränenbriefes" ereilt. Könnte man in diesen Versen nicht einen Fixpunkt sehen, mit dessen Hilfe sich die Gefangenschaft einordnen ließe, die den Hintergrund für den Phil. bildet? Es handelt sich hier aber am wahrscheinlichsten um eine von Behörden verursachte Schwierigkeit, möglicherweise eine andere Gefangenschaft oder einen Arrest, der mit der Androhung eines Todesurteils verknüpft war (1,9). In keiner Weise legen die Verse jedoch nahe, daß es sich um eine längerfristige Bedrängnis gehandelt hätte. Eher ist das Gegenteil der Fall.

In der Apostelgeschichte stößt man auf Parallelmaterial für das betreffende Ereignis (Apg. 19,20 - 20,3). Den Aufstand des Silberschmieds Demetrius gegen Paulus dürfte man nämlich als die "lukanische" Version der in Asien durchlittenen "Bedrängnis" verstehen können. Aus dem, was Paulus darüber schreibt, muß zwar geschlossen werden, daß der Aufstand nicht so harmlos ablief, wie der Verfasser der Apg. aufgrund seiner eigenen Quellen und seiner Tendenz zu berichten weiß.[37] Man kann den Bericht der Apg. jedenfalls in der Hinsicht als verläßlich ansehen, als es sich um eine verhältnismäßig kurze Episode handelte, und Paulus sich schon vorher darauf eingerichtet hatte, Ephesus endgültig den Rücken zu kehren (Apg. 19,21) und daß er schon vor Ausbruch der Unruhen dazu kam, Timotheus zusammen mit einem Mitarbeiter nach Makedonien zu schicken (Apg. 19,22). Auch wenn die Apg. dies mit keinem Wort erwähnt, schaffte es Paulus noch vor dem Ausbruch des Tumults, den "Zwischenbesuch" in Korinth abzustatten und danach auch Titus mit dem "Tränenbrief" dorthin zu schicken. Auch 2.Kor. 1,8-10 verändern nicht das Bild von dem historischen Hintergrund des Phil., das wir aus anderen Überlegungen gewonnen haben: die im Brief vorausgesetzte Gefangenschaft fiel zeitlich aller Wahrscheinlichkeit nach in den Zeitraum zwischen der Abfassung des 1.Kor. und dem "Zwischenbesuch".[38]

In die gleiche Situation wie der Phil. gehört sicher auch der Brief an Philemon in Kolossä.[39] Auch hier paßt Ephesus besser als Abfassungsort als Rom. Für einen aus Kolossä geflüchteten Sklaven war es nämlich viel einfacher, sich in die nächste Großstadt durchzuschlagen als in das ferne Rom, wohin die Reise sehr teuer war. Zudem war die Jagd auf Sklaven in Rom gut organisiert, während es in Kleinasien verhältnismäßig leicht war, der Festnahme zu entgehen. Auch der Wunsch des Paulus, Philemon möchte ihm eine Herberge bereiten (22), paßt problemloser nach Ephesus als nach Rom. Von Rom aus geäußert, hätte die Bitte nach einer Herberge wenigstens einiger zusätzlicher Erklärungen bedurft, in denen Paulus seine Reisepläne zurück in die östlichen Gebiete des Mittelmeerraumes dargelegt hätte.[40]

Die Bitte um eine Herberge im Philemonbrief scheint gegen die zuvor skizzierte These zu sprechen, daß die Gefangenschaft in Ephesus erst in die Zeit zwischen dem Abschicken des 1.Kor. und dem "Zwischenbesuch" angesetzt werden kann. Zu diesem Zeitpunkt hätten sich, könnte man annehmen, die Reisepläne des Paulus lediglich nach Korinth und Makedonien, nicht aber mehr nach Kolossä orientiert.[41] Nach der Luftlinie liegt Kolossä nicht viel näher als das in völlig anderer Richtung liegende Troas, wohin sich Paulus schließlich wandte. Von Kolossä nach Ephesus führt der Reiseweg ungefähr 140 km lang durch leicht zu durchwandernde Täler, so daß vielleicht Paulus doch mit dem Gedanken spielte, dort und in den Gemeinden der näheren Umgebung von Kolossä einen Abstecher zu machen, bevor sich die Reise endgültig nach Westen richtete.

Die Reiseroute des Paulus auf der geplanten Reise nach Kolossä könnte in etwa so ausgesehen haben: Ephesus - Magnesia - Tralles - Laodizea - Kolossä. Wenn der Besuch Teil eines weitergefaßten Plans, durch Makedonien nach Korinth zu wandern, gewesen wäre, hätte Paulus von Kolossä über Laodizea und Hierapolis nach Philadelphia gehen können und sich von dort durch Sardes und Thyatira nach Pergamon wenden können, wo der durch den Exkurs in Kolossä verursachte Umweg mit der direkten Route zusammenfiel. In allen genannten Städten auf dieser Route gab es schon im 1. Jahrh. (vor Trajan) eine christliche Gemeinde.[42] Dieser Umstand spricht dafür, daß es für Paulus sinnvoll war, diesen Abstecher vom direkten Kurs auch aus anderen Gründen zu machen, als nur aus der Freude, als Gast das Haus des Philemon besuchen zu können. Von

Ephesus dauert die Reise nach Kolossä etwa eine Woche, von Kolossä nach Pergamon länger. In jedem Fall konnte Paulus damit rechnen, daß zu dieser zusätzlichen Reise drei bis vier Wochen nötig waren. Mit der Annahme, Paulus hätte schon vor dem Absenden des Philemonbriefes entschieden, die Reise gemäß dem Plan 2.Kor. 1,15-16 durchzuführen, wird das Problem noch weiter vereinfacht. Es handelte sich dann um eine ungefähr drei Wochen dauernde Hin- und Rückreise nach Kolossä und zu den Nachbargemeinden, die stattfand, bevor Paulus über das Meer direkt nach Korinth zu dem als "zweite Gnade" gedachten Besuch abreiste.

Ein Abstecher nach Kolossä konnte in jedem Fall bedeutend leichter bewerkstelligt werden als eine Reise nach Galatien, die Paulus nach allem zu schließen nicht mehr zu unternehmen können glaubte (Gal. 4,20). Auf der anderen Seite wissen wir nicht, wie sicher sich Paulus der Reise nach Kolossä überhaupt war. Aber auch wenn es sich bei der ganzen Reise nur um eine vage Idee handeln würde, die ihm beim Diktat des Briefes in den Sinn gekommen wäre, hätte die Berufung auf sie doch der Bitte des Paulus um gute Behandlung des Onesimus (10.15-20) zusätzlichen Nachdruck verliehen: es wäre gut für Philemon zu wissen, daß Paulus bald mit eigenen Augen sehen würde, was für eine Wirkung sein Brief gehabt hatte.[43]

e) Die zeitliche Einordnung des "Zwischenbesuchs" und sein Verlauf

Als Titus sich 53 in Korinth aufhielt, konnte er kaum nähere Angaben über die genauen Reisepläne des Paulus machen. Vermutlich überblickte Paulus selbst nicht mehr so recht die Lage. Wir wissen daher auch nicht viel darüber, was Titus den Korinthern über den Reiseplan aus 2.Kor. 1,15-16 erzählen konnte.[44] Auf seiner erfolgreichen Reise konnte Titus offensichtlich nur sagen, daß Paulus käme, sobald er dazu in der Lage wäre. Die Korinther sahen dies wahrscheinlich ein. Die Ankunft des Paulus in Korinth verzögerte sich vermutlich über die kommende Wintersaison hinaus, so daß er doch sehr wahrscheinlich zu seinem "Zwischenbesuch" erst nach Beginn der Segelsaison im Frühjahr 54 aufbrach.

Für die Annahme einer so langen Verzögerungszeit gibt es viele Gründe. Zwar war schon die Rede davon, daß die lange Gefangenschaft des Paulus in Ephesus wahrscheinlich gerade in diesen Zeitraum fiel. Anderseits gab es auch in Korinth nach dem Absenden des 1.Kor. Veränderungen, die Zeit brauchten, um zu reifen und sich zu verwirklichen. In der Gemeinde waren neue Lehrer, "Superapostel", aufgetreten, die die Gemeinde auf ihre Seite gegen Paulus zogen. Die Ablösung von Paulus, von der wir aus 2.Kor. 10 - 13 erfahren, war verglichen mit der Situation im 1.Kor. so tiefgreifend, daß man nicht umhin kommt, für diese Entwicklung viel Zeit in Rechnung zu stellen. Vom Besuch des Titus im Sommer 53 bis hin zum Besuch des Paulus im Frühjahr 54 war die Gemeinde ohne die sorgende Obhut des Paulus. Diesen belasteten offensichtlich zu dieser Zeit auch völlig andere Sorgen. Die Gemeinde konnte sich daher wie ein vernachlässigtes Kind in eine recht fragwürdige Richtung entwickeln, wofür sie nach dem Zeugnis des 1.Kor. schon ausreichende Voraussetzungen hatte. Der dritte Grund, den "Zwischenbesuch" erst auf das Frühjahr 54 anzusetzen, hängt damit zusammen, daß man dadurch in der paulinischen Chronologie der Information aus 2.Kor. 8,6.10; 9,2 gerecht wird, daß seit dem Beginn der Kollektensammlung während des Schreibens der Kap. 8 - 9 wenigstens ein Jahr vergangen war.

Die Annahme, daß der "Zwischenbesuch" in die Frühjahrszeit fiel, ist auch deshalb äußerst wahrscheinlich, weil er zu raschen Folgemaßnahmen führte. Paulus schrieb noch unter den Eindrücken dieses Besuchs nach seiner Rückkehr den "Tränenbrief" und gab ihn Titus mit auf die Reise; Paulus selbst machte sich in Richtung Makedonien auf, um von dort aus schließlich auch nach Korinth zu kommen. Daher ist nicht wahrscheinlich, daß er den "Zwischenbesuch" z.B. erst im Spätherbst 53 unternommen und Titus erst nach der Winterpause mit dem Brief auf die Reise geschickt hätte. Der "Zwischenbesuch" war aller Wahrscheinlichkeit nach der erste Teil des in 2.Kor. 1,15-16 beschriebenen Doppelbesuches in Korinth. Ein derartiges Reiseprogramm hätte Paulus nicht mehr im Spätherbst beginnen können, als die Ruhezeit des Winters schon vor der Tür stand, außer wenn er zugleich beabsichtigt hätte, auf dem ersten Teil der Doppelreise in Korinth zu überwintern. Von einem solchen Plan findet man bei Paulus jedoch keine Spur. Falls er gedacht hätte, den Doppelreiseplan mit einer Überwinterung in Korinth zu verknüpfen, wäre dafür der günstigste Zeitpunkt während des zweiten Korinthbesuchs und vor der Abreise nach Judäa (2.Kor. 1,16) gewesen. Die Datierung des Doppelreiseprogramms auf den anbrechenden Frühling fügt sich also gut damit zusammen, was wir oben angesichts der nachfolgenden Ereigniskette über den Beginn der vielfältigen Reisen angenommen haben, die tatsächlich von Paulus durchgeführt wurden. Der "Zwischenbesuch" geschah zu einer Zeit, als Paulus und seinen Mitarbeitern noch viel Zeit zum Reisen zur Verfügung stand. Nach unserer Jahreszählung wird der Besuch daher am besten auf das <u>Frühjahr</u> 54 anzusetzen sein.

Paulus brach also Frühjahr 54, nachdem er möglicherweise Kolossä besucht hatte, voller Zuversicht, ohne die bevorstehenden Schwierigkeiten zu ahnen (ταύτῃ τῇ πεποιθήσει) zu einer Reise auf, die ihn zunächst nach Korinth, von dort nach Makedonien und von Makedonien zurück nach Korinth und von dort aus schließlich weiter nach Judäa führen sollte (2.Kor. 1,15-16).[45] Die für die Jerusalemer Gemeinde bestimmte Kollekte hätte im Rahmen dieser Planung noch im Laufe des Jahres 54 ihr Ziel erreichen können. Die besondere Doppelreise nach Korinth läßt sich dadurch erklären, daß Paulus den Korinthern einen Ausgleich dafür bieten wollte, daß er für sie nicht soviel Zeit aufbringen konnte, um eine ganze Wintersaison in der Gemeinde zu verbringen. Die Doppelreise konnte auch den Zweck haben, die Reise des Paulus nach Jerusalem schneller bewerkstelligen zu können, nachdem dieser seinen Beschluß, dorthin zu reisen, gefaßt hatte. Auch gute Schiffsverbindungen von Korinth nach Makedonien hätten zur Beschleunigung der Reise beitragen können. Schließlich kann es auch möglich sein, daß einfach nur böse Ahnungen oder Gerüchte, die Paulus über die aktuellen Ereignisse in Korinth zu Ohren gekommen waren, ihn dazu veranlaßten, den Weg zunächst nach Korinth einzuschlagen. Das "Vertrauen" des Paulus (2.Kor. 1,16) würde dann bedeuten, daß er trotz gewisser gehörter oder geahnter Schwierigkeiten auf die grundsätzliche Loyalität der Gemeinde gegenüber ihrem Apostel vertraute.

Die Begegnung mit den Korinthern wurde jedoch, anders als erwartet, kein freudiges Wiedersehen. Der Besuch wurde im Gegenteil für Paulus eine herbe Enttäuschung und ein großer Mißerfolg. Paulus war nicht imstande, Herr der Lage zu werden, sondern sein einziger Ausweg blieb, der Gemeinde mit seinem erneuten Besuch zu drohen, bei dem er sie nicht schonen würde (13,2). Danach entfernte sich Paulus aus der Stadt und kehrte nach Ephesus zurück. Als seine Pläne in Korinth, u.a. die abschließende Organisation der Kollekte, schiefgingen, war dem gesamten Reiseplan der Boden entzogen. Die Rückkehr nach Ephesus kam praktisch einer Verschiebung des gesamten Reiseprogramms von 1,15-16 in ungewisse Zukunft gleich. In Ephesus beschloß Paulus, nachdem er die Sachlage genauer durchdacht hatte, die Rückkehr nach Korinth aufzugeben. Er hielt es für das Vernünftigste, auf seinen in 1.Kor. 16 angekündigten Reiseplan zurückzukommen, wenn auch mit etwa einem Jahr Verspätung.

f) Die Sendung des "Tränenbriefs" und die Reise durch Makedonien nach Korinth

Noch unter dem frischen Eindruck des "Besuchs in Traurigkeit" diktierte Paulus den Korinthern aus Ephesus den "Tränenbrief" (2,4). Sieht man die Kap. 10 - 13 als den "Tränenbrief" an, so erhält man als Grundthema für diesen Brief die Verteidigung des Paulus gegen die an ihm in Korinth vorgebrachte Kritik sowie die Drohung mit einem erneuten Besuch (z.B. 13,1). Gleichzeitig war der Brief für die Gemeinde das letzte Angebot, die strengen Maßnahmen des Paulus, die dieser bei seiner Ankunft gegen sie ergreifen würde, noch abwenden zu können (13,10). Eigentlich bedeutet schon das Faktum des Briefes selbst eine Rücknahme des Versprechens und ein Abgehen von dem angedrohten baldigen Besuch. Paulus schickte stattdessen Titus mit dem Brief, was die Korinther offensichtlich überraschte.

Die Ankunft des Titus in Korinth muß zeitlich so angesetzt werden, daß sie in die Zeit bald nach der Ankunft des Paulus in Ephesus fällt, denn der "Tränenbrief" entstand, als Paulus noch unmittelbar unter dem Eindruck der erschütternden Ereignisse des "Zwischenbesuches" stand, die ihm das Herz schwer machten (1,23 - 2,4).[46] Der Besuch des Titus mit dem "Tränenbrief" muß daher auf den gleichen <u>Frühling</u> 54 angesetzt werden, in dem auch der "Zwischenbesuch" stattfand. Paulus gab Titus vor der Reise Anweisungen, ihm nach Troas entgegenzugehen, wohin er selbst im Rahmen seines Plans aus 1.Kor. 16 aufzubrechen gedachte. Als Titus schon unterwegs war, aber bevor er sich aus Ephesus loslösen konnte, geriet Paulus dort noch einmal in Todesgefahr (2.Kor. 1,8-11). Sie hielt Paulus so lange auf, daß er bei seiner Ankunft in Troas annehmen mußte, dort von Titus erwartet zu werden. Das war aber nicht der Fall. Trotz der günstigen Umstände mußte er die Evangelisationstätigkeit in Troas bald aufgeben, weil sich Paulus um Titus und die Gemeinde von Korinth Sorgen machte. Er verließ daher Troas und wandte sich nach Makedonien (2,12-13). Für die Zeit der Wirksamkeit in Troas und der Ankunft in Makedonien kann man den Sommer 54 ansetzen.

In Makedonien traf Paulus schließlich auf Titus, der aus Korinth gute Nachrichten mitbrachte.[47] Da Paulus einige Zeit in Makedonien zu verbringen hatte und gleichzeitig den erfolgreichen Abschluß der Kollekte in Korinth sichern mußte - und zwar bevor er selbst dort eintreffen würde, in Begleitung der Mitglieder der Jerusalem-Delegation, denen er vorgepriesen hatte, die Korinther würden mit der Kollekte schon fertig sein (9,2) - mußte er vorher noch einen Brief nach Korinth schreiben (Kap. 1 - 9), welchen Titus unterstützt von zwei Reisegefährten an sein Ziel brachte (2.Kor. 8,16-24). Entstehungszeit dieses Briefes war wahrscheinlich Ende Sommer 54.

Zwischen Troas und Ephesus gab es nach der Tabula Peutingeriana 16 Herbergen.[48] Die Entfernungen zwischen einigen Herbergen waren so gering, daß ihre Zahl die der benötigten Reisetage überstieg. Etwa zwei Wochen dürfte die Reise von Ephesus nach Troas auf jeden Fall gedauert haben. Wenn man die Zeit rechnet, die ein Reisender in der Antike brauchte, um von Ephesus über Korinth und Makedonien nach Troas zu kommen, kann man auf die Zeit schließen, die Paulus nach der Abreise des Titus noch in Ephesus verbringen mußte. Die Zählung geht davon aus, daß Paulus bei seiner Ankunft in Troas annahm, daß Titus schon auf ihn warten würde. Die Seereise von Ephesus nach Korinth dauerte damals ungefähr fünf Tage, die Strecke über Land von Korinth nach Thessalonich ungefähr drei Wochen, von Thessalonich nach Philippi ungefähr fünf Tage,[49] und schließlich die Seereise von Philippis Hafenstadt, Neapolis aus, nach Troas einige Tage. Wenn man noch die Tage hinzuzählt, die natürlicherweise für die Erledigung der Angelegenheiten in den Gemeinden in Anspruch genommen werden mußten, vor allem in Korinth, können wir schließen, daß Paulus und Titus zusammen ausrechneten, daß Titus in Troas ungefähr 40 Tage nach seiner Abreise ankommen würde. Wir können daraus schließen, daß Paulus in Ephesus noch drei bis vier Wochen verbrachte, nachdem er Titus auf die Reise geschickt hatte.

Bei den Berechnungen darf allerdings nicht vergessen werden, daß wir nichts über die Reiseinstruktionen wissen, die Paulus Titus mitgegeben hatte. Falls es zu den Anweisungen für Titus gehörte, direkt von Korinth nach Makedonien zu segeln, verkürzt sich die anzunehmende Aufenthaltszeit für Paulus in Ephesus beträchtlich. Aus irgendeinem Grund hatte sich Titus jedenfalls bei dem Treffen in Troas verspätet. Die Verspätung des Titus kann ihre Ursache z.B. darin haben, daß die von Korinth nach Makedonien über den Seeweg gedachte Reise über den Landweg verlief. Dann hätte Paulus rechnen können, daß er ungefähr zwei Wochen schneller in Troas wäre, als wenn er über Land reisen würde. Dann hätte schon ein nur wenige Wochen dauernder Aufenthalt in Ephesus vor der eigenen Abreise ausgereicht, um Paulus in Troas besorgt werden zu lassen, als er dort Titus nicht antraf. Nach diesem Modell hätte Paulus dem abreisenden Titus also Anweisungen gegeben, die Angelegenheiten in Korinth kurz abzuhandeln und dann nach ungefähr drei Wochen in Troas zu erscheinen. Paulus selbst hätte ungefähr eine

Woche nach Titus Ephesus verlassen können. In Troas wirkte Paulus einige Zeit - schwer vorstellbar weniger als ein paar Wochen - bei der Missionsarbeit. Von dort ging er nach Philippi. Von der Abreise des Titus aus Ephesus bis zur Ankunft des Paulus in Philippi können wir daher einen Zeitraum von etwas über <u>fünf Wochen</u> ansetzen. Dies ist keine ungewöhnlich lange Zeit für die Strecke des Titus, wenn man bedenkt, daß er sich in einer versöhnungsbereiten Gemeinde ja vermutlich länger aufhielt, als wenn er lediglich das Ultimatum für eine aufständische Gemeinde überbracht hätte; außerdem kann man noch annehmen, daß aus der Seereise von Korinth nach Makedonien aus dem einen oder anderen Grund eine Wanderung über Land wurde.

Wenn man die Ereignisse des Jahres 54 noch auf die verschiedenen Monate aufteilen möchte, kann man aufgrund des Textmaterials folgende Überlegungen anstellen: Für den Beginn der Reiseperiode des Jahres 54 empfiehlt es sich, etwas Zeit z.B. den <u>März</u> für einen möglichen Besuch des Paulus in Kolossä zu reservieren.[50] Der "Zwischenbesuch" hätte dann anschließend im <u>April</u> stattgefunden. Dabei wären nur einige Wochen ins Land gegangen, so daß Paulus möglicherweise noch im gleichen Monat nach Ephesus zurückgekehrt wäre.

Wie bald darauf konnte Titus mit dem "Tränenbrief" losziehen? Um eine Antwort auf diese Frage zu erhalten, müssen zwei Faktoren berücksichtigt werden, die in unterschiedliche Richtungen weisen. Einerseits entstand der "Tränenbrief" nach den Ereignissen auf dem "Zwischenbesuch", als die frische Erinnerung daran Paulus noch zu quälen vermochte. Andererseits konnte in der Zeit zwischen der Abreise des Paulus und der Ankunft des Titus eine wichtige Einstellungsänderung stattfinden: die Gemeinde erlebte einen Sinneswandel und gab den "Superaposteln" den Laufpaß. Eine solche Entwicklung braucht ihre Zeit. Wir können uns vorstellen, daß ungefähr ein Monat der Zeitraum ist, in dem beide Faktoren ihren Platz finden können. Vielleicht wurde die Abreise des Titus aus Ephesus nach Korinth durch die Suche nach einem passenden Schiff oder einen anderen uns unbekannten Faktor verzögert. Falls Paulus Ende April aus Korinth zurückkehrte, konnte - wie wir durchaus annehmen könnnen - Titus sehr gut auf seiner Reise <u>Ende Mai</u> aufgebrochen sein.

Aufgrund dieser Überlegungen können wir annehmen, daß Paulus in Troas einige Wochen in der Zeit um <u>Ende Juni und Anfang Juli</u> wirkte. Paulus und Titus hätten sich demnach vor <u>Mitte Juli</u> in Makedonien getroffen. Anschließend schrieb Paulus den Brief, der aus 2.Kor. 1 - 9 besteht. Der Brief spiegelt in solchem Maße die Erleichterung und Freude über die Umkehr der Korinther wider, daß er verhältnismäßig bald nach dem Treffen zwischen Paulus und Titus entstanden sein mußte. Andererseits deuten 9,1-2 an, daß seit dem Treffen doch schon etwas Zeit verstrichen war. Es ist schwer annehmbar, daß ein um die Korinther besorgter Paulus den Makedoniern gegenüber deren Bereitschaft in der Kollektenfrage übertrieben ausgemalt hätte. Dies konnte erst geschehen sein, nachdem die befreiende Nachricht von der Lösung der Spannungen Paulus erreicht hatte. Erst danach konnte er an die Makedonier in der Kollektenfrage appellieren, indem er die Korinther als Beispiel vorführte. Diese Mobilisationstätigkeit nahm einige Zeit in Anspruch bis Paulus erkannte, daß sie sogar etwas zu gut wirkte, so daß er Maßnahmen zur Sicherung der Korinther-Kollektensammlung ergreifen mußte. Mit anderen Worten, er mußte den Brief Kap. 1 - 9 schreiben. Dessen Entstehungszeit fällt deshalb aufgrund unserer Überlegungen vielleicht auf Ende

Juli. Die sprunghafte und eigenartige Komposition des Briefes können ein Indiz dafür sein, daß Paulus längere Zeit an ihm arbeitete, während er gleichzeitig in den Gemeinden in Makedonien bei der Organisation der Kollekte mitwirkte.

g)   Schlußbetrachtung

Falls die Angaben in Apg. 20,1-6 zutreffen, was durchaus glaubhaft ist, unternahm Paulus im Spätherbst, wahrscheinlich Oktober, November 54 eine Reise nach Korinth und verbrachte dort etwa drei Monate d.h. den Winter 54 - 55.[51] Im Frühjahr 55 verließ Paulus vor Ostern, das er in Philippi (Apg. 20,6) verbrachte, Korinth in Richtung Jerusalem via Makedonien. Ihn begleiteten Mitglieder der Kollektendelegation. In Jerusalem wurde Paulus gefangengenommen und zur Verwahrung nach Cäsarea gebracht. Falls Apg. 24,27 διετίας δὲ πληρωθείσης ursprünglich auf die Amtszeit des Landpflegers Felix, was möglich ist, hinweist,[52] wurde Paulus noch im gleichen Jahr (55) als Gefangener nach Rom verbracht. Demnach hätte der Weg des Paulus schon Frühjahr 56 in Rom geendet.[53] Die Angabe Apg. 24,27 "zwei Jahre" kann man jedoch auch als die Gefangenschaftsdauer in Cäsarea verstehen, so daß sich die zuletzt genannten Jahreszahlen um zwei erhöhen würden.[54] Eine nähere Klärung der mit der Chronologie nach der endgültigen Abreise des Paulus aus Korinth verbundenen Probleme gehört jedoch nicht mehr in unseren Untersuchungsbereich.

Zum Schluß sei noch einmal darauf hingewiesen, daß die hier unternommene Rekonstruktion dieses Abschnittes in der Biographie des Paulus notwendigerweise hypothetisch bleiben muß. Im nachhinein kann unmöglich die bei den unterschiedlichen Ereignissen verstrichene Zeit genau bemessen werden. Die Wirklichkeit ist oft viel überraschender als Wahrscheinlichkeits- oder Analogieschlüsse nahelegen. Wesentlich bei dieser Skizzierung sind jedoch die großen Linien. Ich habe einen längeren Zeitraum für die Ereignisse, die zwischen dem 1.Kor. und dem letzten von Paulus nach Korinth geschickten Brief, d.h. den Kap. 1 - 9 des 2.Kor., stattfanden, in Betracht gezogen als viele andere Ausleger. Der Entwicklungsbogen vom 1.Kor. bis zu den Kap. 1 - 9 würde demnach anderthalb Jahre abdecken.[55] Grundlage für diese Lösung ist zum ersten die Auslegung von ἀπὸ πέρυσι (8,10; 9,2), zum zweiten die

Annahme einer Gefangenschaft des Paulus in Ephesus, zum dritten die große Zahl der viel Zeit beanspruchenden Ereignisse, die unvermeidlich in der Zeit zwischen dem 1.Kor. und dem 2.Kor. geschehen sein mußten, und eindeutig eine solche Lösung nahelegen. Außerdem führte uns auch die Exegese von 1,15-16 neben anderen Faktoren zum gleichen Ergebnis.

Trotz seinem Hypothesencharakter dürfte der hier gebotene Entwurf für eine Chronologie in jedem Fall deutlich gemacht haben, daß sich die Ergebnisse der einzelnen Analysen dieser Untersuchung wenigstens im Prinzip in eine konsequent verlaufene Ereigniskette in der Biographie des Paulus integrieren lassen. Die tatsächlichen Ereignisse können weit komplizierter und verwickelter als diese Rekonstruktion gewesen sein; auch ist gut möglich, daß wir von bestimmten Ereignissen überhaupt keine Information besitzen, nicht einmal eine Andeutung. Den Grundriß der Ereignisse kann man sich jedoch schwerlich einfacher vorstellen ohne den Informationen aus den Korintherbriefen Gewalt anzutun.

Anmerkungen

1. <u>Strack-Billerbeck</u> II 1924 S. 771-772.

2. Plinius, Nat. hist. II 47.

3. <u>Dockx</u> 1971 S. 290 Anm. 2, <u>Suhl</u> 1975 S. 213 Anm. 46, <u>Friedländer</u> 1919 S. 334. Über die Seefahrt in der Antike näheres z.B.bei <u>Wachsmuth</u> 1979 S. 67-71. <u>Casson</u> 1974 S. 150 bringt Sachverhalte vor, die dafür sprechen, die eigentliche Reiseperiode in der Zeit von Mai bis August anzusetzen. Vgl. damit die obige Darstellung der jüdischen Auffassung über das Ende der Reisezeit.

4. Plinius, Nat. hist. II 47.

5. <u>Suhl</u> 1975 S. 218. Obwohl Plinius von Männern berichtet, die aus verschiedenen Gründen den Gefahren des Meeres trotzten, dürfte es angebracht sein, bei den Reisen des Paulus und seiner Mitarbeiter lieber die vorsichtige jüdische Linie vorauszusetzen, die die Zeit, in der das Meer unbefahrbar war, eher dehnte als straffte. Vgl. <u>Suhl</u> (S. 252): "Die Seefahrt wurde nach dem 15. September gefährlich und ruhte völlig vom 11. November bis 10. März." Ein deutliches Bild der Schwierigkeiten, denen der dem Winter trotzende Reisende in der Antike auf den Wegen Kleinasiens und Makedoniens ausgesetzt war, erhält man aus der lebendigen Schilderung des (Aelius) Aristides (48,60-62). Er reiste etwa ein Jahrhundert nach Paulus von Smyrna nach Rom. Überschwemmungen und Eis sowie erbärmliche Herbergen mit undichten Dächern hätten ihn beinahe das Leben gekostet. Der Bericht zeigt, daß Reisen über Land auch im Winter keine völlig unbekannte Sache war. Vgl. <u>Casson</u>s 1974 S. 176 Schilderung: "To travel by land was more time-consuming than by water and infinitely more tiring but... there were compensations. For one, storms were rarely a matter of life and death. For another, the season of the year did not have to make a difference. There was no obstacle to starting a trip at any time along the major roads ringing the Mediterranean. Even in mountainous areas travel was merely reduced during the winter months; only periods of heavy snowfall brought it to a complete halt."

6. Vgl. <u>Haenchen</u> 1977 S. 474.

7. ἄχρι ἡμερῶν πέντε = "binnen fünf Tagen", <u>Bauer</u> Wb 1958 Sp. 256. Zur Seereise zwischen Troas und Philippi vgl. noch die Erörterung bei <u>Jewett</u> 1979 S. 47-48.

8. <u>Friedländer</u> 1919 S. 335-336, 338-340 zeichnet, auf antike Quellen gestützt, ein gutes Bild von der wechselnden Geschwindigkeit mit der antike Seereisen vonstatten gingen.

9. <u>Suhl</u> 1975 S. 247-248. Vgl. auch <u>Lake</u> 1911 S. 152. Die Reise des Aristides von Korinth nach Milet dauerte fünf Tage (48,65-68). Unter gewissen Umständen konnte die Reise von Athen nach Ephesus oder umge-

kehrt auch mehr als zwei Wochen dauern. Dazu näher Casson 1974 S. 151.

10. Diese Schätzung stellt Suhl 1975 S. 112 auf. Im großen und ganzen kommt auch Casson 1974 S. 189 zum gleichen Ergebnis: "In normal terrain, with no toilsome slopes to negotiate, he (sc. the private voyager) did about fifteen to twenty miles a day on foot, some twenty-five to thirty in a carriage. Forty, eben forty-five, was possible but it meant an exhaustingly long and hard day's travel." Zu den verschiedenen Durchschnittsgeschwindigkeiten aufgrund antiker Quellen vgl. auch Radke 1973 Sp. 1475-1477. Das von ihm zusammengetragene Material weist auf eine sichere Durchschnittsreisegeschwindigkeit von ungefähr 30 km/Tag für einen zu Fuß Reisenden. Friedländer überschätzt wahrscheinlich die Leistungsfähigkeit eines Fußgängers, wenn er seine Durchschnittsgeschwindigkeit auf 37,5 km/Tag ansetzt (1919 S. 333).

11. Zur Datierung der Prokonsulzeit des Gallio siehe z.B. Haenchen 1977 S. 78-80, Kümmel 1973 S. 217-218. Noch möglich, wenn auch bedeutend unwahrscheinlicher ist die Datierung auf den Zeitraum Mai 52 - April 53. Da der Fall des Paulus theoretisch auch gegen Ende der Amtszeit des Gallio zur Verhandlung gekommen sein könnte, könnte auch dies den Grund dafür bieten, daß in der nachfolgend dargestellten Chronologie des Paulus alles in der absoluten Datierung um ein Jahr verschoben werden müßte. Theoretisch wäre unter diesen Umständen auch eine Verschiebung von zwei Jahren denkbar. Dies sind freilich unwahrscheinliche Alternativen. Vgl. jedoch Roloff 1981 S. 272-273, der zu der Auffassung gelangt, daß sich die Abreise des Paulus aus Korinth erst im Frühjahr 52 ereignete.

12. Haenchen 1977 S. 80.

13. Köster 1980 S. 549.

14. Zu einer näheren Auseinandersetzung mit der in jedem Fall innovativen, viele wichtige Fragen weckenden Auslegung Lüdemanns besteht im Rahmen dieser Untersuchung keine Möglichkeit. Schwerwiegende Einwände gegen seine Gesamtkonstruktion vermochten schon Jewett 1979 S. 81-85, Wedderburn 1980-81 S. 106 und Hübner 1982 Sp. 741-744 zu erheben. Über die Einordnung des Ediktes des Claudius entweder auf das Jahr 41 oder 49 räsoniert sachkundig Smallwood 1976 S. 210-216 mit dem Ergebnis, daß die traditionelle Datierung auf das Jahr 49 die bessere Alternative ist.

15. Wedderburn 1980-81 S. 105-106 benennt die Schwachstellen dieser These. Sein wichtigstes Argument ist, daß im Gal. nichts von der sich schon bis nach Europa erstreckenden selbständigen Missionstätigkeit des Paulus vor dem Apostelkonzil gesagt wird.

16. Schlier 1971 S. 15-16.

17. Ganz ausschließen läßt sich auch nicht die Möglichkeit, daß Paulus erst im Spätherbst 52 in Ephesus angekommen wäre. Diese Lösung vertritt u.a. Suhl 1975 S. 218, 342. Suhl meint, daß Paulus den Winter

51/52 in Antiochien verbracht hat. Zu den nachfolgenden Ereignissen meint er: "Paulus ist im Frühling aus Antiochien aufgebrochen, im Sommer in Galatien gewesen und noch so rechtzeitig weitergereist, daß er noch vor Ende der Reisezeit Ephesus erreichte." Zu lang bemißt jedenfalls Caird 1962 S. 607 die Zeitspanne, die Paulus für die Reise von Korinth nach Ephesus benötigte, wenn er die Abreise auf Herbst 51 von Korinth und die Ankunft in Ephesus erst auf Herbst 53 ansetzt. Ein weiterer Vorschlag, den er als Alternative bietet, klingt schon viel überzeugender. Danach fiele die Abreise auf Frühjahr 52 und die Ankunft in Ephesus auf den Herbst 53.

18. Vgl. Haenchen 1977 S. 536.

19. Vgl. Georgi 1964 S. 29, für den die unterschiedlichen Zeitangaben in der Apg. daher rühren, daß "Lukas" die Gefangenschaft des Paulus in Ephesus bei der einen Zählung nicht berücksichtigt: "2 1/4 Jahre Wirken, rund 1/4 Jahr Haft". Georgi hält die knappe Andeutung in Apg. 19,22 "einige Zeit" für einen Hinweis auf die Gefangenschaft. Das dürfte kaum der Fall sein. Lüdemann 1980 S. 205 ist unnötig kritisch gegenüber den Zeitangaben in der Apg. Er vertraut lediglich auf die Angabe in Apg. 19,9-10 von "zwei Jahren in der Schule des Tyrannos". Wenn Paulus außer den Gesprächen in der Schule des Tyrannus auch noch etwas anderes in Ephesus tat, kommen wir jedenfalls dem von "Lukas" genannten unbestimmten Zeitraum von etwa drei Jahren recht nahe, in den sich auch die in dieser Zeit anzunehmenden Ereignisse aufgrund der Texte des Paulus gut einfügen. Vgl. dazu Jewett 1979 S. 55-56 und Köster 1980 S. 549.

20. Warum wird in der Apg. nichts von einem "Zwischenbesuch" des Paulus gesagt? Eine gute Antwort gibt Strachan 1946 S. 64-65: "If the encounter that took place was of a personal and painful nature, and there were elements in the situation which made it difficult, without much explanation, to set Paul's conduct in retiring from Corinth in an entirely favourable light, it would be quite in accordance with Luke's plan as an historian to omit the incident altogether; especially as the breach was ultimately healed. Luke's aim in Acts is to give only those details of Paul's missionary journeys which would illustrate the general triumphant progress of the mission throughout the Roman world... If he did know any details about the Corinthian affair, he would regard it as a purely domestic matter which deserved no record."

21. Siehe dazu diese Untersuchung S. 139. Allo 1956 S. LVIII-LX meint, daß zwischen der Abfassung des 1.Kor. und des 2.Kor. etwas über zwei Jahre verstrichen sind. Auf gleicher Linie liegt auch Prümm 1967 S. 520. Nach unserer Datierung hätte Paulus den 1.Kor. also schon im Frühjahr 52 geschrieben. Nicht zuletzt die Wendung ἀπὸ πέρυσι mit ihrem Kontext paßt nicht zu einem so langgezogenen Zeitplan.

22. Lüdemann 1980 S. 113 bringt wegen 1.Kor. 16,15 Stephanas vor allem mit der Kollektenangelegenheit in Verbindung. Seiner Ansicht nach spricht man von der Kollekte deshalb erst am Ende, weil Stephanas mit diesbezüglichen Fragen erst zu Paulus kam, als sich das Diktat des Briefes in der Endphase befand. Diese These ist lediglich eine unbeweisbare Möglichkeit.

23. So z.B. Strachan 1946 S. XXXIX.

24. So setzt z.B. auch König 1897 S. 484 die Reise des Titus in der Kollektensache auf diesen Zeitpunkt. Im übrigen vermag die von König gebotene Chronologie und seine Rekonstruktion der Ereignisse nicht zu befriedigen. Sehr unglaubhaft ist z.B., daß er Timotheus und Titus über Kreuz nach Korinth und zurück reisen, und beide bei ihrer Aufgabe im gleichen Frühling, in dem Paulus nach 1.Kor. 16 selbst seine geplante Reise hätte antreten sollen, scheitern läßt.

25. So z.B. Strachan 1946 S. 68, Peltola 1966 S. 163, Lüdemann 1980 S. 135. Vgl. das Urteil Lakes 1911 S. 148-149 über den Umstand, daß im 2.Kor. über die Reise des Timotheus nach Korinth nichts gesagt wird: "Either Timothy never reached Corinth... or he was thoroughly unsuccesful in his object of bringing the Corinthians to a better frame of mind, and when, after all, peace was made between St. Paul and his converts, it was neither necessary nor tactful to refer to his visit." Lake selbst entscheidet sich für die zweite Alternative.

26. So z.B. Suhl 1975 S. 242. Nach Suhl hätte Titus den Brief bei sich gehabt, der aus dem Abschnitt 2,14 - 7,4 (= der "Apologie") bestand.

27. So z.B. Kümmel 1973 S. 248-249, Schmithals 1969 S. 96, Strachan 1946 S. XXXIX. Batey 1965 S. 143 meint, daß der Besuch des Timotheus in Korinth mißlungen war, auch wenn Paulus danach gar keinen "Zwischenbesuch" unternahm. Nach Pherigo 1949 S. 343-344 wäre als Überbringer des allerersten Briefes Timotheus anzusehen, der im Anschluß daran nicht nach Ephesus zurückgekehrt, sondern nach Makedonien gegangen sei; von dort wäre Tmotheus dann nach Absendung des 1.Kor. nach Korinth zurückgekehrt, um erst anschließend zu Paulus nach Ephesus zu gehen. Was Timotheus über seine beiden Besuche in Korinth zu berichten wußte, war nicht sehr ermutigend.

28. So sehen die Sache z.B. Bornkamm 1961 S. 9, Vielhauer 1975 S. 145 und Köster 1980 S. 560.

29. So z.B. Gyllenberg 1969 (Johdanto-oppi) S. 76, 92 und Kümmel 1973 S. 265-266. Letzterer hält allerdings Makedonien für den zweiten möglichen Abfassungsort.

30. Suhl 1975 S. 217-223. Georgi 1965 S. 37 und Köster 1980 S. 550, 553-554 meinen, daß Paulus die in 1.Kor. 16,1 erwähnte Kollektensammlung in Galatien erst in Angriff genommen hätte, als der Konflikt dort schon gelöst war. Suhl bietet eine überzeugende Kritik dieser Auffassung.

31. Vgl. die Darstellung von Schlier 1971 S. 17-18 über den Hintergrund des Galaterbriefes: Die Vorschriften zur Sammlung der Kollekte in Galatien wären vermutlich erst bei dem zweiten Besuch des Paulus in den Gemeinden dieser Gegend gegeben worden (Apg. 18,25); danach, als Paulus schon in Ephesus weilte, hätte sich die Lage in Galatien rapide verschlechtert.

32. Ebenso Lüdemann 1980 S. 114-119. Lüdemann ist allerdings insofern anderer Auffassung, daß er den Gal. nahe der Abfassungssituation des einheitlich verstandenen 2.Kor. einordnet. Er ist, anders gesagt, der Auffassung, daß Paulus den Gal. erst geschrieben hätte, als er unterwegs von Makedonien nach Korinth war (S. 134). Zur Begründung führt Lüdemann vor allem eine 1972 von Borse veröffentlichte Monographie an, in der Inhalt, Stil und Wortschatz des Gal. mit anderen Briefen des Paulus verglichen werden.
Ohne eine eigene Analyse des 2.Kor. vorzunehmen, unterstützt Borse die Einheitshypothese. Allerdings läge zwischen der Abfassung von Kap. 1 - 9 und 10 - 13 eine Pause von ein paar Wochen. Während dieser Pause wäre der Gal. in Makedonien geschrieben worden und zwar dergestalt, daß er mit den Kap. 10 - 13 näher als mit den Kap. 1 - 9 zusammenhinge (S. 6-9). In seiner eigentlichen Analyse bringt Borse eine Reihe von Überlappungen zwischen dem 2.Kor. und dem Gal. zu Tage. In ihnen zeigt sich deutlich die nahe Verwandtschaft besonders zwischen Kap. 10 - 13 und dem Gal. (S. 71-110). Auch wenn es hier unbestreitbar viele Übereinstimmungen gibt, ist es doch gewagt, so weitreichende Schlüsse zu ziehen, wie Borse es tut. In seinen Untersuchungen lassen sich eigentlich eher zusätzliche Argumente für die Gesamtlösung der Art finden, wie sie in unserer Untersuchung favorisiert wird: Der Gal. und die Kap. 10 - 13 sind kurz nacheinander abgefaßt worden, nämlich als Paulus sich noch in Ephesus aufhielt, vor der Abreise nach Makedonien. Die entfernteren Anklänge des Gal. an die Kap. 1 - 9 und den Römerbrief zeigen, daß diese Briefe erst später in Makedonien und Korinth entstanden sind.

33. U.a. Lohse 1976 S. 51-52 hält Ephesus für den Abfassungsort des Phil. Die Ausdrücke πραιτώριον (1,13) und οἱ ἐκ τῆς Καίσαρος οἰκίας (4,22), in denen man oft einen Hinweis auf Rom als Abfassungsort sah, erklärt Lohse so: "In Ephesus war eine Prätorianerabteilung stationiert, und auf Grabinschriften sind Namen von Angehörigen der domus Caesaris bezeugt, d.h. von Freigelassenen des kaiserlichen Hauses." Kümmel 1973 S. 284-291 faßt die Diskussion über den Abfassungsort des Phil. und die hervorgebrachten Argumente gut zusammen und kommt zu dem Schluß: "Hält man das Problem der Reisen nach Philippi und die Verwandtschaft der Polemik in Phil 3 mit der im Gal und Röm (vgl. Phil 3,19 mit Röm 16,18) für beweiskräftig genug, wird man Ephesus als Entstehungsort annehmen; hält man aber die Hypothese einer länger dauernden ephesinischen Gefangenschaft für unzureichend begründet, so wird man Caesarea stärker in Betracht ziehen. Auf alle Fälle hat die römische Hypothese die geringste Wahrscheinlichkeit." In den früheren Auflagen der Einleitung (z.B. 16. Aufl., 1970 S. 239) war noch die Ephesushypothese als unwahrscheinlichste Lösung genannt worden. Hier haben wir ein Beispiel dafür, wie man sich immer mehr auf Ephesus als Abfassungsort des Phil. zu einigen scheint. Lüdemann 1980 S. 142 Anm. 180 würde den Brief jedoch am liebsten in Rom ansetzten. Grund dafür ist, daß das Fehlen des Kollektenthemas im Phil. nicht mit seiner Gesamtauffassung von Zeitpunkt des Beginns der Kollektensammlung in Makedonien zusammenpaßt. Wenn sich die Gemeinden in Makedonien erst bei dem Besuch des Paulus dort, von dem die Kap. 8 - 9 berichten, der Sammlung angeschlossen haben, wie in unserer Untersuchung angenommen wird, gibt es keine Schwierigkeiten mehr. Von den neuesten Auslegern hält auch Köster 1980 S. 565-566 Ephesus für den Entstehungsort des Phil. und des Philem.

34. Was diese Aussage bedeuten könnte, erklärt näher Beare 1973 S. 154. Lohmeyer 1964 S. 184-185 sieht eine mögliche Auslegung auch

darin, daß Paulus mit diesen Worten tatsächlich auf den Beginn seiner eigenen selbständigen Missionstätigkeit anspielt. Vor der Missionstätigkeit in Europa fungierte er laut der Apg. lediglich als Gehilfe des Barnabas. Die wahrscheinlichste Auslegung ist jedoch die, daß Paulus sich hier etwas ungenau ausdrückt und meint "als ich mit der Verkündigung des Evangeliums in Europa begann". Vgl. die weitreichenden Schlüsse, die Lüdemann aus diesen Versen zieht (S. 292-293 in dieser Untersuchung).

35. Vgl. auch Apg. 18,5, wonach sich Paulus völlig der Wortverkündigung widmete, nachdem seine Mitarbeiter angekommen waren. Haenchen 1977 S. 513 stellt dazu fest: "Wahrscheinlich hatte Timotheus eine Geldspende (aus Philippi? Vgl. Phil 4,15f) mitgebracht, die es Paulus erlaubte, auf den Verdienst durch Handarbeit zu verzichten." Näheres dazu bei z.B. Lüdemann 1980 S. 140-141.

36. Suhl 1975 S. 250-251 setzt jedoch die Gefangenschaft des Paulus zu Beginn seines Aufenthaltes in Ephesus an.

37. Dazu näher Haenchen 1977 S. 553-556. Vgl. auch Köster 1980 S. 549.

38. Georgi 1965 S. 46 datiert die Gefangenschaft des Phil. auf die Zeit nach Absendung des "Tränenbriefes" (vgl. auch Georgi 1964 S. 27) und verbindet sie mit der "Bedrängnis" in 2.Kor. 1,8-10. Auf dem gleichen Standpunkt, wenn auch etwas unsicherer, steht auch Bornkamm 1961 S. 9 Anm. 13.

39. Den Zielort des Philemonbriefes kann man daraus erschließen, daß dort von den gleichen Personen wie im Kolosserbrief die Rede ist. Dabei ist gleichgültig, ob man den Kolosserbrief für einen echten Brief des Paulus hält oder nicht. Vgl. Lohse 1968 S. 261.

40. Stuhlmacher 1975 S. 21-22, Lohse 1968 S. 264. Auch für den Abfassungsort und die Abfassungszeit des Phil. ist wichtig, daß Paulus nach seinem Besuch in Rom beabsichtigte, nach Spanien zu gehen (Röm. 15,24.28) und nicht nach Osten zurückzukehren. U.a. Lohse 1976 S. 51 richtet auf diesen Umstand sein Augenmerk. Dennoch hält u.a. Gyllenberg 1975 S. 194-195 Rom für den Abfassungsort des Philemonbriefes. Kümmel 1973 S. 305-307 hält Cäsarea für den wahrscheinlichsten Ort, aber auch Rom und Ephesus kommen für ihn in Frage.

41. Deshalb gelangt z.B. Jewett 1979 S. 104 zur Auffassung, daß der Phil. und der Philemonbrief auf verschiedene Gefangenschaften hinweisen.

42. Harnack 1924 S. 622-624. Über die Reiserouten in diesem Gebiet siehe näher Miller 1916 Sp. 701-702, 724-726.

43. Lüdemann 1980 S. 142 Anm. 180 merkt zusätzlich an, daß der Wunsch, den Empfänger eines Briefes besuchen zu können, zu den Standardphrasen in den paulinischen Briefen gehört.

44. Ziemlich unglaubhaft ist Georgis 1964 S. 26 Erklärung der Gründe, die Paulus zu dem neuen, 2.Kor. 1,15-16 entsprechenden Reiseplan veranlaßten. Schon der Grund für die Aussendung des Titus ist bei Georgi wenig überzeugend: "Die Entsendung des Titus deutet aber nicht auf Spannungen, sondern sie scheint im Gegenteil erfolgt zu sein, weil die Korinther auf Beschleunigung der Sammlung drängten." Die Entsendung eines Mitarbeiters zur Betreuung der Kollektensammlung ist jedoch eher ein Zeichen für einen Mangel an Interesse als für eine übergroße Begeisterung. Auch der neue Plan, einen zweimaligen Besuch in der Gemeinde durchzuführen (2.Kor. 1,15-16), rührte nach Georgi vom Eifer der Gemeinde bei der Sammlung her. Angesichts der Schwierigkeiten, die Paulus nach 2.Kor. 8 - 9 noch nach der Aussöhnung damit hatte, die Sammlung ehrenvoll über die Bühne gehen zu lassen, ist ein übertriebener Eifer der Korinther kaum geeignet, verschiedene Reisen wahrscheinlich zu machen.

45. Wieder anders rekonstruiert u.a. Suhl 1975 S. 242-244 diese Phase: Timotheus hatte schlechte Nachrichten aus Korinth überbracht. Paulus schickte deshalb Titus mit der "Apologie" (2.Kor. 4,14 - 7,4) dorthin. Wegen der schlechten Nachrichten änderte Paulus gleichfalls seine eigenen Reisepläne in die gemäß 2.Kor. 1,15-16 und ließ davon die Korinther mündlich oder schriftlich in der gleichen Aktion, bei der sie auch die "Apologie" erhalten sollten, in Kenntnis setzen. Der Mißerfolg des Titus zwang Paulus jedoch zum "Zwischenbesuch" nach Korinth aufzubrechen, noch bevor er bereit war, Ephesus endgültig zu verlassen. Der "Zwischenbesuch" wäre somit nicht der erste Teil der geplanten Doppelreise. Nachdem Paulus von diesem "Zwischenbesuch" nach Ephesus zurückgekehrt wäre, hätten die Korinther darauf gewartet, daß er schließlich seine Reise nach dem Plan 2.Kor. 1,15-16 anbrechen würde und somit erneut nach Korinth käme. Statt seiner kam jedoch Titus mit dem "Tränenbrief". Paulus reiste seinerseits gemäß dem alten aus 1.Kor. 16 bekannten Plan nach Makedonien.
Die Schwäche dieser Rekonstruktion von Suhl liegt in ihrer Kompliziertheit und psychologischen Unglaubwürdigkeit: Die Rolle des Titus als Überbringer des "Tränenbriefs" paßt mit seinem Mißerfolg kurz zuvor in Korinth nicht zusammen. Zudem bietet diese Auslegung keine zufriedenstellende Erklärung für die Ausdrücke "früher" und "zweite Gnade" in 2.Kor. 15-16. Zu dieser Problematik vgl. Kap. III, 2 in dieser Untersuchung.

46. König 1897 S. 550-551 konstatiert einen wichtigen methodischen Umstand, mit dem sich begründen läßt, daß der "Zwischenbesuch" und der "Tränenbrief" zeitlich nahe beieinander angesetzt werden müssen: "Conflictszeiten gebären schnelle Entschließungen."

47. Die Lösung von Lüdemann 1980 S. 134, daß Titus, als er den "Tränenbrief" überbrachte, in Korinth überwintert hätte und das Treffen zwischen Paulus und Titus somit erst fast ein Jahr nach der Zuspitzung des Streites zwischen Paulus und Korinth während des "Zwischenbesuches" stattgefunden hätte, ist sowohl psychologisch als auch vom Inhalt des 2.Kor. her betrachtet ziemlich unwahrscheinlich. Auch sonst hat Lüdemann die Neigung, in bestimmten Abschnitten die Chronologie

des Paulus unverhältnismäßig zu verlangsamen. Nach seiner Auslegung überwinterte Paulus auf seiner Route Ephesus-Makedonien-Korinth-Jerusalem zwei Mal, das erste Mal in Makedonien das zweite Mal in Korinth. Der Anfang von Apg. 20 ist in dieser Frage viel glaubhafter: Danach hätte Paulus auf dieser Reise lediglich in Korinth überwintert.

48. Miller 1916 Sp. 697-703.

49. Vgl. Miller 1916 Sp. 573-578 (die Reiseroute von Thessalonich nach Athen), 522-523 (die Reiseroute von Thessalonich nach Philippi). Suhl 1975 S. 248 bietet für die Dauer der zu Land stattfindenden Reisen folgende Einschätzung: "Von Ephesus nach Philippi war mit etwa drei Wochen Reisezeit zu rechnen, für den Weg über Korinth wären dagegen fünf Tage für die Seereise sowie vier bis fünf Wochen für den Landweg von Korinth nach Philippi nötig gewesen." Einen Eindruck von der zeitlichen Dauer der von Ephesus über Makedonien nach Korinth verlaufenden Reiseroute gibt auch, daß Paulus nach 1.Kor. 16 plante, Ephesus Pfingsten zu verlassen und rechtzeitig zur Überwinterung in Korinth zu sein. Eingerechnet die in verschiedenen Gemeinden zu erledigenden Aufgaben hätte die Reise also nach diesem Plan ungefähr fünf Monate gedauert. Als Paulus mit einem Jahr Verspätung aufbrach, hatte er in den Gemeinden auf dieser Route in etwa die gleichen Aufgaben und Verpflichtungen vor sich, so daß für diese Reise wahrscheinlich die gleiche Zeit veranschlagt werden muß.

50. Eine recht interessante Möglichkeit für die Datierung der Reise nach Kolossä stellt Strachan 1946 S. 68 Anm. 2 vor, wenn er meint, daß Paulus diesen Exkurs unternahm, als er von Ephesus nach Troas aufbrach. Während dieser Reise hätte Paulus auch die "Bedrängnis in Asien" erfahren müssen (2.Kor. 1,8-10). Diese Auslegung paßt jedoch nicht mit der Deutung zusammen, die wir in dieser Untersuchung angenommen haben und der zufolge der "Zwischenbesuch" gleichzeitig der erste Teil des Doppelreiseplans (2.Kor. 1,15-16) war, der zum eigentlichen Reiseplan des Paulus geworden war. Nachdem Paulus auf seine Reise gegangen wäre, die ihn über Korinth und Makedonien nach Jerusalem führen sollte, hätte er keine Möglichkeit mehr zu einem Abstecher nach Kolossä gehabt. Man könnte sich in diesem Rahmen lediglich einen improvisierten Besuch in Kolossä in der neuen Lage nach dem "Zwischenbesuch" vorstellen, was aber ziemlich unwahrscheinlich ist und auch nicht mit dem Inhalt des Philem. übereinstimmt.

51. Wegen der Worte μεχρὶ τοῦ Ἰλλυρικοῦ in Röm. 15,19 meinen einige Forscher, daß Paulus auch in Illyrien missionarisch tätig war, und versuchen deshalb, diese Phase in die paulinische Chronologie einzuordnen. Einige ordnen sie sogar in den Kontext des eben besprochenen Besuchs in Makedonien und Achaia ein. Lüdemann 1980 S. 141 Anm. 179 dürfte jedoch richtig liegen, wenn er schreibt: "Die Wendung... verlangt doch gar nicht inklusiven Sinn, sondern kann ebensogut exklusiv verstanden werden." Pherigos 1949 S. 347 Versuch Apg. 20,2 so zu verstehen, daß der Begriff "Griechenland" dort nicht Korinth bedeutet, überzeugt nicht.

52. So interpretiert Haenchen 1977 S. 83-84, 632-633; vgl. auch Conzelmann 1972 S. 139.

53. Diese Jahreszahlen passen in die von einerseits <u>Dockx</u> 1971 S. 303-304 und andererseits <u>Haenchen</u> 1977 S. 84 präsentierte Chronologie.

54. Zu einer solchen Annahme vgl. z.B. <u>Jewett</u> 1979 S. 42-44.

55. Nach dem kürzeren Zeitplan drängten sich alle Ereignisse von der Absendung des 1.Kor. bis zum dritten Besuch des Paulus in Korinth in den Zeitraum etwa eines halben Jahres, von Frühjahr bis Herbst des gleichen Jahres. Eine solche Chronologie vertreten u.a. <u>König</u> 1897 S. 484-485, <u>Strachan</u> 1946 S. XXXIX-XL, <u>Suhl</u> 1975 S. 252-256, <u>Schmithals</u> 1969 S. 94-103. Auch <u>Bornkamm</u> 1961 S. 9 scheint eine solche Chronologie vorauszusetzen. Bei vielen dieser Exegeten führte die Verkomplizierung der Sachverhalte zu ihrer Verdichtung: Aus den Kap. 1- 9 wurde zunächst das Stück 2,14 - 7,4 zu einem eigenen "Apologie"-Brief herausgelöst; diese Lösung zwang dann weiter zur Annahme, daß der Aufstand der Korinther Gemeinde gegen Paulus schon in einer ziemlich frühen Phase stattfand, d.h. schon als Timotheus in der Gemeinde weilte; dies wiederum zwang dazu, die Folgemaßnahmen und Folgeereignisse in eine unnatürlich dichte Folge zu bringen.
Einen längeren Zeitplan vertreten u.a. <u>Kennedy</u> 1897 S. 303, <u>Windisch</u> 1924 S. 28, <u>Jewett</u> 1979 S. 104. Zu <u>Lüdemanns</u> besonders langer Chronologie siehe S. 318 Anm. 47. Einen längeren Zeitablauf favorisiert auch <u>Georgi</u> 1964 S. 25-29, wenn auch die genauere Einteilung der Abschnitte in seiner Auslegung nicht zu befriedigen vermag. Er sagt u.a: "Als Abfassungszeit für das Fragment 2,14 - 7,4 möchte ich den Sommer 54, für den Tränenbrief den Herbst 54 annehmen, Versöhnungsbrief und Kollektenbillets wären dann im Sommer und Herbst des darauffolgenden Jahres geschrieben." Die Auseinanderreißung des "Tränenbriefes" und des "Versöhnungsbriefes" durch einen ganzen Winter schafft jedoch angesichts des Textes des 2.Kor. Schwierigkeiten, wie oben festgestellt wurde. Unbefriedigende literarkritische Entscheidungen hinsichtlich der Zusammensetzung des 2.Korintherbriefes führen auch zu unbefriedigenden Rekonstruktionen der Ereignisse.

V ERGEBNISSE

In Ergänzung und Weiterführung der Ergebnisse, die wir im Anschluß an unsere Analyse der Nahtstellen des 2.Kor. verbuchen konnten (siehe II,5), ergibt sich für uns nach der inhaltlichen Analyse über die Zusammensetzung des 2.Kor. folgendes abschließendes Bild.

Der 2.Kor. besteht aus drei ursprünglich unverbundenen Stücken, die später von einem Redaktor miteinander verbunden wurden. In der Reihenfolge ihrer Entstehung sind dies:

1) Die Kapitel 10 - 13
2) die Kapitel 1 - 9
3) Der Abschnitt 6,14 - 7,1 innerhalb der Kapitel 1 - 9

Der Abschnitt 6,14 - 7,1 könnte aus der Hand eines Redaktors stammen. In keinem Fall handelt es sich um einen Text, den Paulus selbst in irgendeinem Zusammenhang diktiert haben könnte. Die Kapitel 10 - 13 sind aller Wahrscheinlichkeit nach der in 2,4 erwähnte Brief, den Paulus "unter vielen Tränen" geschrieben hatte. Paulus schrieb ihn aus Ephesus, nachdem er dorthin von seinem betrüblich verlaufenen "Zwischenbesuch" in Korinth zurückgekehrt war. Wahrscheinlich wurde der Brief dann von Titus an seinen Bestimmungsort gebracht. Die Kap. 1 - 9 schrieb Paulus wiederum in Makedonien, nachdem er dort Titus angetroffen hatte und von diesem die gute Nachricht über den Sinneswandel der Gemeinde von Korinth hören durfte.

Eine der Hauptintentionen dieser Untersuchung war es, diejenigen Argumente kritisch durchzugehen, die im Verlauf der Zeit zur Untermauerung oder Widerlegung der verschiedenen literarkritischen Theorien vorgebracht wurden. Bei der kritischen Beleuchtung der Argumente zeigte sich durchweg, daß Argumente, die gegen die in der zuvor dargestellten Weise modifizierten Hausrath-Theorie vorgebracht wurden, nicht stichhaltig sind. Der am schwersten wiegende Einwand gegen diese Theorie hängt mit dem Tatbestand zusammen, der aus 1,23 - 2,4 zu entnehmen ist, nämlich daß der "Tränenbrief" als Ersatz für die widerrufene Rückkehr des Paulus in die Gemeinde geschickt wurde. Zum Problem wurde nun die Frage, ob der Inhalt der Kap. 10 - 13 diese Bedingung erfüllt. Bei näherer Betrachtung bietet dieser Umstand jedoch keine Hindernisse für die Übernahme der Theorie Hausraths. Auch sonst treffen die Kap. 10 - 13 oft ausgezeichnet und problemlos auf die Charakterisierung zu, die man von der Absicht und dem Inhalt des "Tränenbriefes" aufgrund der Informationen und Hinweise in den Kap. 1 - 9 erhält. Die anderen Theorien mit ihren Argumenten haben sich eine nach der anderen entweder als völlig unhaltbar erwiesen oder zu ihrer Unterstützung sind komplizierte und schwerlich glaubhafte Zusatzannahmen nötig. Die Theorie von Hausrath erwies sich in unserer Untersuchung als die einfachste und klarste Lösung, auf die gestützt auch eine Rekonstruktion der zur Diskussion stehenden ereignisreichen Jahre im Leben des Paulus eine glaubwürdige Einheit bildet.

In dieser Untersuchung wurde nicht viel Aufmerksamkeit der Frage zugewandt, wann und unter welchen Umständen die Endredaktion des 2.Kor. vollzogen wurde. Man kann darüber nur Hypothesen anstellen. Von meiner Aufgabenstellung her genügt das Wissen, daß in der Antike Texte auch sonst hin und wieder aus verschiedenen Gründen neu miteinander verbunden wurden.[1] Bei einer solchen Vorgehensweise ist die Vorstellung sehr naheliegend, daß der kürzere Brief 2.Kor. 10 - 13 einfach an den längeren Brief 2.Kor. 1 - 9 angehängt wurde. Dies geschah möglicherweise ganz mechanisch, ohne daß der Redaktor sich über den Inhalt der beiden Teile nähere Gedanken gemacht hätte. Dabei wurde möglicherweise vom Schluß des einen und vom Anfang des anderen Dokumentes ein Stück weggelassen. Gleiches geschah auch in anderen Dokumenten mit Schluß- und Anfangsgrüßen, um die neue Einheit harmonischer aussehen zu lassen. Eine solche Redaktion war in der Antike weder ohne Vorbild noch ungewöhnlich. Die Theorie von Hausrath läßt sich daher auch leicht mit dem Gedanken einer späteren Redaktion verknüpfen. Weit erklärungsbedürftiger sind diejenigen Theorien, die den 2.Kor. in kleinere sich aneinander fügende Einheiten aufteilen.[2]

Anmerkungen

1. Siehe S. 14-15 in dieser Untersuchung.

2. Folgende Neutestamentler haben sich näher mit der Problematik der Endredaktion des 2.Kor. auseinandergesetzt und mit Analogiefällen beleuchtet: <u>Hausrath</u> 1870 S. 27-28, <u>Kennedy</u> 1897 S. 237, 1900 S. XXVI-XXVII, 139-162, <u>Plummer</u> 1948 S. XXVII, XXXVI, <u>Strachan</u> 1946 S. XXI-XXII, <u>Schmithals</u> 1969 S. 82-84, 88, <u>Bornkamm</u> 1961 S. 24-36, <u>Vielhauer</u> 1975 S. 153-155. Vgl. auch die Seiten 13, 25-26, 65-66 in dieser Untersuchung.

VI LITERATURVERZEICHNIS

a) Abkürzungen

AASF	=	Annales Academiae Scientiarum Fennicae
AASGe	=	Auctoritate Academiae Scientiarum Gottingensis editum
AGAJU	=	Arbeiten zur Geschichte des Antiken Judentums und des Urchristentums
BBB	=	Bonner Biblische Beiträge
BGBE	=	Beiträge zur Geschichte der biblischen Exegese
BHTh	=	Beiträge zur historischen Theologie
BNTC	=	Black's New Testament Commentaries
BWANT	=	Beiträge zur Wissenschaft vom Alten und Neuen Testament
EKK	=	Evangelisch-Katholischer Kommentar zum Neuen Testament
ExpT	=	The Expository Times
FRLANT	=	Forschungen zur Religion und Literatur des Alten und Neuen Testaments
GNT	=	Grundrisse zum Neuen Testament
HNT	=	Handbuch zum Neuen Testament
ICC	=	The International Critical Commentary
JBL	=	Journal of Biblical Literature
KEK	=	Meyers Kritisch-exegetischer Kommentar über das Neue Testament
NT	=	Novum Testamentum
NTD	=	Das Neue Testament Deutsch
NTS	=	New Testament Studies
RGG	=	Die Religion in Geschichte und Gegenwart
SANT	=	Studien zum Alten und Neuen Testament
SBTh	=	Studies in Biblical Theology
SESJ	=	Suomen Eksegeettisen Seuran julkaisuja [Schriften der Finnischen Exegetischen Gesellschaft]
SEv	=	Studia Evangelica
SHAW	=	Sitzungsberichte der Heidelberger Akademie der Wissenschaften
SNTS	=	Society for New Testament Studies
SUTS	=	Suomalainen Uuden testamentin selitys [Finnische Kommentarreihe des Neuen Testaments]
SzNT	=	Studien zum Neuen Testament
ThF	=	Theologische Forschung - Wissenschaftliche Beiträge zur kirchlich-evangelischen Lehre
ThLZ	=	Theologische Literaturzeitung
WMANT	=	Wissenschaftliche Monographien zum Alten und Neuen Testament
ZNW	=	Zeitschrift für die neutestamentliche Wissenschaft und die Kunde der älteren Kirche
ZWTh	=	Zeitschrift für wissenschaftliche Theologie

b) Quellen

ARISTIDES, AELIUS SMYRNAEUS, Quae supersunt omnia. Edidit Bruno Keil. Volumen II. Orationes XVII-LIII continens. Editio altera. Berlin 1958.

BIBLIA HEBRAICA STUTTGARTENSIA. Ed. K. Elliger et W. Rudolph. Stuttgart 1977.

DEUTERONOMIUM, edidit John William Wevers. Septuaginta. Vetus Testamentum Graecum. AASGe. Vol. III, 2. Göttingen 1977.

THE GREEK NEW TESTAMENT, edidit by Kurt Aland, Matthew Black, Carlo M. Martini, Bruce M. Metzger, and Allen Wikgren in co-operation with the Institute for New Testament Textual Research. Second edition. Stuttgart 1968.

NOVUM TESTAMENTUM GRAECE, post Eberhard Nestle et Erwin Nestle communiter ediderunt Kurt Aland, Matthew Black, Carlo M. Martini, Bruce M. Metzger, Allen Wikgren. Apparatum criticum recensuerunt et editionem novis curis elaboraverunt Kurt Aland et Barbara Aland una cum Instituto studiorum textus Novi Testamenti Monasteriensi (Westphalia). 26. neubearbeitete Auflage. Stuttgart 1979.

PLINY, Natural History. With an English translation in ten volumes. Volume I, Praefatio, Libri I,II. By H. Rackham. The Loeb Classical Library. Cambridge, Massachusetts - London 1949.

PSALMI CUM ODIS, edidit Alfred Rahlfs. Septuaginta. Vetus Testamentum Graecum. AASGe. Vol. X. 2., durchgesehene Auflage. Göttingen 1967.

DIE TEXTE AUS QUMRAN. Hebräisch und Deutsch. Mit masoretischer Punktation, Übersetzung, Einführung und Anmerkungen herausgegeben von Eduard Lohse. 2., kritisch durchgesehene und ergänzte Auflage. München 1971.

SEPTUAGINTA. Id est Vetus Testamentum graece iuxta LXX interpretes. Edidit Alfred Rahlfs. Editio octava. Stuttgart 1965.

c) Hilfsmittel

DIE APOKRYPHEN UND PSEUDEPIGRAPHEN DES ALTEN TESTAMENTS I-II.
   In Verbindung mit Fachgenossen übersetzt und herausgegeben
   von E. Kautzsch. 4., unveränderter Neudruck. Darmstadt 1975.

BAUER, WALTER, Griechisch-Deutsches Wörterbuch zu den Schriften des
   Neuen Testaments und der übrigen urchristlichen Literatur.
   5. Auflage. Berlin 1958.

BLASS, FRIEDRICH - DEBRUNNER, ALBERT - REHKOPF, FRIEDRICH,
   Grammatik des neutestamentlichen Griechisch. 14., völlig neubearbeitete und erweiterte Auflage. Göttingen 1975.

GYLLENBERG, RAFAEL, Uuden testamentin kreikkalais-suomalainen sanakirja. [Griechisch-Finnisches Wörterbuch zum Neuen Testament.]
   2. Auflage. Helsinki 1967.

LIDDELL, HENRY GEORGE - SCOTT, ROBERT, A Greek-English Lexicon.
   Revised and augmented throughout by Sir Henry Stuart Jones
   with the assistance of Roderick McKenzie and with the cooperation of many scholars. Ninth edition 1940, reprinted
   with a supplement 1968. London 1968.

SCHMOLLER, ALFRED, Handkonkordanz zum griechischen Neuen Testament.
   14. Auflage. Stuttgart 1968.

d) Literatur

AEJMELAEUS, LARS, Heikkoudessa täydellistyvä voima. Tutkimus Paavalin Kyynelkirjeestä (2.Kor. 10 - 13). [Kraft, die in den Schwachen mächtig ist. Studie über den "Tränenbrief" des Paulus (2.Kor 10 - 13).] (SESJ 32. Helsinki 1979.
" Paavali ja Korinton hurmos. Tutkimus 1. Korinttolaiskirjeen luvuista 12 - 14. [Paulus und die Schwärmerei in Korinth. Studie über die Kap. 12 - 14 des 1. Korintherbriefes.] SESJ 36. Helsinki 1981.

ALLO, E.-B., Saint Paul. Seconde épître aux corinthiens. Études bibliques. Deuxième edition. Paris 1956.

BACHMANN, PHILIPP, Der zweite Brief des Paulus an die Korinther. Kommentar zum Neuen Testament herausgegeben von Theodor Zahn. Band VIII. 1. und 2. Auflage. Leipzig-Erlangen 1909.

BAHR, GORDON J., The Subscriptions in the Pauline Letters. JBL 87, 1968 S. 27-41.

BARRETT, C.K., A Commentary on the First Epistle to the Corinthians. BNTC. London 1968.
" A Commentary on the Second Epistle to the Corinthians. BNTC. London 1973.
" Titus. Neotestamentica et Semitica. Studies in Honour of Matthew Black. S. 1-14. Edinburgh 1969.
" (2. Cor. 7,12). Verborum Veritas. Festschrift für Gustav Stählin zum 70. Geburtstag. S. 149-157. Wuppertal 1970.

BATES, W.H., The Integrity of II Corinthians. NTS 12, 1965-1966. S. 56-69.

BATEY, RICHARD, Paul's Interaction with the Corinthians. JBL 84, 1965 S. 139-146.

BAUER, WALTER, Rechtgläubigkeit und Ketzerei im ältesten Christentum. BHTh 10. 2., durchgesehene Auflage mit einem Nachtrag, herausgegeben von Georg Strecker. Tübingen 1964.

BEARE, F.W., The Epistle to the Philippians. BNTC. Third edition. London 1973.

BELSER, JOHANNES EVANG., Der zweite Brief des Apostels Paulus an die Korinther. Freiburg im Breisgau 1910.

BERGER, KLAUS, Almosen für Israel. Zum historischen Kontext der paulinischen Kollekte. NTS 23, 1977. S. 180-204.

BETZ, HANS DIETER, Der Apostel Paulus und die sokratische Tradition. Eine exegetische Untersuchung zu seiner "Apologie" 2 Korinther 10 - 13. Tübingen 1972.
2 Cor 6,14 - 7,1: An Anti-Pauline Fragment? JBL 92, 1973. S. 88-108.

BJERKELUND, CARL J., Parakalô. Form, Funktion und Sinn der parakalô-Sätze in den paulinischen Briefen. Bibliotheca Theologica Norvegica No. 1. Oslo 1967.

BORNKAMM, GÜNTHER, Paulus. Urban-Taschenbücher 119. 2., durchgesehene Auflage. Stuttgart - Berlin - Köln - Mainz 1970.
" Die Vorgeschichte des sogenannten Zweiten Korintherbriefes. SHAW, philosophisch-historische Klasse, Jahrgang 1961, 2. Abhandlung. Heidelberg 1961.

BORSE, UDO, Der Standort des Galaterbriefes. BBB 41. Köln 1972.

BRAUN, HERBERT, Qumran und das Neue Testament. Band I. Tübingen 1966.

BULTMANN, RUDOLF, Exegetische Probleme des zweiten Korintherbriefes. Exegetica. Aufsätze zur Erforschung des Neuen Testaments. Ausgewählt, eingeleitet und herausgegeben von Erich Dinkler. S. 298-322. Tübingen 1967.
" Der Stil der paulinischen Predigt und die kynisch-stoische Diatribe. FRlANT 13. Göttingen 1910.
" Der zweite Brief an die Korinther. Herausgegeben von Erich Dinkler. KEK. Göttingen 1976.

CAIRD, G.B., Chronology of the NT. The Interpreter's Dictionary of the Bible. Volume 1. S. 599-607. Nashville 1962.

CASSON, LIONEL, Travel in the Ancient World. London 1974.

COLLANGE, J.F., Énigmes de la deuxieme épître de Paul aux Corinthiens. Étude exegetique de 2 Cor. 2,14 - 7,4. NTS, Monograph series 18. Cambridge 1972.

CONZELMANN, HANS, Die Apostelgeschichte. HNT 7. 2., verbesserte Auflage. Tübingen 1972.
" Der erste Brief an die Korinther. KEK 5. Abt. 11. Auflage (1. Auflage der Neuauslegung). Göttingen 1969.

DERRETT, J.D.M., 2 Cor 6,14ff. a Midrash on Dt 22,10. Biblica 59, 1978. S. 231-250.

DIBELIUS, MARTIN, Geschichte der urchristlichen Literatur. Neudruck der Erstausgabe von 1926 unter Berücksichtigung der Änderungen der englischen Übersetzung von 1936. Herausgegeben von Ferdinand Hahn. Theologische Bücherei, Neues Testament. Band 58. München 1975.
" An die Thessalonicher I-II. An die Philipper. HNT 11. 2. Auflage. Tübingen 1925.

DIBELIUS, MARTIN - KÜMMEL, WERNER GEORG, Paulus. Sammlung Göschen 1160. 4., verbesserte Auflage. Berlin 1970.

DINKLER, ERICH, Korintherbriefe. RGG. 4. Band, 3. Auflage. Sp. 17-24. Tübingen 1960.

DOBSCHÜTZ, ERNST von, Die Thessalonicher-Briefe. Nachdruck der Ausgabe von 1909. Mit einem Literaturverzeichnis von Otto Merk herausgegeben von Ferdinand Hahn. Göttingen 1974.

DOCKX, S., Chronologie de la vie de Saint Paul, depuis sa conversation jusqu'a son sejour a Rome. NT 8, 1971. S. 261-304.

FEE, GORDON D., II Corinthians VI.14-VII.1 and Food Offered to Idols. NTS 23, 1977, S. 140-161.

FITZMYER, JOSEPH A., Qumran und der eingefügte Abschnitt 2 Kor 6,14 - 7,1. Qumran. Wege der Forschung. Band 410. S. 385-398. Darmstadt 1981.

FRIEDLAENDER, LUDWIG, Darstellungen aus der Sittengeschichte Roms in der Zeit von August bis zum Ausgang der Antonine. 9., neubearbeitete und vermehrte Auflage, besorgt von Georg Wissowa. Erster Band. Leipzig 1919.

FULLER, REGINALD H., A Critical Introduction to the New Testament. London 1966.

GEORGI, DIETER, Die Gegner des Paulus im 2. Korintherbrief. Studien zur religiösen Propaganda in der Spätantike. WMANT. Neukirchen 1964.
" Die Geschichte der Kollekte des Paulus für Jerusalem. ThF 38. Hamburg 1965.

GNILKA, JOACHIM, 2 Kor 6,14 - 7,1 im Lichte der Qumranschriften und der Zwölf-Patriarchen-Testamente. Neutestamentliche Aufsätze. Festschrift für Josef Schmid zum 70. Geburtstag. S. 86-99. Regensburg 1963.

GULIN, E.G., Die Freude im Neuen Testament. I. Teil. Jesus, Urgemeine, Paulus. Helsinki 1932.

GYLLENBERG, RAFAEL, Korinttolaiskirjeet. [Die Korintherbriefe.] SUTS 7. 2., verbesserte Auflage. Helsinki 1969.
" Uuden testamentin johdanto-oppi. [Einleitung in das Neue Testament.] 2., verbesserte und erweiterte Auflage. Helsinki 1969.
" Viisi Paavalin kirjettä. Galatalaisille, Filippiläisille, Tessalonikalaisille, Filemonille. [Fünf Briefe des Paulus. An die Galater, Philipper, Thessalonicher und an Philemon.] SUTS 8. Joensuu 1975.

HAAPA, ESKO, Kirkolliset kirjeet. Paavalin kirjeet kolossalaisille, efesolaisille, Timoteukselle ja Tiitukselle. [Die kirchlichen Briefe. Briefe des Paulus an die Kolosser, Epheser, an Timotheus und Titus.] SUTS 9. Jyväskylä 1978.

HAENCHEN, ERNST, Die Apostelgeschichte. KEK 3. 7., durchgesehene und verbesserte Auflage. Göttingen 1977.

HAHN, FERDINAND, Das Ja des Paulus und das Ja Gottes. Neues Testament und christliche Existenz. Festschrift für Herbert Braun zum 70. Geburtstag. S. 229-239. Tübingen 1973.

HARNACK, ADOLF von, Die Mission und Ausbreitung des Christentums in den ersten drei Jahrhunderten. 4., verbesserte und vermehrte Auflage. Wiesbaden 1924.

HARRISON, J., St. Paul's Letters to the Corinthians. ExpT 77, 1965-1966. S. 285-286.

HAUSRATH, A., Der Vier-Capitel-Brief des Paulus an die Korinther. Heidelberg 1870.

HEINRICI, C.F. GEORG, Der zweite Brief an die Korinther. KEK, 6. Abth. 7. Auflage. Göttingen 1890.

HÉRING, JEAN, The Second Epistle of Saint Paul to the Corinthians. Translated from the first french edition by A.W. Heathcote and P.J. Allcock. London 1967.

HOSS, K., Zu den Reiseplänen des Apostels Paulus in Kor I und II. ZNW 4, 1903. S. 268-270.

HÜBNER, HANS, Rezension: Lüdemann, Gerd, Paulus der Heidenapostel. ThLZ 107/1982. Sp. 741-744.

HYLDAHL, NIELS, Die Frage nach der literarischen Einheit des Zweiten Korintherbriefes. ZNW 64, 1973. S. 289-306.

JEWETT, ROBERT, A Chronology of Paul's Life. Philadelphia 1979.
" Paul's Anthropological Terms. A Study of Their Use in Conflict Settings. AGAJU. Band 10. Leiden 1971.

JÜLICHER, ADOLF, Einleitung in das Neue Testament. Neubearbeitet in Verbindung mit Erich Fascher. 7. Auflage. Grundrisse der Theologischen Wissenschaften. 3. Teil, 1. Band. Tübingen 1931.

KÄSEMANN, ERNST, An die Römer. HNT 8a. 2., durchgesehene Auflage. Tübingen 1974.
" Die Legitimität des Apostels. Eine Untersuchung zu II Korinther 10 - 13. ZNW 41, 1942. S. 33-71.

KENNEDY, J.H., Are there Two Epistles in 2 Corinthians? The Expositor. Fifth Series. Vol. 6. 1897. S. 231-238, 285-304.
" The Second and Third Epistles of St. Paul to the Corinthians with some Proofs of Their Independence and Mutual Relation. London 1900.

KETTUNEN, MARKKU, Der Abfassungszweck des Römerbriefes. AASF, Dissertationes Humanarum Litterarum 18. Helsinki 1979.

KNOX, WILFDRED, St Paul and the Church of the Gentiles. Cambridge 1939.

KÖNIG, KARL, Der Verkehr des Paulus mit der Gemeinde zu Korinth. ZWTh 40 (der neuen Folge 5. Jahrgang), 1897. S. 481-554.

KÖSTER, HELMUT, Einführung in das Neue Testament im Rahmen der Religionsgeschichte und Kulturgeschichte der hellenistischen und römischen Zeit. Berlin - New York 1980.

KRAUS, HANS-JOACHIM, Psalmen. I. Teilband. Biblischer Kommentar. Altes Testament. Band 15/1. 3., unveränderte Auflage. Neukirchen-Vluyn 1966.

KÜMMEL, WERNER GEORG, Einleitung in das Neue Testament. 17., wiederum völlig neu bearbeitete Auflage der Einleitung in das Neue Testament von Paul Feine und Johannes Behm. Heidelberg 1973.
" Die Theologie des Neuen Testaments nach seinen Hauptzeugen Jesus, Paulus, Johannes. GNT, NTD. Ergänzungsreihe 3. 3., durchgesehene und verbesserte Auflage. Göttingen 1976.

KVALBEIN, HANS, Fortolkning til Annet korintierbrev. 3. opplag. Oslo 1980.

LAKE, KIRSOPP, The Earlier Epistles of St. Paul, Their Motive and Origin. London 1911.

LAMBRECHT, J., The Fragment 2 Cor VI 14 - VII 1. A Plea for Its Authencity. Miscellanea Neotestamentica. Volumen alterum. Supplements to NT 48. S. 143-161. Leiden 1978.

LANG, FRIEDRICH GUSTAV, 2 Korinther 5,1-10 in der neueren Forschung. BGBE 16. Tübingen 1973.

LIETZMANN, HANS, Einführung in die Textgeschichte der Paulusbriefe. An die Römer. HNT 8. 5., unveränderte Auflage. Tübingen 1971.

LIETZMANN, HANS - KÜMMEL, WERNER GEORG, An die Korinther I-II. HNT 9. 5., durch einen Literaturnachtrag erweiterte Auflage. Tübingen 1969.

LOHMEYER, ERNST, Die Briefe an die Philipper, an die Kolosser und an Philemon. KEK 9. 13. Auflage. Göttingen 1964.

LOHSE, EDUARD, Die Briefe an die Kolosser und an Philemon. KEK 9. Abt., 2. Band. 14. Auflage (1. Auflage dieser Neuauslegung). Göttingen 1968.
" Die Entstehung des Neuen Testaments. Berlin (DDR) 1976.
" Umwelt des Neuen Testaments. GNT, NTD, Ergänzungsreihe 1. 4., durchgesehene und ergänzte Auflage. Göttingen 1978.

LÜDEMANN, GERD, Paulus, der Heidenapostel. Band I. Studien zur Chronologie. FRLANT 123. Göttingen 1980.

MANSON, T.W., 2 Cor. 2,14-17: Suggestion towards an Exegesis. Studia Paulina in honorem Johannis de Zwaan. S. 155-162. Haarlem 1953.

MARXSEN, WILLI, Einleitung in das Neue Testament. Eine Einführung in ihre Probleme. Gütersloh 1963.

MICHAELIS, WILHELM, Rezension: Héring, Jean, La seconde épître de saint Paul aux Corinthiens. ThLZ 83, 1958. Sp. 508-511.

MILLER, KONRAD, Itineraria romana. Römische Reisewege an der Hand der Tabula Peutingeriana dargestellt. Stuttgart 1916.

MORTON, A.Q., Dislocations in 1 an 2 Corinthians. ExpT 78, 1966-1967. Sp. 119.

NICKLE, KEITH F., The Collection. A Study in Paul's Strategy. SBTh 48. London 1966.

NIKOLAINEN, AIMO T., Roomalaiskirje. [Römerbrief.] SUTS 6. Hämeenlinna 1975.

PELTOLA, MATTI, Paavalin apostolinen toiminta. Eräitä perustavia näkökohtia. [Das apostolische Wirken des Paulus. Einige grundlegende Aspekte.] SESJ 23. Helsinki 1966.

PHERIGO, LINDSEY P., Paul and the Corinthian Church. JBL 68, 1949. S. 341-350.

PLUMMER, ALFRED, A Critical and Exegetical Commentary on the Second Epistle of St Paul to the Corinthians. ICC. 3. edition. Edinburgh 1948.

PRICE, JAMES L., Aspects of Paul's Theology and Their Bearing on Literary Problems of Second Corinthians. Studies in the History and Text of the New Testament in Honor of Kenneth Willis Clark. Studies and Documents 29. S. 95-106. Salt Lake City 1967.

PRÜMM, KARL, Diakonia Pneumatos. Der Zweite Korintherbrief als Zugang zur apostolischen Botschaft. Auslegung und Theologie. Band I. Theologische Auslegung des Zweiten Korintherbriefes. Rom - Freiburg - Wien 1967.

RADKE, GERHARD, Viae publicae Romanae. Paulys Realencyclopädie der classischen Altertumswissenschaft. Neue Bearbeitung begonnen von Georg Wissowa. Supplementband XIII. Sp. 1417-1686. München 1973.

REFSHAUGE, EBBA, Litteraerkritiske overvejelser til 2 Korintherbrev. Nytestamentlige studier. Redigeret af Sigfred Pedersen. S. 215-243. Aarhus 1976.

RIEKKINEN, V. - VEIJOLA, T., Johdatus eksegetiikkaan. Metodioppi. [Einführung in die Exegese. Methodenlehre.] SESJ 37. Helsinki 1983.

ROBERTSON, ARCHIBALD - PLUMMER, ALFRED, A Critical and Exegetical Commentary on the First Epistle of St Paul to the Corinthians. ICC. 2. edition 1914, reprinted 1929. Edinburgh 1929.

ROBINSON, JOHN A.T., The Body. A Study in Pauline Theology. SBTh. London 1952.

ROLLER, OTTO, Das Formular der paulinischen Briefe. Ein Beitrag zur Lehre vom antiken Briefe. BWANT 4. Folge, Heft 6 (der ganzen Sammlung Heft 58). Stuttgart 1933.

ROLOFF, JÜRGEN, Die Apostelgeschichte. NTD 5. Göttingen 1981.

SCHENK, WOLFGANG, Der 1. Korintherbrief als Briefsammlung. ZNW 60, 1969. S. 219-243.

SCHLATTER, ADOLF, Paulus der Bote Jesu. Eine Deutung seiner Briefe an die Korinther. 3. Auflage. Stuttgart 1962.

SCHLIER, HEINRICH, Der Brief an die Galater. KEK 7. 14. Auflage (5. Auflage der Neubearbeitung). Göttingen 1971.

SCHMIEDEL, PAUL WILH., Die Briefe an die Thessalonicher und an die Korinther. Hand-Commentar zum Neuen Testament. Zweiter Band, erste Abth. 2., verbesserte und vermehrte Auflage. Freiburg 1892.

SCHMITHALS, WALTER, Die Gnosis in Korinth. Eine Untersuchung zu den Korintherbriefen. FRLANT, neue Folge 48. Heft, 66. Heft der ganzen Reihe. 3., bearbeitete und ergänzte Auflage. Göttingen 1969.
" Die Korintherbriefe als Briefsammlung. ZNW 64, 1973. S. 263-288.

SCHRAGE, WOLFGANG, Ethik des Neuen Testaments. GNT, NTD. Ergänzungsreihe 4. 4. Auflage (1. Auflage dieser neuen Fassung). Göttingen 1982.

SMALLWOOD, E. MARY, The Jews under Roman Law. From Pompey to Diocletian. Studies in Judaism in Late Antiquity 20. Leiden 1976.

STEPHENSON, A.M.G., Partition Theories on II Corinthians. SEv 2. S. 639-646. Berlin 1964.

STRACHAN, R.H., The Second Epistle of Paul to the Corinthians. The Moffatt New Testament Commentary. 4. edition. London 1946.

STRACK, HERMANN - BILLERBECK, PAUL, Kommentar zum Neuen Testament aus Talmud und Midrasch I - IV, München 1922-1928.

STUHLMACHER, PETER, Der Brief an Philemon. EKK. Zürich 1975.

SUHL, ALFRED, Paulus und seine Briefe. Ein Beitrag zur paulinischen Chronologie. SzNT 11. Gütersloh 1975.

TANNEHILL, ROBERT C., Dying and Rising with Christ. A Study in Pauline Theology. Beiheft zur ZNW 32. Berlin 1967.

TASKER, R.V.G., The Second Epistle of Paul to the Corinthians. An Introduction and Commentary. The Tyndale New Testament Commentaries. London 1958.

THEISSEN, GERD, Legitimation und Lebensunterhalt: ein Beitrag zur Soziologie urchristlicher Missionare. NTS 21, 1975. S. 192-221.

THRALL, MARGARET E., The Problem of II Cor. VI.14 - VII.1 in Some Recent Discussion. NTS 24, 1978. S. 132-148.

TOIVANEN, AARNE, Dikaiosyne-sanue Paavalin kielenkäytössä. Eksegeettis-semanttinen tutkimus. [Die Dikaiosyne-Wortgruppe im Sprachgebrauch des Paulus. Eine exegetisch-semantische Untersuchung.] SESJ 27. Helsinki 1975.

UNNIK, W.C. van, Reisepläne und Amen-Sagen. Zusammenhang und Gedankenfolge in 2. Korinther 1:15-24. Studia Paulina in honorem Johannis de Zwaan. S. 215-234. Haarlem 1953.

VIELHAUER, PHILIPP, Geschichte der urchristlichen Literatur. Einleitung in das Neue Testament, die Apokryphen und die Apostolischen Väter. Berlin - New York 1975.

WACHSMUTH, DIETRICH, Seewesen. Der Kleine Pauly. Lexikon der Antike. Band 5. Sp. 67-71. München 1979.

WEDDERBURN, A.J.M., Keeping up with Recent Studies VIII. Some Recent Pauline Chronologies. ExpT 92, 1980-81. S. 103-108.

WEISS, JOHANNES, Der erste Korintherbrief. KEK 5. 10. Auflage. Göttingen 1925.
" Rezension: Halmel, Anton, Der Viercapitelbrief im zweiten Korintherbrief des Apostels Paulus. ThLZ 19, 1894. Sp. 513-515.
" Das Urchristentum. Nach dem Tode des Verfassers herausgegeben und am Schlusse ergänzt von Rudolf Knopf. Göttingen 1917.

WENDLAND, HANS-DIETRICH, Die Briefe an die Korinther. NTD 7. 13. Auflage. Göttingen 1972.

WIKENHAUSER, ALFRED - SCHMID, JOSEF, Einleitung in das Neue Testament. 6., völlig neu bearbeitete Auflage. Freiburg - Basel - Wien 1973.

WINDISCH, HANS, Der zweite Korintherbrief. KEK 6. Neudruck der 9. Auflage 1924, herausgegeben von Georg Strecker. Göttingen 1970.

Autorenregister

Aejmelaeus
    111, 118, 131, 134, 256-258, 260, 265, 267-268, 277, 281-282, 284, 286

Allo
    36, 39-40, 252, 314

Bachmann
    36, 38-40, 117, 130, 132, 134, 252, 256, 261-262, 280, 284, 286

Bahr
    39

Barrett
    4, 6, 28-29, 35-36, 39, 43-44, 50-51, 54, 58, 89, 108, 111, 113-116, 122, 125-126, 129-130, 132-135, 140, 178, 188, 190, 201, 204, 208, 214, 245-246, 248, 250-252, 254-255, 258-259, 261-265, 267-279, 281, 285, 288

Bates
    39

Batey
    31-32, 286, 315

Bauer
    129, 134, 245, 251, 253, 264, 266, 272, 312

Beare
    316

Belser
    246-248, 269, 271-272

Berger
    127, 270

Betz
    43, 110-112, 115, 117, 260

Billerbeck
    312

Bjerkelund
    135, 276, 288

Blass
    122, 129-130, 134-135, 251, 253, 256, 259, 277-278

Bornkamm
    4, 8, 22-24, 29-30, 33, 35-36, 40-41, 73, 105, 113, 122-123, 126, 192, 238, 253, 265, 267, 273, 283-284, 286-288, 315, 317, 320, 323

Borse
    316

Braun
    113-116, 266

Bultmann
    22, 40, 73, 81, 88, 108, 116, 118, 123, 126, 128-129, 133-134, 178, 242, 247-251, 259, 262-265, 267, 269, 272, 277, 280, 282, 285, 288

Caird
    314

Casson
    312-313

Collange
    35, 116

Conzelmann
    245, 273, 319

Debrunner
    siehe Blass

Derrett
    57-58, 116

Dibelius
    38-39, 111, 135, 253, 282

Dinkler
    40, 126

von Dobschütz
    111

Dockx
    312, 320

Drescher
    42

Fee
    108-113, 120-122

Fitzmyer
    109, 113-115, 119

Friedlaender
    312-313

Fuller
    26, 42, 126, 288

Georgi
    25-26, 42, 58, 111-113, 116, 126, 128-129, 131, 265, 267, 275, 278, 282, 286-288, 314-315, 317-318, 320

Gnilka
109-111, 113-115, 117, 119

Grenfell
37

Gulin
248

Gyllenberg
18-19, 38-39, 61, 110-111, 117, 123, 125, 132, 134-135, 193, 213, 251, 254-255, 261-263, 265-266, 270, 272, 275-277, 279, 315, 317

Haapa
108

Haenchen
253, 312-314, 317, 319-320

Hahn
26, 42, 249, 252

Halmel
20, 40

von Harnack
253, 317

Harrison
33, 43-44

Hausrath
1, 11-13, 15, 36-38, 107, 238, 250, 264, 277, 285, 287, 322-323

Heinrici
130

Héring
38, 81, 124, 126, 133, 247, 249-250, 261

Hoß
153, 251

Hübner
313

Hyldahl
20, 36, 117, 125, 165-166, 246, 248, 254-256, 264, 280-281

Jewett
26, 42, 111, 291, 293-294, 312-314, 317, 320

Jülicher
36, 38-39, 43, 117, 131, 264, 267-268, 284, 287

Käsemann
136

Kennedy
1, 3-4, 8, 13-15, 36-38, 127, 131, 133, 135, 169, 193, 246, 249-250, 252, 256-258, 260-261, 266, 268-271, 278, 280-288, 320, 323

Kettunen
132, 246, 253

Knox
253

König
36, 170, 247, 249-253, 255, 257-258, 265, 267-268, 279, 315, 318, 320

Köster
26, 42, 113, 136, 249, 275, 291, 313-317

Kraus
37

Krenkel
42

Kümmel
17-18, 41, 58, 112, 116, 123, 125-126, 129, 131, 189-190, 240, 253, 264, 272, 287, 315-317

Kvalbein
134

Lake
14, 37, 108, 118, 120, 265-266, 268, 271, 275, 278, 312, 315

Lambrecht
46-47, 108-110, 112-115, 117

Lang
121

Lietzmann
38-39, 58, 103, 111, 116, 123, 127, 129-130, 132, 134-136, 178, 239, 245, 247, 249-250, 259, 262, 264-265, 269-270, 272-273, 275-279, 282, 285, 287

Lohmeyer
316

Lohse
109, 119, 126, 316-317

Lüdemann
38, 128, 136, 245, 247, 254, 268-270, 274-275, 291-294, 313-320

Manson
    125

Marxsen
    26, 42

Michaelis
    133

Miller
    317, 319

Morton
    43, 119, 135

Nickle
    245-246, 273, 278

Nikolainen
    136

Peltola
    32-33, 36, 39, 118, 126,
    153-154, 245, 251, 253-254,
    267, 273, 278, 315

Pherigo
    30, 43, 249, 262, 269, 279,
    281, 286, 315, 319

Plummer
    15-17, 36-38, 109, 111,
    119-120, 125-126, 130-131,
    133-134, 246-247, 251-252,
    258, 265, 287, 323

Price
    40

Prümm
    39, 108, 130, 257-258, 314

Radke
    313

Refshauge
    33, 41, 120, 123, 126, 256

Rehkopf
    siehe Blass

Riekkinen
    123

Robertson
    246

Roller
    132, 134, 136

Roloff
    252, 313

Schenk
    245

Schlatter
    39, 109, 111, 162, 249, 253-
    254, 260, 264, 266, 269-270,
    273-277, 281

Schlier
    134, 313, 315

Schmid
    42, 58, 113, 116, 118-119,
    283, 287-288

Schmiedel
    15, 36-37, 118, 134, 272

Schmithals
    9, 26, 35-36, 40-41, 51,
    81, 111, 118, 126, 133, 170,
    214, 247, 249-250, 257-258,
    262, 265-268, 274-276, 285,
    287-288, 315, 323

Schrage
    112

Semler
    11, 36

Smallwood
    313

Soisalon-Soininen
    259

Stephenson
    39, 129, 220-221, 279

Strachan
    36, 38, 118, 125-126, 132-
    133, 142-143, 192, 245-246,
    256-257, 265, 273, 282-283,
    286-287, 314-315, 319-320,
    323

Strack
    312

Stuhlmacher
    317

Suhl
    26, 42, 170, 245, 254, 258,
    269, 274, 277, 298, 312-313,
    315, 317-318, 320

Tannehill
    123-124, 280

Tasker
    19-20, 58, 108, 116, 118,
    124, 130

Theissen
    128, 131

Thrall
    35, 44, 58-60, 65, 108, 115-
    120

Toivanen
    111

van Unnik
    249

Veijola
    123
Vielhauer
    14, 22, 37, 81, 113, 126,
    133, 242, 255, 265, 267,
    286, 288, 315, 323
Wachsmuth
    312
Wedderburn
    313
Weiß
    20-22, 40, 73, 80, 105,
    118, 122, 123, 126, 137,
    242, 246, 248, 254, 268,
    270, 273, 288

Wendland
    26-28, 41-42, 109, 111-
    113, 118, 126, 130, 132,
    134, 246, 262, 264-265,
    267-270, 275-278, 280,
    285
Wikenhauser
    42, 58, 113, 116, 118, 120,
    283, 287-288
Windisch
    2, 26, 36, 39, 41-44, 58,
    74-75, 81, 107-108, 110-
    112, 114, 116-117, 119,
    122, 124-131, 134, 144-145,
    147, 162-163, 165, 173, 187,
    192, 239, 246-256, 258-266,
    268-282, 285, 287, 320

Stellenregister

Dieses Register ist nur eine Auswahl, die das Inhaltsverzeichnis ergänzt. Nur die biblischen Bücher und der Haupttext dieser Untersuchung werden beachtet.

Deut.			9,15	54
11,16	59-60, 65		9,25	54
22,10	57		12,16	99
			12,18	99
Psalm.			13,12	50
118,32	59-60, 65		15,5	99
			15,15	224
Mark.			15,16	88, 159
6,7	220		15,19	159
			15,23-24	141
Apg.			15,25-27	239
11,27ff.	293		15,26	29
15,1ff.	293		15,26-27	83
16,6	295		15,28	176
16,8-11	159		16,16	99
16,11	290		16,17-20	103
16,23-40	299			
17,16	161		1. Kor.	
18,1-17	293		1,4-9	93
18,2	293		1,10	215
18,5	161		1,11	296
18,12	291		1,26	51
18,12-17	291		1,29	51
18,18-23	291, 294-295		2,3	161, 166
18,22	293		4,13	132
18,23	295		4,14	30
19,8-10	296		4,14-21	166, 242
19,21	302		4,15	159
19,22	296		4,16	215
20,1-2	87		4,17	137, 139, 296
20,1-3	31		4,18-19	30
20,1-6	31, 310		4,19	139
20,2	30		4,19-21	139
20,2-3	96, 239		4,21	30
20,6	290, 310		5,1-5	12, 190
20,6-7	294		5,4-5	167
20,13-17	31		5,5	51
20,14-15	290		5,6-8	139
20,31	296		5,7	49
24,27	310		5,9	224, 295-296
27,7	290		5,9-13	60
27,9-12	290		5,11	224
			7,1	296
Röm.			7,5	49
1,11	143-144		7,10	215
2,19	50		7,17	215
3,21-22	52		7,28	51
3,24-26	61		7,34	51
6,1-11	53		8	63
6,15-23	52		8,7	49
6,18	52		8,7-13	64
6,19	52		9,15	224

10,1-5	139	1,15-16	12, 76, 142ff., 159, 175, 300, 304-306, 311
10,14-33	63		
10,16-17	49		
10,18	51	1,15-20	149
10,20-21	49	1,15-22	155
11,6	90	1,15-23	161
11,17	215	1,16	305-306
11,23-33	64	1,17	149, 151-152, 154-155, 157, 227
11,34	215		
15,20	139		
15,32	300	1,17-22	76, 157
16,1	88, 90, 211, 215, 295, 297-298	1,18	150
		1,23	12-14, 19, 30, 76, 142ff., 163, 166, 171, 174, 177ff., 241, 301
16,1-4	86, 208, 211, 297		
16,1-7	140		
16,2	140, 297		
16,2-3	137	1,23ff	17, 195, 227, 307, 321
16,3-4	140		
16,4	175	1,24	16, 76, 178, 215, 226
16,5	139		
16,5-6	149, 296	2,1	14, 30-31, 89, 142ff., 163, 177ff., 241, 301
16,5-8	12, 300		
16,5-9	139		
16,6	96, 140-141		
16,6-7	140	2,1-3	93
16,7	140-142	2,1-4	76
16,8	137-138, 296	2,1ff	25, 158
16,8-9	143, 160	2,2	147, 178, 180
16,9	139, 159, 297	2,3	13, 16, 19, 30, 156, 224
16,10-11	93, 137, 139, 296		
		2,3-4	156, 224
16,11	138, 218	2,3-5	18
16,12	138, 216	2,3ff	18
16,15	215	2,4	11, 14, 27-28, 32, 148, 174, 191, 241, 307, 321
16,15-16	138		
16,17	138, 296		
16,18	51		
16,20	99	2,4-5	180
16,22	103	2,5	29, 146-147, 156, 180, 189, 191, 196
2. Kor.			
1,1	300	2,5-8	191, 232
1,3-7	215	2,5-9	198
1,7	224, 227	2,5-10	189, 192
1,8	159	2,5-11	12, 76, 192, 198
1,8-10	302		
1,8-11	162-163, 307	2,5ff	28
1,9	302	2,6	17, 23, 190, 193, 231, 241
1,11	224, 232		
1,12	31	2,6-7	33, 193
1,12-14	150	2,6-9	192, 203
1,13	148, 150-152, 157	2,7	23, 190, 194
		2,7-8	215
1,13-14	150, 155	2,8	194, 215
1,13ff	17	2,9	13, 18-19, 30, 191, 194, 224
1,14	244		
1,15	31, 150	2,11	17, 75, 235, 237

2,12-13	29, 76, 87, 157, 162, 178, 189, 308	7,7-8	241
		7,7-12	232
		7,7-16	11
2,13	51, 241	7,8	14, 33, 183, 185-186, 192, 240
2,14ff	76, 235		
2,17	21, 78, 234-237, 243	7,8-9	183
		7,8-11	195
3,1	13, 17, 19, 21, 78, 236-237	7,8-12	203, 227
		7,8ff	18
3,1-3	25, 243	7,9	191, 203, 227, 229, 241
3,2	16, 224		
3,2ff	20-21	7,9-10	188
4,2	21, 236-237, 243	7,10	184-185
		7,11	16, 23, 89, 157, 183, 189-191, 193, 198, 203, 206, 228-229, 232, 237, 241
4,2-3	17		
4,2-5	78		
4,3-6	59		
4,4	59	7,11-12	12, 227
4,5	237, 243	7,11ff	33
4,6	50, 54	7,12	68, 180, 189-190, 192, 196, 224, 232, 241
4,7-18	21		
5,1-10	76		
5,11	21	7,13	204, 225, 231
5,11-15	21	7,13-15	93
5,11ff	17	7,13-16	23, 31
5,12	13, 19, 232-233, 243	7,14	219
		7,15	21, 157, 200, 204, 227, 231-232
5,12-13	78		
5,18-20	59	7,16	16, 21, 31, 228
5,20	46, 234	8,1-2	102
5,21	59	8,1-4	206
6,1-2	46, 59	8,4	207
6,1-3	21	8,5	207
6,2	34, 52, 54, 58, 74	8,6	18, 29, 149, 205, 207ff., 215, 297, 305
6,3	34, 58		
6,3-13	59-60	8,6-7	102
6,4	13	8,7	11, 16, 225-227
6,7	46	8,10	210-211, 305, 310
6,11	59-60, 65	8,10-11	210-211
6,11-13	23, 25, 78, 224-225, 243-244	8,16	204
		8,16-17	207, 209
6,13	60, 73	8,16-18	18
7,2	12, 17, 224-225, 243-244	8,16-24	30, 308
		8,17	216
7,2-4	21, 23, 25	8,19	12, 102
7,2-16	68	8,20-21	12
7,3	223	8,22	16
7,4	16, 25, 29, 31, 224, 227, 243	8,23	12
		9,1-2	309
7,4-16	215	9,2	305, 308, 311
7,5	46, 51, 178, 300	9,3-5	229
7,5-6	87, 93, 163	9,5	215
7,5-16	192	9,8	102
7,5ff.	25	9,13	102
7,6-7	178	9,14	102
7,6-9	200	9,15	102
7,7	33, 68, 185, 203, 227, 232	10,1	16, 100, 166, 168, 171, 215, 233, 240

10,1-2	31	12,14	12, 30, 165
10,1-6	171-172	12,14-15	172, 216
10,1-11	11	12,14-18	30
10,1-12	182	12,15	224, 233
10,2	16-17, 229-230	12,16	19
10,6	13, 19, 21, 30, 198-199, 228-229	12,16-18	12, 18, 27
		12,17-18	216
10,7	168, 197	12,18	17, 297
10,7-11	197	12,19-21	224
10,8	31, 172	12,20	11
10,9	233	12,20-21	14, 16, 21, 147, 172, 181, 189, 204, 228, 230
10,10	166-168, 197, 233		
10,11	197		
10,11-12	17	12,21	17, 32
10,12	230	13,1	12, 30, 152, 165-166, 307
10,12-18	175, 234		
10,13-16	83	13,1-2	30, 144
10,13-18	182	13,1-3	12
10,14	159	13,1-6	182
10,14ff	21	13,2	13-14, 17, 19, 30, 47, 152, 156, 165-167, 169, 171-173, 179, 200, 229-230, 306
10,15	172, 227		
10,15-16	226		
10,16	175-176		
11,1-7	182		
11,2	224	13,2-4	189
11,3	16, 204, 228	13,3	167-168, 226, 234
11,4	189, 228	13,5	16, 226, 234
11,5	17	13,5-7	199
11,7-10	224	13,6	171, 234
11,7-21	216	13,7	199, 229
11,8-11	182	13,7-10	101, 224
11,9	299	13,7-19	182
11,11	224	13,9	99, 229
11,12	230	13,10	13, 16, 19, 30, 99, 152, 172-173, 181, 229, 307
11,12-13	17		
11,12-15	182, 234		
11,13	59		
11,13-15	189, 235, 237	Gal.	
11,15	59	1,9	47
11,16-18	31	1,15-16	292
11,16-33	182	1,18	293
11,18	17	2,1	293
11,19-20	189	2,1-10	292
11,20	17	2,10	292, 298
11,20-21	23, 224	2,11-14	292
11,21-23	234	3,16	54
11,23	299	4,13	295
11,29	224	4,20	298, 304
11,30	31	5,2	19
12,1	13	5,13-24	50
12,1-5	191	5,21	47
12,1-10	182	6,1	101
12,7-10	170	6,1-10	101
12,9	168	6,11-17	101, 103
12,11	13, 17, 19, 233	6,18	101
12,11-12	234		
12,11-21	182		
12,13	224		

Phil.	
1,8	71
1,12-17	299
1,25-26	299
2,1	71
2,2	99
2,5-11	61
2,18	98
2,19-23	300
2,24	299, 301
3,1	47, 98
3,2	299
3,2-4	183
3,18	183
4,2	99
4,4	98
4,5	98
4,15	292, 299
4,16	299

1. Thess.	
1,5	159
2,2	159
3,1-10	161
3,4	47
3,8	223
4,6	47
4,9	89-90
4,11	215
5,1	89-90
5,4-10	50
5,11	100
5,12-28	100
5,13	99
5,16	98
5,23	51
5,26	99

Philem.	
7	71
8-10	215
10	304
12	71
15-20	304
20	71
22	303